Éthique sexuelle et familiale

DU MÊME AUTEUR

La béatitude et les béatitudes. Une approche thomiste de l'éthique, Rome, Lateran University Press, 2001 (ISBN 88-465-0210-8).

Olivier BONNEWIJN

Éthique sexuelle et familiale

Éditions de l'Emmanuel

Nihil obstat.
Paris, le 22 mai 2006,
M. DUPUY.

Imprimatur.
Paris, le 25 mai 2006,
M. VIDAL, v. e.

37, rue de l'Abbé-Grégoire
75006 Paris

ISBN 2-915313-66-0

PRÉFACE

La sexualité est-elle le but principal de la vie de l'homme ? Est-elle la « faim » ou la « fin » de tous les désirs humains ? « Comment, jeune, rester pur, et garder droite sa route ? » demande le Psaume 119 : les jeunes d'aujourd'hui ne se posent-ils pas la même question dans nos sociétés fortement érotisées ? Est-il encore bon de se préparer au mariage ? Est-il bon pour l'homme et la femme de s'aimer et de vouloir s'aimer dans l'écrin d'une promesse ? Pourquoi la fécondité humaine est-elle tellement « liée » aux corps de chair et en même temps tellement « soumise » à la loi de l'esprit, et donc à la maîtrise de soi ? En quoi consiste la loi nouvelle apportée par le Christ ? Les questions pleuvent dans le champ de l'éthique sexuelle. Elles sont délicates à poser. Y répondre semble parfois impossible, déplacé ou dépassé. Ne pas y répondre cependant, c'est déjà prendre une position. Ainsi nous faut-il apprendre à trouver un sens précis et noble à la sexualité ; un sens qui libère l'homme, lui fasse du « bien », lui permette de « faire le bien », « l'ouvre vers le bien toujours à faire ». Quel horizon magnifique que celui de la morale sexuelle et familiale !

Et pourtant, comme il est difficile d'être fidèle au dessein du Créateur ! Qu'il est difficile à l'homme d'accepter la loi inscrite dans son cœur ! Comme il est difficile de comprendre la tradition morale de l'Église, particulièrement en Occident depuis les années soixante ! Saluons l'audace et la fermeté des propos de ce livre qui traite à la fois de la relation homme-femme et de nombreuses questions délicates liées à la sexualité. Sans prétendre à l'exhaustivité, des thèmes importants d'éthique sexuelle sont ici affrontés : chacun y découvrira, dans un langage précis et fraternel, comment « penser en raison » ce qu'un « acte signifie en soi » moralement parlant.

Car ne nous méprenons pas sur le genre littéraire de l'ouvrage du Père Olivier Bonnewijn : il s'agit bien de montrer dans un langage rationnel et cohérent la capacité de l'homme à faire le bien et à éviter le mal. Il est toujours possible de faire le bien ! Cette conviction surprendra certains, mais elle traverse tous les propos du livre. Elle nous permet de comprendre pourquoi les références se font nombreuses, les témoignages variés, les arguments multiples, les développements amples et travaillés. Au-delà des simplismes, des conversations des médias, des arguments fondamentalistes, des interviews et affirmations fantaisistes, des témoignages et des émotions, le déploiement d'une théologie morale appliquée fait toujours appel à un art particulier : l'art de l'écoute et de la parole. « C'est au discernement éthique ou moral qu'il revient de guider nos pas au chemin du bien "tout simplement" et de la paix qui lui est consécutive. Celui-ci peut se définir comme l'art rationnel de chercher et de construire la paix profonde au cœur même de situations tantôt plus ou moins claires, évidentes et ordonnées, tantôt troubles, chaotiques et parfois dramatiques. Il se situe au cœur de l'acte libre, du "je" qui construit son agir, de l'homme agissant "à la première personne" (*Veritatis splendor*, n° 78). L'éthique est la science pratique de la liberté en action dans le concret de l'existence » (p. 16). La pluralité des discours – psychologique, philosophique, théologique, de sagesse pastorale et spirituelle – déconcertera certainement les lecteurs : en réalité, elle montre la richesse qu'il faut déployer actuellement dans ce domaine.

Sans juger les personnes, il convient de réfléchir sur les actes posés. Sont-ils une manière de rendre gloire à Dieu, dirait saint Ignace de Loyola, ou bien de refuser son alliance ? Sont-ils un chemin qui nous mène à son amour, ou qui nous en détourne ? La science théologique ne peut pas faire abstraction de cette recherche de l'« objet moral ». Elle est ainsi dès les premiers mots « pastorale », ayant souci du bien de toute la personne. « L'éthique théologique est donc la science de la *sequela Christi*, norme concrète, personnelle et universelle de toute action morale », nous dit Olivier Bonnewijn en citant un théologien de renom, le Père Hans Urs von Balthasar (p. 19). Cette science n'est donc pas une recherche dans le vide. Elle prend souvent le temps d'une composition de lieu, d'une analyse des situations, d'une distinction entre les actes. Comprendre la portée de nos actions appartient à la dignité de notre être personnel. En conscience, il est capital de savoir si l'on fait le bien ou son contraire. Nos intentions ellesmêmes peuvent être généreuses, mais la sincérité ne coïncide pas toujours avec la vérité des actes posés. Telle est la tâche délicate que s'est fixée notre auteur sans juger les personnes, sans entrer dans les intentions variées de chacune : trouver et dire ce qu'un acte « signifie » comme volonté de la personne humaine et aptitude à faire ainsi la volonté divine.

Le Père Olivier Bonnewijn enseigne depuis plusieurs années et possède une expérience pastorale exercée dans des milieux et des cultures variés. Sa formation lui a permis d'être au carrefour de plusieurs traditions morales. Il a pu ainsi garder les yeux fixés sur la « béatitude éternelle », chère à saint Thomas, qui imprègne la formalité de ses développements. Il a pu expérimenter aussi la « sagesse » d'une école belge de théologie morale relevant de la Compagnie de Jésus et y goûter le sens du discernement et de la « prudence », mère de toutes les vertus. Dans l'enseignement et les colloques, les cours et la direction d'études, les responsabilités pastorales et les célébrations communautaires, le lien intrinsèque de la vie morale avec l'œuvre de l'Esprit n'a pu lui échapper. « Amour et vérité se rencontrent ; justice et paix s'enlacent » (Ps 85, 11). Si la vérité doit surgir, parfois avec netteté, ce n'est pas au détriment des personnes confiées au théologien qui reste toujours un pasteur dans la mission reçue. Cette vérité qu'il cherche à communiquer reconnaît et donne d'ailleurs tout leur poids aux circonstances accompagnant les gestes et les paroles, aux intentions qui traversent le cœur et l'esprit des hommes qui agissent. Noble tâche que ce travail : nous sommes sûrs qu'il fera du bien à « qui sait voir » et « à qui peut entendre ».

Après une introduction qui nous livre sa manière de procéder et fixe les liens et les repères, parfois subtils et délicats, par lesquels notre intelligence chemine et pose un jugement dans les situations concrètes auxquelles nous sommes affrontés, Olivier Bonnewijn dessine le « visage » du mariage et de la famille dans l'histoire sainte. Face aux contestations de la révolution sexuelle, nous rencontrons à nouveau, - ou pour la première fois de notre vie ! - les figures d'Adam et d'Ève, d'Abraham et de Sara, de Jacob, de Léa et de Rachel... Que peuvent-elles nous dire, sinon que l'amour est possible, mais que l'humanité, à travers le peuple élu, attend Celui qui la sauvera et la rendra parfaite en sa miséricorde ? Que Jésus, célibataire, vrai Dieu et vrai Homme, puisse dire « quelque chose » sur l'amour n'est pas le moindre des paradoxes de notre foi ! Ainsi nous faut-il comprendre à quelle profondeur le célibat pour le Royaume et la vocation au mariage sont intimement liés l'un à l'autre. Ces deux états de vie s'éclairent mutuellement : ils témoignent l'un pour l'autre. Ils s'affermissent l'un par l'autre. L'homme n'est-il pas un être fait pour se donner radicalement ? N'a-t-il pas, comme aimait l'affirmer Jean-Paul II dans ses catéchèses sur l'amour humain dans le plan divin, une *structure sponsale* ? C'est parce que ce don est alliance réciproque que l'homme et la femme sont rendus capables, selon l'appel de Dieu, de tout donner : cœur, corps et esprit. Le travail de la chasteté s'effectue lentement mais sûrement par les libertés qui consentent au dessein de Dieu. La chasteté n'est pas une vertu désuète et formelle. Elle signifie, comme le dit le *Catéchisme de l'Église catholique* (n° 2337), « l'intégration réussie de la sexualité dans la personne et par là l'unité intérieure de l'homme dans son être corporel et spirituel ».

Fondés sur cette vision positive de l'homme et de la femme, de leurs relations mutuelles, les thèmes abordés acquièrent toute leur « gravité » : la continence périodique, l'homosexualité, les désordres sexuels, la masturbation, l'avortement, la production d'embryons humains, la pédophilie incestueuse... Autant de situations lourdes pour les personnes qui les vivent ou les subissent, pour l'Église dont le corps « immaculé et saint » en est affecté, pour Dieu dont l'amour crucifié et miséricordieux ne demande, en son cœur ouvert sur le monde, qu'à pardonner, fortifier, guérir, sauver, relever. L'enjeu de la théologie morale est celui de la vie chrétienne tout court. Comment rester unis à Dieu dans le quotidien de nos vies mais aussi face aux défis nouveaux et aux tentations de notre culture ? Nous le savons, mais si mal : la perfection est dans la miséricorde. L'amour n'est jamais disjoint de la vérité, mais le respect de la loi ne s'identifie pas à la sainteté.

Ainsi, un chapitre de ce livre nous semble-t-il central : celui de la liberté humaine au cœur des désordres sexuels et des dépendances. « L'Église, tout au long de son histoire, n'a pas eu peur de reconnaître cette lourdeur contrariante de la chair et de ses mauvais plis. Peut-être n'en a-t-elle pas toujours suffisamment tenu compte dans l'élaboration et la présentation de sa doctrine morale lors de ces cinq derniers siècles. Une attention trop unilatérale à la loi, c'est-à-dire à un idéal toujours relativement extérieur et accusateur, a masqué pour une part la richesse troublée des sujets agissant dans le temps. Une étude trop exclusive des lois et des normes de l'agir moral tend à faire l'impasse sur la réalité de la condition humaine et du combat spirituel. Aussi ne faut-il pas trop s'étonner des mécompréhensions et des objections à son encontre, et plus particulièrement à l'encontre de sa morale sexuelle qui apparaît à certains comme « en dehors du réel ». Proclamer la loi sans en montrer le chemin et la miséricorde n'est pas chrétien ! » (p. 161 et 178). Chacun trouvera dans les considérations énoncées et les références à sainte Thérèse de Lisieux de quoi méditer sur la grandeur de Dieu, sur le respect qui lui est dû, sur le « droit » de Dieu à nous aimer jusqu'au bout et à attendre la même réponse de la part des hommes. Chacun y découvrira combien la liberté, toujours neuve, toujours « virginale » en son noyau, peut vivre une humiliation régulière dans le péché commis et être restaurée dans son désir de « voir Dieu » et de « goûter la joie sans fin », celle des saints et des saintes de Dieu.

Ce livre est « ouvert » : d'autres questions sont encore à résoudre, d'autres livres restent à écrire. Et surtout le chemin de chacun est à parcourir : la loi et la grâce sont deux compagnons de route pour les disciples d'Emmaüs que nous sommes (Lc 24, 13-35). Que le Christ vienne à côté de chacun dans cette lecture pour lui faire comprendre tous les sens de l'Écriture et de la Tradition !

ALAIN MATTHEEUWS, s.j.
Professeur de théologie morale
et sacramentaire
à l'Institut d'Études Théologiques
(IET, Bruxelles)

TABLE DES PRINCIPALES ABRÉVIATIONS

AAS	*Acta Apostolicae Sedis.*
CEC	*Catéchisme de l'Église catholique*, édition définitive, Centurion, Cerf, Fleurus-Mame, Librairie éditrice vaticane, Paris, 1998.
CIC	*Codex iuris canonici. Code de droit canonique*, édition bilingue (latin-français) et annotée, Wilson et Lafleur Limitée, Montréal, 1990.
CSEL	*Corpus Scriptorum Ecclesiasticorum Latinorum.*
DC	*La documentation catholique*
DCE	BENOÎT XVI, Lettre encyclique *Deus caritas est,* 2005.
DV	CONGRÉGATION POUR LA DOCTRINE DE LA FOI, Instruction *Donum vitae* sur le respect de la vie humaine naissante et la dignité de la procréation. Réponses à quelques questions d'actualité, 1987.
Dz	H. DENZINGER, *Enchiridion symbolorum definitionum et declarationum de rebus fidei et morum*, édité en français par J. Hoffmann, *Symboles et définitions de la foi catholique*, Éd. du Cerf, Paris, 1996.
EV	JEAN-PAUL II, Lettre encyclique *Evangelium vitae,* 1995.
FC	JEAN-PAUL II, Lettre encyclique *Familiaris consortio,* 1981.
GS	Concile VATICAN II, Constitution pastorale sur l'Église dans le monde de ce temps *Gaudium et spes,* 1965, trad. française des Éd. du Centurion, texte bilingue latin-français, Paris, 1967.
HV	PAUL VI, Lettre encyclique *Humanae vitae,* 1968.
PG	Patrologie grecque.
PL	Patrologie latine.
ST	Saint THOMAS D'AQUIN, *Somme théologique*, Éd. du Cerf, Paris, 4 tomes, 1984-1986.
VS	JEAN-PAUL II, Lettre encyclique *Veritatis splendor,* 1993.

INTRODUCTION

« Pour conduire nos pas au chemin de la paix » (Lc 1, 79).

1. Des questions qui s'entrechoquent

À l'aube du XXIe siècle, le mariage et la famille semblent être profondément remis en cause d'un point de vue tant théorique que pratique. Comment entrer dans la compréhension de ce qui se dit et se vit ? « L'amour entre homme et femme, dans lequel le corps et l'âme concourent inséparablement et dans lequel s'épanouit pour l'être humain une promesse de bonheur apparaît comme l'archétype de l'amour par excellence[1] », écrit Benoît XVI. Cet archétype matrimonial ne s'estompe-t-il pas peu à peu au regard des nouvelles générations, emportant avec lui la promesse de bonheur qui lui est attachée (question I) ? Comment, dans ces conditions, peut-on encore percevoir la beauté et la grandeur cachées du célibat pour le Royaume (question II) ?

Comment découvrir également la délicate réalité de la chasteté, vertu qui n'est pas réservée à quelques-uns, mais qui concerne chacun, quel que soit l'état de vie où il est engagé (question III) ? Comment devenir chaste dans une société qui tend à idolâtrer l'« épanouissement sexuel[2] » ? Pour quelles raisons l'Église considère-t-elle en réalité la contraception comme une offense à la chasteté conjugale (question IV) ? Comment appréhender avec justesse – autant que faire se peut – le questionnement des personnes homosexuelles (question V) ? Face aux désordres et aux dépendances sexuels, comment réagir en chrétien (question VI) ? La morale catholique n'offre-t-elle pas un idéal certes magnifique, mais trop difficilement accessible (question VIII) ? En quel sens

1. BENOÎT XVI, Lettre encyclique *Deus caritas est* (DCE), 25 décembre 2005, n° 2.
2. J.-C. GUILLEBAUD, *La tyrannie du plaisir*, Paris, Éd. du Seuil, 1998.

parle-t-elle de la « loi de gradualité » ? La masturbation contrarie-t-elle la maturation humaine de la personne (question VII) ? Pourquoi l'avortement n'est-il jamais permis d'un point de vue éthique, nulle part, en aucune circonstance (question IX) ? La production d'embryons humains destinés à un projet parental est-elle une industrie bonne d'un point de vue éthique (question X) ? Peut-on dire quelque chose du drame sans nom de la pédophilie incestueuse (question XI) ?

Toutes ces questions, et bien d'autres, s'entrechoquent dans l'esprit et le cœur de nombreux contemporains[3]. Comment voir clair ? Comment tracer une route juste, respectueuse de la complexité des situations, belle et généreuse, vraie et réaliste, relativement cohérente et ouverte à l'espérance ? Quel critère de vérité serait assez souple, large et fort pour accueillir de telles interrogations et les guider vers une issue bonne et pacifique ? Quel est le bien à faire et le mal à éviter dans ces domaines à première vue fort éparpillés ?

2. Quel critère de vérité ?

Le bien fait du bien. Il ne s'agit pas d'abord d'un bien-être physique, psychologique, sociologique ou économique. Le critère ultime du bien ne peut résider dans la santé ou le confort matériel. Il ne s'agit pas non plus d'un bien statistique qui se fonderait sur la « normalité » ou sur la loi du plus grand nombre. Non, le bien fait du bien au sens le plus plénier de l'expression : il rend la personne plus humaine, plus vraie, plus respectueuse d'elle-même et d'autrui, plus digne, plus elle-même et donc plus heureuse. Il la « bonifie » « tout simplement[4] ». Le bien enrichit qualitativement la personne en tant que personne, il la déploie dans son humanité, il épanouit sa vocation profonde et intégrale d'être humain. Il vise

3. Cf. G. Bedouelle, J.-L. Bruguès, P. Becquart, *L'Église et la sexualité. Repères historiques et regards actuels*, Éd. du Cerf, Paris, 2006.

4. Saint Thomas d'Aquin parle du *bonum simpliciter*, c'est-à-dire du bien de l'homme « tout simplement » en tant qu'homme, dans sa réalité dernière et achevée (ST I, q. 5, a. 1, ad 1), non selon un de ses aspects techniques *(bonum secundum quid)*. Un bon navigateur, un bon grammairien ou un bon soldat *(bonum secundum quid)* n'est pas nécessairement un homme bon *(bonum simpliciter)*. La bonté morale ne se confond pas avec l'art de la navigation, la connaissance expérimentée des règles d'orthographe ou le maniement adroit des armes.

activement une perfection, une plénitude, un achèvement. Le mal au contraire fait mal. Il blesse la personne comme personne, la défigure, l'aliène, la déshumanise.

Cette première description du bien et du mal est fort générale et sujette à beaucoup d'interprétations. Aussi reconnaissons-nous volontiers avec Xavier Thévenot le caractère non immédiatement opératoire de la « catégorie d'humain » en ce qui concerne la sexualité, comme en ce qui concerne d'autres sujets d'ailleurs[5]. Jean-Paul II a offert une remarquable contribution de ce point de vue en élaborant le concept de « norme personnaliste » : « La personne est un bien tel que seul l'amour peut dicter l'attitude appropriée et valable à son égard[6]. » À l'inverse, le mal est décrit comme le non-respect de cette norme, c'est-à-dire comme une attitude « utilitariste » envers autrui et envers soi-même. L'action mauvaise traite l'autre personne comme un moyen ou comme un objet en vue de l'obtention de plaisirs égoïstes. Ce critère s'avère pratique et fin pour discerner concrètement le bien à faire et le mal à éviter dans le vaste domaine de la sexualité humaine. Pour notre part, nous ne nous y référerons qu'à certains moments. Nous acceptons délibérément une certaine indétermination initiale quant au contenu précis et concret du bien « tout simplement ». La réalité à la fois naturelle et surnaturelle de son contenu se révélera – nous l'espérons – au fil de nos onze questions. Et il reviendra à notre conclusion générale de ressaisir *a posteriori* brièvement l'ensemble.

Nous pouvons cependant déjà observer un lien entre ce « principe d'humanité[7] » et la paix. L'accomplissement du bien s'accompagne toujours de paix, réalité plus consistante que le seul contentement psychologique ou affectif. La paix donne à l'être humain d'accéder non seulement à ce qu'il est en profondeur, mais également à ce qu'il n'est pas encore pleinement. Elle jaillit en lui et de lui, tout en le débordant, en le précédant et en l'emmenant au-delà de lui-même. Elle est un présent qu'il reçoit d'« ailleurs »,

5. Pour préciser son contenu, Xavier THÉVENOT propose de faire « ressortir les invariants qui se retrouvent en tout individu quels que soient ses conditionnements historico-culturels ». D'un autre côté, il invite à une critique négative de tout ce qui est « incompatible avec l'avènement de la liberté en société » (*Repères pour un monde nouveau*, Mulhouse, Salvator, 1991, p. 125-127).

6. JEAN-PAUL II, *Amour et responsabilité*, Paris, Éd. Stock, 1978, p. 33.

7. Titre d'un ouvrage de J.-C. GUILLEBAUD, Paris, Éd. du Seuil, 2001.

une largesse qu'il accueille avec gratitude, une générosité qu'il recueille avec un joyeux étonnement. Elle est aussi une tâche qu'il effectue résolument, un travail qu'il accomplit avec persévérance, une œuvre qu'il dirige intelligemment. « Poursuis la paix, recherche-la » (Ps 34 [33], 15), encourage le psalmiste. La paix est un don. Elle est aussi une conquête. Elle est un chemin à découvrir et à inventer.

C'est au discernement éthique ou moral[8] qu'il revient de guider nos pas au chemin du bien « tout simplement » et à la paix qui lui est consécutive. Celui-ci peut se définir comme l'art rationnel de chercher et de construire la paix profonde au cœur même de situations tantôt plus ou moins claires, évidentes et ordonnées, tantôt troubles, chaotiques et parfois dramatiques. Il se situe cœur de l'acte libre, du « je » qui construit son agir, de l'homme agissant « à la première personne[9] ». L'éthique est la science pratique de la liberté en action dans le concret de l'existence.

3. Une recherche « éprouvante »

Dans ce travail de discernement et de jugement, le sujet libre doit faire appel non seulement à sa raison, mais également au dynamisme de son affectivité et à ses multiples vertus[10]. Il doit convier, mobiliser et engager toute la richesse intérieure de son humanité dans la substance même de cette activité cognitive[11]. Prenons l'exemple d'un homme passionnément épris de son épouse, courageux et animé par une grande charité. Confronté à un choix professionnel difficile, cet homme essaie de voir clair : « Que dois-je faire ? » Pour répondre avec justesse à cette interrogation, il serait dommage qu'il fasse abstraction de sa passion, de

8. Nous ne faisons pas de différence entre « éthique », terme d'origine grecque, et « morale », terme d'origine latine.

9. « Pour pouvoir saisir l'objet qui spécifie moralement un acte, il convient de se situer dans la perspective de la personne qui agit » (JEAN-PAUL II, Lettre encyclique *Veritatis splendor* [VS], 1993, n° 78).

10. Nous nous démarquons nettement sous cet aspect de la conception kantienne de la connaissance morale – c'est-à-dire de la raison pure pratique – et du rôle de pur exécutant que celle-ci assigne à la vertu.

11. La connaissance morale diffère de ce point de vue du fonctionnement purement théorique qui convient par ailleurs parfaitement aux autres sciences.

son courage et de sa charité. Ces qualités d'être peuvent et doivent influencer son processus d'analyse et de discernement éthique. Elles ne sont pas là uniquement pour faciliter la future exécution de sa décision et rendre plus aisée la mise en œuvre de son choix. Non, elles contribuent à former le choix rationnel en lui-même. Elles l'aident à mieux comprendre et à mieux juger l'acte à poser ou à ne pas poser.

Cette forme de rationalité est de ce fait beaucoup mieux ajustée pour connaître le bien à réaliser dans les innombrables circonstances de la vie. La paix et le bien ne se déduisent pas uniquement dans tel contexte précis à partir de principes théoriques *a priori*. Leur appréhension implique la collaboration du « goût », de sentiments, de vertus. L'éthique est essentiellement une sagesse. Elle vise d'abord la connaissance d'un bien, c'est-à-dire de quelque chose de désirable, et non d'une idée. Elle est de ce point de vue une recherche « éprouvante ». La raison éthique possède une sorte d'« équipement spécial » pour s'exercer avec une finesse appropriée. Cela ne signifie pas que son discours ne vise pas une vérité universelle et objective. Mais l'universalité en éthique appartient à un autre ordre que celui des sciences théoriques[12].

Pour donner quelques éléments de réponse aux questions délicates énoncées au début de cet ouvrage, nous ne partirons donc pas de la contemplation d'un monde idéal, ni de l'établissement de données anthropologiques, métaphysiques ou dogmatiques, ni encore de l'appréhension d'une série de lois morales, que l'on appliquerait ensuite à la réalité concrète. Nous n'avons pas cherché à constituer un système de repères cohérents, hiérarchisés, déductibles les uns des autres, organisés, exprimés dans un langage homogène. Nous ne nions certes pas la légitimité ni la fécondité d'une telle entreprise, mais nous avons opté en ce qui nous concerne pour une démarche plus inductive et « éprouvante », qui tâchera de discerner à l'intérieur même de l'épaisseur et de la complexité du réel comment « conduire nos pas au chemin de la paix » (Lc 1, 79).

Notre point de départ résidera dans la réalité telle qu'elle se

12. On a assisté ces trente dernières années à une redécouverte de cette conception aristotélicienne et thomiste de la raison en théologie morale. Des colloques et congrès internationaux se sont déroulés à Rome dans la dynamique de ce thème, de 1999 à 2005. Sous la direction de Livio MELINA, les actes ont été publiés aux Lateran University Press.

donne dans sa fragilité et sa force, dans sa beauté et sa laideur, dans sa bonté blessée par le mal et transfigurée par la miséricorde. Notre approche sera donc plus pragmatique que systématique, plus ascendante que descendante. Nous dégagerons peu à peu quelques « chemins de vie » – pour reprendre l'expression du Psaume 16 [15], 11 – dans le domaine de la sexualité humaine et de la famille. Dans une modeste mesure, nous ferons appel à certains éclairages des « sciences de la famille », de la psychologie, de l'histoire, de la sexologie, de la sociologie, de l'anthropologie. Chacune de ces sciences possède son propre niveau de vérité et son langage, ce qui ne va pas sans poser des difficultés d'ordre épistémologique et méthodologique. Un des défis de notre parcours consistera à articuler autour d'une visée résolument éthique cette pluralité de discours sans les confondre, de les coordonner tout en les respectant dans leur spécificité respective.

4. Un éclairage théologique

Notre réflexion éthique sera essentiellement théologique. Elle bénéficiera de la lumière incomparable de la charité divine. « Le Christ est notre paix » (Ep 2, 14)[13]. L'Écriture sainte, la Tradition et le Magistère de l'Église recueillent, méditent et transmettent dans l'intelligence de l'Esprit Saint le mystère du « Prince de la paix » (Is 9, 5) annoncé par les prophètes, du Verbe de Dieu fait chair « lorsque les temps furent accomplis » (Ga 4, 4). La raison pratique s'y déploie magnifiquement, y recevant une amplitude qu'elle ne possédait pas à l'origine.

Remarquons que cette Tradition vivante du Christ et de l'Église, « terreau » de l'éthique théologique catholique, n'est pas uniquement d'ordre intellectuel. Elle est aussi et d'abord portée, approfondie et transmise par la vie même de centaines de millions de chrétiens et de chrétiennes, enfants, jeunes, adultes et âgés, de toute condition et de toute culture, à travers les siècles.

Cette Parole livrée, accueillie, méditée, réalisée dans les existences concrètes chaque fois de façon unique et originale, fidèle-

---

13. Pour une étude biblique sur la paix, voir X. LÉON-DUFOUR, art. « Paix », dans *Vocabulaire de théologie biblique*, Paris, Éd. du Cerf, 1988, p. 878-884.

ment transmise, ne consiste pas avant tout dans le don d'une série de lois à appliquer. La Révélation de Celui en qui tout homme a été créé et sauvé manifeste d'abord la vérité de la sexualité humaine, de son origine et de sa vocation. Elle y ouvre peu à peu un chemin de salut. Elle illumine donc de l'intérieur la réflexion du moraliste sur l'agir libre et bon. Elle en règle le pas, l'informant – au sens le plus fort de ce verbe – par la foi, l'espérance et la charité.

L'éthique théologique est en dernière analyse la science de la *sequela Christi*[14], norme concrète, personnelle et universelle de toute action morale[15]. Le « principe d'humanité » s'en trouve tellement enrichi qu'il est comme emporté dans une excellence nouvelle et inattendue, à savoir celle de la filiation divine dans le Christ[16]. « Heureux les artisans de paix, ils seront appelés fils de Dieu » (Mt 5, 9).

5. Un point de vue à la fois singulier et universel

Une telle démarche engage les « sensibilités » plus que dans d'autres savoirs. Chaque personne en effet est sexuée et liée à une condition particulière de vie. Celle qui parle, comme celle qui écoute, est soit un homme, soit une femme. Elle est mariée ou célibataire. Son expérience individuelle est nécessairement limitée[17]. Cela transparaît nécessairement dans sa manière de

14. « Suivre le Christ est le fondement essentiel et original de la morale chrétienne » (VS 19).

15. « Le Christ, écrit Hans Urs VON BALTHASAR, est l'impératif catégorique concret. Il n'est pas seulement une norme universelle et formelle de l'action morale, susceptible d'être appliquée à tous, mais aussi une norme concrète et personnelle » (« Neuf thèses pour une éthique chrétienne », dans COLLECTIF, *Principes d'éthique chrétienne*, Paris, Éd. Lethielleux, 1979, p. 75-76).

16. Cette perspective morale implique une conception christocentrique de l'homme, prédestiné à être « fils dans le Fils ». « Nous pourrions dire qu'au fond, observe Angelo Scola, la prédestination de la création dans le Christ coïncide, sur le plan de l'éthique, avec ce que la grande tradition théologique a appelé la "loi éternelle". La loi éternelle est la dimension pratique de ce grand dessein trinitaire qu'est la prédestination dans le Christ » (A. SCOLA, *Hans Urs von Balthasar : un grand théologien de notre siècle*, trad. de B. Gautier, Paris, Mame, 1999, p. 179).

17. « Si le prêtre n'a pas l'expérience personnelle et directe de la vie de mariage, il ne manquera certainement pas d'une connaissance peut-être plus profonde encore du cœur humain, en raison de sa formation, de son ministère et de la grâce

comprendre la réalité qui la constitue, de la transmettre ou de l'accueillir. Certes, un élargissement des horizons advient grâce à des lectures, des rencontres et des événements. Il n'en demeure pas moins vrai que tout discours éthique sera toujours marqué du sceau de celui ou de celle qui s'y risque.

L'auteur est ici un homme, baptisé, prêtre, consacré dans le célibat, européen, qui a tel âge et telle histoire, qui est issu de telle famille et a reçu tel type de formation. Il réfléchit et s'exprime en français, vit dans tel contexte, etc. Tous ces éléments ne sont pas sans influencer profondément les jugements qui seront élaborés au fil des questions rencontrées. Par ailleurs, les destinataires de ces pages accueilleront celles-ci également en fonction de ce qu'ils sont, en fonction de leur histoire propre. La vérité à laquelle le discours éthique prétend légitimement ne peut faire abstraction de ce vécu personnel et unique des auteurs comme des lecteurs, de ce dialogue entre eux. Et il est bon qu'il en soit ainsi.

En effet, l'universalité éthique, son objectivité rationnelle, est différente de celle visée par les sciences exactes et humaines. L'enquête statistique sur les comportements sexuels, la sociologie, la sexologie clinique élaborent leur discours sans rendre raison de l'expérience irréductible de chacun. Leur méthode empirico-déductive ne prétend nullement appréhender la personne dans l'intimité même de son agir libre, original et unique. Cette méthode possède de ce fait un impact beaucoup moins grand sur la vie des personnes. Elle est moins directement et moins intégralement auto-impliquante. Il est juste et important de le reconnaître, spécialement dans une matière qui concerne d'aussi près l'existence concrète de chacun et de chacune.

Ces considérations sur la spécificité de la connaissance morale – qui relèvent de l'éthique philosophique fondamentale – expliquent pour une large part la manière dont nous avons procédé. Nombre de sujets cruciaux seront traités de façon indirecte ou

---

de son état. Cette pénétration lui fera atteindre à leur source les problèmes de cet ordre et le qualifiera sérieusement comme conseiller et soutien des époux et des familles chrétiennes (voir 1 Co 2, 15) » (PAUL VI, Lettre encyclique *Sacerdotalis caelibatus*, 24 juin 1967, n° 57). Ce texte signale simplement une grâce offerte au prêtre pour le service d'autrui. Encore doit-il pouvoir accueillir cette grâce, l'intégrer profondément et la faire fructifier. Voir aussi JEAN-PAUL II, *Amour et responsabilité*, p. 11.

resteront dans l'ombre. Notre ouvrage se limitera à onze « recherches » concernant quelques points délicats de morale sexuelle. Chacune d'elles formera un tout relativement autonome par rapport aux autres et pourra dès lors être lue dans cette perspective. Cela ne signifie pas pour autant qu'il n'y aura pas, comme en filigrane, une vision d'ensemble, une sagesse de vie précise, rigoureuse et universelle. Celle-ci, nous l'espérons, se laissera entrevoir et goûter au fil des pages.

Nous avons choisi le genre littéraire des questions-réponses. Par là, nous situons notre problématique sous un angle à la fois particulier, ouvert et dialogal. Comme le remarque Aristote, « le principe ou le commencement est plus que la moitié en toute chose, et il suffit à lui seul pour éclaircir bien des points dans les questions que l'on discute[18] ».

---

18. ARISTOTE, *Éthique à Nicomaque*, 1098 *b* 3.

CHAPITRE PREMIER

MARIAGE ET FAMILLE : QUELLE ESPÉRANCE ?

« Les pensées de son cœur subsistent d'âge en âge » (Ps 33 [32], 11).

En entendant les opinions qui circulent au sujet du mariage et de la famille dans la réalité occidentale actuelle, en considérant les enquêtes de toutes sortes, on constate une étonnante rupture par rapport aux générations précédentes, par rapport à leurs modèles, leurs références, leurs conceptions, leurs coutumes et leurs pratiques. Les repères ancestraux sont bouleversés. Désorientés, nous avons parfois du mal à nous y retrouver. Que se passe-t-il ? Comment comprendre théologiquement ce qui se passe ? Quels sont « les projets du cœur de Dieu » dans un domaine aussi vital, aussi crucial, aussi déterminant pour l'avenir ? Mariage et famille : quel bien, quelle paix, quelle espérance ?

A. UNE INTERPRÉTATION DE LA « RÉVOLUTION SEXUELLE »

Notre contexte social et culturel est marqué par ce qu'on a appelé « la révolution sexuelle ». Ce phénomène s'est développé dans le monde occidental à partir de la seconde moitié des années soixante[1]. Trois moments rythment cette « révolution » non seulement d'un point de vue chronologique, mais aussi d'un point de vue structurel.

1. W. Reich en est un des artisans et des théoriciens majeurs avec son ouvrage intitulé *La révolution sexuelle*, Éd. Bourgeois, rééd. 2003. L'original en allemand date de 1936.

1. Sexualité et amour, fécondité, institution : une triple dissociation

Le premier moment consiste en une dissociation au cœur même du lien matrimonial entre, d'une part, sa dimension institutionnelle et, d'autre part, ses dimensions relatives à l'amour, la sexualité et la fécondité. « Pas besoin de nous marier devant la société civile ou devant l'Église pour nous aimer ! Notre amour ne regarde que nous ! » Le mariage peut même apparaître comme un frein et un obstacle à la spontanéité, à la liberté, à la créativité et à l'authenticité de l'amour conjugal. Selon cette mentalité, « l'amour pour toujours » demeure certes un idéal, mais la sincérité des sentiments s'impose comme la valeur à rechercher par-dessus tout, y compris par-dessus l'« hypocrisie » d'une fidélité imposée par les conventions[2].

Dans un deuxième temps, l'amour et la sexualité libérés de leurs contraintes institutionnelles tentent de dénouer le lien intime qui les unit à la procréation. On assiste ainsi à l'émergence d'une « mentalité contraceptive », c'est-à-dire d'un état d'esprit qui clôt en quelque sorte l'amour et la sexualité sur eux-mêmes en les « protégeant » de leur ouverture constitutive à la vie.

Déchargé du « poids » de l'institution et de l'enfant, « l'amour libre » ne s'arrête pas en chemin. Emportés par leur mouvement, l'amour et la sexualité vont vouloir se dissocier l'un de l'autre. Ils ne sembleront plus aller nécessairement de pair. La sexualité tend à se prendre pour sa propre fin, indépendamment de la relation à autrui. Elle devient un absolu, au sens étymologique du terme : le sexe pour le sexe. Par là, elle se dépersonnalise, se déshumanise. Son seul point de référence réside dans son autosatisfaction, c'est-à-dire dans le plaisir sexuel individuel. Cette finalité hédoniste devient l'unique norme de son exercice. Très logiquement, toutes les formes de son contentement, qu'elles soient vraies ou déviées (masturbation, voyeurisme, prostitution, échangisme, etc.) reven-

2. Voir CONSEIL PONTIFICAL POUR LA FAMILLE, *Famille, mariage et « unions de fait »*, Paris, Téqui, 21 novembre 2000. M. TERLINDEN apporte une réponse pragmatique et accessible à tous à cette problématique dans *Cohabiter ou se marier ?*, Paris, Éd. de l'Emmanuel, 1999. Voir aussi J.-M. VERLINDEN, *Familles… À vos marques ! À l'aube du troisième millénaire, la réponse du Magistère aux défis lancés à la famille*, Paris, Téqui, 2002, p. 53-94 : « Le mensonge de l'amour *sic dicto libero* ».

diquent leur légitimité morale ainsi qu'une approbation sociale. Il ne restera plus alors à cet impérialisme du plaisir sexuel qu'une dernière limite, celle de la violence[3].

La sexualité s'impose donc par elle-même et pour elle-même, indépendamment de l'autre. Elle n'apparaît plus d'abord comme une modalité de la relation humaine, mais exclusivement comme une quête du plaisir. Elle se désocialise. Elle confine l'individu dans les limites d'une sorte d'« auto-sexualité ». « L'acte sexuel n'engage pas dans ce système et ne contribue pas à enrichir une relation puisqu'il n'y a pas d'altérité. Le but est de trouver son seul plaisir indépendamment de la nature et de la qualité relationnelle, en se prenant comme son propre objet sexuel. La présence de l'autre est simplement une adjonction gratifiante qui s'inscrit dans une économie sexuelle purement narcissique[4]. » Aussi, loin d'unir les personnes, le sexe les sépare, les enferme, les isole les unes des autres. Les pratiques sexuelles développent ainsi une mentalité utilitariste par rapport à autrui. L'autre est en quelque sorte instrumentalisé au profit de la maximalisation du plaisir. Il n'est plus regardé avant tout comme une personne et une fin en lui-même, mais comme un objet et un moyen d'auto-jouissance. Ce type d'économie sexuelle, constate Tony Anatrella, mobilise immédiatement les couches archaïques et anarchiques de l'être humain[5]. D'un point de vue psychologique, on peut parler de comportements régressifs.

2. L'autre exclu

La « révolution sexuelle » a donc entrepris de dissocier systématiquement sexualité, amour, fécondité et institution matrimoniale. Cette dissociation est devenue au fil du temps confusion, rupture,

---

3. Voir *Amour et responsabilité*, p. 30-34. Jean-Paul II dénonce la mentalité utilitariste qui préside « à la reconnaissance du plaisir comme le seul, et en même temps comme le plus grand bien, auquel doit être subordonné le comportement individuel et social de l'homme » (p. 31).

4. T. ANATRELLA, « Les modèles sexuels contemporains et les orientations actuelles de l'éducation sexuelle », annexe au document du CONSEIL PONTIFICAL POUR LA FAMILLE, *L'éducation sexuelle des enfants*, Paris, Mame, 1996, p. 151.

5. Voir T. ANATRELLA, *L'amour et le préservatif*, Paris, Flammarion, 1995, p. 32 s.

séparation, opposition[6]. À y regarder de près, elle a engagé les individus – et ce à très grande échelle – dans un processus d'exclusion du tiers : la société et Dieu, l'enfant, le partenaire comme autre, et « soi-même comme un autre ».

Dans une telle dynamique, il devient *a priori* difficile de tenir un discours sur la sexualité[7]. Ce domaine semble échapper par définition à la parole elle-même, expression par excellence de l'esprit, de l'humain, d'un rapport d'altérité. Le désir sexuel n'est-il pas, en son surgissement comme en ses exigences, irrationnel, pulsionnel, anarchique ? Ne possède-t-il pas sa propre logique ? Comment pourrait-il être accessible à des propos autres que ceux qui expliquent, flattent, encouragent sa propre économie ? En d'autres termes, l'esprit lui-même est sommé de se soumettre à la toute-puissance du désir, de le servir en produisant des savoirs techniques.

L'accueil de l'autre pour lui-même est le travail de toute une vie. De même en est-il pour l'unification et l'harmonisation progressives entre amour, sexualité, fécondité et institution. Cette tâche revient non seulement à l'adolescent, mais aussi à l'enfant, à l'adulte et au vieillard, quel que soit son état de vie. Il s'agit d'une œuvre éminemment personnelle, interpersonnelle et commune, accomplie par toutes les cultures à toutes les époques.

Les générations qui ont vécu dans l'Ancienne Alliance n'ont évidemment pas échappé à cette grande loi de l'humanisation. Elles l'ont vécue à leur manière, puissamment éveillées, éduquées, soutenues, guidées par la grâce de Dieu. Nous allons traverser rapidement l'histoire de cinq couples emblématiques en chemin vers la paix : Adam et Ève, Abraham et Sara, Jacob, Léa et Rachel, Osée et Gomer, Tobie et Sarra. À travers les tourments lumineux de ces familles, vont se dévoiler peu à peu « les pensées du cœur de

6. « On pourrait dire, écrit Livio Melina à propos de la révolution sexuelle, que nous avons affaire à une entreprise systématique visant à séparer l'exercice de la sexualité de l'institution du mariage et de la perspective de la paternité et de la maternité » (« Le défi de la révolution sexuelle », dans J. LAFFITTE et L. MELINA, *Amour conjugal et vocation à la sainteté*, Paray-le-Monial, Éd. de l'Emmanuel, 2001, p. 58).

7. Sur le statut du discours éthique et théologique à propos de la sexualité, voir A. CHAPELLE, *Sexualité et sainteté*, Bruxelles, Éd. de l'Institut d'études théologiques, 1977, p. 11-28.

Dieu» (Ps 33 [32], 11) qui se manifesteront pleinement dans l'alliance du Christ et de l'Église[8].

B. ADAM ET ÈVE

1. Un couple innocent

Adam et Ève avant la chute révèlent l'identité profonde du couple humain selon le projet de Dieu. Ils en sont le prototype. Amour, institution, sexualité et fécondité sont unis chez eux à la racine. Comment? Le fameux verset 24 du chapitre 2 de la Genèse nous en livre le secret : « C'est pourquoi l'homme quitte son père et sa mère et s'attache à sa femme, et ils deviennent une seule chair. » Dans cette parole viennent se déverser les deux récits de la création dont elle est l'aboutissement. Elle sera ensuite reprise dans le Nouveau Testament, au cœur de l'argumentation sur le mariage. « N'avez-vous pas lu que le Créateur, dès l'origine, les fit homme et femme et qu'il a dit : "Ainsi donc l'homme quittera son père et sa mère pour s'attacher à sa femme, et les deux ne feront qu'une seule chair"? Ainsi, ils ne sont plus deux, mais une seule chair : Eh bien! Ce que Dieu a uni, l'homme ne doit point le séparer» (Mt 19, 4-6). « Voici donc que l'homme quittera son père et sa mère pour s'attacher à sa femme, et les deux ne feront qu'une seule chair : ce mystère est grand; je veux dire qu'il s'applique au Christ et à l'Église» (Ep 5, 31).

1) L'institution est manifestée par le « c'est pourquoi » qui inscrit ce type de communion dans la prolongation immédiate des deux récits de la création : « Dieu dit et cela est. » Le mariage un et indissoluble entre un homme et une femme est une réalité naturelle, instituée par Dieu dès l'origine par sa parole créatrice et fondatrice. Et saint Paul, tout en confirmant cette parole primordiale, y dis-

8. Nous nous inspirons librement du magnifique petit ouvrage de P. GRELOT : *Le couple humain dans l'Écriture*, Paris, Éd. du Cerf, coll. « Foi vivante », 1969. Voir aussi le livre synthétique et éclairant de J. DE LONGEAUX, *Amour, mariage et sexualité d'après la Bible*, Paris, Mame-Cerf, École Cathédrale, 1996. On peut se rapporter en outre à P. DEBERGÉ, *L'amour et la sexualité dans la Bible*, Montrouge, Nouvelle Cité, 2001 ; P. WELLS (dir.), *Bible et sexualité*, Aix-en-Provence, Éd. Kerygma, coll. « Terre nouvelle », 2005 ; Y. SIMOENS, « La famille à la lumière des données bibliques », *Nouvelle revue théologique* 127 (2005), p. 354-372.

cerne une dimension nouvelle et stupéfiante : « Ce mystère est grand ; je veux dire qu'il s'applique au Christ et à l'Église » (Ep 5, 31).

L'aspect proprement institutionnel du mariage est également observable dans le verbe « quitter ». Quitter ses parents, c'est fonder publiquement une nouvelle communauté de personnes[9]. Une telle action implique non seulement un départ physique – du moins au point de vue symbolique car un tel départ n'est pas toujours possible – mais également un départ psychologique[10] et spirituel. Quitter ses parents ne signifie pas pour autant les abandonner. Bien au contraire, en établissant d'autres formes de liens avec eux et en s'attachant à sa femme, l'homme honore pleinement son père et sa mère, témoignant ainsi de la réussite de leur vocation de parents.

2) La dimension de l'amour est présente dans l'utilisation du verbe *dabaq* : « Et il s'attachera à sa femme[11]. » S'attacher désigne la constitution d'un lien affectif très fort entre deux êtres. En Genèse 34, 3, il est synonyme d'aimer *(ahabà)*[12] : « Son cœur s'attacha à Dina, fille de Jacob, il eut de l'amour pour la jeune fille et il parla à son cœur. » S'attacher connote également l'idée d'une fidélité qui traverse les épreuves. Un bel exemple est celui de Ruth la Moabite qui resta fidèlement « attachée » (Rt 1, 14) à sa belle-mère Noémi, la Bethléémite.

En outre, ce verbe est employé dans les textes deutéronomistes d'alliance pour exprimer la qualité du lien qui doit unir Israël et

---

9. Derrière l'obligation de « quitter son père et sa mère », on peut discerner en filigrane l'interdit de l'inceste. De même, l'épisode des animaux qui ne comblent pas la solitude humaine peut être une référence implicite à l'interdit de la bestialité.

10. Voir l'ouvrage de la psychologue S. FORWARD, *Parents toxiques. Comment échapper à leur emprise ?*, Paris, Stock, 2000.

11. Le possessif qui est employé (« sa » femme) en parallèle avec le possessif utilisé pour désigner les parents (son père et sa mère) montre que l'auteur se situe en contexte conjugal monogamique (l'homme a une femme, comme il a un père et une mère).

12. « En opposition à l'amour indéterminé et encore en recherche, ce terme *(ahabà)* exprime l'expérience de l'amour, qui devient alors une véritable découverte de l'autre, dépassant donc le caractère égoïste auparavant clairement dominant. L'amour devient maintenant soin de l'autre et pour l'autre. Il ne se cherche plus lui-même – immersion dans l'ivresse du bonheur –, il cherche au contraire le bien de l'être aimé : il devient renoncement, il est prêt au sacrifice, il le recherche même » (DCE 6).

son Dieu[13], en corrélation avec d'autres verbes tels aimer, marcher dans ses voies, garder ses commandements. Notre terme français a donc du mal à rendre la force du mot hébraïque. L'attachement dont il est question n'appartient pas uniquement à l'ordre de l'affection et des passions, mais aussi et surtout à celui de l'engagement du cœur envers autrui. Il touche le niveau essentiel de la personne dans son rapport avec le conjoint ou le prochain, et pas seulement le niveau social, culturel ou juridique.

3) « Et ils deviennent une seule chair. » Cette expression se réfère explicitement à l'union conjugale par laquelle les époux s'unissent avec leur corps physique, expression vivante de leur personne respective. Dans cette communion, ils deviennent réellement « un » *(ehad)*. « Chair » *(basar)* indique non seulement la partie charnue du corps commune aux hommes et aux animaux – les os, la peau et les nerfs –, mais également l'homme en lui-même, considéré dans sa dimension terrestre, contingente, corporelle et fragile.

Plus largement, ce terme dénomme la communauté de vie qui s'établit entre le mari et la femme, le lien conjugal qui se crée entre eux à travers les multiples événements de la vie quotidienne. « Une seule chair » exprime donc l'union de deux existences dans l'unité de leurs dimensions indissociablement corporelles et spirituelles, et non pas seulement sexuelles. Cette expression comporte ainsi un aspect institutionnel.

4) Selon certains rabbins – Rachi par exemple –, « une seule chair » désigne encore l'enfant qui naît de l'attachement des époux. L'enfant, épanouissement surprenant de l'amour conjugal, est le lieu par excellence où le mari et la femme sont un. Il est cette parole qu'ils n'ont jamais pu pleinement se dire et qu'ils se sont pourtant échangée en eux-mêmes et au-delà d'eux-mêmes. L'amour qui unit en vérité ne peut rester clos sur lui-même. Il est en perpétuel débordement de lui-même. Il s'échappe toujours généreusement à lui-même.

Cette dimension de fécondité est cependant moins explicitement présente dans le verset étudié ici (Gn 2, 24) que dans le premier récit de la création. Les perspectives sont différentes et

13. « C'est YHWH ton Dieu que tu craindras et serviras, t'attachant à lui et jurant par son nom » (Dt 10, 20 ; voir également Dt 4, 4 ; 11, 22 ; 13, 5 ; 30, 20 ; Jos 22, 5 ; 23, 8 ; 2 R 18, 6, etc.).

complémentaires. « Soyez féconds ! » dit Dieu en Genèse 1, 28. « De la côte qu'il avait tirée de l'homme, YHWH Dieu façonna une femme et l'amena à l'homme », témoigne pour sa part Genèse 2, 22, plus immédiatement attentif à la relation entre les conjoints. Ces histoires différentes, racontées l'une à la suite de l'autre par le rédacteur final, doivent être lues ensemble. Il y va de l'unité même de Dieu (Dt 6, 4).

Les deux récits de la Genèse offrent donc les traits d'un couple idéal en devenir. Dans la création, institution, amour, sexualité et fécondité sont unis à un niveau structurel, ontologique. Par ailleurs, ce don initial est aussi une tâche confiée aux soins des époux. Ils doivent quitter leurs parents. Cela ne se fait pas automatiquement. Ils sont appelés à s'attacher volontairement l'un à l'autre au fil des jours, à œuvrer ensemble pour devenir toujours plus pleinement « une seule chair ». C'est ainsi qu'ils deviennent l'un avec l'autre, l'un par l'autre, de plus en plus à l'image et à la ressemblance de Dieu. Pouvait-on imaginer une vision plus positive et plus dynamique de la relation homme-femme, de la sexualité et de la famille ?

2. Un couple déchu, mais non abandonné

N'est-ce pas trop beau pour être vrai, pourrait-on objecter ? Les deux premiers chapitres de la Genèse ne sont-ils pas réservés à des fiancés sous l'emprise de l'idéalisation de leur amour ? Car dans la réalité, le couple et la famille peuvent être le lieu de bien des blessures. Que de souffrances, de solitudes, de haines explicites ou non dans certains cas ! Comment l'histoire d'Adam et Ève – qui relève du genre sapientiel – accueille-t-elle nos histoires concrètes, de feu et de sang ?

Aux deux premiers chapitres de la Genèse succède le récit de la chute et de l'entrée du mal au cœur même de la relation du couple. L'Écriture, immédiatement après avoir présenté le couple en sa perfection première et structurelle, plonge celui-ci au cœur d'un drame épouvantable. Elle raconte une multitude d'histoires bien tourmentées ! Ainsi Dina, fille de Jacob, est-elle déshonorée par Sichem. Ses frères la vengent en rasant la ville de Sichem (Gn 34). David fait assassiner Urie le Hittite pour masquer son adultère avec Bethsabée (2 S 11-12). Ammon, fils de David, viole sa demi-sœur Tamar avant de se faire tuer par Absalon (2 S 13, 1-38). Jézabel, une femme étrangère, pousse son mari, le roi Achab, à servir d'autres dieux. Elle l'incite à commettre une grave injustice envers Naboth, pour lui permettre de s'emparer de sa vigne (1 R 21). L'Écriture ne passe pas non plus sous silence diverses perversions sexuelles, comme le commerce charnel des filles de Lot avec leur père qu'elles avaient au préalable enivré, pour obtenir à tout prix une descendance (Gn 19, 31-38), les événements de Sodome (Gn 18-19), la prostitution (Jg 16, 1-3) qui conduit à l'idolâtrie par la débauche (Nb 25, 1-18), etc.

Il est inutile de multiplier les exemples dont l'Écriture sainte abonde. Le drame du péché pervertit *de facto* toute communion humaine. La paix semble avoir déserté les familles humaines. Quel contraste avec les deux premiers chapitres de la Genèse ! Un tel choc peut nous laisser étourdis et générer de la désespérance. Or, de cette tentation Dieu nous délivre en réalisant patiemment au cours des siècles le salut du couple et de la famille. Les ancêtres du Christ – comme nous aujourd'hui – ne sont pas des anges, mais des hommes de chair et de sang, agités par toutes sortes de passions bonnes et mauvaises. Ils sont vigoureusement saisis par la grâce de Dieu. Ils sont pétris et sauvés peu à peu par elle. Ils bénéficient du pardon divin qui leur rend concrètement accessible – dans le quotidien de leur existence – ce qui ne leur était plus possible depuis la chute. « Familles, Dieu vous aime », pour reprendre le titre d'un ouvrage du cardinal Danneels[14] ! Voyons de quelle manière tout d'abord dans le couple formé par Abraham et Sara.

C. ABRAHAM ET SARA

1. Un couple bien de son temps

À première vue, le couple formé par Abram et Saraï semble bien loin des deux récits de la création. « Lorsque Abram fut près d'entrer en Égypte, il dit à sa femme Saraï : "Vois-tu, je sais que tu es une femme de belle apparence. Quand les Égyptiens te verront,

14. G. DANNEELS, *Familles, Dieu vous aime. Entretiens avec des familles*, Montrouge, Nouvelle Cité, 1991.

ils diront : "C'est sa femme", et ils me tueront, et ils te laisseront en vie. Dis, je te prie, que tu es ma sœur, pour qu'on me traite bien à cause de toi et qu'on me laisse en vie par égard pour toi." De fait, quand Abram arriva en Égypte, les Égyptiens virent que la femme était très belle. Les officiers de Pharaon la virent et la vantèrent à Pharaon ; et la femme fut emmenée au palais de Pharaon. Celui-ci traita bien Abram à cause d'elle : il eut du petit et du gros bétail, des ânes, des esclaves, des servantes, des ânesses, des chameaux » (Gn 12, 11-16). Abram considère donc sa femme partiellement comme un bien qu'il possède et qu'il peut céder à autrui si sa survie est menacée. Il se conduira de la même façon lors de son séjour chez Abimèlek, le roi des Philistins (Gn 20, 2 s)[15].

Ce couple pratique l'endogamie. « Sara est vraiment ma sœur, la fille de mon père mais non la fille de ma mère, et elle est devenue ma femme » (Gn 20, 12). De même en sera-t-il pour le mariage de son fils. « Tu iras dans mon pays, ordonnera Abraham à l'un de ses serviteurs, dans ma parenté, et tu choisiras une femme pour mon fils Isaac » (Gn 24, 4). Jacob, son petit-fils, observera les mêmes mœurs (Gn 28, 1-2), communes par ailleurs à bien des peuples de cette époque. Le fait d'être demi-frère et demi-sœur par le père n'était pas perçu alors comme un empêchement au mariage, comme ce sera le cas plus tard (Dt 27, 22 et Lv 20, 17).

En outre, notre couple, affronté à la redoutable épreuve de la stérilité, chercha à obtenir une descendance à travers une servante. « La femme d'Abram, Saraï, ne lui avait pas donné d'enfant. Mais elle avait une servante égyptienne nommée Agar, et Saraï dit à Abram : "Vois, je te prie : YHWH n'a pas permis que j'enfante. Va donc vers ma servante. Peut-être obtiendrais-je par elle des enfants." Et Abram écouta la voix de Saraï » (Gn 16, 1-2). Abram et Saraï suivaient ainsi une fois encore les coutumes de leur temps. Selon le droit mésopotamien en effet, une épouse stérile pouvait donner à son mari une servante pour femme et reconnaître comme siens les enfants nés de l'union avec cette « mère porteuse ». Notons enfin qu'Abraham possédait encore d'autres concubines et de nombreux autres enfants (Gn 25, 1-7).

15. De même Isaac à Gérar, face à l'entourage du roi des Philistins. « Les gens du lieu l'interrogèrent sur sa femme et il répondit : "C'est ma sœur." Il eut peur que s'il disait : "C'est ma femme", ils ne le fissent mourir à cause de Rébecca, car elle était belle » (Gn 26, 7).

Cette famille en laquelle « seront bénies toutes les familles de la terre » (Gn 12, 3) partage donc en partie les mœurs de son époque : une appréhension de la femme comme un bien dont le mari peut disposer, le mariages consanguin, le concubinage légal. Abram et Saraï forment un couple bien de leur temps ! Comment Dieu va-t-il réagir ?

2. Un couple assisté et éduqué par Dieu

« YHWH frappa Pharaon de grandes plaies, et aussi sa maison, à propos de Saraï, la femme d'Abram » (Gn 12, 17). Dieu manifeste ainsi qu'une telle situation est mauvaise, qu'elle contrarie son dessein, qu'elle s'oppose à la vie. Il n'a pas peur de remettre en question des coutumes ancestrales qui ne correspondent pas aux « pensées de son cœur » concernant le mariage et la famille. Il révèle à Pharaon, et par contrecoup à Abram, que cette pratique n'est pas juste. Le résultat ne se fait pas attendre. Pharaon convoque Abram, lui reproche sa dissimulation et le renvoie avec Saraï : « Maintenant, voilà ta femme : prends-la et va-t'en ! » (Gn 12, 19). Et il faudra à Dieu agir de la même manière un peu plus tard, lorsque Abram – devenu Abraham en Gn 17 – récidivera à la cour du roi Abimèlek. Il rendra « stérile le sein de toutes les femmes dans la maison d'Abimèlek, à cause de Sara, la femme d'Abraham » (Gn 20, 18). Dieu manifeste ainsi clairement que la sexualité, la vie et la fécondité entretiennent un rapport intrinsèque avec l'institution matrimoniale.

Nous retrouvons ce lien entre mariage et fécondité dans l'épisode du chêne de Mambré. Un des trois mystérieux visiteurs déclare à Abraham : « Je reviendrai vers toi l'an prochain ; alors, ta femme Sara aura un fils » (Gn 18, 10). Pour réaliser sa promesse en sa racine, Dieu n'entend pas séparer institution matrimoniale et procréation. L'héritier de la promesse sera Isaac, fils d'Abraham et de Sara, et non Ismaël, fils de la concubine égyptienne. C'est lui, et lui seul, que Dieu demandera en sacrifice quelques années plus tard : « Prends ton fils, ton unique, que tu chéris et va-t'en au pays de Moriyya, et là tu l'offriras sur une montagne que je t'indiquerai » (Gn 22, 2). C'est lui, et lui seul, qui héritera de tous les biens de son père. Peu avant de mourir, Abraham « donna tous ses biens à Isaac. Quant aux fils de ses concubines, Abraham leur fit des présents et les envoya, de son vivant, loin de son fils Isaac, à l'est, au pays de l'Orient» (Gn 25, 5-6).

La fécondité biologique, si importante dans la mentalité sémitique de l'époque, se révèle ainsi comme un absolu qui ne doit pas être recherché à n'importe quel prix. Bien des siècles plus tard[16], le livre de la Sagesse ira même jusqu'à affirmer : «Une famille nombreuse n'est pas une bénédiction pour qui ne craint pas Dieu» (Sg 4, 3). «Heureuse la femme stérile qui est sans tache, celle qui n'a pas connu d'union coupable; car elle aura du fruit à la visite des âmes. Heureux encore l'eunuque dont la main ne commet pas de forfait et qui ne nourrit pas de pensées perverses envers le Seigneur; il lui sera donné pour sa fidélité une grâce de choix, un lot très délicieux dans le Temple du Seigneur» (Sg 3, 13-14). Pour parvenir à une telle conscience, il faudra des siècles de lente maturation[17].

Dieu est donc entré dans l'histoire d'Abram et de Saraï. De l'intérieur, il leur a fait découvrir que son projet dépasse leurs visées étroites et leurs calculs tributaires de la culture d'alors. Ils survivront à la famine et à la convoitise de Pharaon, mais pas n'importe comment. Ils recevront une descendance aussi nombreuse que les étoiles du ciel, mais pas de n'importe quelle manière et à n'importe quelle condition.

D. JACOB, LÉA ET RACHEL

1. Apparition de l'amour dans l'institution matrimoniale

Avec Isaac et Rébecca, les parents de Jacob, l'amour fait son entrée en scène au cœur du mariage. Cet aspect de l'alliance conjugale revêtait une importance secondaire dans une mentalité

16. Le livre de la Sagesse est considéré comme le dernier ouvrage de l'Ancien Testament. Il aurait été composé à Alexandrie, dans le milieu juif hellénisant, au Ier siècle av. J.-C.

17. Cette histoire est riche d'enseignement pour la problématique actuelle des «procréations médicalement assistées» et des «mères porteuses». Le titre de l'ouvrage de D. TETTAMANZI, *Donner la vie : à quel prix ?* (Paris, Salvator, 2004) est significatif de ce point de vue.

où la communauté et sa survie primaient par rapport au bien de l'individu. Voilà pourquoi il ne vint pas à l'idée d'Abraham de consulter son fils dans le choix de sa future épouse. Il envoie son serviteur s'acquitter de cette mission (voir Gn 24, 2).

Actuellement, la tendance serait plutôt inverse. Centré sur l'amour, le jeune se marie sans trop demander l'avis de ses parents, sans trop se préoccuper du bien de l'ensemble de la famille. Cette mise en lumière de la place décisive de l'amour dans le mariage est sans conteste le fruit d'une belle évolution morale de l'humanité. Le défi à relever aujourd'hui consiste sans doute à ne pas confondre amour et affectivité. Le pacte de conjugalité, s'il est trop exclusivement fondé sur l'aspect passionnel de l'amour, demeure instable et fragile, livré aux aléas des « saisons du cœur ». Et la filiation trouve beaucoup plus de difficulté à s'y inscrire, à s'y déployer et à s'y élaborer[18]. Autre époque, autres tâches !

Quoi qu'il en soit, les individus au temps des patriarches faisaient confiance à la structure familiale pour garantir la réussite de leur mariage. L'amour d'Isaac pour Rébecca n'interviendra qu'après la conclusion du pacte matrimonial : « Et Isaac introduisit Rébecca dans sa tente : il la prit et elle devint sa femme et il l'aima. Et Isaac se consola de la perte de sa mère » (Gn 24, 67).

Cette dimension de l'amour se développe à l'intérieur de l'histoire de Jacob. « Laban [le frère de Rébecca] avait deux filles : l'aînée s'appelait Léa, et la cadette Rachel. Les yeux de Léa étaient doux, mais Rachel avait belle tournure et beau visage et Jacob aimait Rachel. Il dit : “Je te servirai sept années pour Rachel, ta fille cadette.” [...] Donc Jacob servit pour Rachel pendant sept années qui lui parurent comme quelques jours, tellement il l'aimait » (Gn 29, 17-20). Rencontrée au bord d'un puits, il avait lui-même soulevé la pierre pour abreuver les moutons de sa cousine. Et il était tombé éperdument amoureux de Rachel au beau visage au point de ne pas voir le temps s'écouler.

Or, le soir des noces, Laban trompe horriblement son beau-fils Jacob. Il introduit Léa – et non Rachel – dans sa tente[19] et exige

18. Voir Collectif, « La filiation interrogée », *Revue d'éthique et de théologie morale « Le Supplément »*, n° 225, Paris, Éd. du Cerf, 2003.

19. La ruse de Laban et l'erreur de Jacob s'expliquent par l'usage de garder la fiancée voilée jusqu'à la nuit de noces (voir Gn 24, 65).

sept années supplémentaires de dur labeur avant de lui accorder Rachel. Tromperie d'un père voulant marier sa fille aînée à tout prix ? « Rééquilibrage des destins[20] » ? Jacob le trompeur est trompé à son tour, lui qui avait profité de la nuit dans laquelle son propre père aveugle était plongé pour lui arracher sa bénédiction. C'est à présent Laban qui profite de la nuit pour le duper. Il s'était fait passer pour Ésaü et voilà que quelqu'un d'autre se fait passer pour sa fiancée. Coutume de l'époque qui voulait que l'aînée soit mariée avant la cadette ? Jacob avait-il le droit de demander en mariage Rachel et non Léa ? Dans ce cas, Laban n'aurait fait que suivre avec astuce la tradition de ses pères. À moins que les trois raisons ne se conjuguent entre elles ? Quoi qu'il en soit, la coordination entre institution et amour suit un parcours bien sinueux ! Il faudra que Jacob travaille sept autres années pour épouser enfin Rachel, l'élue de son cœur. Comme il fallait s'y attendre, « il aima Rachel plus que Léa » (Gn 29, 30). Comment Dieu réagit-il ?

2. Amour et fécondité

« YHWH vit que Léa était délaissée et il la rendit féconde, tandis que Rachel demeurait stérile » (Gn 30, 31). Elle mit au monde quatre fils. « Léa conçut et enfanta un fils qu'elle appela Ruben, car, dit-elle, "YHWH a vu ma détresse ; maintenant, mon mari m'aimera". Elle conçut encore et elle enfanta un fils ; elle dit : "YHWH a entendu que j'étais délaissée et il m'a aussi donné celui-ci" ; et elle l'appela Siméon. Elle conçut encore et elle enfanta un fils ; elle dit : "Cette fois-ci, mon mari s'attachera à moi, car je lui ai donné trois fils" ; et elle l'appela Lévi. Elle conçut encore et elle enfanta un fils ; elle dit : "Cette fois, je rendrai gloire à YHWH" ; c'est pourquoi elle l'appela Juda. Puis elle cessa d'avoir des enfants » (Gn 29, 31-35).

Ce beau passage ne réduit nullement Léa à sa fonction maternelle, comme une interprétation trop rapide pourrait le laisser croire. Notre texte ne doit pas être lu à un niveau psychologique : telle n'est pas son intention première. Il entend d'abord montrer

20. P. BEAUCHAMP, *Cinquante portraits bibliques*, Paris, Éd. du Seuil, 2000, p. 39 s.

comment l'amour de Jacob et de Léa rejoint progressivement son identité profonde, son lieu propre de surgissement. Grâce à leurs enfants considérés comme dons de Dieu, les époux remontent à la source de leur alliance – Dieu lui-même – pour y puiser la force de s'aimer, et ce au-delà ou en deçà de leurs différends conjugaux. La signification des quatre prénoms ainsi que la cadence presque incantatoire de ce passage manifestent la pacifiante découverte et l'irrésistible déploiement de leur amour conjugal : au fur et à mesure qu'elle met ses fils au monde, Léa devient de plus en plus aimée de son mari Jacob. Leur communion croît au rythme de leur fécondité.

Cela ne signifie nullement que la conception d'un enfant offre à elle seule un remède à une crise de couple, bien au contraire. Une telle aventure éprouve souvent la relation entre le mari et sa femme de mille et une manières : nuits difficiles, père à l'écart, etc. L'arrivée d'un enfant peut donc aussi contribuer à diviser un couple. La mère pourrait par exemple être tentée de se replier dans l'amour de son enfant qui la comble totalement pour l'instant et ne pas introduire comme elle le devrait le père, son mari, dans cette relation de « totalité bienheureuse ».

Notre histoire ne s'arrête pas là (Gn 30, 1-24) ! « Rachel, voyant qu'elle-même ne donnait pas d'enfants à Jacob, devint jalouse de sa sœur et elle dit à Jacob : "Fais-moi aussi avoir des enfants, ou je meurs." » Cette menace n'est pas une façon de parler. La vie et la mort sont ici engagées. Jacob en est parfaitement conscient, lui qui s'emporte contre Rachel en lui rétorquant : « Est-ce que je tiens la place de Dieu, qui t'a refusé la maternité ? » Rachel recourt alors au même stratagème que celui utilisé jadis par Sara : « Voici ma servante Bilha. Va vers elle et qu'elle enfante sur mes genoux : par elle, j'aurai moi aussi des enfants. [...] Et Bilha conçut et enfanta à Jacob un fils. Rachel dit : "Dieu m'a rendu justice ; il a entendu mes pleurs et m'a donné un fils" ; c'est pourquoi elle l'appela Dan. Bilha, la servante de Rachel, conçut encore et enfanta à Jacob un second fils. Rachel dit : "J'ai livré un combat divin avec ma sœur et m'en suis aussi montrée capable" ; et elle l'appela Nephtali. »

Léa de son côté ne pouvait plus enfanter. Elle donna donc à Jacob sa servante Zilpa qui lui enfanta un autre fils. « Elle déclara : "Un bonheur inattendu a fait irruption" et elle l'appela Gad. » Zilpa enfanta une seconde fois et « Léa dit : "Pour ma félicité ! Car les femmes me féliciteront" et elle appela l'enfant Asher». Enfin, Léa enfanta encore elle-même deux autres enfants : « Dieu m'a donné mon salaire pour avoir donné ma servante à mon mari » et elle l'appela Issachar ; « Dieu m'a attribué une bonne part ; cette fois, mon mari viendra habiter chez moi, car je lui ai enfanté six fils » et elle l'appela Zabulon. Ensuite, elle enfanta une fille qu'elle nomma Dina. Alors, Dieu se souvint de Rachel, il l'exauça et la rendit féconde. Elle conçut et elle enfanta un fils ; elle dit : « Dieu a enlevé ma honte » ; et elle l'appela Joseph, disant : « Que Dieu m'ajoute un autre fils. » Longtemps après, Rachel mourra en donnant naissance à Benjamin.

3. Une histoire de salut

La Bible ne rapporte pas là un fait divers, sans réelle importance, mais la naissance des chefs des douze tribus principales[21]. Dieu a choisi celle qui se sentait méprisée comme matriarche principale de son peuple. Dans cette expérience douloureuse d'être d'un côté mal aimée, et d'un autre côté de plus en plus aimée, Léa a conçu, mis au monde, soigné et éduqué une bonne partie des ancêtres des douze apôtres sur lesquels le Christ fondera son Église. C'est dans cet amour-là que le peuple de Dieu tire aussi son origine.

Tout comme pour l'histoire d'Abraham, Dieu entre à l'intérieur des mœurs et des coutumes de l'époque : la bigamie et le concubinage légal. Il pénètre au cœur de la tromperie de Laban. Et, du sein même de ces ténèbres, il fait jaillir la lumière et la vie. Du sein d'une polygamie pleine de rivalités, il fait surgir la bénédiction. Cela ne signifie nullement que Dieu approuve une telle pratique. La polygamie, de façon symptomatique, est née dans la famille de Caïn, et son initiateur, Lamech, était un barbare sanguinaire, violent et vengeur (voir Gn 4, 19-24). Source de mésententes, de divisions et de rivalités, elle atteindra de grandes proportions chez les rois David et Salomon. Ce système, qui ne coïncide guère avec

21. Pour atteindre le chiffre 12, il faut inclure Dina. Elle sera remplacée plus tard par Benjamin, né en Canaan (Gn 35, 16). Lévi, racine de la tribu sacerdotale, sera remplacé quant à lui par le dédoublement de Joseph (Éphraïm et Manassé).

l'orientation profonde inscrite dans le cœur du couple originel, engendre bien des souffrances et, plus particulièrement dans ce texte, des souffrances d'amour. Quant à l'engendrement par concubinage légal, le lecteur de la Genèse est déjà averti de son inadéquation foncière suite à l'histoire d'Abraham et de Sara.

Ces sérieuses limites n'empêchent pas pour autant Dieu de rejoindre cette « famille » bigame là où elle se trouve, à l'intérieur de son lien tourmenté entre amour, fécondité et institution matrimoniale[22]. La grâce divine ne plane pas au-dessus de la pâte humaine, mais elle la pétrit profondément. Il faudra de longs siècles pour que peu à peu, le couple puisse réaliser ce pour quoi il a été créé. Dieu l'y conduit en l'éduquant à travers les âges. Le mariage est une réalité profondément blessée que Dieu soigne et sauve au fil du temps. Il se situe non pas en dehors mais au cœur de l'histoire du salut.

E. OSÉE ET GOMER

1. Alliance divine et alliance humaine

Au temps des prophètes, nous assistons à un approfondissement de la compréhension du mariage à travers la méditation de l'alliance conclue par Dieu avec son peuple. Pacte juridique comparable aux traités de vassalité de l'époque, cette alliance ne s'y réduit cependant pas. Elle implique amour et fidélité *(hésèd)* de la part de Dieu (Ex 34, 6-7 ; Dt 7, 7-8) comme de la part de l'homme (Dt 6, 4 ; Os 4, 2 ; 6, 6). Israël et son Dieu sont donc liés par le cœur, pas seulement par le droit. La notion d'alliance s'en trouve considérablement enrichie.

Il faut se représenter ce que ce fait signifie dans l'imaginaire spirituel des personnes à cette époque, dans leur conscience, dans leur cœur. Ils ont perpétuellement sous les yeux une alliance à la fois juridique et amoureuse qu'ils sont invités à « reproduire » dans leur propre famille. Inversement, leur expérience matrimoniale

22. On peut lire dans la même perspective l'histoire d'Elqana et de ses deux épouses, Anne et Peninna (1 S 1).

leur permet d'entrer davantage dans la compréhension du lien contracté entre Dieu et son peuple.

Cette alliance avec Dieu n'est pas idéalisée. Elle est bien concrète. Elle se situe à l'intérieur d'une histoire de dons, de péchés, d'infidélités et de pardons. Elle connaît des hauts et des bas, des crises et des rétablissements. La manière dont elle se déroule devient donc en quelque sorte le miroir où se reflète la manière dont les alliances matrimoniales sont vécues. À partir du drame spirituel d'Israël pécheur face à son Dieu, l'homme se met peu à peu à comprendre comment il doit vivre son « drame » conjugal. Et réciproquement, à partir des ombres et des lumières de sa vie matrimoniale, l'être humain entre davantage dans l'intelligence de l'alliance divine. Osée, qui exerça son activité prophétique de 752 à 724 av. J.-C., en est le témoin le plus émouvant.

2. Le drame d'Osée

Cette confrontation du drame vécu par le peuple de Dieu et du drame vécu par le couple humain se retrouve en de nombreux textes prophétiques, mais de façon toute spéciale dans le livre d'Osée. « YHWH dit à Osée : "Va, prends une femme se livrant à la prostitution, car le pays ne fait que se prostituer en se détournant de YHWH." Il alla donc prendre Gomer, fille de Diblayim » (Os 1, 2-3). Le prophète va ainsi manifester dans sa vie de couple la situation du peuple face à son Dieu. Il en sera la douloureuse parabole : Israël est pour YHWH une épouse débauchée qui se livre à d'autres dieux. Osée, image de Dieu, va beaucoup en souffrir. Son amour sera continuellement bafoué, trahi. Il n'a pas été reconnu, malgré tous ses dons. Aussi sa colère va-t-elle s'enflammer avec une force croissante. Le nom des enfants issus de leur union en porte la trace : *Yzréel*, nom de la vallée qui relie l'Égypte et l'Assyrie et qui, de ce fait, a été le théâtre de bien des batailles[23] ; *Lo-Ruhamah* ou « Non-Aimée, Celle-dont-on-n'a-pas-pitié » ; *Lo-Ammi* ou « Pas-mon-peuple ». Les fruits de l'amour entre Dieu et son peuple se livrant à la prostitution sont donc « Bataille », « Non-Aimée » et « Rejeté ».

---

23. C'est aussi le nom d'une résidence des rois d'Israël, où Jéhu massacra la femme et les descendants d'Achab (2 R 9, 15 ; 10, 14).

Cette colère a comme but de provoquer la conversion de l'épouse infidèle, de susciter cette réflexion : « Je veux retourner vers mon premier mari, car j'étais plus heureuse que maintenant » (Os 2, 9). Dieu reste indéfectiblement fidèle à la promesse faite à Abraham, promesse qu'il réitère au début du chapitre 2 avant même que l'épouse infidèle ne soit revenue de sa prostitution : « Le nombre des enfants d'Israël sera comme le sable de la mer, qu'on ne peut ni mesurer, ni compter ; au lieu même où on leur disait : "Vous n'êtes pas mon peuple", on leur dira "Fils du Dieu vivant" » (Os 2, 1). Yzréel devient le lieu symbolique du Jour de YHWH (voir Am 5, 18) : « Il sera grand le jour d'Yzréel. Dites à vos frères : "Mon Peuple", et à vos sœurs : "Celle dont on a pitié" » (Os 2, 2-3).

Quant à l'épouse-prostituée, Osée déclare : « Je vais la séduire[24], je la conduirai au désert[25] et je parlerai à son cœur. Là, je lui rendrai ses vignobles[26], et je ferai du val d'Akor une porte d'espérance[27]. Là, elle répondra comme aux jours de sa jeunesse, comme au jour où elle montait du pays d'Égypte. Il adviendra en ces jours-là – oracle de YHWH – que tu m'appelleras : "Mon mari", et tu ne m'appelleras plus : "Mon baal"[28]. [...] Je te fiancerai à moi pour toujours ; je te fiancerai dans la justice et le droit, dans la tendresse et la miséricorde ; je te fiancerai à moi dans la fidélité et tu connaîtras YHWH » (Os 2, 16-18 ; 2, 21-22).

Le verbe « fiancer » est utilisé dans la Bible uniquement à propos d'une jeune fille vierge. En employant un tel terme, Dieu montre

24. Séduire signifie détourner par le cœur, de l'intérieur, quelqu'un d'un chemin qu'il aurait dû logiquement suivre, c'est-à-dire, dans notre texte, le chemin de la perdition et de la débauche.

25. Le désert est le lieu de la première Alliance. C'est aussi un endroit où Israël est protégé, dans une certaine mesure, des autres dieux.

26. Les vignobles symbolisent fréquemment Israël. Ils désignent aussi le fruit porté, l'épouse féconde : « Ton épouse, dans ta maison, sera comme une vigne fructueuse » (Ps 128 [127], 3).

27. Le val d'Akor est une vallée située près de Jéricho et qui donne accès à l'intérieur du pays. Il a été le lieu d'un acte d'infidélité durement châtié (Jos 7, 24-26). Son nom signifie « vallée de malheur » (Jg 7, 26). Il devient porte d'espérance qui donne accès à une terre sainte rénovée.

28. Au temps d'Osée, le nom de baal (maître) était considéré comme impie car il se référait de façon trop explicite aux Baals cananéens (voir Jg 2, 13). Le passage de « mon maître » à « mon mari » insinue que désormais l'accent est mis sur l'intimité du lien conjugal plutôt que sur la subordination de l'épouse à l'époux (voir Jn 15, 15).

qu'il abolit totalement le passé adultère de son peuple-épouse et en fait une créature nouvelle. Ce verbe est au futur ou, en hébreu, à l'inaccompli. La Nouvelle Alliance dont il est question s'accomplira aux temps eschatologiques. La réintégration de Gomer et le rétablissement de la vie commune, dans des liens d'attachement durables et affectueux, annoncent cette miséricorde que Dieu accorde à son peuple à travers la promesse de la Nouvelle Alliance.

3. Un couple téléotype

Tout le livre d'Osée exprime donc, à travers l'allégorie prophétique de son mariage avec une prostituée, l'amour inconditionnel de Dieu envers son peuple, son offre de pardon et sa volonté de purification. L'amour de Dieu ne désespère pas au milieu même de la corruption générale. Il ne se résout pas au mal mais il le dénonce violemment, châtie l'infidélité et relève ceux qui étaient perdus. Il annonce une Alliance nouvelle qui adviendra au terme de l'histoire.

Avec Osée, l'essentiel de ce « jeu de miroir » entre les deux alliances (Dieu/peuple et mari/femme) a été dit dans le cadre de l'Ancien Testament. « Après lui, et en dépendance de lui, d'autres prophètes vont reprendre ce thème, note Pierre Grelot. Mais comme il ne sera pas mêlé au même point à leur expérience d'hommes, ils n'y mettront pas la même profondeur existentielle[29]. » Ainsi Isaïe (5, 1-7 ; 54 ; 60-62), Jérémie (2, 20-25) et Ézéchiel (16 ; 23). Chez ce dernier, l'épouse de YHWH n'est plus le peuple d'Israël mais la ville de Jérusalem qui le personnifie en qualité de capitale. La Ville sainte est évoquée par Ézéchiel sous les traits d'une femme, d'une épouse et d'une mère.

L'ensemble des textes prophétiques illumine donc la réalité du mariage entre un homme et une femme par la réalité de l'alliance entre Dieu et son peuple (et réciproquement). Ils le présentent comme une alliance de cœur *(hésèd)* qui se coule sous une forme juridique. Le lien entre amour, institution, sexualité et fécondité s'en trouve éclairé, approfondi et renforcé. Cette alliance est présentée à un triple stade : celui du don initial ; celui de la blessure

29. P. Grelot, *Le couple humain dans l'Écriture*, p. 51.

et de l'échec, de la prostitution et de l'adultère ; celui de l'Alliance nouvelle, basée sur une intervention miraculeuse de Dieu sauveur.

Nous avions déjà un couple « prototype » : Adam et Ève. Voici à présent, au cœur de l'épaisseur tragique de l'histoire, un couple « téléotype » : Dieu et son peuple. De même que Dieu accomplira parfaitement son alliance à la fin des temps – et l'accomplit déjà partiellement *hic et nunc* –, de même l'homme et la femme réussiront-ils parfaitement leur alliance, grâce à l'intervention salvifique de Dieu. Le modèle et le gage de leur espérance ne sont pas inscrits seulement dans le passé, mais aussi dans le futur. Le principe et la fin s'entrecroisent et se promeuvent réciproquement dans la trame de leur histoire familiale de tous les jours. Ils forment une sorte d'« arc » en tension dynamique.

F. TOBIE ET SARRA

1. Vers un mariage indissoluble et monogamique

À partir de la captivité à Babylone, le peuple juif attend la réalisation historique de l'Alliance nouvelle. En ce qui concerne le mariage, il vit toujours dans le cadre des normes juridiques héritées de l'Alliance du Sinaï, avec les limites que nous connaissons : polygamie possible, concubinage légal, permission de répudier, endogamie, etc. Cependant, l'idéal du mariage s'est affiné au point qu'une certaine pratique commune tend à faire autorité. Ainsi, dans le livre de Malachie, Dieu déclare haïr la répudiation. « YHWH a été témoin entre toi et la femme de ta jeunesse, celle que tu as trahie alors qu'elle était ta compagne et la femme de ton alliance *(berît)*. [...] Ne trahis donc pas la femme de ta jeunesse, car je hais la répudiation, a dit YHWH, le Dieu d'Israël » (Ma 2, 14-16). L'amour et la fidélité *(hésèd)* dans le couple sont tels que ce dernier apparaît finalement comme indissoluble. Les Proverbes – dont la datation n'est pas évidente – invitent l'homme à « trouver sa joie dans la femme de sa jeunesse » (Pr 5, 18) et se terminent par l'éloge de la maîtresse femme « en laquelle se confie le cœur de son mari » (Pr 31, 11), elle qui « fait son bonheur et non son malheur tous les jours de sa vie » (Pr 31, 12).

Ainsi, en pratique, la polygamie est-elle en nette régression. Le *Document de Damas*[30], d'origine essénienne, l'interdit même complètement en invoquant Genèse 1, 27. L'interprétation de la loi du divorce se fait elle-même plus restrictive et le rapport avec les prostituées est interdit. Les Livres saints, à force d'être lus et médités, transforment de l'intérieur les coutumes et les mœurs du peuple élu. Ils le poussent à se convertir et lui donnent des raisons d'espérer : oui, le mariage tel qu'il a été voulu par Dieu est possible en cette vie si profondément imprégnée par le péché ; le Dieu qui sauve Israël donne sa grâce pour sauver le mariage. Les textes qui témoignent de cette évolution sont nombreux. Arrêtons-nous un instant auprès de Tobie et de Sarra, un couple qui vit en exil à Ninive, en conformité avec la Loi de ses pères, d'une manière qui tranche avec le milieu ambiant. Il s'agit d'une étonnante saga familiale, destinée à transmettre un enseignement moral au sens large du terme[31].

2. Un mariage sous le signe de la malédiction

Une effroyable malédiction pèse sur Sarra et les unions successives qu'elle a tenté de contracter : « Elle avait été donnée sept fois en mariage et Asmodée, le pire des démons, avait tué ses maris l'un après l'autre, avant qu'ils se soient unis à elle comme de bons époux » (Tb 3, 8). Le mariage, sous la domination du mal, conduit à la mort. Sarra et ses sept maris en sont les témoins douloureux pour son peuple et pour toute l'humanité. Aussi, profondément désespérée, cette jeune femme décide de se pendre suite à une remarque assassine d'une servante sans cœur : « Va donc rejoindre les maris que tu as tués » (Tb 3, 9).

Toute sanglotante, Sarra monte dans la chambre de son père avec ce noir dessein. Une pensée de piété filiale l'empêche heureu-

30. *Les manuscrits du désert de Juda*, trad. de G. Vermes, Paris-Tournai, 1953, IV, 20-2, p. 164.

31. Le livre de Tobie semble avoir été écrit vers 200 av. J.-C. peut-être en Palestine et probablement en araméen, dans l'ambiance du judaïsme hellénistique. Il nous est connu seulement à travers le grec. Dans certains grands manuscrits de la Septante, ce livre – avec celui de Judith et d'Esther – est rangé à la suite des livres historiques. D'autres classent ces trois livres après les écrits sapientiaux.

sement de mettre son projet à exécution : « Je ne veux pas causer à mon père un chagrin qui conduirait sa vieillesse au séjour des morts » (Tb 3, 10). L'obéissance au quatrième commandement du Décalogue – « Honore ton père et ta mère afin d'avoir longue vie sur la terre que le Seigneur ton Dieu te donne » (Ex 20, 12) – sauve sa vie. En respectant celui qui est à l'origine de sa vie, et qui est le « lieu-tenant » de Dieu de ce point de vue, Sarra est amenée à respecter sa propre vie. Elle ne s'enferme pas dans son chagrin. Elle se tourne vers l'auteur de ses jours et se raccroche à lui comme quelqu'un qui se noie à une bouée. Ce faisant, elle s'ouvre à Dieu et remet sa vie entre ses mains. « Je ferais mieux de supplier le Seigneur de me faire mourir [...]. Elle étendit les bras du côté de la fenêtre et pria ainsi : "Tu es béni, Dieu de miséricorde." » (Tb 3, 10-11). Suit une magnifique et émouvante prière.

Remarquons la progression. Tout commence avec l'insulte d'une servante qui prononce une parole accusatrice et meurtrière. Par cette malédiction, elle rend la vie insupportable à Sarra. Son extrême chagrin l'amène dans une chambre – pas n'importe laquelle : celle de son père – pour se pendre. Là, une pensée lui traverse l'esprit ; elle se met à réfléchir au bien de son père. L'intervention de sa raison et de l'amour filial est pour elle le début du salut. Elle arrive à la conclusion : « Il faut remettre ma vie dans les mains de Dieu. Seul Dieu peut m'ôter la vie qu'il m'a donnée par mon père. » Le respect de son père l'a conduite au respect de Dieu. Après avoir pensé ainsi, Sarra se tourne du côté de la fenêtre – pas du côté du mur – et étend les bras. Elle se tourne physiquement vers Dieu pour lui adresser la parole.

Avant même d'exposer sa plainte à Dieu, elle commence par le bénir : « Tu es béni, Dieu de miséricorde ; que ton Nom soit béni dans les siècles, et que toutes tes œuvres te bénissent dans l'éternité. » Sarra débute donc sa prière en regardant Dieu, non son propre malheur. Par ces paroles « traditionnelles » qu'elle connaît sans doute par cœur depuis son enfance, elle entre avec son immense chagrin dans une réelle prière, c'est-à-dire dans un réel dialogue avec Celui qui est. Cette bénédiction quasi liturgique vient à son secours pour l'ouvrir à Dieu. Elle l'introduit dans la dynamique de la bénédiction, du salut et de vie. On voit par quelle redoutable épreuve Sarra est passée avant de pouvoir fonder avec Tobie un des couples les plus lumineux de toute l'Écriture.

3. Un mariage sauvé

Le mariage de Tobie et de Sarra, en effet, va refléter dans les méandres de l'histoire humaine celui d'Adam et Ève en sa splendeur originaire. Il va retrouver le dynamisme profond et unifié qui le constitue selon le dessein éternel de Dieu.

1) Un immense amour unit les époux, amour qui passe par bien des épreuves. « Tobie aima Sarra au point de ne plus pouvoir en détacher son cœur » (Tb 6, 18).

2) Leur mariage possède une forme institutionnelle. Il se situe dans le cadre de l'obéissance à la Torah. « Ragouël fit venir sa fille Sarra, lui prit la main et la remit à Tobie avec ces paroles : "Je te la confie ; c'est la loi et la décision écrite dans le Livre de Moïse qui te l'attribuent pour femme. Prends-la, emmène-la chez ton père en bonne conscience. Que le Dieu du Ciel vous donne de faire en paix un bon voyage." Puis il s'adressa à la mère, et lui dit d'aller chercher une feuille de papier pour écrire. Il rédigea le contrat de mariage, comme quoi il donnait à Tobie sa fille pour épouse, en application de l'article de la Loi de Moïse » (Tb 5, 12-13).

3) Avant de s'unir charnellement (Tb 8, 5-8), « Tobie se leva du lit et dit à Sarra : "Debout, ma sœur ! Il faut prier tous deux, et recourir à notre Seigneur, pour obtenir sa grâce et sa protection." Elle se leva et ils se mirent à prier pour obtenir d'être protégés. » Le mari invite sa femme à se lever, à se tenir debout, dans la position du vivant, du ressuscité. Il lui rappelle la loi de vie, la loi du recours à Dieu, source de grâce et de protection. « Écoute Israël, le Seigneur notre Dieu est l'Unique. Tu aimeras le Seigneur ton Dieu de tout ton cœur, de toute ton âme et de toute ta force. […] Tu répéteras ces paroles que tu sois couché ou debout » (Dt 6, 4-8). Tobie vit l'amour de sa femme dans l'amour de Dieu, sans séparer les deux tables de la Loi. À la différence d'Adam, il n'abandonne pas son rôle de gardien de la Loi de vie. À la différence de son grand ancêtre, il ne se dérobe pas en entendant le pas de Dieu. Il ne va pas se cacher. Au contraire, il appelle son épouse pour se présenter ensemble devant Lui. Et Sarra y répond : « Elle se leva. » Elle est heureuse de correspondre à ce pour quoi elle a été créée, à être avec son mari image même de l'amour de Dieu. Elle se sent profondément reconnue, respectée et entraînée dans son identité de femme créée par amour et pour l'amour. Dans ce double lever de

Tobie et de Sarra, nous pouvons contempler le couple qui se relève de la chute des origines. La domination de l'homme se fait service. La convoitise de la femme se fait offrande de son mari et d'elle-même à Dieu. « Et ils se mirent à prier. » La parole est adressée de concert à Dieu. Elle ne sert plus à accuser l'autre comme dans le jardin d'Éden, mais à bénir Dieu et à implorer sa bénédiction.

Et Tobie « commença ainsi : "Tu es béni, Dieu de nos pères, et ton Nom est béni dans tous les siècles des siècles ! Que te bénissent les cieux et toutes les créatures dans tous les siècles ! C'est toi qui as créé Adam, c'est toi qui as créé Ève, sa femme, pour être son secours et son appui, et la race humaine est née de ceux-là. C'est toi qui as dit : Il ne faut pas que l'homme reste seul, faisons-lui une aide semblable à lui." » Le couple, à travers Tobie, bénit Dieu avec des paroles tirées du livre de la Genèse. Il bénit Dieu dans le péril même où il se trouve, à la différence d'Adam et Ève qui en ont eu peur et l'ont insidieusement soupçonné de malice. Il Lui rappelle son projet initial : « C'est toi qui as créé Adam », prenant ainsi appui sur la volonté même de Dieu, non sur ses propres capacités.

« Et maintenant, poursuit Tobie, ce n'est pas le plaisir que je cherche en prenant ma sœur, mais je le fais d'un cœur droit. Daigne avoir pitié d'elle et de moi et nous mener ensemble à la vieillesse ! Et ils dirent de concert : "Amen, amen !" Et ils se couchèrent pour la nuit » (Tb 8, 5-8). Droiture de cœur, indissolubilité et plaisir sont ici étroitement ordonnés l'un à l'autre. Amour et sexualité sont intimement unis, marqués du sceau de la totalité de la vie jusqu'à la vieillesse, dans l'obéissance joyeuse à Dieu. « Et ils se couchèrent pour la nuit » : ils vécurent effectivement leur communion, à l'intérieur de cette communion restaurée avec Dieu. La nuit, image de mort, devient source de repos, de paix et de force pour la journée du lendemain. Et Tobie demeura en vie alors que sa tombe avait déjà été secrètement creusée par son beau-père (lequel l'a bien vite rebouchée avant l'aube). Bien plus, il va devenir avec Sarra son épouse source de vie.

4) En effet, la fécondité va surabonder dans la famille de Tobie et Sarra, d'un point de vue indissociablement biologique et spirituel. De nombreux enfants voient le jour et reçoivent la vie dans tous les sens du terme, en continuité avec la vie reçue des générations précédentes. « Imposez à vos enfants l'obligation de faire la justice et l'aumône, de se souvenir de Dieu, de bénir son Nom en

tout temps, en vérité, et de toutes leurs forces» (Tb 14, 8). Ces paroles que le père de Tobie adresse à ses enfants avant de mourir transmettent la vie. Le vieil homme leur enjoint en outre de quitter Ninive dont les prophètes ont annoncé la ruine. « Dès que tu auras enterré ta mère auprès de moi, ordonne-t-il à son fils, pars le jour même quel qu'il soit, et ne demeure plus dans ce pays où je vois triompher sans vergogne la perfidie et l'iniquité» (Tb 14, 9). Vie physique et vie selon la Loi sont étroitement liées dans le cœur et la parole de ce vieil homme. Sur son lit de mort, il continue à bénir et à transmettre la vie aux générations qui le suivent. Tout comme Sarra a été sauvée par la pensée de son père, Tobie et sa famille sont sauvés par la parole de son propre père. « Honore ton père et ta mère afin d'avoir longue vie sur la terre que le Seigneur ton Dieu te donne ! » (Ex 20, 12).

Dans le couple de Tobie et de Sarra sont donc unis de manière particulièrement lumineuse et forte amour, sexualité, institution matrimoniale et fécondité. Cette unification est rendue possible grâce à Dieu que les époux prient longuement avant de s'unir. Plus que dans d'autres passages de l'Écriture, le mariage apparaît ici comme possible et source de bonheur grâce à l'assistance divine. Il est une réalité restaurée, sauvée et renouvelée. Il offre ainsi un splendide modèle et comme une matrice de formation à des millions de familles, celles d'aujourd'hui comme celles d'hier.

G. LE CHRIST ET L'ÉGLISE

1. Le Christ époux

Un prophète n'aurait sans doute pas pu s'empêcher de contempler dans l'alliance entre Tobie et Sarra un reflet étonnamment pur de l'alliance entre Dieu et son peuple. Il aurait vraisemblablement vu un témoignage rempli d'espérance de l'accomplissement futur de la promesse divine. Israël attendait en effet un renouvellement définitif de l'Alliance à la fin de l'histoire. Or cette alliance fut effectivement scellée dans l'événement de la mort et la résurrection de Jésus[32].

32. Voir Mc 14, 24 ; Mt 26, 28 ; Lc 22, 20 ; 1 Co 11, 25 ; He 8, 6 ; 10, 17.

Le Christ se présente lui-même comme l'Époux. « Les compagnons de l'Époux peuvent-ils mener le deuil tant que l'Époux est avec eux ? Viendront des jours où l'Époux leur sera enlevé, et alors, ils jeûneront » (Mt 9, 15 ; Mc 2, 19-20 ; Lc 5, 34-35)[33]. Il est enlevé par sa mort. Par sa résurrection et son ascension, il demeure cependant avec les siens « tous les jours et jusqu'à la fin du monde » (Mt 28, 20). Le rapport de l'Époux avec son Épouse est donc désormais marqué à la fois par une absence et par une nouvelle forme de présence.

Ce fait historique et transhistorique transforme profondément la réalité du mariage. Le texte le plus explicite à ce sujet et le plus développé doctrinalement est l'épître aux Éphésiens. « Voici que l'homme quittera son père et sa mère et s'attachera à sa femme et les deux ne formeront plus qu'une seule chair : ce mystère est grand ; je veux dire qu'il s'applique au Christ et à l'Église » (Ep 5, 31). L'union du Christ et de l'Église est donc le modèle de l'union entre des personnes mariées, son archétype par excellence. Mieux, par la grâce sacramentelle, ces deux unions possèdent la même qualité. Non seulement, l'alliance de l'homme et de la femme signifie l'alliance du Christ et de l'Église, mais encore et surtout, elle y participe intimement[34]. Il n'y a pas seulement « un jeu de miroir » entre elles, mais une mystérieuse communication de réalité. Voilà pourquoi les quatre dimensions fondamentales du mariage et de la famille se retrouvent chacune à un degré suréminent dans l'Alliance nouvelle.

2. Quatre dimensions de l'Alliance nouvelle

1) « Le Christ a aimé l'Église et s'est livré pour elle » (Ep 5, 24). La relation d'amour entre le Christ et l'Église, avec toutes ses harmoniques, est en mesure d'enseigner l'amour nuptial à tous les

33. De même en est-il dans les paraboles du festin donné par le Roi pour les noces de son fils (Mt 25, 34) et des dix vierges qui attendent la venue de l'Époux (Mt 25, 1-13).

34. Voir les commentaires de JEAN-PAUL II sur Éphésiens 5, donnés à Rome lors de ses catéchèses du mercredi (du 28 juillet 1982 au 9 février 1983), repris dans *Résurrection, mariage et célibat. L'Évangile de la rédemption du corps*, Paris, Éd. du Cerf, 1985, p. 141-253.

couples de la terre. Elle est exprimée ici en termes de don de soi. Elle ne s'arrête pas aux offenses, mais les traverse victorieusement. « Il s'est livré pour elle afin de la sanctifier » (Ep 5, 25-26).

2) Cette alliance est à la fois spirituelle et charnelle. L'épître aux Éphésiens en rend témoignage à travers le langage du corps. « Aimer sa femme, n'est-ce pas s'aimer soi-même ? Or, nul n'a jamais haï sa propre chair ; on la nourrit au contraire et on en prend soin. C'est justement ce que le Christ fait pour l'Église : ne sommes-nous pas les membres de son Corps ? » (Ep 5, 28-30). Saint Paul cite alors le fameux passage de Genèse 2, 24 qu'il applique à la relation entre le Christ et l'Église.

3) Cette alliance est instituée pour toujours. Quelles que soient les infidélités humaines, les trahisons, le Christ demeure fidèle, accomplissant ainsi la prophétie d'Isaïe : « Les montagnes peuvent s'écarter et les collines chanceler, mon amour ne s'écartera pas de toi, mon alliance de paix ne chancellera pas » (Is 54, 10). L'indissolubilité naturelle du mariage – « les deux ne formeront plus qu'une seule chair » – se trouve non seulement confirmée, mais aussi enrichie d'une nouvelle réalité, « potentialisée » à l'infini par l'indissolubilité même de l'amour entre le Christ et son Église. « Ne sommes-nous pas les membres de son Corps ? » (Ep 5, 30).

4) Le Christ, uni à son Église, met au monde et éduque une multitude d'enfants pour le Royaume.

Les couples archétype et téléotype conduisent donc à celui du Christ et de l'Église. Certes, ni l'alliance d'Adam et Ève, ni celle d'Osée et Gomer ne sont effacées. Mais elles sont portées à leur (sur)accomplissement.

Les époux chrétiens sont donc invités à contempler le lien qui unit le Christ et son Église pour y discerner la qualité même de leur lien conjugal[35]. Ils ne doivent plus attendre des siècles avant de pouvoir réaliser cette alliance dans leur vie familiale concrète. Les temps sont accomplis et le Royaume est là. Depuis saint Jean-Baptiste, l'ère du Royaume est ouverte (Mt 11, 12) : c'est le temps des noces (Mc 2, 19 ; Jn 2, 1-11) et de la moisson (Mt 9, 37 ; Jn 4, 35). Les chrétiens issus du judaïsme comme du paganisme sont

---

35. A. LÉONARD a organisé sa réflexion éthique dans le domaine de la sexualité autour de ce principe fondamental : *Jésus et ton corps. La morale sexuelle expliquée aux jeunes*, rééd. Paris, Mame, 1996.

tout à fait en mesure de vivre immédiatement en conformité avec le dessein divin pleinement révélé dans le Christ. Par leur baptême, ils ont été justifiés et ont revêtu le Christ. Ils sont désormais remplis de la force de l'Esprit Saint. De nombreuses exhortations de saint Paul ne laissent place à aucun doute à ce sujet.

CONCLUSION

Quel est le « dessein de Dieu sur le mariage et sur la famille », se demande l'exhortation apostolique *Familiaris consortio* au numéro 11 ? Le texte répond en articulant rigoureusement et successivement les dimensions de l'amour, de la sexualité, de la fécondité et de l'institution.

1) « La vocation à l'amour est la vocation fondamentale et innée de tout être humain. Puisque l'homme est un esprit incarné [...], il est appelé à l'amour dans sa totalité unifiée. [...] La Révélation chrétienne connaît deux façons de réaliser la vocation à l'amour de la personne humaine, dans son intégrité : le mariage et la virginité » (paragraphes 1-3)[36].

2) « La sexualité ne se réalise de façon véritablement humaine que si elle est partie intégrante de l'amour dans lequel l'homme et la femme s'engagent entièrement l'un vis-à-vis de l'autre. La donation physique totale serait un mensonge si elle n'était pas le signe et le fruit d'une donation personnelle totale » (paragraphe 4).

3) « Cette totalité, requise par l'amour conjugal, correspond également aux exigences d'une fécondité responsable » (paragraphe 5).

4) « Le "lieu" unique, qui rend possible cette donation selon toute sa vérité, est le mariage, c'est-à-dire le pacte d'amour conjugal [...]. L'institution du mariage est une exigence intérieure du pacte d'amour conjugal qui s'affirme publiquement comme exclusif et unique » (paragraphe 6).

Et Jean-Paul II de poursuivre : « L'Esprit, que répand le

36. L'« amour » offre au texte pontifical son concept unificateur, son foyer d'intelligibilité. Tout y est rapporté, mesuré, éclairé, déployé, y compris la vocation à la virginité brièvement abordée.

Seigneur, leur donne [aux baptisés] un cœur nouveau et rend l'homme et la femme capables de s'aimer comme le Christ nous a aimés » (n° 13).

Mariage et famille : quelle espérance ? Une espérance concrète grâce au Christ. C'est lui qui rétablit les époux dans leur vérité originelle. C'est lui qui les élève à une dignité inimaginable pour le cœur et l'esprit humains. C'est lui qui leur donne la possibilité effective de vivre cette réalité en plénitude, sans confondre, dissocier, séparer ou opposer les quatre dimensions « consubstantielles » du mariage. C'est lui qui les a sauvés et les sauve à chaque instant, à chaque période de l'histoire[37]. Certes, on peut légitimement s'inquiéter des conséquences inédites du mouvement enclenché dans les cultures par la « révolution sexuelle ». Par son ampleur, sa radicalité, sa violence et son aspect systématique, ce mouvement peut générer un sentiment de désorientation, de stupéfaction, voire de découragement. Pourtant une telle dynamique n'est pas si nouvelle qu'elle n'y paraît. Elle remonte à la nuit des temps, à la nuit des cœurs. Et Dieu, maître des temps et de l'histoire, n'a jamais abandonné les siens au cours des âges. « Les pensées de son cœur subsistent d'âge en âge » (Ps 33 [32], 11).

---

37. Cf. J. LAFFITTE, « Il perdono, la coppia e la famiglia », dans COLLECTIF, *Padri e madri per crescere a immagine di Dio*, a cura di R. Bonetti, Città Nuova Ed., Roma, 1999, p. 209-241 ; J. LAFFITTE, « Les époux chrétiens : sacramentalité de l'amour conjugal et appel au pardon », dans *Carmel*, 2001/1).

CHAPITRE II

LE CÉLIBAT POUR LE ROYAUME : QUEL DON ?

« Heureux, vous, les pauvres, car le Royaume de Dieu est à vous » (Lc 6, 20).

Le célibat pour le Royaume est comparable à la perle rare et magnifique dont parle l'Évangile (Mt 13, 44-46). Il est un des trésors les plus précieux, caché par le Christ dans le grand champ de la terre. Quel est ce don inestimable ? Comment le découvrir ? Quels chemins emprunter pour avoir accès à sa réalité, à sa beauté, à son prix, à sa paix ? Cette question ne concerne pas seulement les personnes qui ont reçu la grâce d'y être appelées, mais également tout chrétien et plus largement tout homme de bonne volonté.

Nous proposons à cet effet quatre démarches. La première – assez extérieure – consiste à écouter ce qui se dit à son sujet actuellement (A). Notre deuxième démarche nous emmènera à l'intérieur de l'Écriture sainte, plus spécialement à l'intérieur du chapitre 19 de l'Évangile selon saint Matthieu. Ce passage présente l'intérêt de situer le célibat pour le Royaume par rapport au mariage et vice versa (B). Notre troisième recherche sera plus immédiatement d'ordre éthique (C). Dans un quatrième temps, nous reprendrons du point de vue spirituel le « don du célibat pour le Royaume » (D). Par ces quatre regards croisés, nous espérons nous laisser introduire peu à peu dans quelques aspects essentiels de ce beau mystère.

A. LE CÉLIBAT CONSACRÉ DANS LA CULTURE OCCIDENTALE ACTUELLE

1. Le célibat soupçonné

Le célibat choisi n'a jamais été une réalité aisément perçue. Dans certains cas, il faisait même l'objet d'une condamnation explicite par la loi, comme le rapporte par exemple Valère Maxime[1]. D'après saint Augustin, Platon aurait offert un sacrifice pour expier sa continence perpétuelle[2]. Pas plus que dans l'Antiquité, le célibat ne va de soi aujourd'hui. Est-ce un comportement bien sain, soupçonne la société qui sacralise la sexualité ? La lutte ascétique ne s'enracine-t-elle pas quelque part dans des tendances masochistes ? Ne trahit-elle pas un étrange mépris pour le corps et le plaisir ? Ou alors, le célibat n'offre-t-il pas une façade pseudo-vertueuse à des personnes qui souffrent de vices qu'elles ne veulent pas avouer ?

« Il en est, écrit Paul VI, qui affirment avec insistance que le célibat place le prêtre dans une condition physique et psychologique antinaturelle, dommageable à l'équilibre et à la maturité de la personne humaine ; il en résulte, disent-ils, que souvent le cœur du prêtre se dessèche, manque de chaleur humaine et de pleine communion avec ses frères dans leur vie et leur destin, et est contraint à un isolement d'où naissent l'amertume et le découragement[3]. » Un regard superficiel, influencé par une certaine psychologie et psychanalyse, ne peut s'empêcher de s'imaginer qu'un tel état ne permet pas à l'homme d'être pleinement homme, à la femme d'être pleinement femme. Certains vont même jusqu'à voir dans le célibat choisi une infamie héritée du passé. Un tel état serait en dernière analyse un refuge pour les personnes souffrant de névrose, déçues par la vie et trop faibles pour l'affronter. Il évoquerait l'idée d'un problème non résolu. Il n'offrirait en aucun cas un idéal et il serait absurde de le présenter comme une institution divine !

Ces critiques sont aussi présentes de façon plus ou moins

---

1. VALÈRE MAXIME, *Factor. Dictor. Memorab.* II, 9.
2. Saint AUGUSTIN, *De vera relig.* 3 (PL 34, 125).
3. PAUL VI, *Sacerdotalis caelibatus*, 10.

consciente à l'intérieur de l'Église et en chacun. Croit-on vraiment que le célibat est une voie d'épanouissement, d'humanisation, non de dessèchement et d'aliénation ? Croit-on que Jésus, le second Adam (1 Co 15, 45-47) demeuré vierge, manifeste pleinement l'homme à lui-même et lui découvre la sublimité de sa vocation[4] ? « La virginité, écrit Cyprien de Carthage, est la fleur de l'Église, la gloire et le chef-d'œuvre de la grâce, le charme de la nature, un ouvrage parfait et incorruptible de louange et d'honneur, l'image de Dieu reflétant la sainteté du Seigneur[5]. » Un tel éloge est-il encore audible aujourd'hui ? À l'inverse, n'entend-on pas parfois : « Devenir prêtre, religieux, cela vaut-il quand même la peine malgré le célibat ? »

2. Le célibat, signe de contradiction

Il est vrai que le célibat pour le Royaume n'est pas immédiatement perceptible. « Comprenne qui pourra » (Mt 19, 12). Il est un signe de contradiction, une provocation permanente dans une société qui érige la sexualité en absolu[6]. Il est un témoignage révolutionnaire qui pose question, qui provoque à la conversion. Historiquement d'ailleurs, le célibat pour le Royaume s'est considérablement développé comme une autre voie de martyre après les grandes persécutions des trois premiers siècles du christianisme.

Il ne s'agit nullement d'une négation des bienfaits et de la richesse de la sexualité créée bonne par Dieu. Il ne s'agit pas d'une sorte de complexe antiplaisir, comme si le plaisir était en lui-même suspect. Les propos de saint Thomas d'Aquin sont nets à ce sujet : « Celui qui s'abstient de tout plaisir sans égard pour la droite raison, comme si le plaisir lui-même lui faisait horreur, est un insensible et un rustre. Celui qui est vierge ne s'abstient pas de tout plaisir, mais seulement du plaisir sexuel. Et il s'en abstient conformément à la droite raison[7]. » La sexualité est donc suspendue

4. Voir Concile VATICAN II, *Gaudium et spes* (GS), 7 décembre 1965, n° 22.

5. CYPRIEN DE CARTHAGE, *De habitu virg.* (PL 4, 455).

6. Voir JEAN-PAUL II, Exhortation apostolique *Vita consecrata*, 25 mars 1996, n° 88 : « Le défi de la chasteté consacrée ».

7. Saint THOMAS D'AQUIN, ST II-II, q.152, a. 2, ad 2. Pour une réflexion vulgarisée sur le plaisir, voir l'ouvrage d'O. FLORANT, sexologue catholique : *Ne gâchez pas votre plaisir, il est sacré*, Paris, Presses de la Renaissance, 2006.

à une autre loi qu'elle-même : la droite raison. Cette dernière a comme tâche d'informer la sexualité, de l'orienter, de l'humaniser, de l'éduquer, de la conduire, de l'élever à l'amour vrai de l'autre et de soi-même.

Par ce qu'il est, le consacré dit à la société : « Le plaisir sexuel est une valeur, mais il peut être raisonnable d'y renoncer au bénéfice de valeurs supérieures. » Ainsi, celui qui écoute un beau concert fait une bonne chose. Celui qui y renonce pour un motif supérieur (pour rester auprès d'une personne malade par exemple) fait une chose meilleure encore. Cela ne signifie pas qu'il nie la beauté et la bonté du concert. Ou encore le jeûne de Daniel ne signifie pas que la viande et le vin soient des nourritures mauvaises[8]. « Daniel pratiquait cette abstinence des plaisirs, commente le Docteur angélique, non parce qu'il méprisait les plaisirs comme mauvais en eux-mêmes, mais pour une fin louable, afin de se disposer à une plus haute contemplation en se privant des plaisirs corporels[9]. »

L'état du célibataire consacré ne met pas seulement en crise la sexualité qui se prend pour sa propre fin. Il provoque également une remise en question radicale de la recherche de fécondité à tout prix, détachée de la sexualité, de l'amour et de l'institution. Il est une pierre d'achoppement pour la mentalité qui préside à la promotion des fécondations *in vitro*. Encore une fois, il ne nie en aucun cas la valeur des enfants. Bien au contraire ! Les innombrables religieux et religieuses qui ont donné leur vie dans l'ombre pour soigner ceux-ci, les instruire et les éduquer en sont le témoignage éclatant. En renonçant librement à la paternité ou maternité selon la chair en vue d'une autre, les consacrés disent aux couples qui désirent un enfant, ou qui désirent tel type d'enfant précis : « Le désir de fécondité physique n'est pas à lui-même sa propre fin. » Il tient le même discours, bien souvent sans parole, à ceux qui sont tentés d'idolâtrer leur amour conjugal ou leur conjoint.

Dès lors, il ne faut guère s'étonner si le célibat pour le Royaume non seulement est méconnu et suspecté, mais encore raillé et combattu. Il est réellement une forme de martyre.

---

8. « En ces temps-là, moi, Daniel, je faisais une pénitence de trois semaines ; je ne mangeais point de nourriture désirable : viande ni vin n'approchaient de ma bouche, et je ne me parfumais pas » (Dn 10, 2-3).

9. ST II-II, q. 142, sol. 1.

3. Le célibat secrètement espéré

Cependant, à l'intérieur même du rejet de ce comportement « étrange » demeure en chaque être humain le secret espoir qu'une vie intégralement consacrée à Dieu soit tout de même possible. L'homme, créé pour voir Dieu, porte en lui la douce nostalgie d'être tout à Dieu. Certes, ce désir est parfois profondément enfoui et il ne s'exprime pas nécessairement dans des mots ou des concepts. Il n'en est pas moins réel. Le témoignage sans bruit de la virginité consacrée vient comme réveiller ce puissant appel qui dort au fond de toute personne. Qu'elle le veuille ou non, il lui va droit au cœur. Elle ne peut s'empêcher d'espérer que ce que vivent les consacrés soit vrai.

« Dieu veut le célibat parce qu'il veut être aimé, écrit Sören Kierkegaard. Toi, Majesté infinie, même si Tu n'étais pas amour, même si Tu étais froide dans ton infinie Majesté, je ne pourrais faire autrement que de T'aimer, il me faut quelque chose de majestueux à aimer. Ce dont d'autres se sont plaints, c'est-à-dire de n'avoir pas trouvé l'amour en ce monde, et pour cela sentirent le besoin de T'aimer, parce que Tu es l'amour (et je suis pleinement d'accord), je voudrais aussi le proclamer en regard de ce qui est majestueux. Il y avait et il y a dans mon âme un besoin de la majesté, d'une majesté que je ne me sentirais jamais fatigué ou las d'adorer. Je n'ai jamais rien trouvé dans le monde de cette majesté convoitée[10]. » Par ces mots, le grand philosophe luthérien fait vibrer une corde secrète du cœur de tout homme et de toute femme. Certes, le charisme du mariage chrétien peut également offrir ce très haut témoignage, mais d'une autre manière et selon une autre symbolique.

Le célibat pour le Royaume a donc quelque chose d'abrupt et de très doux à la fois. Il repousse et attire. Le Christ en a peu parlé, mais il a vécu cette vocation intensément. Il a montré le chemin et entraîné à sa suite des milliers d'hommes et de femmes à travers l'histoire. Pour entrer dans l'intelligibilité du célibat pour le Royaume, il faut passer par lui.

---

10. S. KIERKEGAARD, *Journal*, XI A 154. Fiancé à une jeune fille nommée Regina, Sören Kierkegaard se détacha d'elle au prix d'un véritable martyre pour répondre à cet appel intérieur.

B. APPROCHE BIBLIQUE

1. « À cause du Royaume »

Au début du chapitre 19 de Matthieu, Jésus rappelle la réalité naturelle du mariage selon le dessein du Créateur, avec sa propriété essentielle d'indissolubilité. À ceux qui prennent appui sur Moïse pour légitimer la répudiation, il répond : « À l'origine, il n'en était pas ainsi. » Devant cette exigence, ses disciples lui disent : « Si telle est la condition de la femme, il n'est pas expédient de se marier. » « Tous ne comprennent pas ce langage, leur rétorque Jésus, mais ceux-là à qui c'est donné. » Et sans aucune transition apparente, le voilà qui se met à parler des eunuques à cause du Royaume. « Il y a, en effet, des eunuques qui sont nés ainsi du sein de leur mère ; il y a des eunuques qui le sont devenus par l'action des hommes ; et il y a des eunuques qui se sont eux-mêmes rendus tels à cause du Royaume des Cieux » (Mt 19, 10-12). Quelle est donc cette mystérieuse logique qui préside au rapport entre l'indissolubilité du mariage et le célibat pour le Royaume[11] ?

Le choix du terme « eunuque » est violent. Il fait face aux accusateurs de Jésus qui, n'étant pas marié, s'était peut-être entendu traiter ainsi. N'a-t-il pas été déjà qualifié d'ivrogne et de glouton (Mt 11, 19) ? Selon le Christ, il y a des eunuques qui ne se marient pas non pour une raison physique, mais pour une raison de libre choix : « à cause du Royaume ». La présence du Royaume fonde leur option libre pour le célibat. Avant la venue du Christ, un tel choix de vie n'était pas possible, du moins pour les mêmes motivations. Certains Esséniens de Qumram, par exemple, pratiquaient une forme de célibat dans l'attente du Royaume, non dans la communion à son accomplissement effectif. Aussi vivaient-ils cet état dans un esprit essentiellement de purification ascétique. La phénoménologie des religions connaît de multiples formes de célibat. Celle propre aux chrétiens est unique et nouvelle.

Jésus en effet introduit « dans le temps et dans le monde une forme nouvelle, sublime, divine, de vie, qui transforme la condi-

11. Voir aussi 1 Co 7.

tion terrestre elle-même de l'humanité[12] ». La nature de cette vie et sa justification dépendent de la présence du Royaume des Cieux. De même en est-il pour le mariage qui, avec le Christ, « assume lui aussi un sens nouveau, une valeur nouvelle[13] ». Qu'est-ce à dire ?

D'une part, le Royaume de Dieu est déjà là. Le Christ est là, le salut final est opérant dans le monde. Il est donc désormais possible que des personnes appelées par Dieu choisissent dès à présent de vivre dans la condition finale du Royaume. « À la résurrection, conclut la parabole de la femme aux sept maris, on ne prend ni femme, ni mari, mais on est comme des anges dans le ciel » (Mt 22, 30). « Les fils de ce monde-ci prennent femme ou mari ; mais ceux qui ont été jugés dignes d'avoir part à ce monde-là et à la résurrection d'entre les morts ne prennent ni femme ni mari ; aussi ne peuvent-ils plus mourir, car ils sont pareils à des anges, et ils sont fils de Dieu, étant fils de la résurrection » (Lc 20, 34-36).

D'autre part, le Royaume de Dieu n'est pas encore totalement advenu. « Que ton règne vienne », prie-t-on dans le *Notre Père*. Aussi, dans le célibat pour le Royaume, « l'homme est en attente même dans son corps des noces eschatologiques du Christ avec l'Église, et il se donne entièrement à l'Église dans l'espérance que le Christ se donnera à elle dans la pleine vérité de la vie éternelle. Il anticipe dans sa chair le monde nouveau de la résurrection à venir[14]. » Le célibataire consacré montre par sa simple existence et sans besoin de paroles quelle est la condition finale de l'homme, destinée à durer pour l'éternité. « Vous avez commencé à être ce que nous serons », écrit saint Cyprien aux premières vierges chrétiennes[15]. « La virginité est l'image de la béatitude qui

12. *Sacerdotalis caelibatus*, 20. En ce qui concerne l'enseignement pontifical sur le célibat chrétien jusqu'en 1984, on peut se reporter à l'ouvrage des MOINES DE SOLESMES, *Le célibat pour Dieu dans l'enseignement des papes*, Abbaye Saint-Pierre de Solesmes, 1984.

13. *Sacerdotalis caelibatus*, 21. De fait, Jésus a restauré sa dignité originelle (Mt 19, 38), lui a rendu hommage (voir Jn 2, 1-11) et l'a élevé à la dignité de sacrement (Ep 5, 32).

14. JEAN-PAUL II, Exhortation apostolique *Familiaris consortio* (FC), 22 novembre 1981, n° 16.

14. *De habitu virg.* 22 (PL 4, 475).

nous attend dans le monde à venir», reconnaît pour sa part Grégoire de Nysse[16].

2. Célibat consacré et mariage

a. Témoignage mutuel

Certes, le mariage est une réalité profondément bonne, mais il appartient à l'ordre provisoire du monde présent, et, comme tel, est appelé à disparaître. Il passera avec la figure de ce monde. C'est pourquoi, après la mort du conjoint, la personne veuve est libre de contracter une nouvelle union dans le Seigneur (Rm 7, 2 et 1 Co 7, 39).

Celui qui demeure célibataire à cause du Royaume rappelle à ceux qui sont mariés cette caractéristique essentielle de leur union. En ce sens, le célibat consacré relativise le mariage ou, plus précisément, l'aide à s'ordonner à sa fin ultime, à ce pour quoi il existe. De ce fait, il « libère le mariage, et chacun des deux conjoints, du poids insupportable de devoir être le Tout et remplir l'office de Dieu[17] ». C'est Dieu, non l'épouse, l'époux ou les enfants, qui est destiné à être le « tout » (1 Co 15, 28). Les conjoints, tentés parfois de s'idolâtrer ou d'idolâtrer leur union, peuvent être réellement écrasés par leurs attentes disproportionnées et continuellement déçues. Le célibat consacré, par sa simple présence, « équilibre » ce poids en le déposant dans la balance du Royaume. Il atteste que « le Royaume de Dieu et sa justice sont cette perle précieuse que l'on doit préférer à toute autre valeur, si grande soit-elle, et qu'il faut même rechercher comme l'unique valeur définitive[18] ».

Il convient de ne pas sous-estimer ce témoignage extraordinaire des célibataires consacrés, souvent porté de façon discrète et peu consciente. « Grâce à ce témoignage, écrit Jean-Paul II, la virginité garde vivante dans l'Église la conscience du mystère du mariage et elle le défend contre toute atteinte à son intégrité et tout appauvrissement[19]. » Elle exerce une influence irremplaçable sur la vie

---

16. GRÉGOIRE DE NYSSE, *De virgin.* 13 (PG 46, 381-382).
17. R. CANTALAMESSA, *La virginité*, Saint-Amand, Éd. du Lion de Juda, 1990, p. 15.
18. FC 16.
19. *Ibid.*, 16.

des couples et des familles. Elle leur rend un service éminent souvent peu aperçu. À ce très haut service sont associées de façon toute particulière les personnes célibataires non consacrées qui vivent leur état dans le don réel d'elles-mêmes à Dieu et à leur prochain[20].

Réciproquement, les personnes mariées témoignent à celles qui sont consacrées dans le célibat la qualité de l'amour que ces dernières sont appelées à vivre : un amour fidèle et attentif à l'autre comme personne, un amour établi « pour toujours » dans le don de soi, un amour charnel et spirituel, un amour fécond et éducateur. En voyant une famille chrétienne s'aimer de la sorte, le consacré peut contempler réellement, sous le mode sacramentel, comment le Christ aime l'Église et comment l'Église, dont il fait partie, aime le Christ. L'amour familial est bien plus qu'un simple miroir ou un pauvre signe de l'amour divin. Il en est aussi un moyen, une manifestation. La réalité de l'amour de deux époux chrétiens est sacramentellement celle de l'amour entre le Christ et son Église, amour qui s'accomplit sur le bois de la croix. « Les époux sont pour l'Église le rappel permanent de ce qui est advenu sur la croix[21]. » « Rappel » doit être ici entendu au sens de mémorial, d'actualisation, de « présentification ».

On peut donc tenir, par exemple, l'identité de réalité entre une mère chrétienne qui se lève au milieu de la nuit pour soigner son enfant malade et un moine qui, à la même heure, s'extrait de son lit pour louer Dieu. L'amour et la patience avec lesquels cette maman prend soin de son enfant, malgré peut-être une grande fatigue, sont pour le moine une authentique révélation de l'attention amoureuse qu'il est invité à porter à son Dieu au cours de son oraison nocturne. Et réciproquement !

b. Deux charismes au service du Royaume

Le mariage ou le célibat pour le Royaume ne sont donc pas à considérer uniquement en fonction du bien des intéressés, de leur sanctification personnelle, de leur chemin de perfection. Ils n'appartiennent pas exclusivement au domaine « privé ». Ils s'ins-

20. *Ibid.*, 16.
21. *Ibid.*, 13.

crivent d'abord dans une logique de service mutuel et d'édification du Royaume[22]. Ils sont des « charismes[23] ».

En 1 Co 12, 7, saint Paul définit le charisme comme « une manifestation particulière de l'Esprit en vue du bien commun ». Si l'on applique cette définition au mariage et au célibat consacré, ceux-ci apparaissent comme deux manifestations particulières de l'Esprit en vue du bien commun de l'Église. L'Esprit ne pouvant être divisé contre lui-même, il est impossible qu'il y ait concurrence, rivalité ou opposition entre ces deux dons offerts à des personnes différentes pour leur bien propre et le bien de tous. « Chacun selon la grâce *(charisma)* reçue, écrit saint Pierre, mettez-vous au service les uns des autres » (1 P 4, 10). Comme le dit *Familiaris consortio*, « le mariage et la virginité sont les deux manières d'exprimer et de vivre l'unique mystère de l'Alliance de Dieu avec son peuple[24] ».

Nous pouvons à présent mieux percevoir pourquoi Jésus rapproche en Mt 19 l'indissolubilité de l'alliance matrimoniale et le choix du célibat pour le Royaume : « Si vous voulez comprendre pourquoi en définitive il n'est jamais permis de renvoyer sa femme, regardez ceux qui se sont engagés à vivre comme des eunuques à cause du Royaume de Dieu. Ces hommes et ces femmes consacrés dévoilent dans leur vie de tous les jours la nouvelle réalité à laquelle votre mariage participe désormais intensément. » Voici que le Royaume de Dieu est présent au milieu de nous ! Certains ont reçu le don d'en témoigner par le choix du célibat. D'autres ont reçu le don d'en témoigner sacramentellement par une alliance matrimoniale qui possède la même qualité

---

22. Voir JEAN-PAUL II, *Vita consecrata*, 31 : « Les rapports entre les différents états de vie du chrétien ».

23. Voir concile VATICAN II, constitution dogmatique *Lumen gentium* (LG), 21 novembre 1964, n° 42. Paul VI parle à plusieurs reprises du célibat pour le Royaume en termes de charisme dans son encyclique *Le célibat sacerdotal*. De même Jean-Paul II dans *Familiaris consortio*.

24. FC 16. « La Révélation chrétienne connaît deux façons spécifiques de réaliser la vocation à l'amour de la personne humaine : le mariage et la virginité. L'une comme l'autre, dans leur forme spécifique, sont une concrétisation de la vérité la plus profonde de l'homme, qui le fait "être à l'image de Dieu" » (FC 11). « Ces réflexions sur la virginité peuvent éclairer et aider ceux qui, pour des raisons indépendantes de leur volonté, n'ont pas pu se marier et ont accepté leur situation en esprit de service » (FC 16).

– et donc la même indéfectibilité – que cette Alliance nouvelle et éternelle.

L'indissolubilité du mariage chrétien n'est pas en effet exclusivement d'ordre naturel. Sans nier cette dimension inaliénable, celle-ci est reprise dans une perspective beaucoup plus vaste que celle esquissée dans les trois premiers chapitres de la Genèse. L'indissolubilité est en quelque sorte aspirée dans un nouvel univers et acquiert de ce fait une force inouïe. Elle signifie et réalise à présent l'union du Christ et de l'Église. Or, comment le Seigneur ressuscité pourrait-il renier sa propre chair ? Il est absolument incapable de « divorcer » de son Église, de s'en défaire, de s'en séparer. L'indissolubilité du mariage chrétien trouve donc son fondement ultime dans le sacrifice de la croix et dans la résurrection par lesquels le Christ s'est uni à son Église pour toujours. Ceux qui choisissent d'être eunuques pour le Royaume sont là pour témoigner de cette même vérité avec toute la réalité de leur existence charnelle. « Comprenne à qui cela sera donné ! »

c. La supériorité du célibat consacré

Qu'en est-il de l'enseignement traditionnel de l'Église sur la supériorité du célibat consacré par rapport au mariage[25] ? Il ne s'agit évidemment pas d'une supériorité de sainteté subjective des consacrés sur les gens mariés[26]. L'habit ne fait pas le moine. Il ne s'agit pas non plus d'une supériorité qui serait revendiquée aux dépens de la grandeur et de la beauté du mariage. Il s'agit encore moins d'une supériorité d'un état bon sur un état négligeable,

25. Concile de FLORENCE, Bulle *« Cantate Domino » : décret pour les Jacobites* (mars 1455), dans Dz 1353 ; concile de TRENTE, 11 novembre 1563, canons sur le sacrement du mariage, 10, dans Dz 1810 : « Si quelqu'un dit que l'état du mariage doit être placé au-dessus de l'état de virginité ou de célibat, et qu'il n'est ni mieux, ni plus heureux de rester dans la virginité ou le célibat que de contracter mariage (voir Mt 19, 11 ; 1 Co 7, 25. 38.40) : qu'il soit anathème. » PIE XII, Encyclique *Sacra virginitas*, II, dans AAS 46 (1954), p. 174 s.

26. « Une vierge, bien que soucieuse des choses du Seigneur, sait-elle que peut-être, en raison de quelque faiblesse qu'elle ignore, elle n'est pas prête à souffrir le martyre, tandis que cette épouse, qu'elle prétendait dépasser, est déjà capable de boire le calice de la passion du Seigneur ? » (Saint AUGUSTIN, *De virgin.* 44 [PL 40, 22].)

voire mauvais, comme certains ont été tentés de l'affirmer sous l'influence d'un certain néoplatonisme ambiant. Quelques textes, il faut le reconnaître, n'ont pas été tendres à ce sujet. « Par où doit-on commencer pour dépeindre cette vie difficile avec les teintes sombres qui lui conviennent ? écrit par exemple saint Grégoire de Nysse (qui était marié). [...] Toutes les absurdités de la vie viennent du mariage[27]. »

Non, « la virginité et le célibat pour le Royaume ne diminuent en rien la dignité du mariage, au contraire, ils la présupposent et la confirment[28] ». Pour saint Jean Chrysostome « dénigrer le mariage, c'est amoindrir du même coup la virginité ; en faire l'éloge, c'est rehausser l'admiration qui est due à la virginité et en accroître l'éclat. Car enfin, ce qui ne paraît un bien que par comparaison avec un mal ne peut vraiment être un bien, mais ce qui est mieux encore que des biens incontestés est le bien par excellence[29]. »

L'excellence du célibat dont il est question consiste en son lien singulier avec le Royaume de Dieu dont nous avons parlé plus haut, à savoir le fait que les consacrés vivent objectivement dans un état plus définitif que les gens mariés : « Vous avez commencé à être ce que nous serons ! » Voilà pourquoi les premiers n'ont pas besoin d'un sacrement pour qualifier l'état auquel ils ont consenti : ils manifestent immédiatement le Royaume présent au milieu de nous et la joie des béatitudes qui l'accompagne[30]. Les seconds en revanche vivent cette même réalité sous le mode sacramentel. Aussi saint Paul écrit-il : « Je voudrais que tout le monde fût comme moi » (1 Co 7, 7). Il s'empresse cependant d'ajouter : « Mais chacun reçoit de Dieu son don particulier, l'un celui-ci, l'autre celui-là. »

Les charismes du célibat consacré et du mariage sont donc l'un et l'autre, de façon ordonnée, au service de la croissance

27. *De virgin.* 3-4.

28. FC 16.

29. Saint Jean Chrysostome, *De virginitate* X, 1 (PG 48, 540 ; SC 125, p. 123).

30. « La virginité consacrée n'a pas eu besoin du passage par une réalité signifiée (l'alliance au doigt par exemple) et de devenir comme le mariage un sacrement : car elle est déjà en elle-même la forme de vie que Jésus a embrassée et proposée aux disciples » (J. Laffitte, *Amour conjugal et vocation à la sainteté*, p. 105).

mystérieuse du Royaume. Ils sont complémentaires et, comme tels, doivent être reconnus dans leur identité respective, sans les séparer ou les confondre. Ils s'accordent pour édifier ensemble le corps du Christ. Ils se trouvent réunis de façon tout à fait exceptionnelle en Marie, Vierge et Mère, figure de l'Église. La sainte Vierge est de ce fait d'une part imitable par tous, consacrés et mariés, et d'autre part inimitable en totalité par aucun des deux états[31].

d. La fécondité du mariage et du célibat consacré

L'amour matrimonial est fécond. L'amour virginal aussi. « Tout en ayant renoncé à la fécondité physique, la personne vierge devient féconde spirituellement, père et mère d'un grand nombre, coopérant à la réalisation de la famille suivant le dessein de Dieu[32]. » « C'est moi qui vous ai engendrés dans le Christ », écrit saint Paul aux Corinthiens (1 Co 4, 15). « Mes petits enfants, dit-il aux Galates, vous que j'enfante à nouveau dans la douleur » (Ga 4, 19). Les enfants, fruits du mariage, sont aussi d'une certaine manière fruits des consacrés[33]. Le texte de Matthieu 19 le suggère délicatement. Comment ?

À peine Jésus a-t-il terminé son discours sur l'indissolubilité du mariage et sur le choix du célibat pour le Royaume de Dieu qu'apparaît une multitude de petits enfants. « Alors, des petits enfants lui furent présentés pour qu'il leur imposât les mains en priant » (Mt 19, 13). Après ces paroles de vie dures à entendre et exigeantes à mettre en œuvre, l'évangéliste s'est plu à mettre en scène, avec beaucoup de fraîcheur et de spontanéité, une ribambelle d'enfants qui viennent à Jésus, portés par leurs parents.

---

31. En ce qui concerne le mariage de Marie et de Joseph, on peut se reporter au bel ouvrage d'Henri CAFFAREL, fondateur des Équipes Notre-Dame : *« Prends chez toi Marie, ton épouse »*, Paris, Éd. du Feu Nouveau, Bayard, 1983.

32. FC 16.

33. Voir P. PIRET, « L'annonce faite à Joseph et la vocation de la famille », *Vie consacrée* 77 (2005-2), p. 94-106. L'union de Joseph et de Marie, son épouse, est toute vouée à l'enfantement du fils conçu par l'Esprit Saint et à son appellation, Jésus. Une lumière est ainsi offerte pour entrer dans l'intelligence de la fécondité mutuelle du mariage et de la vie consacrée.

C. APPROCHE ÉTHIQUE

Notre approche biblique nous a introduits dans le mystère du célibat consacré tel qu'il se révèle plus particulièrement en Matthieu 19. L'éthique théologique va nous aider à percevoir et à approfondir cette même réalité du point de vue de la liberté du sujet qui répond à cette vocation et construit « son » projet de vie dans le temps et dans l'espace.

1. Célibat et virginité

D'un point de vue sociologique, le célibat est un état inscrit sur la carte d'identité de la personne. Il se définit par l'absence d'union civile légale, par le renoncement provisoire ou définitif, choisi ou imposé, religieusement significatif ou non, au mariage et à la vie de couple. Suivant la morale chrétienne, il implique la continence, c'est-à-dire l'abstention de toute relation sexuelle et de tout acte délibéré en vue de procurer une jouissance sexuelle. Car dans l'état de célibat, il n'y a ni amour matrimonial, ni institution, ni fécondité. Vu le lien intrinsèque entre ces trois dimensions et la sexualité, l'absence des trois premières entraîne l'impératif moral de la continence. Le célibat pour un chrétien est donc un état de vie, temporaire ou définitif, d'une personne non mariée qui requiert le renoncement à l'exercice de la génitalité. Comme pour la vie matrimoniale, il exige un effort continuel de chasteté, c'est-à-dire d'ordination sans cesse reprise de la sexualité à l'amour.

On observe plusieurs types de célibat :

– le célibat de début de vie, condition naturelle de l'enfant, de l'adolescent et du jeune ;

– le célibat d'attente des préfiancés et des fiancés ;

– le célibat « ouvert » d'une personne qui souhaite se marier, sans avoir encore rencontré le futur conjoint[34] ;

– le célibat consacré, formalisé ou non par l'émission d'un vœu ;

– le célibat sacerdotal ;

34. Voir Claire LESEGRETAIN, *Être ou ne pas être célibataire*, Versailles, Éd. Saint-Paul, 1998 ; P. IDE, *Célibataires : osez le mariage !*, Versailles, Éd. Saint-Paul, 1999.

– le célibat des veufs et des veuves, qui a toujours été honoré dans l'Église, et placé tout de suite après la virginité ;

– le célibat des personnes séparées ou divorcées. Ce dernier n'est pas à strictement parler un célibat mais une fidélité à une alliance matrimoniale douloureuse.

Au-delà des éléments communs mentionnés ci-dessus, ces formes de célibat partagent pour les baptisés le fait décisif suivant : la présence cachée du Royaume des Cieux dont ils sont devenus concitoyens. Le célibat chrétien, qu'il soit voulu ou contraint, se caractérise par événement historique et actuel. Nous traiterons dans ce chapitre du célibat consacré[35] qui manifeste de manière particulièrement vive ce lien avec le Royaume. Il peut donc servir en quelque sorte d'archétype pour les autres formes de célibat, sans nier pour autant leurs différences spécifiques.

Le célibat consacré est pratiquement synonyme de virginité consacrée. Cependant, cette dernière se définit plus comme une vertu que comme un état. Le registre de ce concept est plus moral que sociologique. La virginité consacrée, en effet, désigne selon saint Augustin « la résolution perpétuelle de garder l'incorruptibilité dans une chair corruptible[36] » pour le Royaume, « le propos de s'abstenir perpétuellement du plaisir sexuel pour vaquer aux choses divines[37] ». La virginité est donc avant tout une attitude intérieure de consécration totale au Christ qui s'exprime par une intégrité physique d'une personne qui n'a jamais connu ou qui ne veut plus connaître de relations sexuelles.

L'aspect d'intégrité physique n'est cependant pas ce qu'il y a de plus essentiel dans la virginité. Comme le remarque saint Thomas, « les hommes, en naissant, ont ce qui est matériel dans la virginité, à savoir l'intégrité de la chair qui n'a pas fait l'expérience des actes sexuels. Ils n'ont cependant pas ce qui est formel dans la virginité : le propos de conserver cette intégrité en vue de Dieu[38]. » En ce

---

35. Le célibat est évoqué en trois textes de Vatican II : *Lumen gentium*, 42 (célibat et vocation chrétienne à la perfection de la charité), *Perfectae caritatis*, 12 (la chasteté consacrée dans le célibat religieux), *Presbyterum ordinis* (le don précieux du célibat sacerdotal).

36. Saint AUGUSTIN, *De virginit.* 13 (PL 40, 401).

37. ST II-II, q. 152, a. 2.

38. ST II-II, q. 152, a. 3, ad 1.

sens, on ne naît pas vierge, on le devient. L'aspect extérieur ou physique de la virginité, qu'on peut perdre par accident corporel[39] ou même en subissant violence, n'est pas déterminant. Selon saint Augustin, « tant que dure la résolution de l'âme, qui a permis au corps lui-même d'être sanctifié, la violence d'une passion étrangère n'enlève pas au corps cette sainteté, qui se conserve par la persévérance dans la continence[40] ».

La vertu de virginité consiste donc à se disposer dans son âme à conserver son intégrité pour le Royaume. Elle présuppose et intègre la vertu de chasteté. L'aspect second de l'intégrité corporelle ne signifie pas pour autant que celle-ci soit sans importance, accessoire, sans grande valeur. Bien au contraire, le don d'un corps qui n'a jamais connu de relations sexuelles délibérées est une grâce particulièrement délicate, profonde et belle offerte par Dieu à son élu et par l'élu à son Dieu[41].

2. La tâche du célibat

Le célibat est un état. Il est un acte aussi, à décider une fois pour toutes et à reprendre quotidiennement. Il est une tâche à mener librement au jour le jour, un itinéraire de maturation psychique, éthique et spirituel. « Il est une œuvre de longue haleine. Il ne peut se vivre qu'à travers des combats et des débats qui ne sont pas nécessairement liés à des fautes ou à des troubles[42]. »

Lié à la genèse corporelle, affective et spirituelle de chacun, le célibat n'en est pas moins une réalité objective qui ne se mesure pas uniquement à partir de cette croissance et de l'expérience immédiate que le sujet peut en avoir : joies, tris-

39. « Ces membres peuvent en diverses circonstances être blessés et souffrir violence ; et les médecins parfois, afin de porter secours, pratiquent sur eux des opérations pénibles à voir [...]. Je ne pense pas qu'il y ait personne d'assez sot pour croire que cette vierge a perdu la sainteté de son corps. » (Saint AUGUSTIN, *De civ. Dei*, I, 18 [PL 41, 32 ; *BA* 33, 251].) « Dans ce cas, la virginité ne reçoit pas plus de dommage que d'une blessure à la main ou au pied » (ST II-II, q. 152, a. 1, ad 3).

40. *De civ. Dei*, I, 18 (PL 41, 31 ; *BA* 33, 249).

41. Voir Ch. PÉGUY, *Le mystère des saints Innocents*, dans *Œuvres poétiques*, Gallimard, coll. « La Pléiade », 1957, p. 804.

42. A. CHAPELLE, *Sexualité et chasteté*, cours polycopié donné à l'IET, Bruxelles, 1995-1996, p. 44.

tesses, sensations, tensions, sentiments, etc. Il y a beaucoup plus dans le célibat, comme dans le mariage, que ce que les personnes peuvent en percevoir.

Pour entrer pleinement dans cet état, celui-ci « doit pouvoir un jour être volontairement choisi (ou au moins délibérément consenti) de telle façon que l'on puisse discerner l'avant et l'après de ce choix. En dehors d'une résolution prise, l'être humain ne trouve pas en lui-même les raisons, l'énergie pour ordonner sa vie dans cette condition de vie[43]. » Ceci est vrai, à des degrés différents, pour le célibat temporaire comme pour le célibat définitif, pour le célibat consacré comme pour le célibat des adolescents. À propos de ce dernier, une telle option délibérée donne à l'adolescent une richesse, un sens, une solidité et une force intérieures dont il a besoin pour tenir au milieu des assauts de la culture ambiante et permettre ainsi à sa personnalité de se déployer dans toute son amplitude.

Dans le choix du célibat, quatre dimensions doivent être assumées, ordonnées et reprises sans cesse : l'amour de soi, l'inclination vers l'autre sexe, la nuptialité et la paternité.

1) Un juste amour de soi est nécessaire. Il ne s'agit évidemment pas d'un égoïsme, d'un repliement sur soi ou d'un culte du moi, qui consistent en des « amours » excessifs et désordonnés de soi. Non, le juste amour de soi est un bien qu'il n'est pas toujours facile de respecter au jour le jour. C'est pourquoi il est protégé et promu par un commandement : « Tu aimeras ton prochain comme toi-même » (Lc 19, 18 ; Mc 12, 31). Comment s'aimer soi-même, jusqu'en son propre corps ? Cette question ne sera jamais complètement résolue avant notre dernier soupir : accéder à la plénitude de l'amour de soi est un travail de la vie entière[44].

2) L'attirance vers l'autre sexe fait partie de l'identité de toute personne. Elle jaillit du plus profond de l'être humain et informe toutes ses dimensions. Même si sa vitalité – par excès ou par manque – peut parfois inquiéter, elle est fondamentalement bonne et voulue par Dieu. Si l'être humain vit selon la vérité de ce

43. A. CHAPELLE, *Ibid.*, p. 48.

44. Voir aussi les trois degrés de l'amour selon saint Bernard qui culmine dans l'amour de soi par amour de Dieu.

qu'il est, il n'y a pas de raison que cette inclination disparaisse un jour. Elle est un donné naturel de la vie sociale[45].

3) Toute personne possède en elle-même le désir d'une communion et d'une communauté plénière d'amour, qui prend généralement la forme du mariage. Certes, les blessures de l'existence peuvent avoir enfoui chez certains cette aspiration à un niveau de profondeur tel qu'il leur est difficile d'y avoir accès. Mais la nuptialité, l'aspiration à une alliance d'amour concrète et établie pour toujours, n'en demeure pas moins une dimension constitutive du cœur humain[46].

4) La paternité s'inscrit dans la prolongation immédiate de la nuptialité. Elle en est l'épanouissement, la fécondité toujours surprenante. Elle se réalise de façon habituelle, mais non exclusive, dans la génération et l'éducation des enfants.

En d'autres termes, accueillir le don du célibat pour le Royaume, c'est assumer une fois pour toutes et au jour le jour les quatre dimensions de l'alliance matrimoniale et de l'alliance du Christ et de l'Église[47] : l'amour (qui se décline en amour de soi et nuptialité), l'institution (qui renvoie à une certaine forme de reconnaissance sociale, ou du moins à un choix définitif et public), la sexualité (ici désignée par l'inclination vers l'autre sexe et au plaisir sexuel), la fécondité et la paternité[48]. L'intégration de ces différents éléments ou dimensions n'est donc nullement un travail réservé aux époux. Le célibataire n'est pas un être asexué qui appartiendrait à une autre espèce du genre humain que la personne mariée. Il lui est demandé de mener un travail intérieur analogue.

---

45. Voir S. PINCKAERS, *Les sources de la morale chrétienne. Sa méthode, son contenu, son histoire*, Fribourg (Suisse), Éd. universitaires, Paris, Éd. du Cerf, p. 443-462 : « Les inclinations à l'origine de la liberté et de la morale : l'inclination sexuelle ».

46. Voir A. SCOLA, *Il mistero nuziale*, t. I *Uomo-Donna*, Rome, PUL - Mursia, 1998 ; *Il mistero nuziale,* t. II *Matrimonio-famiglia*, Rome, PUL - Mursia, 2000.

47. Voir chapitre précédent.

48. Albert Chapelle décrit l'expérience de maturation masculine de ces dimensions à partir de trois types de relations que tout jeune homme doit assumer, quel que soit son état de vie : celle avec la jeune fille rêvée, celle avec la jeune femme partenaire de vie et celle avec la mère des enfants souhaités (*Sexualité et sainteté*, chap. I : « La maturation de la sexualité dans le célibat », p. 57-96 ; « La maturation sexuelle dans le célibat. Réflexion à partir d'une expérience », dans *Bienheureux de Dieu*, Bruxelles, Éd. Vie consacrée, 1995, p. 91-127).

D. APPROCHE SPIRITUELLE : LE CÉLIBAT EST DON

Le célibat pour le Royaume est un bien méconnu, mystérieusement attirant (A). Tout en étant une tâche (C), il est d'abord un charisme (B). Il est par conséquent un don reçu de Dieu avant d'être un don offert à Dieu. Il est un présent à accueillir avant d'être une offrande, une oblation ou un sacrifice à consentir. « Ce n'est pas vous qui m'avez choisi, mais c'est moi qui vous ai choisis » (Jn 15, 16). Cette parole de Jésus s'applique aux consacrés d'une manière toute particulière. Le célibat pour le Royaume n'est pas d'abord un projet personnel de vie mais une réponse à un appel particulier. Il est une vocation. Il importe d'aider ceux qui veulent choisir cet état, de manière temporaire ou définitive, d'y discerner avec prudence une invitation personnelle du Christ et de l'Église.

Le célibat est le don d'une plénitude (1), d'une histoire d'alliance (2), d'une humiliation (3), d'une solitude (4) et d'une fécondité (5). Il appelle une réponse (6).

1. Le célibat est le don d'une plénitude

Le célibat consacré est d'abord le don d'une plénitude[49]. Il témoigne de la présence du Royaume au cœur des sociétés du troisième millénaire et de tous les temps depuis le Christ. « De nos jours encore, écrit Paul VI, il y a dans la sainte Église de Dieu, dans toutes les parties du monde où elle a planté ses tentes, des ministres sacrés sans nombre [...] qui vivent en toute pureté le célibat volontaire et consacré ; et à côté d'eux, nous ne pouvons pas ne pas remarquer les foules des religieux, des religieuses, et aussi de jeunes gens, de laïcs, fidèles à leur engagement de chasteté parfaite. Celle-ci est vécue non par dépréciation du don divin de la vie mais par un amour plus élevé pour la vie nouvelle qui jaillit du mystère pascal. Elle est vécue dans une austérité courageuse, avec un dynamisme spirituel épanouissant, avec une intégrité exemplaire et aussi avec une certaine facilité. Ce phénomène

49. Il s'agit de la plénitude même de la Sainte Trinité. Voir JEAN-PAUL II, *Vita consecrata*, chap. I : « Confessio Trinitatis ».

impressionnant démontre la présence de la réalité insigne du Règne de Dieu vivant au sein de la société moderne[50]. »

Ce « déjà là » du Royaume peut être interprété en termes de présence du Christ ressuscité, Époux de l'Église et de l'âme consacrée. Vivre dans le Royaume, c'est être dans l'Église « avec le Christ ». Au langage royal et à la symbolique qui le caractérise peut se substituer un langage personnaliste et une symbolique nuptiale. Certains ne se marient pas « pour le Seigneur » (1 Co 7, 31-35), non pour une idée ou pour une cause. Jésus est l'Époux, « celui qui a aimé l'Église et s'est livré pour elle » (Ep 5, 25). Ressuscité, il n'appartient pas seulement au passé : il est vivant *hic et nunc*.

« Les disciples parlaient encore, quand il se tint en personne au milieu d'eux et leur dit : "Paix à vous !" Saisis de peur et d'effroi, ils croyaient voir un esprit. Mais il leur dit : "Pourquoi tout ce trouble, et pourquoi des doutes s'élèvent-ils dans vos cœurs ? Voyez mes mains et mes pieds ; c'est bien moi ! Touchez-moi et rendez-vous compte qu'un esprit n'a ni chair ni os, comme vous voyez que j'en ai." » (Lc 15, 36-39). Il ne s'agit donc en aucune manière de renoncer à un amour « concret » pour un amour « abstrait », de renoncer à une personne réelle pour une personne imaginaire ou fantomatique. Le cœur humain est fait pour aimer réellement et être aimé réellement ! La virginité consacrée est alliance nuptiale avec le Christ Époux. Elle contribue à rendre manifeste l'Église comme « vierge pure fiancée à un époux unique, le Christ » (2 Co 11, 2). Ceux qui sont mariés participent aussi à ce symbolisme, mais d'une autre façon (voir Ep 5).

2. Le célibat est le don d'une histoire d'alliance

« Être avec le Christ », c'est vivre une histoire d'alliance. Le célibataire chrétien est appelé à s'engager totalement, dans l'ensemble de ses dimensions spirituelles, psychiques et corporelles, pour « être avec le Christ ressuscité » non dans la claire vision, mais sous le voile de la foi et dans les tourments de l'histoire. Cette alliance est communion, jour après jour, aux mystères de son corps né de la Vierge Marie, de son corps ecclésial, de son corps eucharistique et de son corps glorifié.

50. *Sacerdotalis caelibatus*, 13.

« Si l'homme n'est pas à titre d'espérance et de combat engagé dans l'intimité spirituelle et corporelle avec le Corps du Christ, l'évidence des faits le montre, le célibat n'est plus possible. La personnalité n'est plus structurée ; elle a besoin d'autres sources de vie[51]. » Le célibat pour le Royaume se nourrit du Royaume, c'est-à-dire de l'intégration contemplative des mystères du Christ enfant, priant son Père, enseignant, guérissant, s'offrant dans sa passion, entraînant l'univers dans sa résurrection. Sans cette relation affective, spirituelle et corporelle, le renoncement du célibat perd son orientation à l'amour.

De cette histoire d'alliance, le don de soi à autrui est constitutif, spécialement le don de soi au plus pauvre. L'alliance avec le Christ est aussi une alliance avec « ces plus petits qui sont les miens ». « En vérité je vous le dis, dans la mesure où vous l'avez fait à l'un de ces plus petits de mes frères, c'est à moi que vous l'avez fait » (Mt 25, 40).

3. Le célibat est le don d'une humiliation

Don d'une plénitude et d'une histoire, le célibat est également le don d'une humiliation. Il est humiliant d'abord aux yeux de celui qui en vit. Car, comme en témoigne la Bible, une part importante de la gloire d'un homme et d'une femme réside dans leur descendance. Le célibat renonce à ce magnifique accomplissement humain. Il ne faut pas dissimuler, sous-estimer ou nier cette privation, cet appauvrissement, cette impuissance, sans quoi la frustration et la tristesse risquent d'être au rendez-vous. Le célibat est réellement le don d'une blessure.

De plus, comme nous l'avons vu, beaucoup de gens n'imaginent pas que le célibat puisse vraiment exister. Ne comprenant pas ce qui s'y joue, ils sont tentés de déconsidérer de multiples manières ceux qui se sont engagés sur ce chemin. En ce sens aussi, le don du célibat est une humiliation. « C'est un vieux garçon », entendra-t-on à propos de tel consacré. On ne dira pas cela de grands-parents chargés de jours et de petits-enfants !

Aussi le célibat ne sera-t-il source de joie et d'équilibre qu'à condition d'être reçu comme une béatitude accordée aux pauvres. « Heureux, vous, les pauvres, car le Royaume de Dieu est à vous ! » (Lc 6, 20).

51. A. CHAPELLE, *Sexualité et chasteté*, p. 47.

4. Le célibat est le don d'une solitude

Plénitude, histoire, humiliation, le célibat pour le Royaume est aussi solitude[52]. Selon le second récit de la Genèse, Adam est d'abord seul face à son Créateur (Gn 2, 18). Cette solitude originaire manifeste l'incomplétude radicale de l'homme seul, ou de la femme seule. Il lui manque quelque chose, ou plus précisément quelqu'un. Il éprouve le désir, y compris dans son corps, de trouver un être qui lui soit semblable et différent à la fois. Cette solitude montre que l'homme est un être essentiellement relationnel. Éprouvant douloureusement le manque de l'autre, il est en quelque sorte déjà en relation avec cet autre, sous le mode de la privation, sous le mode de l'attente. De cette réalité, on trouve un écho quand Dieu dit : « Il n'est pas bon que l'homme soit seul. » L'homme par lui-même ne réalise pas totalement sa vocation. Il la réalise en existant « avec quelqu'un », « pour quelqu'un ».

Aussi Dieu poursuit-il : « Il faut que je lui fasse une aide *('Ézer)*. [...] L'homme donna des noms à tous les bestiaux, aux oiseaux du ciel et à toutes les bêtes sauvages, mais l'homme ne trouva pas d'aide qui lui fût assortie » (Gn 2, 18.20). Le terme *'Ézer* est utilisé dans l'Écriture seulement pour désigner le secours personnalisé que Dieu donne à l'homme dans des situations de détresse extrême où sa vie est menacée. L'aide qu'Ève offre à Adam (et réciproquement qu'Adam offre à Ève) est donc absolument vitale pour lui. Elle lui permet de réaliser ce pour quoi il est créé[53]. On saisit l'intensité de son cri de joie lorsqu'il voit apparaître devant lui quelqu'un qui, mystérieusement, est à la fois autre et semblable. « Il y a désormais quelqu'un à côté de moi, face à moi, avec moi. »

Cette solitude d'Adam n'appartient pas seulement au passé de l'humanité. Elle demeure une réalité présente en tout être humain. À un niveau structurel, elle est condition de possibilité de la communion avec autrui. Elle témoigne, par la souffrance même qui peut l'accompagner à certains moments, de cette ouverture radicale de son être à autrui. Loin d'être une sorte d'esseulement nos-

---

52. Voir COLLECTIF, *Solitudine : grazia o maledizione*, Magnano, Éd. Qiqajon Comunità di Bose, 2002.

53. « Ève est celle qui doit être pour que, dans le face-à-face des deux, l'humanité soit maintenue dans l'attraction de vie » (A.-M. PELLETIER, « Le signe de la femme », *Nouvelle revue théologique* 113 [1991], p. 672).

talgique, elle est attente et accueil de l'autre. La solitude du consacré, dans sa réalité profonde, manifeste la vocation de tout être humain à la communion[54].

L'expérience montre d'ailleurs qu'une personne vivant son célibat dans le Christ, qu'elle soit consacrée ou non, reçoit une capacité étonnante de relations avec autrui. Cela ne signifie pas qu'elle n'éprouve pas douloureusement cette solitude, imposée ou choisie, mais que cette épreuve est le lieu même d'où jaillit une proximité déconcertante avec autrui, une fraternité, en deçà même du caractère extraverti ou introverti dont la personne est dotée. Tel est le mystère dont elle vit et fait vivre.

5. Le célibat est le don d'une fécondité

Le don de cette forme éminente d'alliance nuptiale est nécessairement aussi le don d'une fécondité. Toute communion porte des fruits en abondance, des fruits qui demeurent. Toute relation nuptiale, qu'elle soit matrimoniale ou virginale, est source de vie. Une vierge épouse est aussi nécessairement une vierge mère.

L'union du Christ et de l'Église, scellée sur la croix et dans l'âme consacrée, engendre spirituellement de nouveaux enfants. « Si le grain de blé jeté en terre ne meurt pas, il ne donne rien ; mais s'il meurt, il donne du blé en abondance » (Jn 12, 24). « En mourant quotidiennement à lui-même, écrit Paul VI, en renonçant par amour du Seigneur et de son règne, à l'amour légitime d'une famille qui ne soit qu'à lui, il [le prêtre et tout consacré] trouvera la gloire d'une vie pleine et féconde dans le Christ[55]. » « Le Seigneur installe la femme stérile en sa maison, heureuse mère au milieu de ses fils » (Ps 113 [112], 9)[56]. Ainsi Thérèse de l'Enfant-Jésus et de la Sainte-Face est-elle patronne des missions[57].

---

54. « La solitude de l'homme n'est que l'envers de la communion à laquelle il est appelé : elle en a l'ampleur et la profondeur » (H. DE LUBAC, *Méditations sur le mystère de l'Église*, Paris, Aubier, 1953, p. 206). L'auteur montre ensuite le lien entre la Sainte Trinité, le Fils et l'Église « pleine de la Trinité » (p. 206) selon l'expression d'Origène.

55. *Sacerdotalis caelibatus*, 56.

56. « Qui m'a enfanté ceux-ci ? J'étais privée d'enfants et stérile ; ceux-ci, qui les a élevés ? » (Is 49, 21).

57. « La charité me donna la clé de ma vocation. Je compris que si l'Église avait un corps, composé de différents membres, le plus nécessaire, le plus noble de tous

Cette fécondité spirituelle ne contredit-elle pas le commandement initial du Créateur à Adam et Ève : « Soyez féconds, multipliez-vous et emplissez la terre » (Gn 1, 28) ? Cette « parole de vie » s'adresse à la multitude, non à chaque individu. Dieu « a suffisamment pourvu à la nature humaine, écrit Thomas d'Aquin, pour que certains accomplissent l'œuvre de la génération charnelle, tandis que d'autres, qui s'en abstiennent, s'adonnent à la contemplation des choses divines, pour la beauté et le salut du genre humain entier. C'est ainsi du reste que dans une armée, il en est certains qui gardent le camp, d'autres qui portent les étendards, d'autres qui combattent par les armes : tout cela s'impose à la multitude mais ne peut être accompli par un seul[58]. »

Il ne s'agit nullement ici de déprécier la paternité charnelle, bien au contraire, mais de montrer que celle-ci n'est pas la seule. Cette dimension, inscrite au cœur de tout homme et de toute femme, doit se déployer en lui avec au moins autant de force, mais d'une autre manière. De même en est-il pour la nuptialité. Les célibataires n'ont pas à renoncer à ces dimensions constitutives de leur personne, sous peine d'aliénation profonde. Ils sont appelés à les vivre avec une grande intensité, selon le charisme qu'ils ont reçu en vue du bien de tous. Ce charisme est source d'élan et de vie missionnaire[59].

Combien d'« îles lointaines » – ou proches – attendent encore la proclamation du Royaume ! Combien de zones en nous et dans l'Église sont encore païennes ! Aussi, « à cause du Royaume des Cieux », des hommes et des femmes se donnent à plein cœur et à plein temps pour cette mission. Et les faits sont là pour montrer la fécondité de leur don. Il serait difficile d'imaginer ce que serait aujourd'hui le visage de l'Église et du monde, s'il n'y avait eu, tout au long des siècles, cette foule d'hommes et de femmes qui ont

---

ne lui manquait pas ; je compris que l'Église avait un Cœur, et que ce Cœur était brûlant d'amour. Je compris que l'Amour seul faisait agir les membres de l'Église, que si l'Amour venait à s'éteindre, les Apôtres n'annonceraient plus l'Évangile, les Martyrs refuseraient de verser leur sang [...]. Oui, j'ai trouvé ma place dans l'Église et cette place, ô mon Dieu, c'est vous qui me l'avez donnée... dans le Cœur de l'Église, ma Mère, je serai l'Amour... ainsi je serai tout... ainsi mon rêve sera réalisé !!!... » (sainte THÉRÈSE DE LISIEUX, *Manuscrit B* [Ms B], 3v°, dans *Œuvres complètes de Thérèse de Lisieux*, Paris, Éd. du Cerf-DDB, 1998, p. 226).

58. ST II-II, q. 152, a. 2, ad 1.

59. Voir JEAN-PAUL II, *Vita consecrata*, chap. III.

renoncé à « une maison, une femme et à des enfants à cause du Royaume des Cieux » (Lc 18, 29), à la suite des apôtres qui ont tout abandonné pour suivre le Christ (Lc 18, 28-30).

Pour décrire cette fécondité, reprenons le très beau texte de saint Grégoire de Nysse sur la maternité de l'épouse. « Un fragment de son cœur [à la femme mariée] s'en va vers l'enfant qu'elle a engendré et, si elle a beaucoup d'enfants, son âme se divise en autant de parties que d'enfants qu'elle a eus, de façon à ce qu'elle ressente dans ses entrailles ce qui arrive à chacun d'eux[60]. » Analogiquement, le consacré porte dans son cœur ecclésial chaque personne qu'il contribue à conduire au baptême et à soutenir dans la vie de l'Esprit. Il est un être de compassion.

6. Cinq réponses au don du célibat

a. L'action de grâce

« Comment rendrai-je au Seigneur tout le bien qu'il m'a fait ? » (Ps 116 [114-115], 12). Puisque le célibat est un don, la première réponse est l'action de grâce, une action de grâce initiale, souvent renouvelée, continuelle. Le premier mouvement de l'âme consacrée est celui de la reconnaissance et de la louange pour le don reçu : joie d'avoir été choisie gratuitement un jour et d'être choisie chaque jour ; expérience de la prévenance, de la délicatesse et de la plénitude de l'amour divin ; entrée dans l'amitié, les secrets, les soucis (1 Co 7, 34) et les confidences du Roi ; invitation aux noces de l'Agneau ; découverte de la générosité « au centuple » de Dieu ; fécondité spirituelle « qui demeure » ; fraternité et proximité déconcertante avec tout homme, spécialement avec les petits et ceux qui souffrent.

b. L'humilité

La deuxième réponse est l'humilité. Une des tentations du célibataire parvenu à une certaine maîtrise de lui-même, de ses sens, de ses sentiments et de sa volonté réside dans l'orgueil de l'auto-

60. *De virgin.* 3.

nomie : « Je n'ai pas besoin des autres pour être heureux. » Une telle autosuffisance vis-à-vis du prochain entraîne logiquement une indépendance par rapport à la grâce et à Dieu lui-même. « Je n'ai pas vraiment besoin de la grâce pour être chaste et continent. » « Je n'ai finalement pas besoin de Dieu pour vivre ma vie. » De ce fait, le consacré ne témoigne plus de la solitude originelle mais d'un enfermement solitaire et narcissique sur lui-même. Il ne manifeste plus le Royaume de Dieu caché dans ce monde. Son cœur, devenu vide de l'autre et de Dieu, est rempli de lui-même. Aussi, « si quelqu'un peut vivre dans la chasteté en l'honneur de la chair du Seigneur, qu'il demeure dans l'humilité, exhorte saint Ignace d'Antioche. Mais s'il en tire de l'orgueil, il est perdu ; s'il se croit supérieur à l'évêque (qui était souvent marié), sa chair est corruption[61]. »

c. Le don de soi

Le célibat consacré est le don d'une alliance. La troisième attitude est par conséquent le don de soi sans réserve, généreux et joyeux : « Me voici ! » Ce « me voici », pour être intégral, doit être chargé de toutes les dimensions de la personne : de l'amour de soi, de l'inclination à l'autre sexe, de la nuptialité et de la paternité. Ce « me voici » est une offrande pascale et eucharistique dans laquelle le baptisé offre toute sa personne « en hostie vivante » (voir Rm 12, 1). Jour après jour, la personne consacrée se présente ainsi devant le Seigneur et « s'attache à Lui sans partage » (1 Co 7, 35). Au don quotidien du célibat, la personne répond avec le psalmiste : « J'ai demandé une chose au Seigneur, la seule que je cherche : habiter la maison du Seigneur tous les jours de ma vie » (Ps 27 [26], 4). Elle répond, non sans un grain de folie (1 Co 1, 21), « amour pour amour[62] ».

d. La confiance

Une quatrième réponse est la confiance : confiance dans l'humanité du célibat ; confiance dans la possibilité « pour moi » de le

61. Saint IGNACE D'ANTIOCHE, *Lettre à Polycarpe*, 5, 2.
62. Sainte THÉRÈSE DE LISIEUX, Ms B, 4 r°, p. 227.

vivre effectivement au jour le jour, jusqu'au dernier souffle et dans l'au-delà. En effet, le célibat étant un don de Dieu, il ne peut être antinaturel. « Dieu, qui a créé l'homme et l'a racheté, sait ce qu'il peut lui demander et lui donne tout ce qu'il faut pour accomplir ce que lui demande son Créateur et Rédempteur[63]. » C'est la grâce qui préside au choix du célibat. Or la grâce ne détruit pas la nature. Elle ne lui fait pas violence. Elle l'élève. Elle lui donne des capacités et des énergies naturelles et surnaturelles. L'appel au célibat pour le Royaume est toujours en même temps promesse de grâce pour vivre les exigences liées à cet état. « Seigneur, donne-nous ce que Toi-même tu commandes et commande ce que Tu veux », prie saint Augustin[64].

Cette confiance absolue dans le secours de la grâce ne nie pas le poids réel des difficultés inhérentes à cet état de vie. Elle ne les sous-estime pas, mais ne les surestime pas non plus. Elle les regarde en face avec loyauté. Pour construire une tour, enseigne l'Évangile, il faut d'abord s'asseoir et calculer les dépenses. Pour affronter une armée adverse, il convient au préalable d'évaluer ses propres forces ainsi que celles de l'ennemi (Lc 14, 28-33). Avant de s'engager dans une vie consacrée, il faut également effectuer ce genre de discernement.

Cependant, les dépenses à calculer ou les forces à évaluer ne sont pas purement humaines. Si c'était le cas, aucune personne un tant soit peu réaliste ne devrait avoir la témérité de construire un tel projet de vie, de mener un tel combat. « La grâce peut davantage[65]. » Ce « davantage » ne doit pas être oublié dans le calcul des dépenses. Le chrétien appelé à la sainteté dans l'état de célibat n'est pas le héros païen. Il faut distinguer sans séparer les différents éléments qui rendent possible ou non cette construction ou cette bataille, à savoir : les forces propres de la personne au moment de son engagement (1°) ; les forces propres qu'elle peut potentiellement acquérir au cours de sa vie (2°) ; les grâces reçues avant son engagement et dans son engagement même (3°) ; le trésor de grâces qui s'apprête à lui être offert au cours de son existence (4°).

---

63. *Sacerdotalis caelibatus*, 51.
64. Saint AUGUSTIN, *Confessions*, X, 29, 40.
65. A. LOUF, *La grâce peut davantage. L'accompagnement spirituel*, Paris, DDB, 1992.

« Je croyais que la continence relevait de mes propres forces, confesse saint Augustin [...], forces que je ne me connaissais pas. Et j'ai été assez sot pour ne pas savoir que personne ne peut être continent, si tu ne le lui donnes. Et certes, tu l'aurais donné, si dans mon gémissement intérieur, j'avais frappé à tes oreilles et si, d'une foi solide, j'avais jeté en toi mon souci[66]. » Ces propos, qui concernent la continence, peuvent être élargis à l'ensemble des dimensions de la virginité consacrée.

e. La vie communautaire

La cinquième réponse au don du célibat est la vie communautaire, qui peut prendre des formes très variées. Le célibat consacré, avons-nous dit, est un charisme, c'est-à-dire un don offert à certains en vue du bien de tous. Il édifie l'Église. Celle-ci n'est pas réductible à un concept. Elle est une communion de personnes qui portent chacune un prénom comme le montrent si bien les lettres de saint Paul. Le célibat chrétien ne peut donc se vivre en faisant abstraction de ces personnes concrètes, qui ont chacune leur histoire, leurs joies et leurs peines. Il ne peut se vivre en dehors de l'Église, en dehors d'une certaine vie communautaire, en dehors de la complémentarité des vocations. Il n'est pas seulement une réalité personnelle, comme on tend parfois à le réduire, mais une réalité interpersonnelle. Une vie complètement solitaire n'est nullement adaptée au célibat. Les ordres érémitiques en sont conscients plus que quiconque et tâchent de remédier de diverses manières à ce terrible appauvrissement auquel ils sont mystérieusement appelés.

La responsabilité de la tâche du célibataire consacré, de sa peine et de sa paix, n'incombe donc pas seulement à celui-ci mais à l'ensemble de la communauté ecclésiale et paroissiale. « Plus la gloire des vierges est sublime, plus nous devons en prendre soin », écrit Cyprien[67]. Bien souvent, la personne consacrée fait l'expérience d'être profondément aimée par les gens avec qui elle vit ainsi que celle d'un profond amour envers eux : un amour fraternel, un amour d'amitié, un amour paternel et maternel, un

66. *Confessions*, VI, 11, 20.
67. *De habitu virg.* (PL 4, 455).

amour pastoral, un amour filial aussi. Son charisme, qui la sépare en quelque sorte du monde, lui donne d'être réellement présente au cœur du monde, des fidèles et surtout des plus petits.

CONCLUSION

Le célibat pour le Royaume : quel don ? Une appréhension superficielle pressent – sans trop oser y croire – toute l'espérance inouïe que dévoile un tel état de vie. Elle peut s'en énerver aussi, consciente du jugement silencieux que ces consacrés prononcent par ce qu'ils sont sur les idoles du siècle. Leur charisme, intimement articulé à celui des chrétiens mariés, dérange profondément. Ces prophètes des temps nouveaux manifestent l'humble présence du Royaume de Dieu, enfoui au cœur du monde et de leur existence. Ils en sont les témoins simples et joyeux. Ils en payent le prix aussi. Leur célibat d'amour est le fruit d'un patient et courageux travail, éminemment personnel et puissamment soutenu par l'Esprit Saint.

Selon le concile Vatican II, « la chasteté en vue du Royaume de Dieu [...] doit être regardée comme un grand don de la grâce. Elle libère singulièrement le cœur de l'homme (1 Co 7, 32-35), pour qu'il brûle davantage de l'amour de Dieu et de tous les hommes ; c'est pourquoi elle est un signe particulier des réalités célestes, ainsi qu'un moyen remarquable pour les religieux de se consacrer sans réserve au service divin et aux œuvres de l'apostolat. Ils évoquent ainsi aux yeux de tous les fidèles cette admirable union établie par Dieu et qui doit être pleinement manifestée dans le siècle futur, par laquelle l'Église a le Christ comme unique époux[68]. » « Heureux, vous, les pauvres, car le Royaume de Dieu est à vous ! » (Lc 6, 20).

68. *Perfectae caritatis*, 12.

CHAPITRE III

LA CHASTETÉ : POUR QUI ?

« Le fruit de l'Esprit est charité, joie, paix, longanimité, serviabilité, bonté, confiance dans les autres, douceur, maîtrise de soi » (Ga 5, 22-23).

La chasteté est un mot tabou dans un monde occidental façonné par la « révolution sexuelle ». Son occultation lors des campagnes de prévention contre les maladies sexuellement transmissibles est un signe éloquent de ce phénomène de société[1].

Par ailleurs, on observe un regain d'intérêt pour l'abstinence sexuelle, identifiée trop rapidement à la chasteté. Les motivations en sont multiples. Certains deviennent méfiants vis-à-vis du désir sexuel qui menace leur autonomie. Ils rompent au nom de la liberté avec le pansexualisme moderne. « Depuis une vingtaine d'années, observe Boris Cyrulnik en 1995, on voit aux États-Unis des gens qui se considèrent comme "sexuellement dépendants" et qui viennent demander aux médecins de les aider à se débarrasser de ce qu'ils regardent comme une aliénation, voire comme une sorte de toxicomanie. Leur idée principale est que la suppression du désir sexuel représente un gain de liberté individuelle. Ce phénomène commence à se manifester en France[2]. » Il s'agit d'affirmer son autarcie non plus par la sexualité, mais contre elle. La « chasteté » est ainsi vécue non comme un retour aux interdits ancestraux, mais comme une libération, une émancipation, un chemin de liberté. L'idée n'est pas neuve. Elle remonte à la nuit des temps. Dans *Les Lois* par exemple, Platon évoquait déjà la

---

1. Voir T. ANATRELLA, « Les modèles sexuels contemporains et les orientations actuelles de l'éducation sexuelle », p. 141-147 ; *L'amour et le préservatif*, Paris, Flammarion, 1995.

2. B. CYRULNIK, « Éthologie de la sexualité », *Krisis* 17, mai 1995.

capacité de résister au « tyran Éros » et de prouver ainsi son autonomie individuelle.

D'autres recherchent de nouvelles formes de « chasteté » pour remédier à l'exténuation de l'appétit sexuel dans une société où il est « interdit d'interdire ». Car selon ceux-ci, sans tabou, plus de transgression possible. Et sans transgression, plus de désir[3].

D'autres encore – spécialement dans certains mouvements féministes – prônent un réapprentissage de la maîtrise du désir. Dès le début des années soixante pourtant, ces femmes avaient dénoncé le caractère aliénant du mariage bourgeois avec sa dimension possessive et monogamique. Elles luttèrent pour la souveraineté du désir et l'innocence du plaisir. Elles réclamèrent le droit à l'amour libre, collaborant activement au climat hédoniste et « reichien » de l'époque. Elles voulurent conquérir la libre sexualité. Très vite cependant, certaines parmi les plus radicales critiquèrent cette « révolution sexuelle » et la violence qu'elle engendrait : la libéralisation excessive du désir entraîne une anarchie, une jungle ou un marché fonctionnant au bénéfice des plus forts. Si les hommes renoncent à l'assurance de posséder une femme légitime, c'est parce qu'ils préfèrent désormais se donner les moyens d'en « consommer » un grand nombre sans devoir assurer leur entretien économique et sentimental. Robin Morgan, parmi d'autres, dénonça ce vitalisme jouisseur et charnel. « L'importance accordée à la sexualité génitale, à l'objectivation des corps, à la promiscuité, au détachement émotionnel, tout cela relève du style mâle, alors que nous, comme femmes, accordons bien plus d'importance à l'amour, la sensualité, l'humour, la tendresse, les engagements[4]. » Elle défendit à cet effet la continence.

La « chasteté » est donc actuellement déniée et partiellement promue. Mais de quelle chasteté parle-t-on ? Quelle est sa finalité spécifique, au point de vue humain et chrétien ? L'augmentation de l'autonomie ? Le ressourcement du désir ? Le bien-être émotionnel ? La chasteté : pour quoi ? Quels sont les chemins qu'elle emprunte pour parvenir à ses fins ? Pour donner quelques élé-

---

3. Voir J.-C. GUILLEBAUD, *La tyrannie du plaisir*, p. 240-342 : « Retour à Georges Bataille ».

4. R. MORGAN, *Going too far*, Random House, 1977.

ments de réponse, nous commencerons par interroger la tradition antique et classique. Puis, dans un second temps, nous reprendrons notre approche d'un point de vue personnaliste.

A. LE TRAVAIL DE LA CHASTETÉ : APPROCHE CLASSIQUE

« La vertu de chasteté est placée sous la mouvance de la vertu cardinale de tempérance, qui vise à imprégner de raison les passions et les appétits de la sensibilité humaine[5]. » Selon Cicéron, « la tempérance est une domination ferme et mesurée de la raison sur le désir sensuel et les autres mouvements désordonnés de l'âme[6] ».

1. Tempérer, orienter, réprimer, conduire, intégrer

Tempérer possède plusieurs significations connexes[7] :

– « disposer convenablement les éléments d'un tout, dans de justes proportions », comme par exemple combiner les sons graves et les sons aigus ou préparer un médicament à base de différentes herbes ;

– « allier, mélanger, unir, arranger » ;

– « organiser, régler, dresser », dresser des chevaux par exemple, organiser un état politiquement ou régler la distribution du froid et du chaud ;

– « gouverner, diriger, maîtriser », maîtriser sa langue par exemple ;

– « modérer, équilibrer », tiédir par exemple ou modérer son courroux ;

– « régulariser (les cours d'un marché par exemple), établir ou garder la mesure ».

Selon saint Thomas d'Aquin, la vertu cardinale de tempérance s'exerce vis-à-vis des désirs et des plaisirs du concupiscible, spécia-

5. *Catéchisme de l'Église catholique* (CEC) 2341.
6. Cicéron, *Réth.* II, 54.
7. F. Gaffiot, *Dictionnaire latin-français*, Hachette, 1934.

lement ceux liés à la conservation de soi : le manger et la sexualité. Elle les informe en les harmonisant et les orientant selon les exigences de la raison. À l'opposé, l'intempérance, en tant que recherche de jouissances non conformes à la raison, est un vice. L'insensibilité aussi[8] ! Si l'on s'abstient du bien de la table ou de relations sexuelles, ce ne peut être qu'en vue d'une fin supérieure, pour une juste raison. Il est absurde de prétendre que le christianisme est hanté par la haine du monde et des plaisirs. Au contraire, il a lutté – et lutte toujours – à un niveau spirituel, intellectuel, culturel et social contre les modèles néoplatonicien, stoïcien et épicurien qui tendent, chacun à sa manière, à mépriser le corps et la sexualité[9]. Il opère un discernement pour reconnaître au plaisir toute la place qui lui revient et par conséquent aussi la place qu'il ne peut usurper.

La véritable chasteté ne consiste donc nullement dans une destruction des valeurs sensuelles, destruction qui impliquerait une mésestime du corps, une dépréciation du mariage, de la sexualité et du plaisir. Elle n'est ni un frein aveugle opposé aux élans charnels, ni un déni de l'existence de ces valeurs ou de leur opérativité. Destruction, mépris et déni faussent la chasteté, la pervertissent, la déchristianisent. En refoulant ces valeurs, ces attitudes risquent à tout moment de les voir resurgir pour se « venger ». Tapies dans l'ombre, elles attendent leur heure.

La chasteté n'est donc pas d'abord une force de négation ou d'opposition. Elle dispose l'homme à l'accomplissement rationnel de mouvements issus du concupiscible. Elle a pour objet spécifique les réactions de la sensualité et de l'affectivité aux valeurs sexuelles[10]. Elle n'est pas d'abord là pour contrarier ces inclinations en tant que telles, mais pour les orienter au bien véritable, les discipliner, les modérer, les intégrer, les conduire dans un équilibre humanisant. Elle œuvre à « l'unité intérieure de l'homme dans son être corporel et spirituel[11] ». Elle est donc « un symptôme essentiel

8. ST II-II, q. 142, a. 1.

9. Voir ST I-II, q. 34, a. 2-3. Les questions 31 à 34 offrent un remarquable traité sur le plaisir en lui-même, ses causes, ses effets, sa bonté et sa malice. Voir aussi A. Gesché et P. Scolas (dir.), *Le corps, chemin de Dieu*, Paris, Éd. du Cerf, Université catholique de Louvain, 2006.

10. ST II-II, q. 151.

11. CEC 2337.

de la culture de la personne, noyau de la culture humaine[12] ». Si cette vertu vient à manquer, la volonté humaine risque d'être débordée bien vite par les sens et de vivre en dehors de l'ordre spécifiquement humain, c'est-à-dire en dehors de l'ordre découvert et inventé par la raison. L'homme ne peut plus alors rejoindre la perfection de sa nature.

Tantôt cette œuvre s'accomplit paisiblement, dans une facilité déconcertante et une aisance (sur)naturelle. Tantôt elle s'effectue au prix de rudes amendements, d'une ascèse courageuse[13], d'une répression délibérée. L'homme chaste doit écarter ce qui allèche l'appétit à l'encontre de la raison, mettre un frein à sa convoitise, aux désirs de ses sens, leur imposer sa loi vertueuse et les réorienter continuellement au bien. Il doit s'opposer à ce qu'il y a de grossier, résister à des élans parfois impétueux, y renoncer, les contrarier, les maîtriser autant que faire se peut, s'en détourner, les fuir[14]. Comme l'indique l'étymologie du mot « chasteté », il doit « châtier » la convoitise des plaisirs illicites en matière sexuelle, la corriger. « Mortifiez vos membres terrestres : fornication, impureté, passion coupable, mauvais désirs, et cette cupidité qui est une idolâtrie » (Col 3, 5), écrit saint Paul aux habitants de Colosse. « Ceux qui appartiennent au Christ Jésus ont crucifié la chair avec ses passions et ses convoitises » (Ga 5, 25).

Cet aspect négatif de la chasteté ne doit pas masquer son aspect éminemment positif et constructif. Il s'agit d'abord et avant tout de découvrir et d'inventer un agir digne de l'homme dans les différentes circonstances de la vie. Comment élaborer, par exemple, une conduite chaste à l'intérieur d'une ambiance malsaine ? Le refus de certains comportements est important, mais non suffisant. Encore faut-il positivement adopter une attitude juste, ce qui exige intelligence, délicatesse et finesse de cœur.

---

12. JEAN-PAUL II, *Amour et responsabilité*, p. 151.

13. Voir B. GROESCHEL, *Le courage d'être chaste*, Nouan-le-Fuzelier, Éd. des Béatitudes, 1997.

14. Aussi saint Thomas d'Aquin lie-t-il la tempérance au don de crainte. « Le don de crainte regarde [...] tout ce qu'il faut fuir pour éviter d'offenser Dieu. Or, l'homme a surtout besoin de la crainte de Dieu pour fuir ce qui l'attire le plus fortement, ce qui concerne la tempérance » (ST II-II, q. 141, a. 1, ad 3). Thomas interprète en ce sens le verset 120 du Psaume 119 (118) : « Transperce ma chair de ta crainte. »

2. La chasteté, œuvre de la liberté sauvée

Construire, tempérer et réprimer sont des œuvres de la liberté humaine. Celle-ci est en mesure de décider de ne pas céder aux sollicitations désordonnées de la sensualité. Elle peut en révoquer l'enchaînement vicieux. Comme le remarque Jean-Paul II, « un acte de volonté dirigé contre l'éveil de la sensualité n'a pas en général d'effet immédiat. D'habitude, la réaction de la sensualité se poursuit jusqu'à la fin dans sa propre sphère psychique, c'est-à-dire dans la sphère sensuelle, bien que, dans la sphère volitive, elle ait rencontré une nette opposition. Nul ne peut exiger de soi-même que les réactions de la sensualité ne se manifestent pas en lui ni qu'elles cèdent dès que la volonté refuse de consentir, voire oppose son refus. Cela est important pour la pratique de la vertu de continence. “Ne pas vouloir” est différent de “ne pas sentir”, “ne pas éprouver”[15]. »

Cette abnégation génère toujours une insatisfaction et même un certain déséquilibre. La renonciation à la jouissance des valeurs sexuelles pour une juste raison engendre une certaine frustration. Le corps est en pénurie de bien-être, de plaisir, de soulagement. La volonté doit alors consentir à cette pénurie et demeurer dans ce consentement. Elle ne s'engagera pas dans un tel travail si elle n'a pas de bonnes raisons de le faire. La volonté n'est pas volontariste, elle est intelligente. Elle est constituée par et dans une vérité qui la précède, qui l'attire rationnellement comme bien et vers laquelle elle est appelée à se mouvoir.

La perception d'un tel ordre de raison est loin d'être évidente, et ce de façon particulière en ce qui concerne les valeurs de la sexualité et de l'affectivité. Et même si c'était le cas au point de vue de sa connaissance théorique, un important travail intérieur est encore nécessaire pour parvenir à en reconnaître sa puissance de vie et de vérité d'un point de vue concret et existentiel. Savoir que tel ou tel comportement est mauvais et qu'il faut y renoncer – ce qui est déjà beaucoup – ne signifie pas encore consentir intérieurement à ce qu'indique ce savoir. Il y a un hiatus entre la vérité théorique et la vérité pratique dont la conscience humaine peut s'accommoder dans un compromis déconcertant dont elle seule a

15. JEAN-PAUL II, *Amour et responsabilité*, p. 146.

le secret. Saint Paul parle en ce sens « de cœurs inintelligents et enténébrés » (Rm 1, 21 ; Ep 4, 17-24). Et plus loin, il exhorte à ce « que le renouvellement de votre jugement vous transforme, et vous fasse discerner la volonté de Dieu, ce qui est bon, ce qui lui plaît, ce qui est parfait » (Rm 12, 2). Ces textes, parmi d'autres, manifestent la nature blessée de l'intelligence et de la volonté appelées à former la chasteté dans l'agir humain. Ils en révèlent également l'œuvre gracieuse de restauration, de renouvellement, de guérison, de transformation, d'élévation par les vertus surnaturelles et les dons du Saint-Esprit.

Un tel discours ne tombe-t-il pas dans une sorte d'idéalisme prélapsaire, d'angélisme inadapté aux possibilités concrètes de l'homme en cet état de vie ? « Mais quelles sont les "possibilités concrètes de l'homme", se demande Jean-Paul II ? Et de *quel* homme parle-t-on ? De l'homme *dominé* par la concupiscence ou de l'homme *sauvé* par le Christ ? Parce qu'il s'agit de cela : *de la réalité* de la rédemption du Christ. *Le Christ nous a sauvés.* Ce qui signifie : Il nous a donné la *possibilité* de réaliser *l'entière* vérité de notre être ; Il a libéré notre liberté de la *domination* de la concupiscence[16]. Et si l'homme sauvé pèche encore, cela n'est pas dû à une éventuelle imperfection de l'acte rédempteur du Christ, mais à la *volonté* de l'homme qui se soustrait à la grâce et qui, de ce fait, échappe à un tel acte. Le commandement de Dieu est certainement proportionné aux capacités de l'homme : mais aux capacités de l'homme à qui est donné le Saint-Esprit[17]. » Affirmer le contraire, ce serait « réduire à néant la croix du Christ » (1 Co 1, 17)[18].

« C'est pour que nous restions libres que le Christ nous a libérés. Donc, tenez bon et ne vous remettez pas sous le joug de l'esclavage » (Ga 5, 1). « Laissez-vous mener par l'Esprit et vous ne risquerez pas de satisfaire la convoitise charnelle. Car la chair convoite contre l'esprit et l'esprit contre la chair ; il y a entre eux

---

16. Concernant la concupiscence, voir Concile de TRENTE, *Décret sur le péché originel*, 17 juin 1546, dans Dz 1515 ; Concile VATICAN II, GS 13 et 37 ; JEAN-PAUL II, Lettre encyclique *Dominum et vivificantem*, 55-56 ; CEC 2515.

17. JEAN-PAUL II, Discours aux participants à un cours sur la procréation responsable, 1er mars 1984. La mise en italique de certains mots est de la main du pape. Ce passage est repris in extenso dans VS 104.

18. Ce verset est repris comme titre du chapitre III de l'encyclique *Veritatis splendor*.

antagonisme, si bien que vous ne faites pas ce que vous voudriez. Mais si l'Esprit vous anime, vous n'êtes pas sous la loi » (Ga 5, 16-18). Les choix posés par l'homme ne le sont donc pas uniquement à partir de ses seules forces naturelles. Ils sont aussi le fruit du Saint-Esprit. « Si par l'Esprit, vous faites mourir les œuvres de la chair, vous vivrez » (Rm 8, 13). Quand Dieu appelle à quelque chose, il offre toujours le secours de sa grâce ! « La chasteté est une vertu morale. Elle est aussi un don de Dieu, une grâce, un fruit de l'œuvre spirituelle[19]. »

La liberté ainsi sauvée et exercée conduit tout (sur)naturellement à la beauté, c'est-à-dire à « une certaine proportion dans la mesure et dans la convenance[20] ». « À la notion de beau ou de plaisant, écrit Denys, concourent l'éclat et la bonne proportion[21]. » Inversement, la privation de chasteté génère disharmonie, chaos, anarchie et avilissement. Pour Thomas, la chasteté est « la belle vertu » par excellence. « Elle rend la personne harmonieuse, la fait mûrir et la remplit de paix intérieure[22]. » Elle contribue à son « honneur », c'est-à-dire à « sa beauté spirituelle ». En manquer rend l'être humain singulièrement laid.

Cette beauté et cet honneur sont toujours déjà présents en toute personne. Car l'unité poursuivie par la chasteté est toujours déjà donnée à l'origine, du moins en germe. Dans le cas contraire, elle ne pourrait jamais être atteinte réellement et demeurerait pour une large part artificielle. C'est parce que l'homme est profondément un qu'il peut travailler à cette unité. Le savoir contribue à donner force, espérance et persévérance. Comme l'écrit saint Augustin, « la chasteté nous recompose ; elle nous ramène à cette unité que nous avions perdue en nous éparpillant[23] ».

3. Critique

Faire dériver ainsi la chasteté de la tempérance est éclairant. Mais a-t-on atteint pour autant pleinement l'essence de la chas-

---

19. CEC 2345.
20. ST II-II, q. 141, a. 2, ad 3.
21. DENYS L'ARÉOPAGITE, *De div. nom.* 4, 7 (PG 3, 704).
22. CONSEIL PONTIFICAL POUR LA FAMILLE, *L'éducation sexuelle des enfants*, p. 17.
23. *Confessions*, 10, 29.

teté ? Nous ne le pensons pas. Un texte de saint Paul nous le fait pressentir. « On sait bien tout ce que produit la chair : fornication, impureté, débauche, idolâtrie, magie, haines, discorde, jalousie, emportements, disputes, dissensions, scissions, sentiments d'envie, orgies, ripailles et choses semblables ; et je vous préviens, comme je l'ai déjà fait, que ceux qui commettent ces fautes-là n'hériteront pas du Royaume de Dieu. Mais le fruit de l'Esprit est charité, joie, paix, longanimité, serviabilité, bonté, confiance dans les autres, douceur, maîtrise de soi : contre de telles choses, il n'y a pas de loi. Or, ceux qui appartiennent au Christ Jésus ont crucifié la chair avec ses passions et ses convoitises » (Ga 5, 19-25).

Ce texte nous révèle une double logique, celle de la convoitise charnelle et celle de l'Esprit. La première conduit à une série de comportements qui, en dernière analyse, enferment la personne en elle-même dans une auto-affirmation mortifère : débauche, idolâtrie, haine, discorde, etc. Utilitariste, elle ne se soucie guère de l'amour d'autrui et de Dieu. La débauche, par exemple, ne s'intéresse pas à l'autre en tant que personne, mais en tant qu'objet possible de jouissance. Cherchant de façon prioritaire son propre bien charnel, elle considère chez autrui principalement ses valeurs sexuelles.

La seconde, à l'inverse, produit une série de fruits propres à la liberté et au Royaume dont la caractéristique principale est l'accueil de l'autre pour l'autre. Elle déploie une dynamique non utilitariste, fondée sur le respect et l'amour de la personne comme personne : charité, longanimité, serviabilité, confiance dans les autres, etc. La liste est longue ! L'approche classique de la chasteté risque peut-être de ne pas suffisamment mettre en lumière son essence relationnelle. La chasteté : « Pour qui ? » et non d'abord « Pour quoi ? »

B. LE TRAVAIL DE LA CHASTETÉ : REPRISE PERSONNALISTE

1. Une intégration selon « la norme personnaliste »

La chasteté n'est pas d'abord au service de l'autarcie du je. Elle n'est ni égoïste, ni utilitariste, ni hédoniste. Non, elle est en son identité profonde au service de l'amour interpersonnel. Elle est

« forme de l'amour vrai[24] ». Elle est de ce fait réglée par « la norme personnaliste[25] ». « Tu aimeras. Tu respecteras l'autre comme personne et, par conséquent, tu ne l'utiliseras pas aux fins de ta seule auto-jouissance sensible. Tu te respecteras également toi-même dans ta nature de personne et, par conséquent, tu ne t'utiliseras pas non plus toi-même aux fins de ta seule auto-jouissance sensible. Tu rendras à chacun ce qui lui est dû comme personne, y compris à toi-même. » La vertu de chasteté n'est déchiffrable qu'en rapport avec le commandement fondamental de l'amour du prochain comme soi-même. Elle a pour tâche d'affranchir l'amour de ce qui le blesse et de rendre la personne disponible à une relation vraiment humaine. « Elle est l'énergie spirituelle sachant défendre l'amour des périls de l'égoïsme et de l'agressivité, en le conduisant vers sa pleine réalisation[26]. »

La sexualité humaine, plus que toute autre réalité, ne se définit jamais purement et simplement à partir d'elle-même. Elle implique nécessairement un dépassement, en son origine comme en son terme. Elle renvoie toujours au mystère de l'autre et de l'Autre, à la finitude (je ne suis qu'un homme ou qu'une femme) et à la mort, à la vie reçue et à la vie donnée, à la mort vaincue et à l'Éternité. Elle est une réalité éminemment relationnelle. La chasteté également ! « Elle est l'affirmation joyeuse de qui sait vivre le don de soi, libre de tout esclavage de l'égoïsme. Cela suppose que la personne ait appris à faire attention aux autres, à se mettre en rapport avec eux en sachant respecter leur dignité dans leur diversité. La personne chaste n'est pas centrée sur elle-même, et n'a pas de rapports égoïstes vis-à-vis des autres[27]. »

Le don de soi, la charité, la relation interpersonnelle engendrent donc la chasteté. Ils lui donnent forme. Ils président à son patient travail d'intégration intrapersonnelle et interpersonnelle. « La chasteté signifie l'intégration réussie de la sexualité dans la personne et par là l'unité intérieure de l'homme dans son être corporel et spirituel. La sexualité, en laquelle s'exprime l'appartenance

24. Titre donné par Jean Laffitte à son chapitre sur la chasteté, dans L. MELINA et J. LAFFITTE, *Amour conjugal et vocation à la sainteté*, p. 97-117.

25. JEAN-PAUL II, *Amour et responsabilité*, p. 32 s.

26. FC 21.

27. CONSEIL PONTIFICAL POUR LA FAMILLE, *L'éducation sexuelle des enfants*, p. 17.

de l'homme au monde corporel et biologique, devient personnelle et vraiment humaine, lorsqu'elle est intégrée dans la relation de personne à personne, dans le don mutuel entier et temporellement illimité de l'homme et de la femme[28]. »

« Intégrer » veut dire « réunir des parties de manière à former un tout organique, ou insérer un élément particulier dans ce tout[29] ». La véritable chasteté reconnaît les valeurs du corps et du sexe, les apprécie et les situe à leur juste place, c'est-à-dire au service éclairé de la relation interpersonnelle. En ce sens, l'ascétisme chrétien se distingue de l'ascétisme païen, manichéen ou cathare. Il ne déconsidère nullement la bonté et la beauté originelles de la chair. Il ne la fuit pas non plus. Au contraire, il œuvre à l'orienter, à éveiller et à développer en elle tout ce qu'elle porte de vie et d'amour. L'ascétisme chrétien ne sous-estime pas les valeurs du sexe. Il ne les surestime pas non plus. Non, il les considère comme des éléments à intégrer dans le tout de la personne humaine, et ce de façon durable et permanente. Il les relativise par rapport à la valeur de la personne.

La chasteté des époux par exemple – qu'il ne faut pas confondre avec la continence – veille à éviter dans leur vie conjugale toute attitude de jouissance utilitariste vis-à-vis de l'autre, qui, dans son essence objective, est contraire à l'amour. Elle y introduit des dispositions à aimer l'autre pour l'autre. Le don de soi dans l'échange des corps offre ainsi un langage vrai et sans mensonge, désintéressé et orienté au bien véritable de l'époux ou de l'épouse. La chasteté grandit, se développe, se stabilise, se fortifie et s'affine au fur et à mesure que croissent le respect et l'amour de la personne, ainsi que le don de soi qui leur est consécutif. Et réciproquement : fruit de la charité, cette dernière augmente et déploie la chasteté.

C'est dans cet esprit que la répression de certains comportements doit être vigoureusement menée afin d'éviter d'utiliser autrui ou de le manipuler en vue d'un bien-être égocentrique et égoïste. L'accueil, le respect et l'amour de l'autre pour lui-même ne sont possibles qu'au prix de réels renoncements. Tous ces « non » opposés aux tendances égoïstes de la chair sont en dernière analyse

---

28. CEC 2337.

29. P. FOULQUIÉ, *Dictionnaire de la langue philosophique*, Paris, PUF, 1982, p. 370.

autant de « oui » consentis à l'amour de soi, à l'amour de l'autre et à l'amour de Dieu. Tel est l'ordre indiqué par la raison humaine dont nous avons parlé ci-dessus : un ordre personnaliste, engendré et animé par la charité. « La charité est la forme de toutes les vertus. Sous son influence, la chasteté apparaît comme une école de don de la personne. La maîtrise de soi est ordonnée au don de soi[30]. » « La chasteté invite à se faire le prochain de tous. Elle doit être entendue comme une école de l'oblativité : l'intégrité est finalisée par l'intégralité du don[31]. »

2. Contribution de l'affectivité

Nous ne pouvons parler de la chasteté sans parler de l'affectivité. Le sixième commandement – « Tu ne commettras pas d'adultère » (Ex 20, 14) – renvoie nécessairement au neuvième : « Tu ne convoiteras pas ! » (Ex 20, 17.) L'affectivité constitue un monde à part, composé de faits internes qui par eux-mêmes se tiennent à l'écart de la concupiscence charnelle. Elle poursuit des orientations et des objectifs différents. Les « besoins affectifs » ne sont pas identiques aux « besoins sensuels ». Ils paraissent si purs par rapport à ces derniers ! Ils sont des réactions spontanées aux valeurs liées à la personnalité du sexe opposé, c'est-à-dire à la féminité ou à la masculinité, et non aux valeurs du corps en tant qu'objet possible de jouissance.

De ce point de vue, l'affection offre une protection naturelle contre les sollicitations des sens. Elle contribue à réguler les désirs sensuels, à les endiguer, à les relativiser, à les informer, à les modérer. Elle les oriente même à la perception « chaleureuse » de la personne et de sa valeur. Ce genre de connaissance, avec tout le processus d'idéalisation et d'intériorisation que celle-ci implique, aide la volonté et l'intelligence à ressentir « existentiellement » cette valeur et à la reconnaître peu à peu spirituellement. Une appréhension plus abstraite motive moins aisément ce genre de cheminement. Bref, « l'affectivité et cette idéalisation dont elle est la

30. CEC 2346.

31. J.-L. BRUGUÈS, *Dictionnaire de morale catholique*, Chambray-lès-Tours, C.L.D., 1991, p. 81.

source peuvent grandement aider la formation de la vertu de chasteté[32] ».

Pourtant, ces réactions spontanées, même les plus délicates, ne constituent pas par elles-mêmes un remède satisfaisant à la concupiscence charnelle ni un fondement suffisant à l'amour de la personne. D'un côté, elles sont fragiles et instables. Privée de l'appui de la volonté, laissée à elle-même, l'affectivité est bien faible pour faire face seule aux assauts puissants de la sensualité. Et cette faiblesse naturelle augmente à mesure que décroît l'idéalisation première de la personne prise en affection, avec son cortège de déceptions. D'un autre côté, le monde de l'affectivité est différent de celui des sens, mais non séparé. Ce dernier est comme voilé, caché dans le premier. Il attend de pouvoir surgir et risque parfois d'absorber l'univers des sentiments. L'être humain est un !

Il convient donc de développer paisiblement et sans crainte un art d'utiliser les énergies latentes de son affectivité, une tactique empreinte de diplomatie et de modestie. L'expérience de la vie montre qu'un tel art est souvent plus efficace et plus humain que l'emploi du seul impératif rationnel, impératif qui peut par ailleurs provoquer des effets contraires à ceux désirés. Pourquoi faudrait-il *a priori* exclure de la construction de l'action bonne un matériau aussi riche, aussi beau, aussi puissant que l'affectivité ? Encore une fois, il s'agit d'intégrer et d'ordonner, non de nier et de détruire ! Cela n'empêche pas une certaine vigilance pleine de bon sens face aux dangers propres à la logique de l'affectivité.

Voilà comment la volonté, soucieuse d'aimer la personne en vérité, peut conduire délicatement son affectivité pour fortifier la chasteté. Par ailleurs, cette même volonté peut tout aussi bien rechercher l'affection pour elle-même, indépendamment de la valeur de la personne. Elle reprend alors à son compte l'égocentrisme naturel de l'affection et le poursuit pour lui-même. Elle assume dans ce cas comme objectif principal celui de combler les besoins affectifs du moi ou celui de s'en délecter dans une sorte de jeu. Cette convoitise affective, contraire à la pureté d'intention, peut être dissimulée sous les apparences de l'amour. Elle est donc plus subtile à percevoir que celle des sens : le plaisir sentimental peut sembler altruiste. Même s'il prête plus facilement à confu-

32. JEAN-PAUL II, *Amour et responsabilité*, p. 137.

sion, cet égoïsme des sentiments introduit une attitude utilitaire vis-à-vis de la personne de sexe opposé. La présence de celle-ci n'est pas recherchée d'abord pour elle-même, mais pour certaines de ses valeurs affectives dont le sujet veut se délecter. Une telle attitude fait ainsi entrer la relation dans une logique utilitariste qui prépare le terrain à l'utilitarisme des sens. La chasteté doit donc se déployer dans tous les centres internes de l'homme où naît et se développe une attitude de jouissance. Son champ d'action ne se limite pas à l'égocentrisme de la concupiscence charnelle, mais à toute forme d'égoïsme qui menace l'amour de la personne.

Ce que nous venons de dire à propos de l'affectivité peut être étendu à l'imagination, faculté humaine qui vit en étroite connexion d'une part avec l'affectivité et la sensibilité et d'autre part avec la raison et le jugement. Les fantasmes font partie du matériau avec lequel l'être humain construit sa vie et il ne peut se laisser aller en ce domaine, comme d'ailleurs en celui des sentiments, sans encourir de graves dommages. Saint Jean parle de la convoitise des yeux (1 Jn 2, 16). « Libère mes yeux des images de rien », supplie le psalmiste (Ps 119 [118], 37). La chasteté doit veiller à « discipliner l'imagination[33] », à l'intégrer et l'ordonner, à l'humaniser et la sanctifier.

3. Chasteté et histoire

Cette aptitude à aimer la personne pour elle-même et non en tant qu'objet de jouissance sensible ou sensuelle exige du temps. Elle est l'œuvre déterminée de la volonté et de la raison, potentialisées par les vertus surnaturelles et les dons du Saint-Esprit. Elle n'advient pas par hasard ou par chance. Non, elle est le fruit d'une véritable maturation éthique de la sexualité, constituée de nombreux choix volontaires. Elle est bâtie et reçue dans l'histoire. Elle est histoire. « Jour après jour, l'homme vertueux et chaste se construit par des choix nombreux et libres. Ainsi, il connaît, aime et accomplit le bien moral en suivant les étapes d'une croissance[34]. »

33. CEC 2518.
34. FC 34.

Cette croissance est « une tâche éminemment personnelle[35] », « une œuvre de longue haleine[36] ». Il ne s'agit pas de poser un geste de temps en temps, mais de développer une réelle capacité stable à faire le bien, capacité qui peut croître ou décroître. L'homme est appelé à advenir à la chasteté par une constante auto-éducation. « La formation d'un soldat ou d'un athlète, qui est une sorte d'éducation, réclame de multiples exercices. Un musicien, un peintre, un orateur n'atteignent la maturité de leur talent qu'au terme d'une éducation semblable. De même l'éducation à la vertu exige des exercices répétés, un entraînement suivi[37]. » On ne naît pas chaste, on le devient.

La chasteté suppose un effort à tous les âges de la vie, même si celui-ci peut être plus intense à certaines époques. « Elle n'est jamais acquise une fois pour toutes, mais elle est le résultat d'une laborieuse conquête à poursuivre tous les jours[38]. » Elle possède ses victoires et ses défaites. Elle peut obtenir de belles réussites et de réels progrès, mais également subir des échecs et des reculs. Le combat des choix pour l'amour vrai de l'autre ne s'arrête pas à trente ans. « L'homme de quarante, cinquante, ou soixante ans continue à percevoir la sexualité de manière vive, même si c'est de façon différente. Il est faux de s'imaginer un âge où la sexualité aurait perdu sa force et sa vulnérabilité. Bien sûr, l'homme vertueux n'est pas livré à ses impulsions comme un adolescent de seize ans. Mais rien n'est irréversible dans la maturité de l'affectivité et de l'imaginaire[39]. » Baptisé, l'homme reste soumis tout au long de sa vie sur terre à la concupiscence de la chair. À chaque âge, il est appelé à mourir avec le Christ pour ressusciter avec lui dans une vie nouvelle (Rm 6, 1-11), à sortir de la complaisance de ses pulsions immédiates pour se rendre disponible à autrui.

Ceci étant dit, les actes de chasteté s'inscrivent dans le prolongement les uns des autres. Ils collaborent à l'édification d'une disposition stable à être chaste et à inventer, dans les circonstances les plus variées, des actes chastes. La chasteté est un *habitus*, une capa-

---

35. CEC 2344.

36. CEC 2342.

37. S. PINCKAERS, « La vertu est tout autre chose qu'une habitude », *Nouvelle revue théologique*, avril 1960, p. 157.

38. *Le célibat sacerdotal*, 73.

39. A. CHAPELLE, *Sexualité et chasteté*, p. 43-44.

cité opérative bonne, une vertu élaborée et affinée au jour le jour. Elle offre une sorte d'énergie spirituelle, intelligente, créatrice. Elle inscrit peu à peu, au fil des actes libres et libérateurs, comme un nouveau pli dans l'âme elle-même. Elle forme en la personne une sorte d'« instinct spirituel » qui rend cette dernière « capable d'un amour vrai, désintéressé, généreux et respectueux d'autrui[40] ». Les actes de chasteté permettent peu à peu à l'être humain toujours vulnérable de vivre de façon habituelle dans la chasteté et donc de devenir quelqu'un de chaste. Cela demande du temps. Il faut savoir attendre ses fruits parmi lesquels se trouve – infailliblement – la joie d'aimer et d'être aimé !

4. Contribution des autres vertus

La chasteté étant une vertu intégrative au service du don de soi, elle présuppose la collaboration et la mise en œuvre de nombreuses autres vertus : la frugalité, la sobriété (qui concerne aussi la tempérance vis-à-vis des biens sensibles) ; la décence, la distinction, la retenue ; la clémence et la douceur qui travaillent à l'apaisement de la haine et de la colère ; la simplicité, la modestie et l'humilité ; la disponibilité à autrui dans la vie commune et ses services, dans le temps à donner, dans le souci de la joie d'autrui ; la maîtrise de la parole ; l'amitié, l'humilité et la pudeur ; la foi, l'espérance et la charité. Arrêtons-nous brièvement sur ces six dernières.

La relation d'amitié « crée une harmonie de sentiments et de goûts qui fait abstraction de l'amour des sens pour, au contraire, porter à un degré très élevé, et même jusqu'à l'héroïsme, le don de l'ami à l'ami[41] ». L'amitié éduque profondément à la gratuité, au désintéressement, à la réciprocité vraie, à l'échange, à la finesse de sentiments, à la fidélité, à la charité, et à bien d'autres choses encore. « La chasteté s'exprime (donc) notamment dans l'amitié pour le prochain[42]. »

L'humilité désigne la juste attitude à l'égard de toute grandeur

40. CONGRÉGATION POUR LA DOCTRINE DE LA FOI, Déclaration *Persona humana* sur certaines questions d'éthique sexuelle, 29 décembre 1975, n° 12.

41. JEAN-PAUL II, *Message aux jeunes de France*, 1er juin 1980, dans *La documentation catholique* (DC) 594.

42. CEC 2347.

véritable. Selon cette perspective, le corps est appelé à être humble vis-à-vis de cette grandeur qu'est la personne, la mienne et celle d'autrui. Il doit reconnaître en elle la vraie mesure de l'être humain dont il participe intimement, à sa juste place comme corps. Il doit lui être docile, ne pas essayer de le dominer ni de s'arroger le rôle essentiel dans l'amour. Il est invité à ne pas identifier bonheur humain et autosatisfaction sensible, volupté ou somme de plaisirs. Par ailleurs, cette modestie du corps ne doit pas le conduire à nier ou mépriser sa propre grandeur ! L'humilité joue également dans le sens du respect infini dû au corps de l'autre et à mon propre corps.

La vertu de pudeur cache les valeurs sexuelles afin que ces dernières ne soient pas un obstacle à la perception de la valeur de la personne. Elle voile pour mieux dévoiler. Sans nier le corps ou le dénigrer d'une quelconque manière, elle le met humblement à sa juste place afin d'éviter un certain aveuglement ou un certain hypnotisme de la sensualité. La pudeur ne consiste donc nullement en une fuite de l'amour. Bien au contraire, elle est motivée par le désir de provoquer l'amour vrai, de vivre et de faire vivre au niveau de la relation interpersonnelle, non de celui d'un commerce d'objets de jouissance. Elle est au service de la révélation de la personne à laquelle elle donne délicatement et concrètement accès. Elle est transparence de l'intériorité. Elle est moyen d'accéder à l'amour. Quel que soit l'état de vie, la pudeur doit donc être cultivée et éduquée[43].

La foi, l'espérance et la charité enfin sont les trois vertus théologales qui viennent de Dieu et atteignent Dieu, chacune selon sa formalité propre. Nous avons vu le rôle particulièrement central que jouait la charité, « mère de toutes les vertus », dans la formation de la chasteté. Ces vertus entraînent le sujet moral à se détourner des idoles forgées par l'appétit de jouissance pour se convertir en Jésus-Christ au Dieu vivant et à son prochain.

5. Paix

La chasteté conduit à la beauté. Elle mène également à la paix (Ga 5, 22). « La paix n'est pas simplement une absence de guerre,

---

43. Voir I. Pélissié du Rausas, *La pudeur, le désir et l'amour*, Nouan-le-Fuzelier, Éd. des Béatitudes, 1999.

elle ne se réduit pas à l'établissement d'un équilibre entre forces adverses, elle ne provient pas d'une domination despotique, mais il est tout à fait exact et approprié de l'appeler l'œuvre de la justice [...] Elle n'est jamais acquise une fois pour toutes : elle est sans cesse à construire. [...] Mais cela ne suffit pas. [...] La ferme volonté de respecter les autres hommes et les autres peuples ainsi que leur dignité, la recherche effective de la fraternité sont absolument nécessaires pour la construction de la paix. C'est ainsi que la paix est encore le fruit de l'amour qui va bien plus loin que les avantages procurés par la justice[44]. »

Cette description proposée par *Gaudium et spes* dans une perspective sociale et politique s'applique fort bien au domaine de l'éthique sexuelle. La paix comme fruit de la chasteté ne consiste en effet nullement en une absence de tensions intérieures. Elle est le résultat d'une conquête permanente d'où la violence n'est pas absente. « Recherche la paix et poursuis-la », exhorte le psalmiste (Ps 34 [33], 15). L'homme qui vit en paix est celui qui a déclaré la guerre à sa convoitise. Seul un cadavre ne lutte plus. Ce combat exige un trésor d'énergie spirituelle pour intégrer les différents éléments et établir ainsi, selon les mots de saint Augustin, « la concorde dans l'ordre[45] ».

L'ordre en question, norme de l'agir chaste, est intérieur et interpersonnel. Fondé sur la justice, il rend à chacun – au « je » comme au « tu » et au « il » – ce qui lui est dû comme personne, non comme objet utilitariste. Il implique une ferme volonté non seulement de respecter leur dignité, mais également de les promouvoir activement et de façon désintéressée. Voilà comment et pourquoi la chasteté, enracinée dans l'ordre personnaliste de l'amour, conduit à la sérénité du cœur, à l'apaisement des troubles de l'âme, à l'unité intérieure, à la pureté, à la paix.

CONCLUSION : LA CHASTETÉ DU CHRIST

La chasteté n'est pas d'abord finalisée par une quelconque autarcie du je, ou par un ressourcement du désir au moyen de la

44. GS 78.
45. « La paix naît d'une recherche commune du bien qui permet aux membres

mise en place d'interdits susceptibles d'être transgressés, ou encore par un quelconque utilitarisme hédoniste. Toutes ces formes d'égoïsme détruisent en fait subrepticement son essence même. Car la chasteté appartient à l'ordre personnaliste de l'amour. Elle est à son service. Elle accomplit un inlassable travail d'intégration des valeurs sexuelles et sensibles au profit d'une communion réellement interpersonnelle, c'est-à-dire au profit d'une relation où chaque membre est traité et aimé d'une façon compatible avec sa nature de personne. Elle est une école de la charité et du don de soi.

Jésus a peu parlé de cette vertu. Le mot ne se trouve même pas dans les Évangiles. Néanmoins, « nous pouvons humblement le regarder vivre pour apprendre ce qu'est la chasteté, le regarder aimer à sa manière propre qui est chaste[46] ». « Tu vois cette femme ? » demande Jésus au pharisien qui l'avait invité à manger (Lc 7, 44). Le regard de Jésus est clair. Il ne voit pas en elle une pécheresse à condamner ou à convoiter, mais une personne qui « montre beaucoup d'amour » (Lc 7, 47). Il n'a pas peur de se laisser toucher, embrasser les pieds, parfumer, car son être – esprit, affectivité et corps – est tout entier dans la lumière. « La lampe du corps, c'est l'œil. Si donc ton œil est sain, ton corps tout entier sera dans la lumière » (Mt 6, 22). Par contrecoup, il révèle le manque de pureté du pharisien qui le reçoit. « Mais si ton œil est malade, ton corps tout entier sera ténébreux » (Mt 6, 22). On peut contempler de la même manière l'épisode de la femme adultère (Jn 8, 1-11).

Ayant choisi de vivre avec des hommes pendant les dernières années de sa vie terrestre, Jésus se montre d'un parfait naturel avec les femmes. Il les accueille et les aime chacune infiniment, délicatement, avec force, sans équivoque, avec une liberté déconcertante même pour ses disciples (Jn 4, 27). Il s'entretient avec elles, leur révélant les mystères les plus profonds le concernant, comme celui

---

d'un groupe (en l'occurrence les différents éléments qui définissent l'être humain et ses relations) de surmonter les conflits et les divergences. Par des sacrifices réciproques, ils se reconnaissent attachés à une même tâche de justice et œuvrent pour un avenir commun » (J.-L. BRUGUÈS, *Dictionnaire de morale catholique*, p. 320).

46. Un CHARTREUX, *Le bonheur d'être chaste* Paris, Presse de la Renaissance, 2004, p. 35. Pour cette conclusion, nous nous sommes librement inspiré du magnifique chapitre II : « L'amour chaste de Jésus », p. 35-52.

de sa messianité à la Samaritaine par exemple et celui de sa résurrection au matin de Pâques. Il n'y a chez lui aucune trace de misogynie, bien au contraire. Il n'hésite pas à prendre courageusement et intelligemment leur défense. Il proteste vigoureusement lorsqu'elles ne sont plus considérées comme personnes et sont ravalées au rang d'objet : « Quiconque regarde une femme pour la désirer a déjà commis, dans son cœur, l'adultère avec elle » (Mt 5, 28).

Jésus a noué de profondes amitiés avec des femmes, avec Marie de Béthanie par exemple. « Il se situe sans ambiguïtés comme homme devant la femme. Il montre aisance, équilibre, attention vierge de toute arrière-pensée et de toute convoitise. Il a un grand respect pour toutes ces femmes ; il les traite avec humanité ; il sait atteindre leur cœur et leur ouvrir le sien avec compréhension, sensibilité, sympathie, amitié[47]. » Et que dire de sa relation extraordinairement belle avec Marie, sa mère ? Sa vie est tout entière habitée par sa présence.

Cette parfaite chasteté, qu'il ne semble pas avoir vécue de manière difficultueuse[48] est en réalité la conséquence de sa manière d'aborder n'importe quel être humain comme une personne à aimer selon la vérité de l'amour du Royaume. « Comprenne qui pourra ! » (Mt 19, 12). Il est absolument incapable d'exercer une quelconque pression ou un chantage affectif. Sa volonté et son regard n'ont jamais été empreints de la moindre paille d'utilitarisme. Il a le cœur frais des petits enfants avec lesquels il entretient une profonde connivence (Mc 10, 13-16). Agneau de Dieu, il a gardé une âme d'enfant, limpide et simple. Il aime sans réserve et, dans une déconcertante vulnérabilité, il éprouve profondément le besoin d'être aimé en retour comme le montrent tant de passages de l'Évangile. À Gethsémani par exemple, n'a-t-il pas ressenti douloureusement les faiblesses de ses disciples, ces hommes qu'il a aimés passionnément, d'une amitié profonde, virile et tendre, personnalisée ?

En dernière analyse, le secret de la chasteté du Christ est dévoilé dans celui de sa passion et de sa résurrection. « Ayant aimé les siens

---

47. *Ibid.*, p. 45.

48. Voir X. Tilliette, « La chasteté de Jésus », *Communio* XXII/1 (1997), p. 21-26 ; J.-P. Batut, « Chasteté et "refus de prendre" : Jésus devant la tentation originaire », *Communio* XXII/1 (1997), p. 27-35.

qui étaient dans le monde, il les aima jusqu'au bout » (Jn 13, 1). Durant la Semaine sainte se révèle éminemment son cœur d'Époux, entièrement livré, dans un don et un dépouillement sans limite. Il fonde ainsi l'Église, cette communion de personnes nourries par l'Eucharistie et régies par le commandement de la charité : « Comme je vous ai aimés, aimez-vous les uns les autres » (Jn 15, 12-17).

CHAPITRE IV

CONTINENCE PÉRIODIQUE DES ÉPOUX : QUELLE DIFFÉRENCE PAR RAPPORT AU COMPORTEMENT CONTRACEPTIF ?

« Amour et vérité se rencontrent » (Ps 85 [84], 11).

La chasteté conjugale est une vertu complexe qui ne finit pas de s'enrichir des multiples inventions de la charité. La continence périodique est une de ses expressions, particulièrement belle, délicate et importante. Elle appartient à ces grandes vérités humaines qui ne sont pas immédiatement évidentes à la conscience. Dans le contexte occidental actuel, il ne faut guère s'étonner que sa bonté soit peu enseignée, perçue et goûtée, voire souvent dédaignée, sujette à dérision et rejetée. Pour nous en approcher, nous utiliserons la raison philosophique et théologique chrétienne. Nous nous situerons dans ce chapitre principalement sur le plan de la moralité des actes, non sur celui de l'imputabilité subjective des personnes. Il ne s'agit en aucune manière de juger et encore moins de condamner quiconque. Nous tâcherons simplement de discerner les comportements qui permettent à l'amour conjugal de se déployer en ce domaine et ceux qui contrarient objectivement son épanouissement.

Nous procéderons en quatre étapes. Tout d'abord, nous exposerons l'opinion courante en cette matière, mettant en lumière les éléments de vérité que celle-ci véhicule (A). Ensuite, nous décrirons la différence entre continence périodique et acte contraceptif (B). Dans un troisième temps, nous proposerons une évaluation morale de ces deux comportements (C). Une reprise conclusive et prospective nous permettra enfin de ressaisir en quelques points les données fondamentales de la question et d'en percevoir brièvement la portée sacramentelle (D).

A. LA VÉRITÉ DE L'OPINION COURANTE

1. Lien entre amour, fécondité et responsabilité

Lors de notre premier chapitre, nous avons étudié la difficulté d'intégration entre amour, sexualité, fécondité et institution matrimoniale. Difficulté ne signifie pas pour autant inexistence. Ce lien demeure toujours présent à un niveau à la fois ontologique et existentiel. La mentalité contemporaine des couples en possède une certaine conscience.

a. Amour et sexualité

Une première convergence naturelle entre cette mentalité et l'enseignement de l'Église concerne le lien entre amour et sexualité. Même quand ils ne sont pas engagés dans le mariage, les couples perçoivent que les rapports sexuels devraient être le lieu d'un échange, d'une communion, et non d'une domination ou d'une réduction du partenaire à un objet de plaisir. C'est bien l'amour, la rencontre avec l'autre, qu'ils voudraient trouver dans l'union charnelle.

b. Amour, sexualité et fécondité

Un deuxième point d'accord réside dans la reconnaissance commune de la « fécondité » de tout acte conjugal, fécondité étant entendue dans un sens large et multiforme. En tant qu'acte d'amour en effet, il est toujours nécessairement source de vie, de lumière, de don, de générosité. Il ouvre les personnes à plus qu'elles-mêmes et les fait grandir. Il s'épanouit dans la vie qu'il suscite en lui et autour de lui. L'amitié, par exemple, fait entreprendre de belles et bonnes choses ensemble. L'amour conjugal n'échappe pas à cette loi interne de l'amour, à cette logique du bien. Il en possède un signe éminent : l'enfant.

Beaucoup admettent volontiers ce lien spontané entre union et « fécondité » au sens large. Certains acceptent même un lien entre union et procréation dans les différents actes conjugaux, prenant ceux-ci dans leur globalité. « Ne pourrait-on pas admettre, se demande Paul VI, que la finalité de la procréation concerne l'ensemble de la vie conjugale, plutôt que chacun de ses actes[1] ? » La dimension procréatrice de l'acte conjugal n'est-elle pas présente à un niveau transcendantal ou nouménal, dans une sorte d'« option fondamentale » qui surplombe tous les actes catégoriaux particuliers ? Nous ne voulons pas entrer dans cette terminologie qui évacue, en dernière analyse, la consistance propre des actes humains posés *hic et nunc*, de la personne et de l'histoire[2]. Malgré l'insuffisance radicale de cette perspective comme nous le verrons bientôt, il convient de reconnaître une certaine mentalité ouverte à la vie qui s'exprime dans les actes conjugaux et qui influence ceux-ci.

c. Fécondité et responsabilité

Un troisième point d'accord peut être discerné dans la bonté et même la nécessité de la régulation des naissances, expression de la finitude de l'être humain, de ses limites physiques, économiques, affectives, psychiques, morales et spirituelles. « L'amour humain conjugal exige des époux une conscience de leur mission de paternité responsable. [...] Par rapport aux conditions physiques, économiques, psychologiques et sociales, la paternité responsable s'exerce soit par la détermination réfléchie et généreuse de faire grandir une famille nombreuse, soit par la décision, prise pour de graves motifs et dans le respect de la loi morale, d'éviter temporairement ou même pour un temps indéterminé une nouvelle naissance[3]. »

Tout le monde s'accorde sur ce point, même si l'idée de « graves motifs » est à géométrie variable, et si celle de « respect des lois morales » est sujette à de multiples interprétations. Par ailleurs, il nous faudra préciser la signification de « paternité responsable » qui n'est pas exactement synonyme de « régulation des naissances ». L'intention d'exercer une certaine responsabilité est donc

1. PAUL VI, Encyclique *Humanae vitae* (HV) sur le mariage et la régulation des naissances, 25 juillet 1968, n° 3.

2. Dans une analyse incisive, *Persona humana* confronte la doctrine de l'option fondamentale à celle du péché mortel : « Il n'est pas vrai qu'un seul de ces actes particuliers ne puisse suffire pour qu'il y ait péché mortel » (*Persona humana. Déclaration sur certaines questions d'éthique sexuelle*, 10). Voir L. MELINA, *La morale entre crise et renouveau*, Bruxelles, Éd. Brepols, coll. « Culture et Vérité », 1995, « Liberté, option fondamentale et péché », p. 79-100.

3. HV 10.

louable et bonne en soi. Mais, pour parvenir à ce but, peut-on utiliser n'importe quel moyen ?

2. L'intervention de l'intelligence dans les méthodes de régulation des naissances

La mentalité actuelle est donc en mesure de percevoir l'existence d'un lien profond entre acte conjugal, amour, fécondité et responsabilité. Elle partage également avec l'Église la constatation que l'intelligence humaine et une certaine technique entrent en jeu aussi bien dans les différentes méthodes de régulation « naturelle » des naissances que dans les méthodes de contraception. Dans les deux cas, l'homme et la femme utilisent leur raison pour calculer, prévoir et agir en conséquence. Ils interviennent ainsi librement dans le déroulement de leur sexualité. Ils confient à leur raison et à leur volonté plutôt qu'au rythme biologique de leur organisme le soin de réguler la conception de nouvelles personnes.

Les questions qui viennent alors spontanément à l'esprit sont les suivantes : l'expression « méthodes naturelles » n'est-elle pas malheureuse et même contradictoire ? Ces méthodes ne sont-elles pas tout aussi artificielles que les autres ? Pourquoi seraient-elles licites, d'un point de vue moral, alors que les méthodes dites artificielles ne le seraient pas ? Certes, les méthodes « naturelles » peuvent être porteuses de valeurs pour le couple qui les pratique : dialogue, santé, égalité, réciprocité, etc. Les mouvements de spiritualité ont amplement décrit ces bienfaits. Mais, continue-t-on à objecter, les méthodes artificielles ne promeuvent-elles pas elles aussi une série de valeurs ? Ne permettent-elles pas, par exemple, une plus grande « disponibilité » à son conjoint ? Pourquoi donc les méthodes « naturelles » seraient-elles seules à être autorisées d'un point de vue moral ?

Par « écologisme sexuel » ? Effrayée des abus de la technologie, l'Église se sentirait-elle investie de la mission de lutter pour la sauvegarde de la nature et de ses lois ? Mais pourquoi sacraliserait-elle la nature dans le domaine de la sexualité avec ses rythmes biologiques, alors que dans les autres domaines elle agit en sens inverse ? Pourquoi s'opposerait-elle en ce domaine à la science ? « Pourquoi serait-il licite de prendre de l'aspirine contre les maux de tête et d'utiliser des lunettes pour corriger la vue, autant de moyens artificiels dont le but est de corriger des défauts de la nature, et ne le serait-il pas d'utiliser des préparations chimiques qui bloquent l'ovulation afin de provoquer une suspension responsable de la reproduction pour de justes motifs[4] ? »

Force est de constater que cette position apparaît à première vue bien étrange. Et nous concédons volontiers que la terminologie « méthodes naturelles » n'est pas suffisante pour répondre entièrement à cette difficulté si l'on entend « naturel » dans le sens exclusivement biologique du terme. Or, la nature dont il s'agit ici est d'abord et avant tout la nature humaine dans son intégralité, dans la totalité unifiée du corps et de l'esprit. Les méthodes dites « naturelles » désignent donc celles qui se veulent conformes à la dignité humaine[5]. Cette ambiguïté conceptuelle est responsable de beaucoup de mécompréhensions et il convient de la lever pour éviter bien des contresens et des objections insolubles.

Comment donc exercer une régulation des naissances conforme à l'être et à la vocation des époux ? Le Christ à travers son Église invite les époux à s'engager résolument sur le chemin de la continence périodique[6] et, corrélativement, à éviter tout comportement contraceptif. Pourquoi ? Pour entrer dans la compréhension de ce jugement éthique, il nous faut au préalable décrire et discerner avec précision la réalité humaine qui se cache derrière ces deux comportements.

B. DESCRIPTION MORALE DU COMPORTEMENT CONTRACEPTIF ET DE LA CONTINENCE PÉRIODIQUE DES ÉPOUX

1. Le comportement contraceptif en lui-même

a. L'objet de l'acte

La contraception est un acte humain qui se définit d'abord, comme tout acte humain, par son « objet ». De quoi s'agit-il ?

---

4. L. MELINA, *Amour conjugal et vocation à la sainteté*, p. 120.

5. Voir I. et D. NICOLAS, *Méthodes naturelles de régulation des naissances. Vivre autrement la sexualité*, Paris, Éd. de l'Emmanuel, s. d.

6. Voir J.-M. VERLINDEN, *Familles… À vos marques ! À l'aube du troisième millénaire, la réponse du Magistère aux défis lancés à la famille*, p. 124-156.

Prenons un exemple : voler un cheval pour l'offrir à un ami. L'objet de l'acte consiste non dans le cheval, non dans le fait d'offrir un cheval à un ami, mais dans l'action volontaire de voler un cheval, dans l'intention délibérée, dans le choix et dans l'exécution d'un tel acte. Elizabeth Anscombe parle de l'« intention fondamentale de base[7] » et Martin Rhonheimer d'« action intentionnelle de base[8] ». Selon l'encyclique *Veritatis splendor*, « l'objet de l'acte est un comportement librement choisi ; il est la fin prochaine d'un choix délibéré qui détermine l'acte du vouloir de la personne qui agit[9] ». Aussi, pour saisir un tel objet en son identité intentionnelle, est-il nécessaire de « se situer dans la perspective du sujet agissant[10] ».

L'action intentionnelle de base de la contraception est définie par *Humanae vitae* de la manière suivante : « Toute action qui, soit en prévision de l'acte conjugal, soit dans son déroulement, soit dans le développement de ses conséquences, se proposerait comme but ou comme moyen de rendre impossible la procréation[11]. » L'acte contraceptif dépouille délibérément un acte conjugal de sa potentialité procréatrice, que ce résultat soit la fin même que l'on cherche ou qu'il soit compris comme un moyen en vue d'une fin ultérieure[12].

La pratique contraceptive ainsi décrite implique que l'acte sexuel soit posé dans le cadre du mariage, que celui-ci soit conclu au niveau sacramentel ou simplement au niveau naturel. Certes, on peut étendre ce concept à tout acte sexuel, mais il faut alors

---

7. G. E. M. Anscombe, *Intention*, Oxford, B. Blackwell, 2e éd. 1985.

8. M. Rhonheimer, « Intentional actions and the meaning of object : A reply to Richard McCormick », *The Thomist* 59/2 (1995), p. 279-311. L'action de base est l'action en son noyau fondamental. Elle est l'élément originaire, minimal et complet qui définit la structure intime de l'agir intentionnel, sa signification intrinsèque et objective. Sur celle-ci peuvent venir se superposer d'autres significations, d'autres éléments secondaires qui n'entrent pas dans la substance de l'action. Il y a en effet un « *break* » qui oblige les éléments étrangers à l'objet de l'acte à demeurer sur le seuil de celui-ci.

9. VS 78.

10. VS 78.

11. « [...] *quivis actus qui, cum conjugale commercium vel praevidetur vel efficitur vel ad suos naturales exitus ducit, id tamquam finem obtinendum aut viam adhibendam intendat, ut procreatio impediatur* » (HV 14).

12. Voir M. Rhonheimer, *Sexualität und Verantwortung. Empfängnisverhütung als ethisches Problem*, Vienne, Imabe-Studie, 1995.

marquer la différence. Cette volonté contraceptive des époux peut être mise en œuvre par des moyens chimiques ou synthétiques tels que les pilules anti-ovulatoires, le préservatif, etc. Elle peut également utiliser des moyens non chimiques ou non synthétiques, comme par exemple le « *coïtus interruptus* ». Toutes les méthodes contraceptives au sens éthique du terme agissent immédiatement et par elles-mêmes sur la fécondité pour éviter la conception d'une nouvelle vie. Elles rendent résolument infécond un acte conjugal.

b. L'aspect matériel et les intentions ultérieures

Ce qui spécifie la contraception comme acte humain, c'est donc son intentionnalité de base, son intériorité fondamentale, son *volitum* (ce qui est voulu), son *motivum proprium* (sa motivation propre), son *finis proximus* (sa fin proche). L'aspect extérieur est second et est incapable de déterminer à lui seul la signification profonde de l'acte humain. Ainsi, « prendre une pilule anovulatoire » n'est pas nécessairement un comportement contraceptif. Il peut s'agir d'un acte thérapeutique. Ce qui serait voulu par la femme dans ce cas, comme intention proche et première de l'acte qu'elle pose, ce serait de se soigner, même s'il peut exister par ailleurs d'autres motivations ultérieures[13]. En langage thomiste, une espèce matérielle peut être chargée d'espèces morales radicalement différentes[14].

Prenons encore l'exemple de l'extraction d'un kyste dangereux qui a comme effet non voulu la stérilité du patient. Cette opération chirurgicale consentie n'est bien sûr en aucun cas un acte contraceptif ou un acte de stérilisation au sens éthique des termes. La personne qui accepte ce genre d'intervention ne souhaite pas d'abord et avant tout dépouiller ses actes conjugaux futurs de leur signification procréatrice. Non, elle veut être soignée d'une grave maladie et tolère pour ce faire un dommage irrémédiable de sa fonction procréatrice. La pure matérialité de l'acte n'est donc pas suffisante pour en percevoir sa moralité. Il faut pour cela descendre à l'intérieur de la volonté profonde du sujet agissant.

---

13. Selon certains médecins, il existe actuellement d'autres moyens au moins aussi efficaces, et moralement moins ambigus.

14. Voir ST I-II, q. 18, a. 10.

D'un autre côté, les intentions ultérieures ne sont pas non plus en mesure de définir formellement ce qui est voulu à la base. Ainsi, un couple peut pratiquer la contraception pour toute une série de motifs seconds moralement bons : la régulation « responsable » des naissances, le bien des conjoints, le désir d'une générosité, la recherche du plaisir, etc. Il n'en reste pas moins vrai que l'objet de l'acte, son intention de base, demeure l'exclusion volontaire de la signification procréatrice de l'acte conjugal. Toutes ces intentions que nous venons d'énumérer appartiennent certes à l'acte humain posé, mais ne définissent pas son objet propre et direct.

2. La continence périodique des époux en elle-même

La continence périodique conjugale est un comportement humain délibérément choisi qui consiste dans l'abstention de relations sexuelles entre époux – et des actes qui la mettent en œuvre – durant les périodes fertiles. Pour déterminer ces périodes, plusieurs méthodes sont possibles et pleinement fiables.

Aujourd'hui, de nombreuses études menées de façon scientifique ont déterminé avec précision des « indices de fécondité » avant et après l'ovulation. Ces indices permettent de savoir en général avec certitude les périodes de fertilité et d'infertilité chez la femme[15]. Volontairement, nous ne les détaillerons pas car leur apprentissage doit se faire avec des formateurs compétents. Nous voulons ici mettre en évidence le fait que ces méthodes ne sont pas contraceptives en elles-mêmes. Elles n'interviennent pas directement sur les mécanismes physiologiques. Elles se contentent de fournir certaines connaissances sur les rythmes de fécondité.

Indiquant les périodes potentiellement fécondes, ces méthodes offrent aux époux un espace de liberté. Ceux-ci en effet peuvent décider de s'abstenir de relations conjugales pour éviter temporairement deux choses : la génération d'une nouvelle vie pour de justes raisons (1°) et la mutilation de la signification procréatrice

15. Dans les premiers mois d'apprentissage, après l'arrêt de moyens contraceptifs, après un accouchement ou en période de préménopause, les indices de fécondité ne sont pas toujours très clairs. À côté de ces difficultés objectives d'ordre biologique, il y a également celles d'ordre psychique, contextuel et spirituel.

de l'acte conjugal (2°). Dit de manière positive, la continence périodique conjugale entend promouvoir deux choses : la régulation responsable des naissances en fonction de facteurs physiques, économiques, psychologiques et sociaux (1°) et le respect du langage sexuel dans ses dimensions essentielles (2°). Ces deux intentions constituent l'objet spécifique de l'acte de continence périodique conjugale. Elles sont intimement ordonnées l'une à l'autre. Comment ? Nous proposons ici, à titre d'hypothèse, la distinction entre essence et accident propre[16].

Ce qui définit, selon nous, l'essence même du comportement de la continence périodique des conjoints, c'est la volonté de respecter l'acte conjugal dans son intégrité. L'action intentionnelle de base, sa fin proche, son choix propre et immédiat, consiste pour le couple non pas à exclure la signification procréatrice d'un acte conjugal, mais à renoncer à poser un tel acte pour une juste raison, à savoir celle de ne pas mutiler une de ses deux significations essentielles ou, dit en termes positifs, pour honorer la vérité du langage des corps.

Cette volonté conduit *per se*, comme une sorte de floraison de l'acte, comme son épanouissement nécessaire, à l'accueil responsable de la vie. Respecter la signification procréatrice de l'acte conjugal implique la régulation responsable des naissances, c'est-à-dire la mise au monde d'enfants selon la raison (qui peut être informée ou non par la foi). Dire que la régulation des naissances serait une intention ultérieure, comme dans le cas de la contraception, est insuffisant. Vouloir être ouvert à la vie dans l'acte conjugal, c'est vouloir accueillir des enfants de manière responsable, c'est-à-

16. « L'*accidens per se*, appelé ainsi pour le distinguer des autres accidents, quoique se tenant à la périphérie de l'essence, plonge en elle ses racines, jaillit d'elle en raison d'un lien étroit : il se fonde sur la forme de l'être, donc sur ce qu'il y a de plus intime dans l'ordre de l'essence. Il dérive de cette essence : "Le propre ne fait pas partie de l'essence de la chose, mais il est causé par les principes essentiels de la chose ; d'où il est intermédiaire *(medium)* entre l'essence et l'accident" (ST I, q. 77, a. 1, ad 5) et cela non pas par la vertu de quelque transmutation mais par un jaillissement naturel comme la couleur de la lumière (ST I, q. 77, a. 6, ad 3) » (J.-M. TILLARD, *La joie du bonheur dans la philosophie de saint Thomas d'Aquin*, Hull [Québec], Imprimerie Leclerc, 1965, p. 35-36). L'accident propre apporte donc à l'essence « une perfection plus radicale que la perfection des autres accidents, parce qu'infailliblement liée à la forme. Il en est comme l'éclosion non pas fortuite mais nécessaire. Il la prolonge vraiment et la rayonne » *(ibid.)*.

dire soit engendrer de nouvelles vies, soit y renoncer pour des raisons jugées suffisantes ou nécessaires. Ainsi conjuguées, ces deux intentions désignent ensemble ce qu'*Humanae vitae* appelle la « paternité responsable[17] », c'est-à-dire le choix de l'ouverture responsable à la vie au cœur même de tout acte conjugal.

En choisissant la continence périodique dans cet esprit, les époux posent objectivement des actes corporels qui expriment cette vérité. Ces actes d'abstention sont eux aussi des actes d'amour conjugal au sens plénier du terme. Sans nier leur caractère onéreux à certains moments, ils ne sont nullement en eux-mêmes des obstacles à l'amour. La continence responsable est elle aussi un langage des corps. Elle engage les deux époux dans leurs dimensions non seulement volontaires, mais également affectives et corporelles. Il s'agit d'une manière déterminée par laquelle le mari et sa femme expriment de concert – comme deux personnes « ne formant plus qu'une seule chair » – leur don réciproque. Le choix de la continence et des « méthodes » qui lui sont corrélatives n'est pas simplement quelque chose de négatif dans le sens d'une pure non-exécution d'un acte, d'un « non-faire ». Bien au contraire, il consiste en un « type d'action corporelle volontaire, librement choisie, c'est-à-dire un acte de comportement sexuel effectué par la volonté et guidé par la raison[18] ».

L'union charnelle, il est clair, n'est pas l'unique voie qui confère à l'amour conjugal sa réalité corporelle. L'engagement des corps possède de nombreux registres, une vaste gamme de potentialités et de résonances : vivre chaque jour ensemble, dresser joliment la table, sourire, téléphoner au conjoint absent, tous les gestes de tendresse, les mille et une petites attentions. Ainsi, ce qui peut être à première vue un poids devient une source d'enrichissement et de croissance de l'amour et du don de soi à l'autre, « corps et âme ».

En conclusion, nous sommes descendus au niveau de l'action intentionnelle de base pour tenter de décrire deux actes spécifiquement différents : d'une part, vouloir empêcher une conception non désirée en dépouillant volontairement l'acte conjugal de sa signification procréatrice ; d'autre part, vouloir respecter la signification intégrale de l'acte conjugal en régulant les naissances selon

---

17. HV 10.
18. M. RHONHEIMER, *Etica della procreazione*, PUL - Mursia, 2000, p. 73.

une raison ajustée au bien. Passons à présent à la troisième étape de notre réflexion, celle de la détermination de la moralité de ces deux objets. Vouloir rendre des actes conjugaux inféconds, est-ce moralement bon ? Vouloir maintenir à tout prix le lien entre les deux significations de l'acte conjugal, est-ce une obligation morale ?

C. MORALITÉ DE LA CONTINENCE PÉRIODIQUE CONJUGALE ET DE LA CONTRACEPTION

Le jugement sur la moralité de la continence périodique conjugale et de la contraception s'est affiné dans la tradition catholique au fil du XXe siècle. Nous l'abordons dans une perspective magistérielle et historique. Nous serons particulièrement attentifs au lien entre l'acte conjugal et la réalité totale dont il est une expression privilégiée : le mariage. Son interprétation dépend intimement de celle de l'alliance matrimoniale[19].

1. « Casti connubii » (1930)

Durant le XIXe et le début du XXe siècle, les décrets romains avaient demandé aux confesseurs de décourager l'onanisme – c'est-à-dire l'interruption des rapports sexuels (voir Gn 38, 7-10) –, la stérilisation et autres pratiques qui visaient à rendre volontairement infécond un acte conjugal. Cette tradition a été reprise et cristallisée dans *Casti connubii* sous le titre « péché contre la procréation », et « péché contre la conception même ». « Aucune raison assurément[20], si grave soit-elle, ne peut faire que ce qui est

---

19. A. Mattheeuws, *Union et procréation. Développements de la doctrine des fins du mariage*, Paris, Éd. du Cerf, 1989. L'auteur nous emmène dans un ample et profond parcours historique : saint Augustin, saint Thomas d'Aquin, *Gaudium et spes*, *Humanae vitae*, *Familiaris consortio*, les catéchèses de Jean-Paul II. Pour un approfondissement du même auteur : *Les « dons » du mariage. Recherche de théologie morale et sacramentelle*, Bruxelles, Éd. Brepols, coll. « Culture et Vérité », 1996.

20. Aucune « intention ultérieure », dirions-nous dans la terminologie utilisée ci-dessus.

intrinsèquement contre nature devienne conforme à la nature et honnête. Puisque l'acte du mariage est par sa nature même destiné à la génération, ceux qui, en l'accomplissant, s'appliquent délibérément à lui enlever sa force et son efficacité agissent contre nature ; ils font une chose honteuse et intrinsèquement déshonnête[21]. [...] Tout usage du mariage, quel qu'il soit, dans l'exercice duquel l'acte est privé, par l'artifice des hommes *(de industria hominum)*, de sa puissance naturelle de procréer la vie offense la loi de Dieu et la loi naturelle[22]. »

L'encyclique entend ainsi protéger l'acte conjugal d'une dissociation d'avec la fécondité, que ce soit avant (contraception et stérilisation), pendant (onanisme) ou après (avortement, eugénisme). Par ailleurs, ces propos ne nient nullement la légitimité de « la vertueuse continence, permise dans le mariage aussi, quand les deux époux y consentent[23] », attitude clairement distinguée de celle qui consiste à « vicier l'acte de la nature ».

Dans ce texte, comme dans la tradition qui le précède, l'accent est mis sur les enfants, bien premier du mariage. « L'aide mutuelle des époux, leur amour réciproque et le remède à la concupiscence » sont considérés comme des « fins secondaires » qui ne sont pas intrinsèques à la nature de l'acte conjugal. « Il y a dans le mariage lui-même, écrit Pie XI, des fins secondaires – comme le sont l'aide mutuelle des époux, l'amour réciproque à entretenir, et le remède à la concupiscence – qu'il n'est pas du tout interdit aux époux d'avoir en vue, pourvu que la nature intrinsèque de cet acte soit sauvegardée, et sa subordination du même coup à la fin première[24]. » La fin proche, l'objet spécifique de l'acte conjugal, son action intentionnelle de base, est donc définie essentiellement par rapport à la procréation. Sa dimension unitive n'est pas encore pleinement reconnue comme telle. Elle appartient aux fins secondaires, ou ultérieures, aux intentions de « second rang ».

Cette distinction entre fin première et fin secondaire remonte à saint Thomas d'Aquin. Lecteur inspiré d'Aristote, le Docteur commun a élaboré la doctrine du mariage à partir de la fin, non

21. L'encyclique parle un peu plus loin d'actes « intrinsèquement mauvais par leur nature même » (PIE XI, *Casti connubii* [CC], 31 décembre 1930, Partie II, 3, a).

22. CC, Partie II, a.

23. CC, Partie II, 3, a.

24. CC, Partie II, 3, a.

de l'origine comme chez saint Augustin : fins essentielles primaires (procréation et éducation) ; fins essentielles secondaires (aide mutuelle et remède à la concupiscence) ; fins accidentelles en nombre indéfini. Thomas ordonne, hiérarchise et coordonne ces fins entre elles à partir du rôle qu'elles jouent dans la constitution de l'essence du mariage : les enfants en sont la cause finale et l'engagement des époux la cause formelle. Par la suite, les commentateurs délaisseront l'intrinsécité de cette articulation entre ces diverses fins et accorderont une place trop importante à la « fin première et essentielle » de la procréation. Cette approche fera son entrée dans le Magistère de l'Église à travers le canon 1013 du Code de 1917.

2. Les interventions de Pie XII

Entre Pie XI et le concile Vatican II, il y a l'enseignement considérable de Pie XII. En ce qui concerne notre sujet, le pape lutte d'une part contre la tendance à surévaluer la fin primaire du mariage – les enfants – au point de nier sa fin secondaire. Il dénonce d'autre part la tendance inverse qui fait de la fin secondaire elle aussi une fin principale. La valeur unitive du mariage trouve donc difficilement sa juste place dans ce cadre conceptuel commandé par la différenciation « primaire-secondaire ».

Par ailleurs, le pape encourage fortement le développement d'une « spiritualité conjugale » qui mette en lumière la beauté, la grandeur, la dignité de l'amour des époux. Il prépare ainsi en profondeur l'avenir. Dans cette perspective, Pie XII rappelle la valeur positive de la « recherche » du plaisir sexuel et de sa « jouissance », vérité constamment reconnue dans la grande Tradition de l'Église. « Le Créateur lui-même [...] a établi que dans cette fonction [de génération] les époux éprouvent un plaisir et une satisfaction du corps et de l'esprit. Donc, les époux ne font rien de mal en recherchant ce plaisir et en en jouissant. Ils acceptent ce que le Créateur leur a destiné. Néanmoins, les époux doivent savoir se maintenir dans les limites d'une juste modération[25]. »

25. Pie XII, *Allocutio Conventui Unionis Italicae inter Obstetrices*, 29 octobre 1951, dans AAS 43 (1951), p. 835-854 ; cité par CEC 2362.

De manière générale, ce pape a réalisé d'importantes avancées dans de nombreux sujets d'éthique conjugale et médicale : fécondation artificielle, régulation naturelle des naissances, stérilisation[26], etc. À la fin de son pontificat, les progestatifs de synthèse commencent à être utilisés pour tenter de maîtriser les temps de fécondité de la femme. S'agit-il d'un acte contraceptif au sens où Pie XI l'avait défini ou d'un simple moyen de rationaliser la procréation ? Ces interventions « médicales » sont-elles susceptibles de « réguler légitimement les naissances », pour employer une expression élaborée par Pie XII, ou doit-on recourir uniquement aux « méthodes naturelles » récemment découvertes par Ogino (1920) et Knaus (1929)[27] ?

3. « Gaudium et spes » (1965)

Vers 1960, cette question des progestatifs de synthèse est fortement discutée à l'intérieur de l'Église. Les esprits, qui avaient unanimement accueilli *Casti connubii*, se divisent. Vatican II ne prend pas explicitement position à ce sujet[28]. La constitution *Gaudium et spes* se prononce seulement sur l'identité profonde du mariage dans des concepts et un langage nouveaux, en deçà de la doctrine classique des fins du mariage qu'elle passe pratiquement sous silence. Elle prépare ainsi l'encyclique *Humanae vitae* qui décrira, en référence intime avec l'être du mariage, « l'être » de l'acte

26. Le problème de la stérilisation se posait alors de manière vive à la conscience européenne. En 1907, la stérilisation était devenue obligatoire dans l'État d'Indiana aux États-Unis pour ceux qui souffraient d'aliénation mentale, de toxicomanie, d'épilepsie, de syphilis et de certaines maladies nerveuses héréditaires. Vingt États de l'Union en 1930 sur quarante-huit adoptaient la stérilisation dans leur législation. En Suisse, dans le canton de Vaud, elle était devenue obligatoire dans certains cas depuis 1928. À cette époque également, des projets de loi similaires étaient préparés et votés dans des pays comme la Saxe, la Finlande, la Grande-Bretagne et le Danemark.

27. Pour sa part, la conférence anglicane de Lambeth (15 août 1930) permet l'utilisation d'autres méthodes que la continence périodique (résolution 15).

28. « Par ordre du Souverain Pontife, certaines questions qui supposent d'autres recherches plus approfondies ont été confiées à une Commission pour les problèmes de la population, de la famille et de la natalité pour que, son rôle achevé, le pape puisse se prononcer. L'enseignement du Magistère se trouvant ainsi, le Concile n'entend pas proposer immédiatement de solutions concrètes » (GS 51, 3, note 14).

conjugal. *Gaudium et spes* se contente pour sa part de déclarer : « Lorsqu'il s'agit de mettre en accord l'amour conjugal avec la transmission responsable de la vie, la moralité du comportement ne dépend pas de la seule sincérité de l'intention et de la seule appréciation des motifs ; elle doit être déterminée selon des critères objectifs, tirés de la nature même de la personne et de ses actes, critères qui respectent, dans un contexte d'amour véritable, la signification totale d'une donation réciproque et d'une procréation à mesure de l'homme[29]. »

Une telle affirmation témoigne d'un magnifique progrès. Elle inscrit l'acte conjugal et sa « signification » dans une nouvelle compréhension du mariage comme « communauté de vie, d'amour[30] » et de « donation réciproque ». « Désormais, la réflexion sur le mariage sera dominée par le thème de l'amour conjugal et de ses conséquences au niveau de l'acte conjugal », observe Alain Mattheeuws[31]. Au sens strict, il ne s'agit ni d'une nouvelle fin ou d'une fin éminente, ni d'un bien, ni d'une propriété. Certes, s'aimer demeure pour les époux à la fois un bien reçu et une fin à poursuivre. Mais, déclarent les Pères du concile, « l'amour conjugal constitue *l'essence* du mariage. Il est, dès lors, comme "l'âme" des divers biens, fins et propriétés du mariage et de l'acte conjugal. Tel est le résultat principal des nombreuses discussions conciliaires[32]. »

Par ailleurs, *Gaudium et spes* met également en lumière l'idée selon laquelle la procréation est un lieu privilégié où les époux expérimentent leur libre dépendance et leur obéissance au Créateur. « Dieu, maître de la vie, a confié aux hommes le noble ministère de la vie, et l'homme doit s'en acquitter d'une manière digne de lui[33]. » Le concile invite ainsi l'Église et tout homme de bonne volonté à réfléchir sur le rapport entre les questions éthiques relatives à la sexualité humaine et les conceptions anthropologiques dont elles sont tributaires. Cette perspective sera reprise avec force et beauté par Jean-Paul II.

---

29. GS 51, 3.
30. Cette définition est reprise dans le Code de droit canonique de 1983.
31. A. Mattheeuws, *Union et procréation*, p. 238.
32. *Ibid.*
33. GS 51, 3.

4. « Humanae vitae » (1968)

a. La structure de l'acte conjugal et sa double signification

Humanae vitae centre sa réflexion sur l'acte conjugal en lui-même, non sur le mariage en général, sur la fécondité ou sur les enfants[34]. Elle considère l'acte dans sa nature profonde, dans sa structure humaine fondamentale, en référence immédiate avec la doctrine sur le mariage développée par *Gaudium et spes*. « Nous assistons à la projection sur l'acte conjugal de ce qui *structure* l'être même du sacrement de mariage[35]. »

« Par sa structure intime, enseigne notre encyclique, l'acte conjugal, en même temps qu'il unit profondément les époux, les rend aptes à la génération de nouvelles vies, selon les lois inscrites dans l'être même de l'homme et de la femme. C'est en sauvegardant ces deux aspects essentiels, union et procréation, que l'acte conjugal conserve intégralement le sens de mutuel et véritable amour et son ordination à la très haute vocation de l'homme à la paternité[36]. »

La « structure intime » de l'acte conjugal dont il s'agit ne doit pas d'abord être comprise dans un sens biologique. Paul VI ne parle pas de deux « fonctions » inhérentes à cet acte, mais, à la suite de *Gaudium et spes*, de deux « significations ». Un rapport sexuel peut fort bien posséder une fonction reproductive tout en niant sa signification procréatrice (dans le cas d'un viol par exemple). Inversement, un rapport sexuel peut garder une signification procréatrice sans pour autant avoir une fonction reproductive (dans le cas d'un rapport entre époux inféconds, par exemple, que ce soit de façon temporaire ou définitive)[37].

---

34. Certains auteurs catholiques américains définissent la contraception d'abord comme une atteinte envers la dignité de l'enfant. G. GRISEZ, J. BOYLE, J. FINNIS, W. E. MAY, « Every marital act ought to be open to new life : Toward a clearer understanding », *The Thomist* 52/3 (1988), p. 365-426 ; voir *Anthropotes* IV/1 (1988), p. 73-122. La contraception est traitée par ces auteurs dans le chapitre qui concerne les comportements violant le commandement : « Tu ne tueras pas. » Cette perspective n'est pas celle d'*Humanae vitae*. Elle mérite d'être approfondie suite aux nouveaux effets combinés des moyens contraceptifs ainsi qu'à l'essor inquiétant des pilules abortives.

35. A. MATTHEEUWS, *Union et procréation*, p. 242.

36. HV 12.

37. Voir M. RHONHEIMER, *Etica della procreazione*, p. 68.

L'encyclique n'affirme donc nullement que tout acte conjugal doit détenir une « fonction » procréatrice, ou qu'il y a un lien indissoluble entre la fonction unitive et la fonction reproductive. Cela serait absurde, ne fût-ce déjà qu'au regard du biologiste : tout acte sexuel ne débouche pas nécessairement sur la conception d'une nouvelle vie ! La norme morale n'est donc pas d'abord l'expression d'un respect inconditionnel du processus biologique de la fécondité. Non, elle s'établit en vertu de la vérité et de la dignité proprement humaine de l'acte conjugal, appelées à exprimer la vérité et la dignité de l'amour conjugal. La loi du bien intégralement humain se découvre et s'élabore à partir de significations, non de fonctions. C'est en ce sens précis qu'il faut comprendre ces paroles d'*Humanae vitae :* « L'Église, rappelant les hommes à l'observation de la loi naturelle, interprétée par sa constante doctrine, enseigne que tout acte matrimonial doit rester ouvert à la transmission de la vie humaine[38]. »

Le terme « signification » est particulièrement important. « Il remplace en quelque sorte l'usage plus métaphysique des *biens* et des *fins*[39]. » Il désigne « tout simplement la présence, dans la conscience des sujets, de l'ontologique. Loin de voiler les fondements ontologiques de l'acte, il exprime leur unité existentielle au cœur des sujets[40]. » Un tel concept allie la perspective scolastique de l'être avec celle plus moderne de la conscience et de ses phénomènes.

La connexion entre la signification procréatrice et la signification unitive de cet acte d'amour conjugal est si étroite, si intrinsèque, si indissoluble qu'on ne peut nier l'une sans nier l'autre dans sa vérité plénière. « C'est en sauvegardant ces deux aspects essentiels, union et procréation, que l'acte conjugal conserve intégralement le sens de mutuel et véritable amour et son ordination à la très haute vocation de l'homme à la paternité[41]. » Il ne s'agit pas là d'un lien arbitraire, mais de l'intégrité même de l'amour humain, dont on trouve par ailleurs la trace, les répercussions, l'écho dans la réalité biologique. Cette loi de l'amour humain, l'homme ne l'a pas créée, mais il la découvre inscrite au plus profond de sa nature à la fois spirituelle et corporelle. Il l'invente, au sens étymologique

38. HV 11.
39. A. Mattheeuws, *Union et procréation*, p. 242.
40. *Ibid.*
41. HV 12.

du terme *(in-venire)*, c'est-à-dire qu'il va à sa rencontre en scrutant la signification de son intériorité personnelle et interpersonnelle. Dans l'insécabilité de ce lien entre union et procréation, l'être humain est appelé à percevoir la volonté explicite de Celui qui l'a créé et constitué ainsi. « C'est toi [YHWH] qui m'as formé les reins, qui m'as tissé au ventre de ma mère ; je te rends grâce pour tant de mystères : prodige que je suis, prodiges que tes œuvres » (Ps 139 [138], 13-14).

b. Contraception et paternité responsable

Aussi, très logiquement, l'encyclique proscrit-elle comme moyen licite de régulation des naissances les différentes formes de contraception dont l'objet propre, comme nous l'avons vu plus haut, est de rendre volontairement un acte conjugal infécond. Dit en termes positifs, s'il est moralement bon de réguler les naissances, encore faut-il le faire en respectant l'identité intégrale de l'acte conjugal. Telle est la définition complète de la paternité responsable.

Certes, dans la mentalité courante, la « paternité responsable » désigne en général exclusivement la régulation des naissances, peu importe le type de moyen choisi à cet effet. Aussi, dans un raccourci saisissant, la « procréation responsable » devient synonyme de contraception, conduite censée être l'unique moyen techniquement sûr – ce qui est par ailleurs faux sur le plan scientifique – pour limiter les naissances et agir « de manière responsable ». Pour *Humanae vitae* par contre, la paternité responsable des époux implique intimement le refus de la contraception, moyen intrinsèquement mauvais qui ne peut jamais être utilisé, sans aucune exception, dans aucun cas.

La fin ne justifie jamais les moyens. Il est par exemple bon de vouloir faire l'aumône. Mais il est mauvais de vouloir accomplir cet acte en volant de l'argent à son voisin. L'action intentionnelle de base est le vol et la volonté de faire l'aumône appartient aux intentions ultérieures de l'acte. De même, il est bon de vouloir aimer son conjoint et réguler les naissances. Mais il est mauvais de vouloir réaliser ces intentions par un comportement contraceptif. L'action intentionnelle de base d'un tel comportement est la destruction objective d'une des deux significations de l'acte conjugal, destruction qui blesse et offense sa signification unitive. L'action, dans son ensemble, est donc mauvaise en raison de son objet, non en raison de ses intentions ultérieures. Bref, selon *Humanae vitae*, le bien moral réside dans la parenté responsable dans le sens plénier du terme, c'est-à-dire dans une conduite responsable non seulement vis-à-vis de l'émergence de nouvelles vies, mais aussi vis-à-vis des actes conjugaux et de leur signification.

5. « Familiaris consortio » (1981)

« Le Saint-Synode, en union de foi avec le successeur de Pierre, maintient fermement ce qui est proposé au concile Vatican II (voir GS 50) et ensuite dans l'encyclique *Humanae vitae*, et en particulier le fait que l'amour conjugal doit être pleinement humain, exclusif et ouvert à une nouvelle vie (HV 11, voir 9 et 12)[42]. » Tout en s'inscrivant dans cette grande tradition, l'exhortation apostolique[43] offre de nouveaux développements dans une large vision scripturaire, philosophique, spirituelle et sacramentaire. Arrêtons-nous sur quatre points de l'exhortation : le déploiement, sans précédent dans un document magistériel, de l'amour dans le couple et la famille; la contraception et la signification de la sexualité humaine; la différence des anthropologies qui sous-tendent les comportements contraceptifs et ceux qui ne le sont pas; la loi de gradualité.

a. Déploiement de l'amour

Dans *Familiaris consortio*, bien et finalité, protologie et eschatologie sont réarticulés dans une vision renouvelée du mariage et de la famille à partir de l'amour. « La famille, fondée par amour et vivifiée par lui, est une communauté de personnes : les époux, homme et femme, les parents et les enfants, la parenté. Son pre-

42. FC 29.

43. Le pape Jean-Paul II a enseigné la théologie morale et la régulation des naissances quand il était professeur à Lublin. Il semble qu'il ait été un des conseillers particuliers de Paul VI lors de la rédaction d'*Humanae vitae*. Quelques mois avant la mort du pape, il a donné une conférence à Milan à l'occasion des dix ans de cette encyclique. Quelques semaines après son élection au souverain pontificat, il a repris l'enseignement de son prédécesseur à ce sujet et commencé ses catéchèses du mercredi sur l'amour humain. Celles-ci ont duré quatre ans, de 1979 à 1985, avec une interruption en 1980 due à l'attentat.

mier devoir est de vivre fidèlement la réalité de la communion dans un effort constant pour promouvoir une authentique communauté de personnes. Le principe, la force permanente et le but d'un tel devoir, c'est l'amour. De même que sans amour la famille n'est pas une communauté de personnes, ainsi, sans amour, la famille ne peut vivre, grandir et se perfectionner en tant que communauté de personnes[44]. »

La communion conjugale, sur laquelle est fondée la communion familiale, possède donc l'amour des époux non seulement comme forme spécifique et comme bien, mais également comme force, comme dynamisme, comme tâche et comme objectif. Elle est définie par l'amour comme don et animée par l'amour comme mouvement orienté vers son terme, c'est-à-dire par l'amour comme finalité[45].

L'amour, décrit en termes de don de soi, constitue donc l'essence dynamique du mariage. Il définit également l'essence de son acte spécifique : l'acte conjugal. Cette rencontre intime des époux est en effet « signe et fruit d'une donation personnelle totale, dans laquelle toute la personne, jusqu'en sa dimension temporelle, est présente[46] ». Signe d'un bien et fruit d'une tâche, elle possède une structure spécifique de donation personnelle que le couple doit recevoir et réaliser au fil des années. Elle est un « lan-

44. FC 18. Une telle vision du mariage et de la famille renvoie à une anthropologie qui définit la personne comme amour. « L'homme ne peut vivre sans amour. Il demeure pour lui-même un être incompréhensible, sa vie est privée de sens s'il ne reçoit pas la révélation de l'amour, s'il ne rencontre pas l'amour, s'il n'en fait pas l'expérience et s'il ne le fait pas sien, s'il n'y participe pas fortement » (JEAN-PAUL II, Lettre encyclique *Redemptor hominis*, 4 mars 1979, n° 10 ; repris dans FC 18).

45. Tout en intégrant puissamment la finalité, *Familiaris consortio* fonde surtout sa réflexion dans la méditation du livre de la Genèse. À la fin de son ouvrage *Union et procréation*, Alain Mattheeuws invite pour sa part à un approfondissement de la dimension eschatologique de l'essence du mariage ainsi discernée et des actes qui l'expriment. « Il importe de voir l'amour conjugal dans son ordination à ce qui le dépasse. Inscrire l'amour conjugal dans l'eschatologie, c'est se mettre en mesure de rendre compte de sa finalité dans la générosité divine » (A. MATTHEEUWS, *Union et procréation*, p. 247). L'acte conjugal participe à la joie de Dieu qui veut gratuitement partager sa vie trinitaire avec de nouvelles personnes, et ce « avant » même le « désir des parents ». « L'amour conjugal est ordonné à la communication de la vie, non par le besoin ni le désir d'abord, mais en excès et en surabondance de soi » (GS 50, 1). « L'amour conjugal [...] ne s'épuise pas dans la communion des époux » (HV 9).

46. FC 11.

gage» éminent de l'amour conjugal, constitutif interne du mariage. Tel est son «sens». Telle est sa «vérité».

b. Contraception et signification de la sexualité humaine

«Au langage qui exprime naturellement la donation réciproque et totale des époux, la contraception oppose un langage objectivement contradictoire, selon lequel il ne s'agit plus de se donner totalement à l'autre; il en découle non seulement le refus positif de l'ouverture à la vie, mais aussi une falsification de la vérité intérieure de l'amour conjugal, appelé à être un don de la personne tout entière[47].» L'acte contraceptif introduit objectivement un mensonge au plus intime de la communion des époux, quelles que soient par ailleurs les intentions ultérieures ou la «sincérité» de ces derniers. Il fait mentir en partie le langage des corps, le prive de sa vérité plénière, altère son identité de donation réciproque. «Arraché à sa signification procréatrice, l'acte sexuel cesse d'être lui-même, puisqu'il perd la dignité de la dimension pleinement sponsale du don réciproque[48].»

Telle est la signification de la sexualité et du corps humain que l'exhortation s'emploie à déchiffrer rationnellement et positivement[49]. Dans et par ces réalités, les époux se trouvent donnés à eux-mêmes comme personnes et se donnent totalement à l'autre comme personne.

c. Deux anthropologies

Un troisième apport de *Familiaris consortio* réside dans le discernement de deux anthropologies bien différentes qui soustendent les comportements contraceptifs et ceux qui ne le sont pas. «À la lumière de l'expérience de tant de couples et des données des diverses sciences humaines, la réflexion théologique peut saisir – et elle est appelée à l'approfondir – la différence anthropologique en même temps que morale existant entre la contraception et le recours aux rythmes périodiques : il s'agit d'une différence

47. FC 32.
48. L. Melina, *Amour conjugal et vocation à la sainteté*, p. 129.
49. Voir Y. Semen, *La sexualité selon Jean-Paul II*, Paris, Presse de la Renaissance, 2004.

beaucoup plus importante et plus profonde qu'on ne le pense habituellement et qui, en dernière analyse, implique deux conceptions de la personne et de la sexualité humaine irréductibles l'une à l'autre[50]. » Comment ? Nous nous contentons de citer deux textes de *Familiaris consortio*.

> Lorsque les époux, en recourant à la contraception, séparent ces deux significations que Dieu créateur a inscrites dans l'être de l'homme et de la femme comme dans le dynamisme de leur communion sexuelle, ils se comportent en « arbitres » du dessein de Dieu ; ils « manipulent » et avilissent la sexualité humaine et, avec elle, leur propre personne et celle du conjoint en altérant la valeur de leur donation « totale »[51].
>
> En revanche, lorsque les époux, en observant le recours à des périodes infécondes, respectent le lien indissoluble entre les aspects d'union et de procréation de la sexualité humaine, ils se comportent comme « ministres » du dessein de Dieu et ils usent de la sexualité en « usufruitiers », selon le dynamisme originel de la donation « totale », sans manipulation ni altération[52].

Comme le dit déjà *Gaudium et spes*, les époux sont « les collaborateurs de l'amour de Dieu créateur[53] » dans la tâche de la transmission de la vie et de l'éducation. Ils ne sont pas de simples exécutants, mais des interprètes responsables de la volonté divine. Ils participent à travers l'union des corps – avec tout ce qu'une telle union signifie – à l'acte par lequel Dieu crée une personne[54], une personne appelée à la vie trinitaire.

---

50. FC 32.

51. FC 32. « L'homme a accompli d'étonnants progrès dans la maîtrise et l'organisation rationnelle des forces de la nature, au point qu'il tend à étendre cette maîtrise à son être lui-même pris dans son ensemble : au corps, à la vie physique, à la vie sociale et jusqu'aux lois qui règlent la transmission de la vie » (HV 3).

52. FC 32.

53. GS 50.

54. L'âme spirituelle de l'homme est immédiatement créée par Dieu. « *Animas enim a Deo immediate creari catholica fides nos retinere iubet* » (PIE XII, *Humani generis*, 12 août 1950, dans AAS 42 [1950], p. 575). « Ce qui est vrai pour Adam, écrit Livio MELINA, est vrai pour tout homme. À l'origine de toute vie humaine, chaque fois que dans l'obscurité profonde du sein maternel surgit la vie, Dieu dit : "Faisons l'homme à notre image et à notre ressemblance." » (*Amour conjugal et vocation à la sainteté*, p. 127.) Et il lui insuffle son souffle. « C'est toute la différence qui existe entre la procréation humaine et la génération d'un animal. Quand une chienne est source d'un autre chien, il n'y a pas cette alliance avec

d. La loi de gradualité

Il ne faut pas trop s'étonner du décalage évident entre ce que l'Église enseigne en cette matière – comme en d'autres – et la pratique quotidienne de l'être humain, qu'il soit chrétien ou non. « L'Église n'imagine pas l'homme autrement qu'il est, mais en donnant la loi morale, elle déclare au nom de Dieu le chemin de vérité offert à l'homme. C'est respecter à la fois la dignité de l'homme et l'altitude de son espérance que de lui déclarer l'amour de charité auquel il est appelé[55]. » La loi ne dit pas d'abord ce que l'individu est, comme le pharisaïsme est tenté de le croire, mais ce qu'il a à devenir et, par conséquent, ce qu'il n'est pas encore pleinement. La reconnaissance de la malice de certains actes ne signifie nullement la condamnation des personnes qui les posent ! Bien au contraire, elle a toujours comme objectif l'ouverture à un cheminement, l'invitation à une conversion.

La loi de gradualité rend témoignage de cette réalité. « L'homme connaît, aime et accomplit le bien moral en suivant les étapes d'une croissance. Les époux, dans la sphère de leur vie morale, sont eux aussi appelés à cheminer sans se lasser, soutenus par le désir sincère et agissant de mieux connaître les valeurs garanties et promues par la loi divine, avec la volonté de les incarner de façon droite et généreuse dans leurs choix concrets[56]. »

D. REPRISE CONCLUSIVE ET PROSPECTIVE

1. Le comportement contraceptif

a. Le comportement contraceptif est un mensonge

Un acte sexuel contraceptif n'est pas pleinement un acte conjugal. « Amour et vérité » ne s'y sont pas tout à fait « rencontrés » (Ps 85 [84], 11). La donation réciproque totale, qui spécifie

Dieu : c'est uniquement au niveau de la fécondité animale » (M.-D. PHILIPPE, *Au cœur de l'amour. Entretiens sur l'amour, le mariage et la famille*, Paris, Fayard-Le Sarment, 1987, p. 66).

55. A. CHAPELLE, *Sexualité et chasteté*, p. 164.

56. FC 34. Voir notre chapitre VIII p. 231-243, qui traite longuement de la loi de gradualité.

au point de vue moral la relation sexuelle entre époux, est partiellement blessée. La séparation des deux significations compromet la plénitude du don. Elle introduit dans la vie conjugale un « mensonge », un principe de désintégration. Certes, celui-ci ne se voit peut-être pas tout de suite. Les époux peuvent ne pas être pleinement conscients de la portée spirituelle des réalités corporelles engagées. Ce principe de désintégration n'en demeure pas moins à l'œuvre. Il est un mal et, comme tel, il ne peut jamais faire l'objet d'un choix délibéré.

b. Ce mensonge ne peut être utilisé comme un « moindre mal »

Certains, reconnaissant la malice de cet acte, sont tentés de le voir comme un mal mineur dont l'utilisation produirait, dans certaines circonstances, un bien plus grand. « On ne peut invoquer, répond *Humanae vitae*, comme raisons valables pour justifier des actes conjugaux rendus intentionnellement inféconds, le moindre mal ou le fait que ces actes constitueraient un tout avec les actes féconds qui ont précédé ou qui suivront, et dont ils partageraient l'unique et identique bonté morale. En vérité, s'il est parfois licite de tolérer un moindre mal moral afin d'éviter un mal plus grand, il n'est pas permis, même pour de très graves raisons, de faire le mal afin qu'il en résulte un bien, c'est-à-dire de prendre comme objet d'un acte positif de volonté ce qui est intrinsèquement un désordre et, par conséquent, une chose indigne de l'homme, même avec l'intention de sauvegarder ou de promouvoir des biens individuels, familiaux ou sociaux. C'est donc une erreur de penser qu'un acte conjugal rendu volontairement infécond et, par conséquent, intrinsèquement déshonnête, puisse être rendu honnête par l'ensemble d'une vie conjugale féconde[57]. »

2. Le comportement contraceptif est-il un mensonge entre époux seulement ?

La relation sexuelle est par nature un acte matrimonial, que celui-ci soit sacramentel ou non. Son lieu propre – et donc moralement légitime – se situe à l'intérieur d'un don total, réciproque,

57. HV 14.

exclusif, institué et temporellement illimité des époux. En dehors du mariage, son identité profonde est méconnue, détournée, pervertie. Sa signification unitive est objectivement compromise, ainsi que sa signification procréatrice qui lui est qualitativement indissociable. La sexualité n'est plus pleinement respectée dans sa dignité, son langage et sa finalité. Peut-on encore parler de « contraception » au sens strict du terme dans une telle situation ?

Dans le cas d'un commerce sexuel non matrimonial, *Humanae vitae* et les documents magistériels qui ont suivi cette encyclique ne se sont pas prononcés. Qu'un tel acte possède une fonction potentiellement procréatrice, cela va de soi. Mais possède-t-il en lui-même une signification unitive et procréatrice ? La question est débattue. Tous s'accordent pour reconnaître que cette double signification est blessée. Mais est-elle détruite ou inexistante pour autant ?

Si on répond « oui », la contraception au sens proprement éthique de ce terme – et non en son sens biologique ou « médical » – doit être restreinte au seul domaine des actes spécifiquement conjugaux. On ne pourrait plus qualifier de contraceptive, à strictement parler, la volonté de rendre inféconds des actes sexuels dans le cadre de la prostitution par exemple, ou dans le cadre de vagabondage sexuel, dans celui de rapport entre adolescents ou entre amants adultes, ou encore dans le cas où une épouse aurait à subir les agressions d'un mari sous l'emprise de la boisson. Dans ces situations, il n'y a pas d'acte conjugal au sens précis du terme et il n'y aurait donc pas lieu de parler de contraception, mais d'un acte qui possède un autre objet moral. Voilà pourquoi certains moralistes proposent une autre terminologie pour désigner ce type d'action intentionnelle de base différente d'un point de vue éthique : inhibition de la fécondité ou de la fécondation par exemple[58].

En revanche, si on répond « non », la contraception au sens proprement éthique du terme concernerait également les actes sexuels

58. J.-M. Hennaux, « Risques de viol et inhibiteurs de fécondation », *Nouvelle revue théologique* 120 (1998), p. 196-215 ; A. Chafelle, *Sexualité et chasteté III (Supplément)*, « Violences sexuelles et inhibiteurs de fécondation ». L'inhibition de la fécondité se caractérise par un état permanent d'infécondité dans lequel la femme choisit délibérément de se mettre. L'inhibition de la fécondation en revanche intervient plus immédiatement et plus ponctuellement sur le processus de fécondation lors de rapports sexuels.

conjugaux pervertis et extraconjugaux. La double signification demeurerait à travers tout et la mutilation volontaire de l'une d'entre elles resterait un mal objectif[59]. À la malice d'une relation sexuelle pervertie s'ajouterait celle de la contraception.

Pour contribuer à éclaircir le débat, voici quelques remarques concernant l'objet de l'acte, sa moralité et le contexte pastoral.

1) Sur le plan de la description de l'objet de l'acte, il convient selon nous d'articuler rigoureusement la fin objectivement voulue (le *volitum*) et sa matérialité, son aspect intentionnel de base et son aspect physique. Deux extrêmes doivent être évités à ce sujet : la séparation radicale et la confusion. Toujours du point de vue de la description de l'objet de l'acte contraceptif, il faut se demander ensuite si l'état matrimonial ou non matrimonial des partenaires entre dans la substance de cet objet ou s'il relève des circonstances extérieures.

2) Sur le plan de l'évaluation de la moralité de l'objet de l'acte, la question est de déterminer si un acte d'« inhibition de la fécondation » entre personnes ayant un rapport sexuel non conjugal participe nécessairement à la malice de la contraception et si oui, dans quelle mesure.

3) Sur le plan pastoral enfin, convient-il de proposer un langage différencié : « contraception » dans le cas de personnes posant un acte conjugal et « inhibition de fécondation » dans les autres cas ? La réponse dépendra de celle donnée aux questions précédentes.

Nous ne poursuivons pas ici ce débat volontairement engagé sous un angle assez technique. Nous nous contentons de signaler qu'il doit se nourrir non seulement de la doctrine d'*Humanae vitae*, mais également de celle de *Donum vitae*. Dans cette instruction de la Congrégation pour la doctrine de la foi de 1987, l'attention est portée sur la dignité de la procréation humaine et de son lien avec le mariage : « L'enfant a le droit d'être conçu, porté, mis au monde et éduqué dans le mariage[60]. »

59. Cf. J. Laffitte, « Libertad y naturaleza humana. El cuerpo en su relación con la ley natural », dans Collectif, *La verdad los hará libres. Congreso internacional sobre la Encíclica Veritatis Splendor*, Ed. Paulinas, Buenos Aires, 2005, p. 147-164.

60. Congrégation pour la doctrine de la foi, Instruction *Donum vitae* (DV) sur le respect de la vie humaine naissante et la dignité de la procréation. Réponses à quelques questions d'actualité, 10 mars 1987, A, 1.

3. La continence périodique des époux, œuvre de la chasteté conjugale

La continence périodique conjugale répond aux exigences éthiques de la parenté responsable. D'une part, en effet, elle ne blesse pas la signification procréatrice de l'acte conjugal. Elle respecte et promeut la pleine vérité de la donation totale et mutuelle des époux. Elle n'y introduit aucun mensonge. Elle ne la dépouille pas d'une de ses dimensions essentielles. Elle ne nie pas non plus sa signification unitive, bien au contraire. Elle est un acte d'amour. « Amour et vérité se rencontrent » (Ps 85 [84], 11). D'autre part, dans ce même mouvement, la continence périodique conjugale permet une nécessaire, raisonnable, juste et généreuse régulation des naissances en fonction des nombreux facteurs de la vie concrète de chaque couple.

Cet agir vertueux de la continence est une haute expression de l'amour conjugal tel que celui-ci est voulu et encouragé par Dieu créateur et sauveur. Il vérifie et met en œuvre les différents éléments de la chasteté étudiés au chapitre précédent. Il contribue à opérer une intégration progressive de la sexualité dans la personne en vue du don intégral d'elle-même. Il faut du temps, des efforts et de la volonté pour ordonner, façonner, édifier une telle relation entre mari et femme. L'histoire conjugale n'est pas celle d'un destin ou d'un hasard, mais celle d'une conquête de libertés aimantes qui suivent la loi d'une croissance, dans l'humble confiance de la grâce toujours offerte. Elle est appelée à subordonner inlassablement et avec abnégation la spontanéité du désir et la joie du plaisir immédiat à la vie de l'amour selon la plénitude de sa vérité. Au fil des jours, des mois et des années, la continence périodique conjugale, fille de la chasteté, imprime ainsi dans les inclinations de l'instinct l'ordre de la raison et de l'amour vrai, cet ordre pouvant être informé, déployé et élevé par la foi, l'espérance et la charité.

À l'inverse, le comportement contraceptif attente à l'identité de l'acte conjugal et donc offense de ce point de vue la chasteté des époux[61].

61. FC 33.

4. Une réalité sacramentelle

Pour terminer, considérons brièvement l'acte conjugal dans son lien avec la réalité proprement sacramentelle du mariage. Entre baptisés, le mariage est en effet élevé à la dignité de sacrement. La qualité de l'amour des époux est non seulement une « image » qui manifeste la qualité de l'amour du Christ et de l'Église, mais aussi et surtout une participation intime à cet amour même. Les « deux » amours sont de même nature. Ils possèdent une qualité identique. L'alliance des époux est signe et moyen de l'Alliance nouvelle ou, plus précisément, signe en tant que moyen.

L'acte conjugal dans sa double signification exprime de manière privilégiée cette réalité. Il est de ce fait revêtu en quelque sorte d'une dignité sacramentelle. En y introduisant un mensonge par la pratique de comportements contraceptifs, c'est donc le mariage dans sa réalité sacramentelle qui est atteint. L'union du Christ et de l'Église auquel il participe s'en trouve touchée, affectée. Le respect des deux significations de l'union conjugale est donc pour le chrétien non seulement un « impératif naturel », mais également un « impératif sacramentel ». Il contribue à signifier et à réaliser cette Alliance nouvelle dans l'histoire.

Par ailleurs, grâce à cette « communication de réalité » entre ces deux alliances, l'amour du Christ et de son Église vient ressaisir celui des époux pour l'introduire peu à peu dans sa « vérité tout entière ». Il s'agit d'un amour rédempteur qui nourrit, sustente, renforce, intensifie, affine, purifie, guérit, restaure, accroît, amplifie, déploie l'amour matrimonial au jour le jour. Greffé sur le baptême et la confirmation, le sacrement du mariage est intrinsèquement lié à celui de l'Eucharistie et de la réconciliation. La continence périodique des époux est vécue dans le couple chrétien à travers ombres et lumières selon cette dynamique sacramentelle. Elle en est un fruit particulièrement délicat et généreux.

CHAPITRE V

HOMOSEXUALITÉ : QUELLE PAROLE ?

« Tu as les paroles de la vie éternelle » (Jn 6, 68).

Quelle parole peut-on risquer aujourd'hui, dans le cadre des pays européens, concernant l'homosexualité ? « Ne jugez pas et vous ne serez pas jugés. Ne condamnez pas et vous ne serez pas condamnés » (Lc 6, 37). Cette invitation pressante du Christ dévoile son attitude d'accueil inconditionnel à l'égard de toute personne : « Donnez et on vous donnera ; c'est une bonne mesure, tassée, secouée, débordante qu'on versera dans les plis de votre vêtement » (Lc 7, 38). Au début de ce même chapitre de l'Évangile, le Christ enseigne les béatitudes et l'amour concret universel. La parole chrétienne s'inscrit d'abord et avant tout dans cette dynamique de la charité et de la surabondance qui ne souffre aucune exception, qui exclut toute exclusion.

Force est de reconnaître que ce commandement de vie et de vérité n'a pas toujours été mis en application au cours des âges à propos des personnes homosexuelles. Tout en étant prudent dans la relecture de l'histoire par rapport aux projections idéologiques, il convient de confesser que ces personnes ont été et sont encore aujourd'hui victimes d'injustices et de discriminations. Elles n'échappent guère, comme dans le passé, aux phénomènes de mépris, de marginalisation, d'isolement, de moquerie, d'enfermement dans des ghettos culturels ou autres, de fausses images et de caricatures. L'épidémie du sida, qui touche fortement les milieux homosexuels, a été un facteur supplémentaire en ce sens.

Il s'agit donc non seulement d'éviter tout jugement, mais plus radicalement de promouvoir activement une culture de l'écoute, du respect, de l'amitié, de l'amour au sens évangélique du terme, en deçà du fait qu'une personne soit homosexuelle ou non. Le Christ n'a-t-il pas donné sa vie pour toute personne, que celle-ci soit d'orientation homosexuelle ou hétérosexuelle ?

Cet accueil inconditionnel et cet humble respect de la dignité de tout être humain impliquent-ils pour autant la renonciation à une évaluation éthique de certains actes, de certaines conduites ? L'Évangile ne le dit pas. Au contraire, le Christ allie au plus profond de son être un amour infini pour chacun et une intransigeance – plus coupante que le glaive – à l'encontre de ce qui blesse, oppresse, abîme celui ou celle qu'il aime. Son attitude vis-à-vis de la femme adultère en est une illustration éloquente. « Personne ne t'a condamnée ? » lui demande-t-il après que le dernier accusateur se fut éloigné. « Moi non plus, je ne te condamne pas. Va, désormais ne pèche plus » (Jn 7, 10-11). L'adultère est et demeure un péché. Il est un mal qui fait mal. C'est pourquoi Jésus invite avec une puissante sobriété la femme qui en souffre et en fait souffrir les autres à « aller sans plus pécher ».

Cette condamnation d'un comportement mauvais jaillit dans une histoire – ô combien délicate et belle – de non-condamnation de la personne. Elle en est même une condition privilégiée de réalisation. En effet, renoncer à toute évaluation de certains actes qui font mal, n'est-ce pas en dernière analyse l'expression subtile d'un abandon de la personne qui les pose ? Les nombreux pécheurs qui se sentent mystérieusement attirés par Jésus ne s'y trompent guère. Aujourd'hui comme alors, ils perçoivent dans le regard, l'attitude, les gestes, la parole du Christ un jugement de vie, une source d'espérance pour leur avenir. « Seigneur, à qui irions-nous ? s'exclame Pierre. Tu as les paroles de la vie éternelle » (Jn 6, 68).

Concernant l'homosexualité, la parole ne peut faire l'économie aujourd'hui de l'apport de la psychologie. Nous commencerons donc par étudier quelques-unes de ses considérations (A). Nous écouterons ensuite l'Écriture sainte (B). Dans un troisième temps, nous tâcherons de comprendre l'objectivité un peu abrupte mais libératrice de la science éthique (C) qui est portée et déployée dans l'accueil pastoral (D).

A. QUELQUES ÉLÉMENTS DE COMPRÉHENSION PSYCHOLOGIQUE

1. Le cadre de notre propos

Rarement, l'homosexualité possède des causes d'ordre biologique. L'exemple type est celui d'un dérèglement hormonal. Ainsi, certaines sportives de haut niveau, auxquelles des hormones mâles avaient été injectées, ont été en proie à des pulsions homosexuelles, alors qu'elles n'y étaient guère disposées préalablement. Cette attirance sexuelle due à un trouble hormonal se soigne comme une maladie par un simple rééquilibrage médicamenteux. Il serait abusif de s'appuyer sur ces troubles pour induire que l'homosexualité puisse être biologique. Dans l'état actuel de la recherche, il n'y a aucune preuve sérieuse qui permette d'affirmer que l'homosexualité ait des causes physiques ou génétiques.

L'homosexualité peut aussi avoir des causes exclusivement volontaires. Ainsi en est-il du sujet qui poursuit délibérément des conduites homosexuelles en vue de vivre de « nouvelles expériences », sans que celui-ci y soit réellement incliné. La pression de certains lobbies, d'une certaine culture ambiante et de médias – notamment auprès des plus jeunes – encourage en Occident ce genre de recherches.

L'homosexualité enfin peut relever de raisons psychologiques. C'est à la considération de ce troisième type de causes que nous allons nous attarder quelque peu ici. De nombreuses théories sont avancées. Il convient d'éviter d'en absolutiser une seule et de réduire trop vite la complexité de la réalité, tout en reconnaissant que « la genèse psychique de l'homosexualité reste largement inexpliquée[1] ». Nous nous appuierons principalement sur les analyses freudiennes de la « bisexualité psychique » telles qu'elles sont reprises et développées par Tony Anatrella[2].

---

1. CEC 2357.

2. T. ANATRELLA, « Les modèles sexuels contemporains et les orientations actuelles de l'éducation sexuelle », p. 145-171 ; *Le règne de Narcisse. Les enjeux du déni de la différence sexuelle*, Paris, Presse de la Renaissance, 2005.

2. La bisexualité psychique

La bisexualité psychique est un concept psychanalytique. Elle désigne la structure individuelle dynamique qui rend la personne capable d'intérioriser et de reconnaître le masculin et le féminin, de mettre ces deux « pôles » en dialogue à l'intérieur d'elle-même. Cette structure psychique donne accès en soi à l'autre. Elle permet au moi de se construire en référence à autrui, d'intégrer l'autre sexe, de créer un lien avec lui, de communiquer. La bisexualité psychique ne signifie donc nullement un « dédoublement sexuel » ou une « unisexualité androgyne ». Elle n'est en aucun cas synonyme de confusion des sexes. Signe de l'inachèvement de la sexualité, cette structure est évolutive. Elle s'élabore progressivement, en un travail de maturation des pulsions dans un sens objectal et génératif[3].

Sous son impulsion en effet, les pulsions vont peu à peu se tourner vers la relation à autre que soi, et plus précisément vers l'objet de cette relation, à savoir l'autre. La sexualité primitive[4] est appelée à se transformer en ce sens, à se décentrer par rapport à elle-même, à fuir le monologue sexuel d'où la confrontation avec la réalité de l'autre est absente. Elle quitte ainsi l'univers où règne la toute-puissance du moi et de ses pulsions. Elle passe d'une sexualité imaginaire, sans objet autre qu'elle-même, à une sexualité qui reconnaît la différence des sexes, qui intériorise le sens de l'autre et qui découvre dans ce dialogue l'identité de l'autre et d'elle-même.

« La pulsion devient réellement altruiste lorsque le désir de la reproduction est réellement intégré à la sexualité. [...] La maturation sexuelle s'achève par l'élaboration de ce désir d'accéder à la parenté. Que nous soyons géniteurs ou pas, nous ne sommes pas dispensés de cette dimension parentale qui achève la maturité sexuelle[5]. » Certes, cette acceptation de la parenté n'implique pas

3. Voir S. FREUD, *Trois essais sur la théorie de la sexualité* (1905), Paris, Gallimard, 1987.

4. Nous distinguons sexualité « primitive » et sexualité « de l'enfance ». La première consiste en une couche structurelle propre à toute sexualité humaine. La seconde est celle qui caractérise l'âge de l'enfance.

5. T. ANATRELLA, « Les modèles sexuels contemporains et les orientations actuelles de l'éducation sexuelle », p. 159.

un agir immédiat. Mais elle doit être réelle pour accéder à l'intériorisation du sens de l'autre et accomplir ainsi la sexualité. Par la génération, qui implique un homme et une femme en relation l'un avec l'autre, la présence de l'autre comme autre jaillit en plénitude dans la durée.

L'homosexualité trouve son origine psychique en partie dans l'altération ou l'échec de l'élaboration de cette structure. « Elle traduit l'évitement précoce de la castration symbolique, c'est-à-dire de l'acceptation des limites de son propre sexe. C'est pourquoi nombreux sont ceux qui croient être nés homosexuels, alors qu'il s'agit d'un positionnement d'eux-mêmes en réaction à un conflit intra-psychique[6]. » « Faute d'avoir initialement intériorisé le sens de l'autre sexe, le sujet s'installe dans l'unisexualité autosuffisante de son propre sexe[7]. » Il ne dispose pas de médiation interne suffisante pour accéder à autrui et l'accueillir en lui.

Cette « installation » psychique n'aide pas la personne à sortir des couches archaïques de ses pulsions. « L'objet partiel pourra y devenir dominant, voire fascinant, observe Xavier Lacroix. Fellation, pénétration anale, masturbation réciproque, de tels gestes sont-ils encore langage ? La dimension relationnelle de la sexualité y est-elle intégrée à la dimension érotique ? Que donnerait une phénoménologie de ces gestes comparable à celle qui a pu être conduite depuis quelques décennies pour la caresse et le coït hétérosexuels[8] ? Il est certes vrai que la part de troubles, d'archaïsme et de débordement du sens est propre à toute sexualité. Ne devient-elle pas ou ne risque-t-elle pas de devenir dominante ici[9] ? »

3. Les références de la bisexualité psychique

La bisexualité psychique consiste donc dans un processus de différenciation et de dialogue qui œuvre à l'orientation sexuelle de

6. *Ibid.*, p.155 ; repris dans T. ANATRELLA, *Le règne de Narcisse*, p. 66.

7. T. ANATRELLA, *Le règne de Narcisse*, p. 63

8. Voir X. LACROIX, *Le corps de chair*, Paris, Éd. du Cerf, 1992, p. 97-124. L'auteur cite entre autres J.-P. Sartre, P. Ricœur et E. Levinas.

9. X. LACROIX, « Une parole éthique recevable par tous ? Approche philosophique », dans X. LACROIX (dir.), *L'amour du semblable. Questions sur l'homosexualité*, Paris, Éd. du Cerf, 2001, p. 159.

l'individu. Cette construction progressive s'effectue à la fois en référence à l'identité sexuelle du sujet lui-même et aux modèles rencontrés : parents, frères et sœurs, éducateurs, amis, etc.

L'identité sexuelle est une donnée de la réalité dès le sein maternel. Elle résiste à tout positionnement qui ne va pas dans le sens de ce qu'elle est et de ce qu'elle est appelée à devenir. De par sa structure dynamique, elle est nécessairement l'objet d'un travail d'assentiment, d'intégration, d'organisation, d'unification, d'édification, de développement, de déploiement, sans pour autant pouvoir être radicalement transformée. Elle est de ce point de vue une référence première, fondamentale et intangible de la personnalité en devenir.

L'orientation sexuelle désigne cette même identité en tant que celle-ci est reprise, positionnée, « orientée », par le sujet. Elle peut soit correspondre à l'identité selon divers degrés, soit s'en désolidariser toujours selon divers degrés, comme c'est le cas dans l'homosexualité. Certes, au niveau où nous nous situons ici, l'orientation ne dépend pas d'un choix délibéré et rationnel. Elle est une conséquence involontaire d'une « option » affective ou d'une série d'« élections » affectives. Elle désigne l'action et le résultat d'« un positionnement de la vie psychique dans la cohérence de l'identité sexuelle ou au contraire qui l'en éloigne[10] ».

L'orientation du sujet se prend donc en référence avec sa propre identité. Elle se prend également et dans un même mouvement en référence aux « objets » extérieurs rencontrés sur sa route. Le « je » – masculin ou féminin – a besoin d'un « tu » masculin et féminin pour advenir à lui-même, dirions-nous en langage philosophique. Le « tu » précède le « je » sous ce rapport, l'appelle, l'éveille, lui sourit, lui parle et lui permet de se construire comme « je ». Mais le « je » pourra advenir à lui-même par le « tu » grâce au fait qu'il possède toujours déjà une consistance dynamique propre. De ce point de vue, le « je » précède le « tu ». Cette dialectique anthropologique entre le « je » et le « tu » se retrouve dans la dialectique psychologique entre identité sexuelle du sujet (le « je ») et objets extérieurs (le « tu »).

Le sujet est en effet incapable d'élaborer à partir de lui seul son orientation sexuelle. Il a besoin à cet effet de s'identifier aux

10. T. ANATRELLA, *Le règne de Narcisse*, p. 69.

aspects masculins ou féminins des personnes qu'il rencontre dans son histoire, c'est-à-dire ceux de ses parents, de leurs représentants et des modèles sociaux. Ces références masculines ou féminines revêtent donc une très grande importance pour l'enfant et pour le jeune.

Prenons, par exemple, la mode des « papas-poules » qui a surgi dans les années soixante-dix. Pour se faire accepter, le père s'identifie à la mère. Il déploie des attitudes et une symbolique maternelles[11]. Se faisant appeler parfois par son prénom, il abandonne sa fonction paternelle et se positionne comme un ami ou comme un enfant supplémentaire sous la dépendance de la mère. Présent physiquement, il est absent psychiquement. De ce fait, il peut empêcher en partie la bisexualité psychique de l'enfant et de l'adolescent de fonctionner correctement. Entretenant une relation fusionnelle et ambivalente, il n'aide pas à l'intériorisation du sens de l'autre. Le sujet a alors plus de mal à être révélé à lui-même, à être conforté dans son propre sexe, à être édifié dans son identité sexuelle, et corrélativement à accéder à l'autre sexe.

D'autres types de déficiences des références masculines ou féminines peuvent lourdement handicaper le processus de bisexualité psychique et générer une orientation sexuelle en contradiction avec l'identité sexuelle du sujet. Voici, sans ordre précis, quelques situations concernant la jeune fille. Certaines ont souffert de la violence d'un père dont elles cherchent à se protéger. D'autres ont été prises comme confidentes par leur mère et ont ainsi été tenues de jouer le rôle de complémentarité du mari, absent, non aimé ou rejeté. Certaines n'ont jamais connu leur mère, partie trop tôt ou absente. Désespérément, elles se sont mises à leur recherche. D'autres ont pu toutes petites, dormant dans la chambre de leurs parents, être témoins de leurs relations conjugales. Ressentis comme une agression de la part du père, ces événements ont pu générer un rejet inconscient de l'homme.

En ce qui concerne le garçon, certains n'ont jamais connu leur père, ou seulement un père lointain, faible, évanescent, distant, absent. D'autres ont souffert du fait que leur père a été méprisé par une épouse devenue dominatrice, souvent obligée d'ailleurs

11. Voir L. PAYNE, *La crise de la masculinité*, Palézieux (Suisse), Éd. Raphaël, 1994.

d'user d'autorité vu l'inconsistance relative du père. Certains ont dû prendre des distances avec une mère possessive qui attendait d'eux ce que leur mari ne leur donnait peut-être pas. Ils réagissent contre l'élément féminin qui les a captés de façon excessive, qui les a oppressés.

Ces quelques situations manifestent la complexité des facteurs en cause et qui peuvent par ailleurs se combiner entre eux. Et il y en a beaucoup d'autres qui ne sont pas liés immédiatement aux parents, comme l'école, la famille au sens large, des personnes extérieures au monde immédiat de l'enfant ou du jeune. Les traces d'un événement tragique – avoir été victime d'actes homosexuels, de pédophilie par exemple – peuvent également provoquer la fixation ou la régression d'une structure psychique à un stade incomplet de développement. Notons par ailleurs que tout enfant ne réagit pas de la même manière et de tels événements ne conduisent pas nécessairement à des tendances ou des comportements homosexuels, loin de là.

4. Narcissisme psychique

Dans le cas de l'homosexualité, ce dysfonctionnement de la bisexualité psychique tend à développer une personnalité qui éprouve du mal à sortir d'elle-même pour aller vers l'autre et l'accueillir comme tel. La personne qui souffre d'une élaboration psychique déficiente de cette structure de communication interne éprouvera plus qu'une autre de la peine à entrer en dialogue avec autrui et avec le réel. Aussi tendra-t-elle plus spontanément, d'une part, à rechercher le même, l'identique, le fusionnel, l'imaginaire et, d'autre part, à s'écarter du différent, de l'autre, de tout ce qui résiste à ses désirs. Défavorisée dans ce domaine, une telle personnalité peut par ailleurs développer d'autres valeurs très fines, souvent empreintes d'une grande délicatesse et d'une grande sensibilité.

Pour entrer dans l'intelligence de ce type d'élaboration psychique et de l'économie dont elle est l'origine, Sigmund Freud s'est saisi le premier en 1910 du mythe antique de Narcisse et a forgé le concept psychanalytique de « narcissisme[12] ». Jeune homme d'une

12. « Le terme "narcissisme" apparaît pour la première fois chez Freud en 1910, pour rendre compte du choix d'objet chez les homosexuels ; ceux-ci se prennent

saisissante beauté, Narcisse a déçu plusieurs nymphes amoureuses de lui. Pour le punir de son égoïsme, la déesse Némésis le conduit près d'une source. « Or, tandis qu'il tente d'apaiser sa soif, une autre soif grandit en lui. Pendant qu'il boit, séduit par l'image de sa beauté qu'il aperçoit, il s'éprend d'un reflet sans consistance, il prend pour un corps ce qui n'est qu'une ombre. Il reste en extase devant lui-même et, sans bouger, le visage fixe, absorbé par ce spectacle, il semble une statue faite de marbre de Paros. Il admire tout ce par quoi il suscite l'admiration. Il se désire, dans son ignorance de lui-même. Ses louanges, c'est à lui-même qu'il les décerne. Les ardeurs qu'il ressent, c'est lui qui les inspire. Il s'alimente du feu qu'il allume[13]. » Remarquons que Narcisse ignore que l'image adorée est la sienne. Beaucoup se joue à un niveau inconscient. L'objet de son désir se confond en réalité avec son moi idéalisé.

Le narcissisme désigne donc le fait de se prendre soi-même comme objet d'amour. Il ne faut pas d'abord considérer ce mécanisme intrapsychique de façon péjorative. Celui-ci fait partie de la construction du moi, à l'œuvre de façon particulière durant l'adolescence[14]. L'estime de soi, le désir d'être soi-même, l'accord avec soi, l'amour de soi font partie des ressorts nécessaires de la vie personnelle. En manquer rend la vie particulièrement insupportable pour soi-même et pour les autres[15] ! La difficulté survient lorsque ce mécanisme se bloque pour ainsi dire sur lui-même en n'accordant pas suffisamment à autrui la place psychique qui lui revient. « Le narcissisme est [donc] une dimension à double facette. Une première grâce à laquelle la personne a le souci de soi, s'accepte et s'apprécie, éprouve des plaisirs à vivre et bénéficie de gratifications structurantes. Une seconde, qui, en revanche, consiste en un repli sur soi-même, dans une économie affective autarcique. [...] Elle empêche le remaniement positif du narcissisme afin de se libérer de ce repli sur l'ego. C'est dans ce contexte que certains sujets se

---

eux-mêmes comme objet sexuel ; ils partent du narcissisme et recherchent des jeunes gens qui leur ressemblent » (J. LAPLANCHE et J.-B. PONTALIS, *Vocabulaire de la psychanalyse*, Paris, PUF, 1968, p. 261).

13. OVIDE, *Métamorphoses*, III, vers 415-428, trad. J. Chamonard, Paris, Garnier, 1953, t. I, p. 141.

14. C'est l'âge où la personne peut être fort centrée sur elle-même, sur l'image qu'elle donne d'elle-même aux autres. Le jeune, garçon ou fille, peut par exemple passer beaucoup de temps devant son miroir.

15. Voir X. LACROIX, *Les mirages de l'amour*, Paris, Bayard, 1997, p. 36-38.

prennent comme seul objet sexuel à travers la personne de même sexe que soi[16]. »

Ces considérations d'ordre psychologique expliquent pourquoi un « couple » de personnes homosexuelles – nous préférons parler de « duo[17] » – s'inscrit en général difficilement dans la durée. Les faits montrent que ces personnes sont souvent engagées malgré elles dans une dynamique d'attachements et de ruptures à répétition, qui peut aller jusqu'à l'errance et au vagabondage. Pourquoi changer de partenaire[18] ? Pourquoi le remplacer indéfiniment par un autre ? Pour compenser le fait qu'il n'est pas vraiment autre ? Pour pallier la déception continuelle de ne pas se retrouver dans l'autre ?

Ces considérations expliquent aussi en partie l'irrecevabilité radicale des revendications de certaines de ces personnes à la procréation ou à l'adoption d'un enfant. Céder à ce désir instinctif et bon de la maternité ou de la paternité – alors même que tout démontre que l'enfant a besoin non seulement d'un père et d'une mère, mais également d'un homme et d'une femme qui s'aiment comme époux – n'est-ce pas faire preuve d'un grave degré d'immaturité et de narcissisme[19] ? Sans vouloir en aucune manière juger les personnes qui vivent cette situation, ne faut-il pas reconnaître qu'une telle attitude méprise les droits les plus fondamentaux de l'enfant, qu'elle méconnaît ce dernier en tant qu'autre, qu'elle le

---

16. T. ANATRELLA, *Le règne de Narcisse*, p. 10-11.

17. *Ibid.*, p. 10. Voir CONGRÉGATION POUR LA DOCTRINE DE LA FOI, *Considérations à propos des projets de reconnaissance juridique des unions entre personnes homosexuelles*, 5 août 2003, dans DC 2298 (2003), p. 798-803.

18. Dans une enquête réalisée par Xavier Thévenot auprès de 350 chrétiens homosexuels en 1976, un sur deux déclare changer de partenaire plusieurs fois dans l'année ; un sur sept change de partenaire chaque semaine (enquête non publiée, destinée à préparer sa thèse de doctorat en théologie, soutenue à l'Institut catholique de Paris en 1980 ; cité dans X. THÉVENOT, *Repères éthiques pour un monde nouveau*, Mulhouse, Salvator, 1991, p. 91, note 28). Il n'en va pas de même pour les couples homosexuels féminins, plus stables selon les statistiques. Voir l'approche pluridisciplinaire de C. LESEGRAIN : *Les chrétiens & l'homosexualité. L'enquête*, Paris, Presse de la Renaissance, 2004.

19. « Dans cette perspective, l'adulte ne se situe pas comme parent ni comme éducateur mais à égalité avec l'enfant dans l'attente qu'il répare ou lui donne ce qui lui manque » (T. ANATRELLA, « Les modèles sexuels contemporains et les orientations actuelles de l'éducation sexuelle », p. 162). Voir aussi X. LACROIX, *La confusion des genres. Réponse à certaines demandes homosexuelles sur le mariage et l'adoption*, Paris, Bayard, 2005.

met *de facto* sous la domination d'un seul sexe autofécondant, autosuffisant et tout-puissant ? Le « droit à avoir un enfant » dans ces conditions ne conforte-t-il pas l'individu, ou le duo d'individus, dans une économie narcissique ?

Pour terminer l'étude – bien incomplète, il est vrai ! – de ces quelques éléments psychologiques, il convient de s'interroger sur la possibilité d'un chemin de guérison. Beaucoup de facteurs entrent en ligne de compte : l'âge de la personne, sa détermination, la forme de son homosexualité[20], le stade de développement et de structuration de son psychisme au moment où une telle tendance est apparue. Des recherches en ce sens devraient être encouragées, malgré le fait que l'homosexualité ne soit plus reconnue depuis trente ans par l'OMS comme une pathologie[21]. Certains mouvements chrétiens s'y sont attelés et semblent obtenir des résultats probants. Ils se basent sur la conversion au Christ Sauveur et sur un accompagnement à la fois spirituel et psychologique[22].

B. LA PAROLE DE L'ÉCRITURE SAINTE

1. Une éthique au service du déploiement intégral de la personne

Ce devenir de la bisexualité psychique et quelques-unes de ses conséquences ne tombent pas immédiatement sous le regard du moraliste. Ce dernier ne s'intéresse aux actes involontaires qu'en

---

20. T. ANATRELLA distingue d'un point de vue clinique l'homosexualité accidentelle, réactionnelle et structurelle (*Le règne de Narcisse*, p. 71-73).

21. L'association des psychiatres américains a rayé en 1973 l'homosexualité de sa liste des pathologies par référendum, manière quelque peu étrange de procéder pour établir une vérité scientifique. De même l'OMS en 1975.

22. Voir A. COMISKEY, *Vers une sexualité réconciliée*, Palézieux (Suisse), Éd. Raphaël, 1989. L'auteur, pasteur protestant, insiste sur le fait que la personne homosexuelle peut changer d'orientation, par la grâce de Dieu et le soutien des autres. Comment se réconcilier avec son genre (masculin ou féminin) ? Quels sont les signes d'une vraie repentance ? Quel est le rôle de l'adoration dans ce processus ? Comment peut-on surmonter les obstacles à une vraie libération ? Voir aussi M. BERGNER, *Aimer en vérité*, Palézieux (Suisse), Éd. Raphaël, 1995.

tant que ceux-ci sont repris, portés, écartés ou poursuivis par la liberté, c'est-à-dire transformés en actes volontaires. Son angle de vue est celui du choix, de la délibération, de l'exécution intérieure et extérieure.

La morale est parfois perçue comme exerçant principalement un « ministère » de condamnation et d'accusation. N'a-t-elle pas vocation à rappeler les lois et, par conséquent, à manifester l'écart qui existe entre celles-ci et les comportements concrets des personnes ? Face à cette parole normative, deux réactions extrêmes sont possibles. La première va dans le sens de la culpabilité, du découragement, de la désespérance. La seconde va dans le sens de la relativisation de ces lois, du doute à propos de leur humanité, du déni, de la révolte, du ressentiment, de l'indifférence.

L'approche légale de la morale, aussi nécessaire soit-elle, n'est cependant pas la première, ni même sans doute la plus importante. Car avant d'interdire, l'éthique promeut une série de valeurs. Les interdits énoncés sont nécessaires, mais seconds. Ainsi le livre de la Genèse décrit-il d'abord avec une foule de détails le jardin luxuriant de l'Éden préparé joyeusement pour l'homme (Gn 2, 8-14). Puis il met en scène une rencontre où Dieu donne à Adam et Ève ce jardin merveilleux, arrosé abondamment par quatre fleuves. Il leur dit : « Vous pouvez manger de tous les arbres du jardin » (Gn 2, 16). Il ajoute ensuite seulement : « Mais de l'arbre de la connaissance du bien et du mal, tu n'en mangeras pas, car, le jour où tu en mangeras, tu mourras certainement » (Gn 2, 16). Le serpent va déformer insidieusement ces propos : « Alors, Dieu a dit : “Vous ne mangerez pas de tous les arbres du jardin” ? » (Gn 3, 1). Il va pervertir en pure négativité la positivité et la négativité qui lui était ordonnée : « Vous ne pouvez rien manger ! » La science éthique doit veiller elle aussi à ne pas se laisser hypnotiser par une conception exclusivement négativiste de la réalité.

La morale, en effet, est essentiellement au service de la vie, de l'agir bon et du déploiement intégral de la personne. Elle vise non seulement le court terme, mais le moyen et le long terme. Elle prend en considération non seulement le bien des individus en particulier, mais aussi celui de l'ensemble des individus. Ainsi, dans le domaine de l'homosexualité, elle s'intéresse également au bien d'autrui, de la famille, de la société. Bref, elle est au service de la paix intérieure personnelle et interpersonnelle. Cela ne signifie pas qu'à certains moments, elle ne doive pas dénoncer avec une humble fermeté et une douce clarté ce qui conduit à la mort : « Vous ne mangerez pas du fruit de cet arbre, autrement vous mourrez. » La paix à laquelle elle conduit n'est pas celle d'un cadavre, mais celle d'un être vivant dans la force de l'Esprit.

À propos de l'homosexualité comme à propos des autres sujets, le théologien moraliste reçoit d'abord les paroles écrites et transmises dans les livres bibliques. Sans sous-estimer les authentiques médiations humaines, ces paroles viennent d'« ailleurs ». Elles ont pour auteur principal – et non exclusif – Dieu lui-même[23]. Lues dans la Tradition, elles offrent un enseignement substantiellement identique à travers les âges. Avant d'entreprendre un bref commentaire des textes qui concernent explicitement l'homosexualité, il convient de mettre en lumière et de garder continuellement en mémoire la visée foncièrement positive et réaliste de l'Écriture sur la sexualité humaine. « C'est la théologie de la création, présente dans le livre de la Genèse, qui fournit le point de vue fondamental pour une compréhension adéquate des problèmes que pose l'homosexualité[24]. »

2. Une anthropologie positive et réaliste

« Faisons l'homme à notre image, comme à notre ressemblance » (Gn 1, 26), se dit Dieu. « Avant de créer l'homme, contemple Jean-Paul II, le Créateur semble rentrer en lui-même pour en chercher le modèle et l'inspiration dans le mystère de son Être qui, déjà là, se manifeste en quelque sorte comme le "Nous divin"[25]. » L'homme, en son intimité la plus radicale, est un être de communion. « Dès le début, il est non seulement une image dans laquelle se reflète la solitude d'une Personne qui gouverne le monde, mais aussi, et essentiellement, l'image d'une mystérieuse communion divine de personnes[26]. »

« Dieu créa l'homme à son image, poursuit la Genèse, à l'image

23. Voir Concile VATICAN II, *Dei Verbum*, II, 7-13.

24. CONGRÉGATION POUR LA DOCTRINE DE LA FOI, *Lettre aux évêques sur la pastorale à l'égard des personnes homosexuelles*, 1er octobre 1986, dans DC 83-22 (1986), p. 1160-1164, n° 6.

25. JEAN-PAUL II, *Lettre aux familles*, Paris, Téqui, 1994, n° 6.

26. JEAN-PAUL II, Audience générale, 14 novembre 1979, dans DC 1019.

de Dieu il le créa. Homme et femme il les créa» (Gn, 1, 27). La différence sexuelle est constitutive de la personne[27]. Elle contribue à définir l'identité profonde de chacun, et ce pour toujours[28]. Elle affecte non seulement le corps, mais également la sensibilité, l'affectivité, l'intelligence, la « spiritualité », l'âme. Elle est profondément bonne et voulue par Dieu. Elle est le fruit d'une bénédiction, non d'un hasard ou d'une nécessité. Elle offre un vis-à-vis à l'être humain, à la fois semblable à lui et différent. « Cette fois, c'est l'os de mes os et la chair de ma chair », s'écrie joyeusement Adam en voyant Ève venir à lui (Gn 2, 23)[29]. La différence sexuelle, au sens intégral de cette expression, est donc le « lieu initial où se vit la réalité de l'autre, où se joue l'épreuve de la différence[30] ». Pour Emmanuel Levinas, elle désigne la différence pas comme les autres, « la différence tranchant sur les différences », « la qualité même de la différence[31] ».

Cette différence de l'homme et de la femme est appel à la réci-

27. Voir CEC 362-368.

28. Voir l'interprétation qu'Anne-Marie Pelletier donne de Galates 3, 28 : « "Il n'y a ni Juif ni Grec, il n'y a ni esclave ni homme libre, il n'y a ni homme ni femme ; car tous vous ne faites qu'un dans le Christ." Loin de supprimer l'altérité homme-femme, ce passage signifie au contraire sa guérison dans le Christ. Paul annonce l'accomplissement eschatologique des perspectives de Genèse 1 et 2. Dans le Christ, la différence ne conduit pas à l'accusation, la domination ou la convoitise, mais à l'unité des deux : "Vous ne faites qu'un dans le Christ." Cette unité est celle d'une communion, non d'une fusion qui renverrait l'homme et la femme dans le neutre indifférencié du tout début de la création » (A.-M. PELLETIER, « Il n'y a plus l'homme et la femme », *Communio* XVIII/2, mars-avril 1993, p. 35-45).

29. « Dieu a créé l'être humain, homme et femme, introduisant ainsi dans l'histoire du genre humain la "dualité" avec une entière parité, si l'on pense à la dignité humaine et avec une merveilleuse complémentarité, si l'on pense au partage des attributions, des qualités et des tâches, liées à la masculinité ou à la féminité de l'être humain » (JEAN-PAUL II, *Lettre à tous les jeunes du monde*, 31 mars 1985, dans DC 417).

30. A.-M. PELLETIER, « Le signe de la femme », *Nouvelle revue théologique* 113 (1991), p. 665. L'identité de la femme y est décrite à partir de la catégorie linguistique du signe, c'est-à-dire d'une réalité qui renvoie nécessairement à un autre. Car un signe se comprend non lorsqu'il est isolé en lui-même mais lorsqu'il se réfère à d'autres signes. Tout en ayant son être propre, la femme ne peut dire ce qu'elle est que dans la mesure où elle se découvre comme un être qui renvoie à autre qu'elle-même, de façon « horizontale » (renvoie à l'homme) et de façon « verticale » (renvoie à Dieu). L'être du signe, c'est de faire signe.

31. E. LEVINAS, *Le Temps et l'Autre* (1948), Paris, PUF, 1983, p. 14. Cette différence, selon l'auteur, n'est pas à même de fonder à elle seule l'altérité. « Ce n'est

procité et à la communion[32]. Elle leur révèle, jusque dans leurs corps mêmes, à quel point ils existent pour la « sponsalité ». « Dans “l'unité des deux”, l'homme et la femme sont appelés depuis le commencement non seulement à exister “l'un à côté de l'autre” ou bien “ensemble”, mais aussi à exister réciproquement “l'un pour l'autre”[33]. » Le corps, sacrement de la personne, exprime « la féminité pour la masculinité, et vice versa, la masculinité pour la féminité[34] ». Il possède une signification sponsale. Voilà pourquoi « l'homme s'attache à sa femme et tous deux deviennent une seule chair » (Gn 2, 24), ressemblant ainsi davantage au fil des ans à la communion que Dieu est en lui-même[35].

Positive, cette vision n'en demeure pas moins « réaliste ». Cette bonté originelle de la différence sexuelle et de la communion dont elle est la condition de possibilité a été profondément atteinte par le péché originel[36]. Dès le chapitre 3 de la Genèse, l'accusation, la domination et la convoitise font leur entrée dans la relation avec autrui. La sexualité n'échappe pas à cette logique. Elle devient le théâtre de bien des combats, l'enjeu de bien des divisions, un lieu particulièrement crucial d'oppositions entre les personnes et dans les personnes. L'attirance originellement bonne de l'homme et de la femme est blessée. Les perturbations psychologiques de leur structure interne de dialogue, c'est-à-dire de leur bisexualité psychique, en sont un des symptômes, une des répercussions, une des conséquences.

La sexualité devient potentiellement un instrument d'asservissement de l'autre, d'assouvissement de son propre bien-être indi-

---

pas du tout la différence qui fait l'altérité, c'est l'altérité qui fait la différence » (*Racismes. L'autre et son visage. Entretiens avec Emmanuel Hirsch*, Paris, Éd. du Cerf, 1988, p. 92). Autrui est autre avant d'être différent. Voir également A. SCOLA, « Identité et différence », dans CONSEIL PONTIFICAL POUR LA FAMILLE, *Lexique des termes ambigus et controversés sur la famille, la vie et les questions éthiques*, Paris, Téqui, 2005, p. 639-646.

32. Voir A. MATTHEEUWS, « La dialectique homme-femme dans *Evangelium vitae* », *Anthropotes* 16/2 (2000), p. 399-421.

33. JEAN-PAUL II, Lettre apostolique *Mulieris dignitatem*, 15 août 1988, n° 7.

34. JEAN-PAUL II, Audience générale, 9 janvier 1980, dans DC 110.

35. « Les trois personnes qui forment la “famille” trinitaire sont sans cesse tournées l'une vers l'autre dans un don réciproque total et dans une parfaite unité » (JEAN-PAUL II, *Aux jeunes de l'île Maurice*, 15 octobre 1989, dans *L'Osservatore romano*, éd. française n° 47).

36. *Mulieris dignitatem*, 9-10.

viduel qui étouffe la communion interpersonnelle. Il faut donc se protéger du regard et des manœuvres de l'autre. « Alors leurs yeux à tous deux s'ouvrirent et ils connurent qu'ils étaient nus. Ils cousirent des feuilles de figuier et se firent des pagnes » (Gn 3, 7). Sacrement de la communion et de l'échange des personnes, le corps devient opaque et même menaçant[37]. On y déchiffre plus laborieusement sa signification sponsale.

L'Ancien Testament, comme nous l'avons vu, pullule de sombres histoires matrimoniales et extramatrimoniales : offenses intraconjugales de tous ordres, adultère, inceste, prostitution, etc. Cependant, à l'intérieur de chacune d'elles surgit toujours un rayon de lumière divine. Dieu ne s'est jamais résolu au mal. « Les pensées de son cœur subsistent d'âge en âge » (Ps 33 [32], 11). De mille et une manières, il œuvre pour rendre l'être humain capable de voir, de choisir et de réaliser le bien en ce domaine, comme dans les autres. Sa grâce est réaliste. Elle ne travaille pas à partir d'un homme idéal qui n'existe pas, mais à l'intérieur d'un homme atteint par le péché. Cette grâce trouve sa source dans le Christ rédempteur de l'homme[38], de tout homme et de tout l'homme, y compris de sa sexualité. Il n'y a pas un lieu, pas une dimension de l'être humain où le Christ sauveur ne soit présent.

La tradition judéo-chrétienne a donc été portée par cette Révélation en la bonté structurelle de la différence sexuelle, riche de tant de promesses. Inversement, elle a toujours jugé de façon négative le comportement homosexuel. Plusieurs textes en témoignent.

3. Les textes bibliques concernant l'homosexualité

Les passages généralement avancés ne doivent pas tous être retenus. Ainsi, celui de Juges 19, 22. « Pendant qu'ils se réconfortaient, voici que des gens de la ville, des vauriens, s'attroupèrent autour de la maison et, frappant à la porte à coups redoublés, ils dirent au vieillard, maître de la maison : "Fais sortir l'homme qui est venu chez toi, que nous le connaissions." » Comme le montre

37. Saint Jean discerne une triple concupiscence : « les désirs égoïstes de la nature humaine, les désirs du regard, l'orgueil des richesses » (1 Jn 2, 15).

38. *Mulieris dignitatem*, 11.

Maurice Gilbert[39], il s'agirait ici de problèmes de relations entre tribus, de lois de l'hospitalité et d'une sombre histoire de viol collectif. Le verbe « connaître » *(yada')* ne devrait pas être pris ici dans le sens de relations sexuelles[40].

En Genèse 19, 1-11 en revanche, il y a bien une intention homosexuelle de la part des gens de Sodome envers les « deux hommes » hébergés par Lot. Notons qu'aux yeux de ce dernier, la faute la plus grave des Sodomites réside dans l'atteinte aux lois de l'hospitalité.

Deutéronome 23, 18-1 condamne quant à lui principalement la prostitution cultuelle. Rien ne permet de dire que les prostitués sacrés pratiquaient l'homosexualité. Ce serait même contradictoire avec les coutumes cananéennes qui faisaient grand cas de la fécondité.

Lévitique 18, 22 et 20, 13 se répondent. Le premier énonce les interdits et le second la peine encourue par celui qui les transgresse. « Tu ne coucheras pas avec un homme comme on couche avec une femme, c'est une abomination. » Le terme « abomination » – *toebah* en hébreu – renvoie au *tohu-bohu* initial de Genèse 1, 1, c'est-à-dire au chaos qui a précédé l'action créatrice de Dieu. À ce « moment », tout était sans vie, dans la confusion du ciel et de la terre, du jour et de la nuit, des eaux d'en haut et des eaux d'en bas, entre mâle et femelle. L'homosexualité est donc considérée en partie comme un retour à cet indifférencié sans vie d'avant les origines, comme une régression dans l'anarchie archaïque, comme une décréation[41]. La peine prévue est la mort pour les deux partenaires, quel que soit leur âge. C'est donc la relation comme telle qui est frappée d'interdit. Cette sanction, plus sévère que partout ailleurs dans le Moyen-Orient, doit être resituée dans l'intention profonde du Code de sainteté dont elle fait partie : Israël doit avoir une conduite qui le distingue des nations (Lv 20, 24.26), spéciale-

39. M. GILBERT, « La Bible et l'homosexualité », *Nouvelle revue théologique* 109 (1987), p. 78-95.

40. Sur 822 occurrences dans la Bible, « *yada'* » revient seulement 16 fois pour désigner une union sexuelle.

41. Ce brouillage des différences s'observe également dans le cas de l'inceste, autre grand interdit de ce chapitre. La différence des sexes et celle des générations sont les deux rocs de la réalité (voir X. THÉVENOT, *Homosexualités masculines et morale chrétienne*, Paris, Éd. du Cerf, 1985, p. 159).

ment des Égyptiens et des Cananéens. Il doit éviter ce qui rendrait le pays impur et « retrancher du peuple » (Lv 18, 29) ceux qui le souillent en adoptant des mœurs semblables à celles des païens.

Sagesse 14, 26 se situe dans un contexte d'idolâtrie et des conséquences immorales engendrées par de telles pratiques. L'auteur sacré énumère vingt-deux vices, nombre des lettres de l'alphabet hébreu. En tête, il accumule les lettres *t*, dernière lettre de cet alphabet, et termine son catalogue par un mot ayant à son extrémité la lettre *a :* l'idolâtrie engendre une totalité (22 vices) qui inverse l'ordre (de *t* à *a*). Elle pervertit radicalement la vie. Le verset 26b concerne les vices contre nature, et donc entre autres, l'homosexualité.

« Le silence des Évangiles sur l'homosexualité peut refléter simplement le fait qu'elle n'était pas répandue en Israël au temps de Jésus[42]. » Les trois passages du Nouveau Testament qui traitent de l'homosexualité se situent dans les lettres de saint Paul. Dans une dynamique eschatologique, 1 Corinthiens 6, 9 révèle que celui qui agit en homosexuel n'entrera pas en tant que tel dans le Royaume. Le terme « *arsenokoitai* », inconnu avant son apparition ici, trouve vraisemblablement son origine dans une adaptation grecque de Lévitique 18, 22. Il désigne l'homme qui couche activement avec un autre homme (*mishkav zekor* en hébreu). De même en 1 Timothée 1, 10. Ceux qui commettent des actes homosexuels agissent contre la saine doctrine.

Romains 1, 26-27 se situe dans le cadre de la confrontation générale entre le christianisme naissant et la société païenne. Paul pose un jugement non sur les personnes en particulier – Dieu seul scrute les reins et les cœurs –, mais sur l'idolâtrie qui a amené toutes sortes d'excès contraires au dessein divin. À la suite de Sagesse 14, l'Apôtre voit dans le comportement homosexuel masculin ou féminin un exemple particulièrement éloquent de la cécité et de l'avilissement dans lesquels le monde idolâtre est tombé. Notons que ce passage est encadré par l'action divine de châtiment et de colère, action qui est fondamentalement ordonnée au salut par la foi au Christ[43].

---

42. M. GILBERT, « La Bible et l'homosexualité », p. 91, note 20.

43. Voir G. FESSARD, *De l'actualité historique*, t. I, Paris, DDB, 1959, p 185-194 ; J.-B. ÉDART, « Le drame de l'humanisme païen. Réflexions sur Rm 1, 18-32

Tous ces textes ne visent donc pas d'abord ou seulement la pédérastie, comme certains commentaires tentent de l'établir sans succès. Lévitique 18, 22 et 20, 13, Sagesse 14, 26 ainsi que les trois passages pauliniens ne font de distinction ni d'âge, ni de sexe. Ils parlent de l'homosexualité comme telle, de façon générale et universelle. L'épître aux Romains en montre l'issue possible par la foi au Christ reçue et proclamée dans le baptême. Baptisé, tout chrétien est invité continuellement à se laisser mener par l'Esprit afin de ne plus risquer de satisfaire la convoitise de la chair, laquelle demeure toujours présente. « Et le fruit de l'Esprit est charité, joie, paix, [...] maîtrise de soi » (Ga 5, 22-23).

4. Une Parole transhistorique

« Il est vrai que la littérature biblique doit aux diverses époques où elle fut écrite une bonne partie de ses modes de pensée et d'expression (voir *Dei Verbum*, 12). Il est sûr que l'Église d'aujourd'hui proclame l'Évangile à un monde très différent du monde antique. [...] Toutefois, ce qu'il faut remarquer, c'est que, en présence de cette diversité notable, il n'y a pas moins, au sein des Écritures elles-mêmes, une évidente harmonie sur le comportement homosexuel. C'est pourquoi la doctrine de l'Église sur ce point ne s'appuie pas seulement sur des phrases isolées dont on peut tirer des arguments théologiques discutables, mais bien sur le fondement solide d'un témoignage constant de la Bible[44]. »

Aussi, nous ne voyons pas comment « l'Église pourrait dire quelque chose de foncièrement différent aujourd'hui ou encore demain, même si elle expose et explique sa position avec d'autres catégories, sous des éclairages nouveaux, avec des directives pastorales mieux adaptées, du fait de l'évolution des savoirs et des sensibilités[45] ». Cette Parole vivante est comme un donné de base qui résiste aux modes, aux temps, aux projections de toutes sortes. Elle

et l'homosexualité », *Anthropotes* (2004), Lateran University Press, p. 285-304. Ce numéro traite de la « Questione omosessuale ». Il rassemble en outre les contributions de G. SALMERI sur la philosophie antique, de J. NORIEGA sur « l'intimité » homosexuelle et de M. BINASCO sur quelques apports de l'expérience clinique.

44. *Lettre aux évêques*, 5.

45. M. DEMAISON, « Libre parcours théologique », dans X. LACROIX (dir.), *L'amour du semblable. Questions sur l'homosexualité*, p. 186.

est transhistorique. Elle résonne aujourd'hui à l'intérieur d'une culture qui vient de prendre conscience au cours de la seconde moitié du xxe siècle de la profondeur et de la complexité des facteurs psychologiques qui génèrent l'homosexualité, connaissance nouvelle quasiment ignorée du monde de la Bible.

C. ÉVALUATION ÉTHIQUE : LA PAROLE DU MAGISTÈRE ECCLÉSIAL

La parole du Magistère ecclésial est éclairée de manière conjointe et ordonnée par celle de l'Écriture et celle des sciences humaines. Dans ses documents, elle prend soin de toujours bien distinguer tendance homosexuelle, acte et personne.

1. Tendance, acte, conduite et personne

a. Tendance involontaire

La tendance homosexuelle est une attraction sexuelle involontaire vers quelqu'un de même sexe. Ce mouvement se situe en deçà de la liberté. Il est une force subie, une inclination de l'être, un penchant, une tension spontanée. Nous avons vu plus haut quelques-uns des mécanismes psychologiques qui président à sa formation inconsciente dans le sujet. Il n'est pas l'objet d'un « choix » à proprement parler, dans le sens rationnel et volontaire du terme, mais d'un « positionnement psychique ».

Cette tendance peut être exclusive, prédominante ou partielle, profonde ou temporaire. Ainsi, par exemple pendant la puberté, l'adolescent peut parfois se sentir attiré alternativement ou simultanément vers l'un ou l'autre sexe. L'orientation sexuelle de la personne, à cet âge, se construit plus activement. Elle peut tâtonner, puis se préciser, devenir préférentielle et enfin exclusive. Notons que le jeune de douze à quinze ans, garçon ou fille, recherche en général l'amitié avec une personne du même sexe que lui. Il se sent encore peu capable d'aller à la rencontre d'une personne de sexe opposé et a besoin d'être confirmé dans son identité propre. Cette étape de maturation est normale et bonne. Il convient de rassurer les adolescents qui s'en inquiéteraient. De telles amitiés sont de magnifiques écoles de don de soi. Elles sont importantes, belles et bénéfiques, à condition de ne pas s'y enfermer et d'éviter tout geste érotique ou sexuel. À elles seules, elles ne sont nullement le signe d'une tendance homosexuelle.

La tendance ne contraint pas au passage à l'acte. Celui-ci n'est pas une nécessité, comme on tend trop souvent à le croire ou le faire croire. Il implique toujours, sauf dans des cas pathologiques, une certaine intervention de la liberté, de la volonté. Certes, les pulsions peuvent être puissantes, mais elles ne sont pas pour autant irrépressibles. Il ne faut pas sous-estimer les capacités de la volonté. « On doit éviter la supposition, injustifiée et dégradante, que le comportement homosexuel des personnes homosexuelles est toujours et seulement compulsif, et dès lors irresponsable. En réalité, il faut aussi reconnaître à ceux qui ont une tendance homosexuelle la liberté fondamentale qui caractérise la personne humaine et lui confère sa dignité particulière[46]. »

b. Acte et conduite

La tendance homosexuelle éprouvée intérieurement doit être radicalement distinguée de cette même tendance telle qu'elle s'exprime dans des actes affectés par un certain coefficient de liberté. Un seuil décisif est franchi alors. La liberté du sujet s'est engagée à consentir plus ou moins délibérément à cette tendance, à la laisser se rassembler et se former pour se réaliser dans des actes intérieurs de l'imaginaire et des actes extérieurs du corps. Ce comportement peut être isolé, occasionnel. Il peut se répéter et constituer ainsi à la longue une conduite, une « habitude », une disposition stable et acquise. Ce niveau spécifiquement humain de l'agir de l'homme n'a pas été abordé dans notre étude des mécanismes psychiques. Il appartient au domaine du moraliste qui scrute le mystère de la liberté humaine et de sa vocation au bien intégral, à la paix.

Signalons le bouleversement que peut constituer le premier passage à l'acte chez toute personne, mais plus particulièrement chez un adolescent. Une sexualité jeune, en effet, est plus fragile et peut

46. *Lettre aux évêques*, 11.

prendre la marque de son premier exercice. Elle risque d'engager la personne dans un engrenage, dans un cycle où un acte entraîne le suivant[47]. Le fait de céder à une tendance homosexuelle, de soi peut-être passagère, risque d'enraciner cette inclination dans une conduite homosexuelle plus durable.

Notons également que de tels actes peuvent être posés sans qu'il y ait vraiment tendance homosexuelle. Ainsi en est-il pour ceux qui recherchent le plaisir sexuel pour lui-même, à tout prix. La seule loi qui prévaut ici, c'est la recherche de plaisirs diversifiés, nouveaux et intenses. Cette « philosophie » de vie qui idolâtre le sexe risque de conduire ceux qui la pratiquent à des comportements homosexuels persistants, alors qu'initialement ces individus n'éprouvaient pas spontanément de penchant particulier en ce domaine.

c. Homosexualité foncière et homosexualité périphérique

Les tendances ou les pratiques de la personne homosexuelle peuvent être plus ou moins prononcées, plus ou moins inscrites dans sa personnalité profonde, actives pour une période transitoire ou imprégner toute son histoire. L'homosexualité « périphérique » se distingue ainsi de l'homosexualité « structurelle ».

« On utilise les expressions d'homosexualité "périphérique", ou de "substitution" pour caractériser le comportement de celui qui a eu des contacts génitaux avec des personnes appartenant à son sexe, soit parce qu'il traversait une période de latence (ambivalence de l'adolescence), soit parce qu'il se trouvait dans un milieu monosexué (prison, armée, harem). Dans ce cas, le fond reste hétérosexuel[48]. » Nous pouvons étendre cette dénomination à ceux qui éprouvent de simples tendances homosexuelles pour un temps déterminé ou dans des circonstances similaires à celles décrites ci-dessus.

« L'homosexualité "foncière", "invétérée" ou "structurelle", doit être considérée comme une orientation permanente de la personne envers quelqu'un de son sexe. Celle-ci répugnerait plus ou

47. « Le premier acte laisse des traces indélébiles dans la mémoire. Les fantasmes que l'on peut avoir quand on n'a jamais "pratiqué", aussi obsédants qu'ils puissent être, sont bien moins lancinants que les souvenirs, extraordinairement vivaces, des actes effectivement commis » (DANIEL-ANGE, *Homosexuel. Qui es-tu ? Où vas-tu ?*, Saint-Amand, Éd. des Béatitudes, 1992, p. 48).

48. J.-L. BRUGUÈS, *Dictionnaire de morale catholique*, p. 201.

moins à entretenir une relation sexuelle avec l'autre sexe[49]. » Cette tendance « foncière » se développe et s'intensifie si elle s'incarne dans une pratique.

d. Personne

L'être profond d'une personne homosexuelle ne se réduit pas à son homosexualité, que celle-ci soit foncière ou non. Tant s'en faut ! L'être humain est beaucoup plus que ses pratiques ou que ses tendances. « Créée à l'image et à la ressemblance de Dieu, la personne ne peut trouver sa figure adéquate dans sa réduction à sa seule orientation sexuelle. Tout être qui vit à la surface de la terre a ses problèmes et ses difficultés personnels, mais également des occasions de croissance, des ressources, des talents, des dons propres. L'Église offre le cadre [...] d'une pastorale de la personne humaine, lorsque précisément elle refuse de regarder celle-ci comme "hétérosexuelle" ou "homosexuelle" et souligne que chaque être humain a la même identité fondamentale en tant que créature et, par grâce, est enfant de Dieu et héritier de la vie éternelle[50]. » Parler de tendance homosexuelle au lieu de nature homosexuelle signifie en dernière analyse reconnaître la transcendance de la personne par rapport à ses tendances. Une telle conception ouvre l'espace nécessaire à l'exercice de la liberté.

Ces distinctions étant faites, il convient à présent de voir comment le Magistère de l'Église s'exprime pour juger de la moralité objective de l'acte homosexuel. Il importe de pouvoir élever le discours à ce niveau rationnel, quelles que soient les réactions affectives que celui-ci suscite : affinité, crainte, culpabilité ou au contraire indifférence, mépris, répulsion, aversion, antipathie.

2. Moralité des actes homosexuels

La déclaration *Persona humana* de 1975 s'exprime ainsi : « Selon l'ordre moral objectif, les relations homosexuelles sont des actes dépourvus de leur règle essentielle et indispensable. Elles sont

49. *Ibid.*, p. 201.
50. *Lettre aux évêques*, 16.

condamnées dans la Sainte Écriture comme de graves dépravations et présentées même comme la triste conséquence d'un refus de Dieu. Ce jugement de l'Écriture ne permet pas de conclure que tous ceux qui souffrent de cette anomalie en sont personnellement responsables, mais il atteste que les actes homosexuels sont intrinsèquement désordonnés et qu'ils ne peuvent en aucun cas recevoir quelque approbation[51]. » La loi morale est énoncée de manière tranchante et brève, sans faire abstraction pour autant de l'imputabilité subjective qu'il convient de juger « avec prudence ». Le texte ne développe pas ce qu'il entend par « ordre moral objectif » ou « règle essentielle et indispensable ».

En 1986, la *Lettre aux évêques sur la pastorale à l'égard des personnes homosexuelles* (n° 7) expose cette règle ou cet ordre en référence au mariage, lieu propre et exclusif des relations sexuelles. « L'Église célèbre dans le sacrement de mariage le dessein d'union, amoureuse et donatrice de vie, entre l'homme et la femme. Ce n'est que dans la relation conjugale que l'usage des facultés sexuelles peut être moralement droit. » Aussi, très logiquement, « quand elle fait un usage homosexuel de ses facultés, la personne agit de façon immorale ».

Dans la continuité de *Familiaris consortio*, la *Lettre aux évêques* révèle la signification profonde et naturelle de la relation sexuelle. Celle-ci constitue une forme éminente de « don de soi » entre époux, avec la « richesse symbolique » dont elle est porteuse et sa signification à la fois unitive et procréative. « Opter pour une activité sexuelle avec une personne du même sexe revient à annuler le riche symbole et la signification – pour ne rien dire des fins – du dessein de la sexualité humaine selon l'intention du Créateur. » L'activité homosexuelle n'honore ni la signification procréatrice, ni la signification unitive de l'acte sexuel. « Elle n'exprime pas la complémentarité d'une union capable de transmettre la vie. »

« Cela ne signifie pas que les personnes homosexuelles ne soient pas souvent généreuses, s'empresse de préciser le texte, et capables du don d'elles-mêmes, mais quand elles entretiennent une activité homosexuelle, elles cultivent en elles-mêmes une

51. *Persona humana. Déclaration sur certaines questions d'éthique sexuelle*, 8. Repris par le CEC 2357. Notons que l'illégitimité et la déshonnêteté d'un tel acte sont aggravées de façon très importante lorsque celui-ci est commis avec un partenaire qui est soit mineur, soit non consentant, soit non initié.

inclination sexuelle désordonnée, foncièrement caractérisée par la complaisance de soi. » Ce comportement est « en contradiction avec la vocation d'une existence vécue sous la forme d'un don de soi dans lequel l'Évangile voit l'essence de la vie chrétienne ». Il entrave la réalisation de la personne comme personne, c'est-à-dire comme don.

La *Lettre aux évêques* porte donc un jugement sur l'« activité » homosexuelle, non sur la personne ou la « tendance ». Cette dernière en effet, en tant que donnée involontaire, n'a pas de portée morale et n'est pas une faute. Cependant, « bien qu'elle ne soit pas en elle-même un péché, l'inclination particulière de la personne homosexuelle constitue néanmoins une tendance, plus ou moins forte, vers un comportement intrinsèquement mauvais du point de vue moral. C'est la raison pour laquelle l'inclination elle-même doit être considérée comme objectivement désordonnée[52]. » Le texte affine ainsi le discernement de *Persona humana*[53] à ce sujet, suite aux interprétations « excessivement bienveillantes » et erronées de cette tendance[54].

Cette perspective est reprise dans la brève instruction de la Congrégation pour l'éducation catholique intitulée *Homosexualité et ministère ordonné*, préparée depuis près de dix ans et datée du 31 août 2005[55]. Le texte considère les actes homosexuels comme « intrinsèquement immoraux et contraires à la loi naturelle[56] », « naturel » étant entendu dans le sens de nature humaine et non d'abord dans le sens de nature biologique. « En ce qui concerne les tendances homosexuelles profondément enracinées, que présente un certain nombre d'hommes et de femmes, elles sont objectivement désordonnées et, souvent, elles constituent aussi une épreuve pour ces personnes[57]. »

Deux points nouveaux retiennent notre attention dans ce document. Tout d'abord, un lien est reconnu entre homosexualité,

---

52. *Lettre aux évêques*, 3.

53. *Persona humana*, 8.

54. *Lettre aux évêques*, 3.

55. Dans DC 2349 (janvier 2006), p. 24-27, assorti de plusieurs commentaires, p. 27-39.

56. CONGRÉGATION POUR L'ÉDUCATION CATHOLIQUE, Instruction *Homosexualité et ministère ordonné*, 31 août 2005, n° 2. L'expression « contraires à la loi naturelle » est reprise du CEC 2357.

57. *Homosexualité et ministère ordonné*, 2.

maturité affective, identité sexuée et capacité d'entrer en juste relation avec des hommes et des femmes[58]. Les personnes qui « pratiquent l'homosexualité, présentent des tendances homosexuelles profondément enracinées ou soutiennent ce qu'on appelle la culture *gay*[59] » se trouvent dans une situation déficiente en ces domaines. Aussi l'Église ne souhaite-t-elle pas ordonner prêtre ou diacre des hommes qui vivraient dans cette situation objective. L'ordination sacrée en effet est configuration d'un homme au Christ Tête, Pasteur et Époux de l'Église, avec le don de soi, la charité pastorale et la paternité spirituelle qui en découlent. Nous pourrions étendre ce discernement au mariage et au célibat consacré. Pour des personnes qui « pratiquent l'homosexualité, présentent des tendances homosexuelles profondément enracinées ou soutiennent ce qu'on appelle la culture *gay* », il serait selon nous fort imprudent de leur conseiller de s'engager dans ces voies[60].

Le second point d'attention réside dans l'expression « profondément enracinée ». Celle-ci revient trois fois dans le numéro 2 de l'instruction pour qualifier la tendance homosexuelle qui constitue une des trois raisons de non-accessibilité au ministère ordonné. Ce n'est évidemment pas un hasard, mais le fruit de mûres réflexions. La tendance homosexuelle peut être par ailleurs « transitoire[61] » ou périphérique, c'est-à-dire susceptible d'« être clairement dépassée[62] ». Qu'entend-on par « dépassement clair » ? Un espace est ici ouvert à l'humble travail de la liberté et de la grâce qui caractérise toute existence chrétienne.

---

58. Voir T. ANATRELLA, « Le sacerdoce et l'homosexualité à la lumière de l'anthropologie chrétienne. Commentaire », dans DC 2349 (janvier 2006), p. 27-33.

59. *Homosexualité et ministère ordonné*, 2.

60. « Ce serait inévitablement conduire le couple à des impasses. Non, la seule solution authentiquement chrétienne au problème est la chasteté intégrale. Exactement comme pour les hétérosexuels qui, pour des raisons tout autres, ne peuvent se marier. [...] La constitution homosexuelle peut être l'une des raisons pour lesquelles un chrétien ou une chrétienne acceptera, par amour de Jésus, de vivre dans le célibat. Il s'agira rarement d'un célibat consacré dans la vie religieuse ou sacerdotale, à cause des risques graves qu'un tel état pourrait comporter. Mais il pourra et devra même s'agir d'un authentique célibat vécu à un niveau de grande profondeur spirituelle » (A. LÉONARD, *Jésus et ton corps*, p. 20). Voir l'analyse de T. ANATRELLA, *Le règne de Narcisse*, p. 73-75 : « Vie conjugale et homosexualité ».

61. *Homosexualité et ministère ordonné*, 2.

62. *Ibid.*

D. LE DIALOGUE PASTORAL

La parole de l'Église, tout comme celle de l'Écriture, n'est évidemment pas réductible à l'évaluation de la moralité objective des actes homosexuels. Dire la loi sans en montrer le chemin n'est pas chrétien. La loi, laissée à elle seule, est accusatrice et mortifère. Elle ne conduit guère les pas du pécheur « au chemin de la paix » (Lc 1, 79). L'éthique théologique est constituée en son cœur par la théologie pastorale. Tous les documents cités en rendent témoignage.

Ces textes magistériels insistent tous à leur manière sur la qualité de l'accueil qui doit être réservé aux personnes homosexuelles, au respect qui leur est dû, à la compréhension, à la compassion, à la délicatesse, à la non-discrimination injuste, à la sollicitude, à la convivialité[63]. Des théologiens moralistes ont plus spécifiquement développé cet esprit de l'éthique chrétienne.

1. Quelques points de repère concernant la relation pastorale

Ainsi Xavier Thévenot propose-t-il « quelques points de repère pour guider le chrétien dans sa relation d'aide et d'écoute de la personne homosexuelle[64] » :

– éviter de « se laisser fasciner par le problème posé » en accueillant « à la suite de Jésus l'ensemble de la vie du sujet homosexuel dans toutes ses dimensions : spirituelles, sociales, culturelles, etc.[65] » ;

– éviter de « simplifier le réel[66] » ;

– ne pas « avoir peur de se référer à des normes objectives ». De même que la cécité est une carence objective par rapport à la vue, de même, analogiquement, l'homosexualité est une carence par rapport au déploiement intégral de l'identité sexuée et des relations

63. *Persona humana*, 8b ; *Lettre aux évêques*, 10 et 12 ; CEC 2358 ; *Homosexualité et ministère ordonné*, 2, qui reprend les termes du CEC sur ce point. Notons que la *Lettre aux évêques* envisage non seulement le point de vue de la pastorale individuelle mais également celui de la pastorale collective.

64. X. THÉVENOT, *Repères éthiques pour un monde nouveau*, p. 84.

65. *Ibid.*

66. *Ibid.*

qui en jaillissent. Il y a privation par rapport à un bien. Une telle privation par ailleurs peut être l'occasion d'un magnifique déploiement et enrichissement de la sensibilité. Ainsi l'aveugle est-il amené à développer la finesse de ses quatre autres sens ;

– éviter de « déformer la Parole de Dieu » en situant avec précision ce qu'elle dit et ce qu'elle ne dit pas. Une théologie biblique rigoureuse, nourrie d'exégèse, est indispensable à cet effet ;

– « inviter à ce qui apparaît effectivement possible ». Ce conseil ne peut être interprété selon nous indépendamment des repères donnés précédemment, notamment celui qui concerne la référence à une norme objective, sans pour autant simplifier le réel. La loi de gradualité n'est pas la gradualité de la loi[67]. Elle n'est guère compatible avec la théorie du « moindre mal » ou des « conflits de valeurs » que Xavier Thévenot semble accepter par moments[68]. Cependant, nous partageons volontiers l'idée d'une prudence, d'une discrétion et d'une humble sagesse à mettre en œuvre dans ces types d'accompagnement, comme en d'autres d'ailleurs ;

– « démasquer les fausses culpabilités[69] » ;

– « aider à éviter les réactions de ghetto[70] ». Un trop grand enfermement de la personne dans une culture *gay* et dans des groupes exclusivement homosexuels ne favorise guère le chemin d'ouverture que celle-ci est appelée à parcourir ;

– « aider à assumer la solitude ». La solitude est ici entendue dans le sens d'une souffrance relationnelle. Il s'agit donc d'aider la personne à s'ouvrir à autrui, à rechercher le bien de l'autre, à être fidèle et désintéressée en amitié.

Xavier Lacroix nous offre également quelques indications éclairantes à ce propos :

– refuser « toute forme de racisme, ostracisme ou exclusion à l'égard de ceux qu'une différence soumet à la vindicte, à l'ironie, voire à la violence de leurs congénères[71] », et par conséquent ne pas encourager le phénomène des ghettos ;

– reconnaître des richesses propres à l'affectivité homosexuelle.

---

67. FC 34 : « L'itinéraire moral des époux » ; voir plus loin, chap. VIII, p. 221 s.
68. X. Thévenot, *Repères éthiques pour un monde nouveau*, p. 7 et 100 par exemple.
69. *Ibid.*, p. 92.
70. *Ibid.*, p. 93.
71. *Ibid.*, p. 153.

« Osons le dire, il est des capacités d'empathie ou de sympathie, de finesses de sensibilité et d'intuition dont non seulement la culture a beaucoup reçu, mais également encore nombre de personnes hétérosexuelles auraient beaucoup à apprendre[72] » ;

– « affirmer l'accès au désir hétérosexuel comme norme de maturité et de développement plénier de la sexualité[73] ». Ce point est particulièrement important, notamment pour ceux qui exercent une responsabilité éducative ;

– reconnaître par conséquent « la non-équivalence entre homosexualité et hétérosexualité[74] », leur dissymétrie fondamentale. « Déclarer *a priori* que l'union entre deux hommes ou entre deux femmes a la même valeur et le même statut que l'union entre un homme et une femme revient à poser en principe une indifférence à la différence[75]. » Le « droit à la différence » revendiqué par certaines organisations homosexuelles est en fait un droit à l'indifférence et à la confusion, c'est-à-dire à la négation de la différence et de l'altérité ;

– reconnaître par ailleurs que tous les comportements hétérosexuels ne sont pas toujours clairs et sans ambiguïtés : il n'y a pas de vie sexuelle parfaite ;

– appeler tous les êtres humains, qu'ils soient hétérosexuels ou homosexuels, à cheminer vers une plus grande humanisation, spiritualisation, personnalisation de leur sexualité. Comme il n'y a pas de double humanité, il ne peut y avoir deux types de références morales. Tout être humain est convié à respecter et à accueillir autrui, à exercer l'hospitalité et l'écoute, à pratiquer la chasteté, à vivre dans la générosité et la charité.

Ces points de repères sont certes précieux, fondamentaux et incontournables[76], mais non suffisants. La *Lettre sur la pastorale à l'égard des personnes homosexuelles* – et le théologien moraliste à sa

72. *Ibid.*, p. 154.

73. X. LACROIX, « Une parole éthique recevable par tous ? Approche philosophique », p. 155.

74. *Ibid.*, p. 155.

75. *Ibid.*, p. 151.

76. Voir également X. THÉVENOT, *Mon fils est homosexuel ! Comment réagir ? Comment l'accompagner ?*, Saint-Maurice (Suisse), Éd. Saint-Augustin, 2001 ; A. WORTHEN et B. DAVIES, *Un être cher est gay. Comment parents et amis peuvent répondre ?*, Longueil (Québec), Éd. Ministères multilingues, coll. « Marturéo », 2004.

suite – recueille sa réflexion autour de la question pastorale décisive suivante : « Que doit faire une personne homosexuelle qui cherche à suivre le Seigneur[77] ? »

2. « Je veux voir Dieu »

Toutes les considérations qui précèdent du point de vue tant psychologique, éthique que d'accompagnement humain et spirituel ne doivent pas nous empêcher de percevoir l'essentiel : les personnes homosexuelles sont appelées à être baptisées[78], à voir Dieu, à participer à la vie trinitaire et à réaliser la perfection de la charité. Cet appel à la sainteté retentit pour elles, comme pour tout être humain, « aujourd'hui », et non pas « demain » après une hypothétique guérison ou après leur mort. Finalement, peu importent les raisons précises de leurs comportements ou de leurs tendances, les influences ou les incidences du passé. Celles-ci ne sont pas absolument déterminantes. Ce qui compte, c'est la personne telle qu'elle est en ce jour, une personne libre, une personne en devenir, en constante évolution. Ce regard sur le présent et la liberté spirituelle qui s'y engage ouvre les portes de l'avenir. Aussi oppressants que soient certains événements inscrits dans sa chair, dans son psychisme et dans son cœur, l'être humain n'est jamais irrémédiablement bloqué ici-bas dans sa misère. « Le filet s'est rompu, nous avons échappé » (Ps 124 [123], 7). Comment donc, dans la condition présente qui est la leur, les personnes homosexuelles peuvent-elles répondre à cet appel à la sainteté qui leur est personnellement adressé « aujourd'hui » ?

Il importe de ne pas réduire le dialogue pastoral à des considérations psychosociales ou même exclusivement éthiques et humanistes. Une telle rencontre n'a pas comme premier objectif le souci de faire renoncer la personne homosexuelle à son comportement

77. *Lettre aux évêques*, 12.

78. « En donnant tant d'importance aux composantes biologique et psychosociale de l'identité, nos contemporains en arrivent à voiler à leurs propres yeux l'essentiel du don inouï qui nous est fait en Jésus-Christ : tout baptisé reçoit son identité d'enfant de Dieu » (E. GARIN, « Vie spirituelle chrétienne et homosexualité », dans X. LACROIX (dir.), *L'amour du semblable. Questions sur l'homosexualité*, p. 176).

mauvais. Non, son but principal réside dans l'accueil de la personne pour elle-même, selon toutes les dimensions de ce qu'elle est, et consiste, à l'intérieur même de cet accueil, à lui révéler l'amour de Dieu pour elle, un amour créateur et rédempteur. Il s'agit, au même titre que tout être humain, de l'aider à se mettre sous le regard de son Seigneur et Sauveur, de se rendre intérieurement disponible à Dieu. La personne homosexuelle, qui se sent différente, est sensible à l'attention portée à sa commune dignité devant Dieu ainsi qu'à la reconnaissance de tous les éléments qui définissent sa personnalité : son caractère, ses qualités, ses défauts, ses richesses intérieures et ses pauvretés, ses projets, ce qui la fait vivre, son histoire. Son affectivité et sa sexualité perturbées ne sont pas le tout de son existence. Comment Dieu réagit-il à cette démarche ?

« Comme il était encore loin, son père l'aperçut et fut touché de compassion ; il courut se jeter à son cou et l'embrassa longuement » (Lc 15, 20). Pour qu'un tel événement se produise, il suffit que le fils, qui n'a jamais perdu sa qualité de fils, se présente au loin devant son père. Le reste du chemin, c'est son père qui l'a effectué : « Il courut. » De cette expérience, la personne homosexuelle, comme toute personne, est appelée à vivre quotidiennement.

« Le fils lui dit alors : "Père, j'ai péché contre le ciel et contre toi." » (Lc 15, 21). La présence aimante de Dieu conduit le chrétien à faire peu à peu la vérité dans sa vie. Ce qui pouvait être vécu comme une « impasse » et comme un « mal », ou à l'inverse comme un « droit » et un « bien », apparaît désormais comme un péché, comme une offense à Dieu, au prochain et à soi-même. Ce chemin de reconnaissance est loin d'être évident. *De facto*, l'homme ne peut le parcourir à partir de ses seules forces. Il a besoin de l'Esprit Saint et de ses médiations ecclésiales pour être introduit dans la vérité tout entière, c'est-à-dire dans le mystère de son Sauveur. Même si cette vérité est théoriquement perçue, ce qui est déjà beaucoup, cela ne signifie pas encore qu'elle soit pratiquement connue et assimilée. Le sacrement de la réconciliation est d'un grand secours à cet effet. La communion au corps et au sang du Seigneur aussi.

Se mettre ainsi sous le regard de Dieu et s'exposer à sa Vérité libératrice se prolongent et se déploient nécessairement dans le désir de mieux faire et de changer de comportement. Ce désir de conversion devient décision, détermination, ferme propos, volonté de combattre pour vivre humblement dans la chasteté du corps et du cœur.

3. Le choix quotidien de la chasteté

Comme les personnes hétérosexuelles, « les personnes homosexuelles sont appelées à la chasteté. Par les vertus de maîtrise, éducatrices de la liberté intérieure, quelquefois par le soutien d'une amitié désintéressée, par la prière et la grâce sacramentelle, elles peuvent et doivent se rapprocher, graduellement et résolument, de la perfection chrétienne[79] ».

« La loi de gradualité s'applique ici de façon éminente. Si la stabilité dans une relation fidèle – que l'on aura bon goût de ne pas travestir en une caricature de mariage – est préférable à la "drague" et aux aventures continuelles, l'amitié dans la chasteté doit rester l'objectif unique de l'homosexuel chrétien[80]. » Le chrétien a généralement plus de ressources qu'il ne le pense lui-même, pourvu qu'il s'appuie sur la grâce de Dieu et sur une communauté ecclésiale vivante. Certes, les pulsions homosexuelles peuvent être puissantes, surtout si elles sont solidement ancrées dans la personnalité et se sont exprimées par des pratiques. Elles peuvent agresser la liberté de façon lancinante. Il n'en reste pas moins vrai que la capacité de conduire sa sexualité vers le bien demeure. Refuser une telle capacité, ne serait-ce pas là une forme subtile de discrimination et de mépris ? « Ces êtres-là seraient plus faibles que les autres ; ils seraient incapables de s'interdire des actes qui, bien que mauvais en eux-mêmes, deviendraient pour eux tolérables, ou moralement neutres[81]. »

---

79. CEC 2359.

80. J.-L. BRUGUÈS, *Dictionnaire de morale catholique*, p. 203. Le P. Daniel-Ange va dans ce sens lorsqu'il écrit : « Cela ne peut se faire d'un coup (dans certains cas, ce peut être dangereux). Il faut attendre qu'il y ait un autre amour (celui de Dieu) qui peu à peu t'emplisse (si possible, ton partenaire aussi) d'une secrète joie, d'un bonheur ignoré jusque-là. Ce peut être un long chemin. Mais à quelles merveilleuses libérations ne peut-il pas aboutir ? » (DANIEL-ANGE, *Homosexuel. Qui es-tu ? Où vas-tu ?*, p. 57).

81. J.-L. BRUGUÈS, *Dictionnaire de morale catholique*, p. 202.

Ce combat pour la liberté et l'amour vrai, le chrétien est appelé à le vivre « en unissant au sacrifice du Christ les souffrances et les difficultés qu'il peut éprouver du fait de sa condition. [...] En réalité ce n'est là rien d'autre que l'enseignement de l'Apôtre saint Paul quand, s'adressant aux Galates, il leur dit ce que l'Esprit produit dans la vie du fidèle : "amour, joie, paix, patience, bonté, bienveillance, foi, douceur, maîtrise de soi" et plus loin il ajoute : "Ceux qui sont au Christ ont crucifié la chair avec ses passions et ses désirs" (Ga 5, 22.24)[82]. » Il ne s'agit pas d'abord d'accomplir un exploit solitaire de perfectionnement de soi par l'exercice héroïque de renoncement à soi, mais d'une communion au mystère pascal qui rend la personne réellement capable d'un tel don d'elle-même dans le tissu de sa vie quotidienne. « La croix est un renoncement à soi, mais dans l'abandon à la volonté de Dieu lui-même qui fait de la mort surgir la vie et rend ceux qui mettent en lui leur confiance capables de pratiquer la vertu au lieu du vice[83]. »

Ces paroles peuvent paraître dures. Ce sont celles de l'Évangile. « Puis Jésus dit à tous : "Si quelqu'un veut venir à ma suite, qu'il se renie lui-même, se charge de sa croix chaque jour et qu'il me suive. Qui veut en effet sauver sa vie la perdra, mais celui qui perd sa vie à cause de moi, celui-là la sauvera" (Lc 9, 23-24). » Un tel langage est difficile à entendre dans une société qui revendique le droit absolu à l'expression sexuelle. Il est pourtant libérateur et des personnes pourraient en témoigner. Rarement seules, mais toujours aidées par un environnement positif qu'elles ont résolument choisi[84], elles sont sorties des pratiques homosexuelles et ont découvert la joie évangélique d'une vie chaste. Les chrétiens « doivent être convaincus qu'ils suivent fidèlement la volonté du Seigneur quand ils encouragent les personnes homosexuelles à mener une vie chaste et quand ils leur rappellent la dignité incomparable que Dieu leur a donnée également[85] ». Ceci est d'autant plus important que le « débat » social et idéologique en cette matière est particulièrement violent.

---

82. *Lettre aux évêques*, 12.

83. *Ibid.*

84. La communauté chrétienne tout entière « est appelée à venir en aide à ces frères et sœurs, sans les décevoir, ni faire le vide autour d'eux » (*ibid.*, 15).

85. *Ibid.*, 13.

4. Le chemin des béatitudes

Certains, malgré tous leurs efforts, ne réussissent pas à renoncer pleinement à leurs comportements homosexuels. Le corps et le cœur restent prisonniers des habitudes contractées. De telles blessures et de tels péchés, quelle que soit par ailleurs leur imputabilité[86], n'empêchent pas pour autant la personne d'aimer, de se donner, de se mettre au service des autres malgré sa vulnérabilité et même à travers elle. Cette fragilité peut même contribuer à façonner un cœur humble et pauvre, un cœur qui ne bat que grâce à la miséricorde de l'Esprit Saint continuellement accueillie.

Chez ces personnes, « nulle trace d'autosuffisance. Trop humiliées par elles-mêmes, par les autres, pour oser surplomber les autres à leur tour, elles sont comme effacées, mais non moins audacieuses. Elles ont le courage des doux, l'audace des enfants, la témérité des petits. Dieu les trouve belles ! C'est parce qu'elles sont si vite fermées en elles-mêmes qu'elles ouvrent toute grande leur porte au plus pauvre. Si fragiles qu'il leur faut sans cesse recevoir le Corps de Dieu pour tenir dans une chasteté impossible sans Lui. Si facilement tombées qu'elles ne peuvent avancer que de pardon en pardon[87]. » Bref, elles sont appelées à suivre la voie royale des béatitudes.

Certaines n'ont peut-être pas accès à la communion eucharistique et à la pénitence sacramentelle. Cela ne signifie nullement que le Ciel leur soit fermé, que l'appel à la sainteté soit irréalisable pour elles, que l'amour miséricordieux du Père ne leur soit pas destiné et effectivement communiqué. Non, bien au contraire ! Elles peuvent recevoir, d'une autre manière, le don d'une étonnante proximité avec Dieu : par les prières vocales, l'oraison, la méditation ; par l'assistance à l'Eucharistie ; par l'adoration eucharistique où le Christ, se livrant entièrement, simplifie et purifie le regard, le cœur, l'imagination ; par le chemin de croix ; par une vie de charité.

Plus radicalement encore, les personnes homosexuelles habitudinaires peuvent être en contact permanent avec l'amour miséricordieux de Dieu, comme suspendues à lui jusque dans la nuit

---

86. « Dans tel ou tel cas, il peut y avoir eu dans le passé et il peut encore subsister des circonstances telles qu'elles réduisent ou même enlèvent la culpabilité de quelqu'un ; d'autres circonstances, au contraire, peuvent l'aggraver » (*ibid.*, 11).

87. DANIEL-ANGE, *Homosexuel. Qui es-tu ? Où vas-tu ?*, p. 77.

même de leurs offenses. Elles peuvent vivre dans leur chair de manière particulièrement vive ce que saint Paul écrit à propos de tous les êtres humains, Juifs ou païens : « Tous ont péché et sont privés de la grâce de Dieu et ils sont justifiés par la faveur de sa grâce en vertu de la rédemption accomplie dans le Christ Jésus : Dieu l'a exposé, instrument de propitiation par son propre sang moyennant la foi » (Rm 3, 23-25). C'est en ce sens que l'on peut interpréter la parole du Christ : « En vérité je vous le dis, les publicains et les prostituées vous précèdent dans le Royaume de Dieu » (Mt 21, 31). Humiliées par leurs péchés, elles peuvent se jeter en Dieu dans une confiance et une espérance déconcertantes, même pour Dieu qui ne peut que leur rendre à chaque fois leur innocence, les restaurer dans leur volonté droite du bon propos et les faire grandir en sainteté.

> La foi, dit Dieu, ne m'étonne pas.
> [...] J'éclate tellement dans ma création.
> [...] La charité, dit Dieu, ça ne m'étonne pas.
> [...] Mais l'espérance, dit Dieu, voilà ce qui m'étonne.
> Moi-même.
> Ça, c'est étonnant.
> [...] Et c'est bien la plus grande merveille de notre grâce.
> [...] Une flamme impossible à atteindre, impossible à éteindre au souffle de la mort.
> [...] L'espérance ne va pas de soi. L'espérance ne va pas toute seule. Pour espérer, mon enfant, il faut être bien heureux, il faut avoir obtenu, reçu, une grande grâce[88].

L'espérance quotidienne, caractéristique de l'enfance spirituelle, est la preuve la plus forte de la présence divine, de sa bienveillance, de son accueil. Les personnes homosexuelles habitudinaires peuvent appartenir de cette manière à Dieu, dès maintenant. Elles peuvent ainsi vivre pleinement l'Évangile et en manifester humblement, à la face de la terre, son cœur, à savoir le don gratuit de la miséricorde. Elles sont appelées à être des icônes de cette miséricorde, des témoins de l'espérance.

Un tel don de soi, dans cette souffrance du pauvre et dans la joie très pure qui y est attachée, est source de fécondité. « Pour le

88. Ch. PÉGUY, *Le porche du mystère de la deuxième vertu*, *Œuvres poétiques complètes*, Paris, Gallimard, coll. « La Pléiade », 1957, p. 531-538.

croyant, la croix est un sacrifice fécond, puisque de cette mort surgissent la vie et la rédemption. Même si on peut prévoir la dérision dont sera l'objet chez certains pareille invitation à porter la croix et à comprendre de cette manière la souffrance du chrétien, il convient de se rappeler que telle est la voie du salut pour tous ceux qui suivent le Christ[89]. »

CONCLUSION

« Après l'avoir entendu, beaucoup de ses disciples dirent : “Ce langage-là est trop fort ! Qui peut l'écouter ?” » (Jn 6, 60). Le discours de Jésus sur le « pain descendu du ciel » heurte la foule et même ses propres disciples. Il y est question de vie et de nourriture, de mort et de résurrection, d'être attiré par le Père, de venir à Jésus, d'esprit qui vivifie et de chair qui ne sert de rien. Ce langage-là, il est vrai, est fort. Est-il trop fort ? Pouvoir l'entendre est le signe d'une grâce prévenante et sanctifiante. « Nul ne peut venir à moi, sinon par un don du Père » (Jn 6, 65). Jésus, dans cet enseignement comme dans beaucoup d'autres, révèle la très haute estime en laquelle il tient l'homme et sa confiance absolue en son Père. Autrement, il ne nous parlerait pas ainsi. Il déserte les chemins du compromis pour élever l'espérance de l'être humain (qu'il est entièrement selon sa nature humaine) aux dimensions même de Dieu (qu'il est en plénitude selon sa nature divine).

Écouter le Christ, c'est s'engager à croire. Certes, ses paroles sont dignes de la raison humaine, à un degré éminent. Elles sont pleinement rationnelles, comme le découvrent avec un émerveillement sans cesse renouvelé les exégètes et les biblistes de tous les temps. Elles dépassent cependant la raison en l'ouvrant continuellement à plus qu'elle-même, en la déployant à l'infini.

Mutatis mutandis, la parole ecclésiale à propos de l'homosexualité est certes rationnelle, dans sa visée tant psychologique qu'éthique. Mais elle est aussi transrationnelle. Lorsqu'elle retentit dans un cœur préparé et disposé, à son heure, elle libère à la fois l'intelligence et l'action. Elle est source de vie et de relations vraies

89. *Lettre aux évêques*, 12.

dont les personnes homosexuelles ont tellement soif : « Les paroles que je vous ai dites sont esprit et elles sont vie » (Jn 6, 63). Le chrétien réfléchit et agit à l'intérieur d'un acte de foi, non à l'extérieur. *Fides quaerens intellectum.* La foi, qui est de façon suréminente rationnelle, précède en quelque sorte la raison. Elle l'éveille, la suscite, l'engendre, lui permet d'advenir à elle-même et au-delà d'elle-même. Quelle grâce dans un monde actuellement si désorienté dans le domaine de la sexualité ! La foi en Celui qui est le pain de vie (voir Jn 6, 47) éclaire, nourrit, sauve et ouvre l'avenir. Simon-Pierre, par grâce, l'a compris. « Voulez-vous aussi partir ? » demande Jésus aux Douze. « Seigneur, à qui irions-nous ? Tu as les paroles de la vie éternelle. Nous croyons, nous, et nous savons que tu es le Saint de Dieu » (Jn 6, 67-69).

CHAPITRE VI

DÉSORDRES SEXUELS ET DÉPENDANCES : QUELLE LIBERTÉ ?

« Le filet s'est rompu, nous avons échappé » (Ps 124 [123], 7).

L'homme est-il vraiment maître chez lui ? La répétition monotone des mêmes fautes, des mêmes péchés, des mêmes désordres peut à certains moments l'en faire douter. La récidive fait partie de sa condition actuelle. L'être humain pose les mêmes actions mauvaises avec une insistance déconcertante : des distractions plus ou moins volontaires dans la prière, des petits ou des gros mensonges, des pensées de vanité ou d'impureté, des lâchetés, etc. Certains de ces actes inlassablement répétés sont plus graves, plus dommageables, plus pénibles, plus humiliants, plus culpabilisants que d'autres. Les êtres humains ne parviennent pas toujours à éviter certaines actions que leur conscience réprouve et qu'ils tentent de combattre sans succès apparent. Ces chutes et rechutes sont à la fois les causes et les effets de « mauvaises habitudes » et de vices qui génèrent à la longue de véritables structures de dépendances plus ou moins profondément enracinées dans le sujet agissant.

Comment faire face à la répétition d'actes désordonnés dans le domaine de la sexualité, comme par exemple ceux relatifs à la masturbation, à la contraception, à l'homosexualité, aux relations extraconjugales, à la pornographie, au vagabondage sexuel ? Comment réagir quand ces actes se cristallisent en mauvaises habitudes, en vices, en superstructure aliénante qui empêchent l'être humain d'agir comme il le souhaiterait ? Convient-il de s'incliner devant ce qui peut apparaître comme un nouveau *Fatum* ? Est-on condamné à mal agir, et par conséquent à la culpabilité, à l'amertume, au malheur, à l'absence de paix, de joie et de vie ? Le chemin de la sainteté est-il définitivement fermé ? Faut-il se résigner à calculer le

« moindre mal » ? La liberté, à force d'être continuellement vaincue, est-elle contrainte à renoncer à elle-même au profit de ces forces qui la submergent pour l'instant ? Doit-elle se déclarer provisoirement hors jeu, livrant ainsi cette partie d'elle-même à l'amoralité d'un « destin sexuel » ? Où alors – autre issue possible – l'homme n'est-il pas tenu de se révolter face à ce bien inatteignable et, dans un vertige qui cache mal son ressentiment, de créer ses propres « valeurs » ? Quelle liberté ?

Ces questions sont particulièrement cruciales dans le domaine de la sexualité. Certes, à la différence de l'orgueil et du refus d'aimer, les fautes sexuelles ne sont sans doute pas les plus graves. Elles n'en sont pas moins névralgiques car elles atteignent l'être humain en son identité personnelle et communautaire, à la jointure de son esprit, de son corps et de sa relation à autrui, à la source de la vie reçue et à transmettre, au cœur de sa dignité personnelle et interpersonnelle. « Tout péché que l'homme peut commettre est extérieur à son corps, remarque saint Paul. Celui qui fornique, lui, pèche contre son propre corps » (1 Co 6, 18), et contre l'ensemble du corps du Christ dont il est membre[1]. Comment donc réagir devant des désordres et des dépendances qui peuvent aller jusqu'à briser des vies, détruire une vocation ou une famille ? Plus précisément, comment réagir en chrétien face à ce genre d'« *addiction* »[2] ?

Notre propos ici ne consistera pas d'abord en un effort de compréhension des mécanismes biopsychologiques qui commandent

1. « Ne savez-vous pas que vos corps sont des membres du Christ ? Et j'irais prendre les membres du Christ pour en faire des membres de prostituées ? […] Ne savez-vous pas que votre corps est le temple du Saint-Esprit, qui est en vous et que vous tenez de Dieu ? Et que vous ne vous appartenez pas ? Vous avez bel et bien été achetés ! Glorifiez donc Dieu dans votre corps ! » (1 Co 6, 15.19-20).

2. Nous traiterons principalement de la dépendance sexuelle. Mais notre étude pourrait s'étendre à d'autres formes, comme par exemple celle de la « dépendance émotionnelle ». Cette dernière est caractérisée par l'emprisonnement de l'affectivité, jusqu'à l'obsession, dans certains types de relations. Elle affecte les femmes de façon privilégiée, mais non exclusive. Voir à ce sujet L. THORKELSON RENTZEL : « La dépendance émotionnelle », dans A. COMISKEY, *Manuel de travail du programme « Torrents de vie »*, Rüfenacht (Suisse), Living Waters Schweiz, 2003, p. 321-332. Voir également V. MACINTYRE, *Des agneaux en habits de loups*, Le Mont-Pèlerin, Éd. Raphaël, 1997. Ce second ouvrage propose un témoignage de dépendance émotionnelle et de transfert ainsi qu'une étude sur leur fonctionnement dans une perspective biblique.

ces dérèglements et les transforment en schémas de dépendance. Il ne s'attardera pas non plus à définir formellement la malice propre à tel ou tel comportement. Non, attentif à la liberté humaine dans son devenir, il entendra principalement donner des éléments de réponse à la question suivante : comment vivre la sainteté, ici et maintenant, en souffrant de dépendances sexuelles ? Cette interrogation, nous nous la poserons en compagnie de sainte Thérèse de l'Enfant-Jésus et de la Sainte-Face et du père Albert Chapelle[3].

Il ne s'agit pas là – on le voit bien – d'une annexe à la théologie morale, mais au contraire d'une partie centrale. Certes, dénoncer le mal est légitime et nécessaire. Décrire le bien également. Mais encore faut-il montrer comment y avoir accès et surtout comment son appel est chemin de miséricorde. La loi morale, laissée à son seul pouvoir, accuse et peut tuer en inoculant le poison de la désespérance. Nombre de chrétiens n'ont-ils pas pris des distances avec leur foi partiellement pour cette raison ? En appendice, quelques réflexions pratiques seront proposées aux prêtres concernant la célébration du sacrement de la réconciliation.

A. « SI JE TOMBE À CHAQUE HEURE QUI PASSE[4]… »
Réalisme spirituel

Comme le révèle l'Écriture, « aucune tentation ne vous est survenue qui passe la mesure humaine. Dieu est fidèle ; il ne permettra pas que vous soyez tentés au-delà de vos forces. Avec la tentation, il vous donnera le moyen d'en sortir et la force de supporter » (1 Co 10, 13). Le chrétien reçoit la grâce suffisante pour toujours vouloir accomplir le bien[5]. Mais cette volonté ne s'exerce pas pour autant dans un monde transparent au bien et à

3. Nous nous sommes librement inspiré de l'article de A. CHAPELLE : « "Va et ne pèche plus." Douleur et contrition pour les pénitents récidivistes », dans CONSEIL PONTIFICAL POUR LA FAMILLE, *Morale conjugale et sacrement de pénitence. Réflexions sur le « Vademecum pour les confesseurs »*, Paris, Téqui, 2001, p. 51-66.

4. Sainte THÉRÈSE DE LISIEUX, *Poésies* (PN) 17, 7, 5, p. 668. Le numéro de page renvoie toujours à l'édition à laquelle nous nous sommes référé : *Œuvres complètes de Thérèse de Lisieux*, Paris, Éd. du Cerf-DDB, 1992.

5. « Observer la loi de Dieu, dans des situations déterminées, peut être très difficile : mais cela n'est jamais impossible. Ceci est un enseignement constant dans la tradition de l'Église » (VS 102). Voir O. BONNEWIJN, « Le bien est toujours

la gloire de Dieu. Loin s'en faut ! *De facto*, il y a un « hiatus[6] » entre le désir de perfection et les conditions concrètes de son exercice. L'homme, en cet état de vie, n'est pas un être qui se laisse aisément conduire, particulièrement dans le domaine de la sexualité. Il est freiné dans son élan vers le bien.

Certes, l'inclination naturelle aux valeurs sexuelles est fondamentalement bonne. « Et Dieu vit tout ce qu'il avait fait : cela était très bon. Il y eut un soir, il y eut un matin : sixième jour » (Gn 1, 31). Mais un désordre est survenu dans l'intériorité humaine, engendrant une histoire de péchés. L'homme et la femme se trouvent désormais agités par des forces contradictoires, des appétits non ordonnés, anarchiques, pervertis. Le concile de Trente y a discerné une conséquence du péché originel qui, « sans être un mal en tant que tel, vient du péché et conduit au péché ». Il parle de « concupiscence[7] ». « L'homme, s'il regarde au-dedans de son cœur, se découvre enclin au mal, submergé de multiples maux qui ne peuvent provenir de son Créateur, qui est bon[8]. » L'inconscient et l'involontaire humains – réalités fondamentalement bonnes – sont donc troublés, perturbés.

Les morales héritières d'une conception cartésienne de la réalité ont peu intégré dans leurs considérations immédiates cette nature charnelle et *de facto* tourmentée des êtres humains. Elles l'ont trop vite abandonnée au seul souci des sciences humaines, en particulier à celui de la psychologie. L'homme n'est cependant pas un pur esprit. Il n'est pas une conscience totalement transparente à elle-même, habitée exclusivement par des idées claires et distinctes. Il se trouve engagé historiquement dans un ensemble complexe de relations et de besoins, de désirs et d'attirances, de pulsions et de

---

possible », dans : L. Melina et J. Noriega (dir.), *Camminare nella Luce. Prospettive della teologia morale a partire da Veritatis splendor*, Rome, Lateran University Press, 2004, p. 501-516.

6. A. Chapelle, « "Va et ne pèche plus." Douleur et contrition pour les pénitents récidivistes », p. 55.

7. Concile de Trente : Dz 1515 ; CEC 2514-2516 ; Rm 6, 19 ; 7, 18-25 ; Ep 6, 12 ; J.-L. Bruguès, *Dictionnaire de morale catholique*, article : « Concupiscence », p. 91-92.

8. GS 13. Jean-Paul II distingue l'orientation naturelle de la sensualité à l'égard des valeurs du sexe, de la concupiscence charnelle susceptible de s'y dissimuler. Cette dernière, laissée à son propre dynamisme, ne se contente plus de considérer le corps de l'autre comme un objet possible de jouissance. Elle tend à oublier la valeur proprement personnelle de l'objet de son désir (*Amour et responsabilité*, p. 122 s.).

répulsions. Des forces, dont il n'a pas toujours la maîtrise ni même la connaissance, le hantent et le travaillent. Les Pères du désert en sont les témoins particulièrement lucides et perspicaces. Le XXe siècle également. Tous ces facteurs conditionnent l'agir humain et son histoire, pour le meilleur comme pour le pire.

Les structures de dépendances sont de nature composite, constituées de volontaire et d'involontaire en proportion variable. Elles sont soit plus blessure que vice, soit plus vice que blessure. Elles s'insinuent peu à peu dans l'esprit, le psychisme et le corps de l'être humain. Elles s'y gravent plus ou moins profondément. Elles le transforment jusqu'à créer en lui une sorte de seconde nature. Saint Thomas d'Aquin, à la suite d'Aristote, parle d'*habitus*[9]. Ce terme n'appartient pas au vocabulaire français. Il vient du latin « *habere* », et pourrait se traduire par « ayance[10] », un nom issu du vieux français. Il désigne une « manière d'être », une disposition ferme et stable, un pli profond et durable inscrit dans la personnalité, une « qualité d'être » difficilement mobile et réformable. On ne change pas facilement d'*habitus* vicieux ! Aller à son encontre exige bien des efforts. Refuser de s'y conformer occasionne, du moins pour un temps, une frustration, un inconfort, une insatisfaction, une absence de repos.

Ces *habitus* mauvais inclinent le sujet agent avec plus ou moins de force à réagir « intelligemment » toujours dans le même sens. Ainsi en est-il, par exemple, de l'homme impudique qui a développé au fil des années une disposition stable à inventer des actes non chastes dans les différentes situations de sa vie : manière de penser, d'imaginer, d'appréhender la réalité, de désirer, de regarder, de s'habiller, de parler ou d'entretenir des silences troubles. Il est devenu un « habitudinaire », c'est-à-dire quelqu'un qui « commet habituellement les mêmes fautes[11] ». Solidement implantés dans l'âme humaine et, à travers elle, dans le psychisme et dans le corps lui-même, les mauvais *habitus* affligent la personne de réelles dépendances qui affaiblissent sa liberté. Ils tendent à instaurer des automatismes d'action, à prendre l'acte humain en otage et à

---

9. Pour une étude systématique de l'*habitus*, voir O. BONNEWIJN, *La béatitude et les béatitudes. Une approche thomiste de l'éthique*, Rome, Pontificia Università Lateranense, 2001, p. 307-328.

10. J.-L. BRUGUÈS, *Dictionnaire de morale catholique*, art. « Habitus », p. 192.

11. *Ibid.*

l'asservir. Dans certains cas extrêmes, ils imposent de façon quasi irrésistible et compulsive tel comportement, tel passage à l'acte, et ce malgré parfois une conscience fine et éclairée. Ils diminuent par conséquent la dimension proprement humaine de l'acte.

L'univers intérieur de l'être humain est donc tourmenté. Et sa guérison totale ne lui est pas promise sur terre. Autrement, l'homme n'aurait pas besoin de mourir et de ressusciter. Il est bon et sain de reconnaître humblement cette opacité qui marque notre réalité présente et qui l'affectera jusqu'à la résurrection des corps.

L'Église, tout au long de son histoire, n'a pas eu peur de cette lourdeur contrariante de la chair et de ses mauvais plis. Peut-être cependant n'en a-t-elle pas toujours suffisamment tenu compte dans l'élaboration et la présentation de sa doctrine morale lors de ces cinq derniers siècles. Une attention trop unilatérale à la loi, c'est-à-dire à un idéal toujours relativement extérieur et accusateur, a masqué pour une part la richesse troublée des sujets agissant dans le temps. Une étude trop exclusive des lois et des normes de l'agir moral tend à faire l'impasse sur la réalité de la condition humaine et du combat spirituel. Aussi ne faut-il pas trop s'étonner des mécompréhensions et des objections à l'encontre de la morale sexuelle de l'Église qui apparaît à certains comme « en dehors du réel ». Proclamer la loi sans en montrer le chemin et la miséricorde n'est pas chrétien !

Bref, bien agir dans le quotidien de l'existence est un travail qui ne va pas sans efforts et sans combats. La volonté humaine doit s'exercer non pas à côté, mais au cœur d'incessantes résistances. La première réponse face à la menace de désespérance que la répétition d'actes mauvais fait peser sur le chrétien consiste donc dans l'humble reconnaissance de sa condition présente, c'est-à-dire dans un sain réalisme spirituel.

B. « IL N'Y A BIEN QUE LE BON DIEU TOUT SEUL QUI CONNAISSE LE FOND DES CŒURS[12] ! »
Humilité du jugement moral

Ce réalisme spirituel doit conduire l'habitudinaire à une grande humilité dans le jugement qu'il porte sur ses propres actes.

12. *Manuscrit C* (Ms C), 19v°, 22, p. 261.

Humilité tout d'abord dans la reconnaissance de la malice objective de ses vices et de ses mauvaises habitudes. La conscience, blessée par le péché, n'accède pas toujours aisément à cette dénonciation, à cette confession. Elle s'avère même assez douée pour se tromper, se duper, s'illusionner, se mystifier, s'escroquer, s'abuser, se perdre dans ses propres méandres. Certaines vérités – sur la chasteté, la continence périodique conjugale, la procréation – exigent tout un travail du cœur et de l'esprit pour apparaître dans leur pleine lumière. Leur négation ne doit donc pas trop surprendre. Saint Paul parle « des cœurs inintelligents et enténébrés » (Rm 1, 21) et invite au « renouvellement du jugement » (Rm 12, 2). À cet effet, le chrétien peut et doit s'appuyer en toute sécurité sur l'enseignement ordinaire du Magistère ecclésial qui est véridique, pleinement humain et spirituel, sûr, digne de foi, bon, source de vie [13].

Humilité dans l'évaluation de la moralité de l'acte. Humilité également dans l'appréciation de son imputabilité. Ce second aspect retiendra principalement notre attention. Trop de chrétiens connaissant la loi morale sont dévorés par la culpabilité car ils ne tiennent pas assez compte de leur humanité concrète. Ils se condamnent bien vite en appliquant de façon peu discernée des lois dont ils ont un savoir surtout théorique. Ils confondent endurcissement volontaire du cœur et mauvaises habitudes. Ils sous-estiment ou n'aperçoivent pas suffisamment la force des impulsions de leur sensibilité, le poids des habitudes passées, les influences du milieu et de la culture ambiante, la puissance des pulsions qui les habitent, le pouvoir mauvais qui les paralyse en profondeur.

Bref, ils ne voient plus clair. En « principe », ils savent. Mais dans la pratique, ils sont partiellement aveuglés par ces forces inconscientes qui obscurcissent leur imaginaire et faussent leur jugement. Ils ne distinguent plus vraiment la moralité objective des actes qu'ils ont posés de leur propre responsabilité subjective. Ainsi peut-il en être pour la répétition d'actes contraceptifs par exemple. « Même si la loi est théoriquement bien comprise, bien

---

13. Pour le rapport entre conscience et Magistère, voir L. MELINA, *Cristo e il dinamismo dell'agire. Linee di rinnovamento della teologia morale fondamentale*, Rome, Pontificia Università Lateranense - Mursia, 2001, « Senso ecclesiale e vita morale. Prospettive e sviluppi », p. 301 s.

formulée, la morne insistance de l'inconscient peut en cacher l'évidence et rendre par le fait même la pratique du bien, l'observation du commandement, inaccessible et même incompréhensible, en particulier parce que nous mesurons mal notre responsabilité et notre imputabilité [14]. »

Certains peuvent s'imaginer avoir commis une série de péchés mortels alors que le degré de connaissance et de volonté engagé est trop faible pour qualifier ainsi objectivement leur agir. Ils ne réalisent pas assez que la matière grave ne suffit pas pour déclarer un péché mortel, c'est-à-dire un acte qui s'oppose formellement à Dieu, sépare de Lui, prive le sujet agissant de sa communion et de sa grâce [15]. Encore faut-il qu'il y ait pleine conscience et entier consentement. Or, ces éléments décisifs sont régulièrement peu présents dans des pratiques tellement conditionnées par la puissance inconsciente et quasi intemporelle des appétits sensibles. Voilà pourquoi il convient de reconnaître humblement que les fautes sexuelles – qu'elles soient occasionnelles ou profondément ancrées – relèvent souvent du péché véniel par diminution d'imputabilité [16]. Loin de céder à l'excuse facile et blessante, un tel constat est une raison de surcroît pour chanter la miséricorde prévenante de Dieu qui a gardé l'âme d'un mal plus grave encore. Il ne masque pas le péché, mais en montre l'humble vérité.

Par ailleurs, il y a pour l'homme quelque chose de malsain et de démesuré à revendiquer l'entière responsabilité de fautes commises en partie malgré lui. Il y a quelque chose d'offensant, d'orgueilleux, d'arrogant à ce qu'il s'attribue entièrement des actes qu'il n'a pas délibérément voulus, comme s'il était à l'origine de tout ce qu'il accomplissait, comme s'il était le propriétaire absolu de son agir, comme s'il était totalement maître chez lui.

L'Esprit Saint, assisté de ses diverses médiations, aide la conscience à porter un jugement serein et équilibré qui accorde

---

14. A. CHAPELLE, *Sexualité et chasteté III (Supplément)*, « La récidive des fautes et les sacrements de pénitence et d'eucharistie », p. 6.

15. Pour une juste compréhension de la distinction entre péché véniel et péché mortel, voir JEAN-PAUL II, *Reconciliatio et paenitentia*, 1984, n° 17 ; CEC 1854-1864 ; VS 69-70.

16. Voir A. CHAPELLE, « "Va et ne pèche plus." Douleur et contrition pour les pénitents récidivistes », p. 59-60 ; voir CEC 1862.

une juste place à tout ce qui contrarie intimement la liberté. Il l'éduque progressivement au réalisme spirituel. Il lui apprend délicatement à reconnaître sa part de responsabilité et de complicité, ni plus ni moins. L'Esprit de sagesse forme le cœur humain à discerner dans certains comportements moralement mauvais des fautes vénielles par défaut de consentement. Il l'éclaire, le libère et le purifie peu à peu des troubles déplacés de la culpabilité. Il le conduit ainsi à la paix alors même que certaines mauvaises habitudes peuvent persister. Il la fait entrer dans la vérité. Il lui apprend à vivre dans l'humilité, c'est-à-dire à tenir compte des « appuis qui viennent de la terre », pour reprendre les mots d'Isidore de Séville [17].

Pour lui permettre d'entrer pleinement dans cette humilité, dans cette « tempérance et modération de l'esprit [18] », l'Esprit Saint conduit la conscience à se décentrer par rapport à elle-même et à ses remords. Il l'éduque à se mettre devant Dieu. « Je parlerai à mon Seigneur, moi qui suis poussière et cendre » (Gn 18, 27), déclare humblement Abraham avant de s'engager dans un marchandage tendrement audacieux avec son Dieu. Le péché en effet, qu'il soit répété ou non, n'est pas d'abord une faillite par rapport à un moi idéal, une déception par rapport à un projet de perfection personnelle, une désillusion par rapport à un but manqué. Non, il est essentiellement offense à autrui et à Dieu : « Père, j'ai péché contre le ciel et contre toi ! » (Lc 15, 21). Le fils prodigue finit par se mettre entièrement à la merci du regard et de la parole de son père. Il renonce à se juger lui-même. Il remet le jugement à celui dont il est le débiteur bien-aimé.

La seconde raison de ce décentrement de la conscience est liée à sa condition de créature sauvée. Seul Dieu est en mesure de porter un jugement plénier sur l'agir humain : « Le cœur de l'homme est malade et compliqué. Qui peut le connaître ? Moi, le Seigneur, qui pénètre le cœur et qui scrute les reins » (Jr 17, 9) [19]. Créateur et sauveur, il est Celui qui est plus intime

---

17. « Humble *(humilis)* signifie pour ainsi dire appuyé à terre *(humi)* » (ISIDORE DE SÉVILLE, *Etymol. X*, lettre H [PL 82, p. 379]).

18. ST II-II, q. 161, a. 4.

19. « Il a sondé les profondeurs de l'abîme et du cœur humain » (Si 42, 18).

à moi-même que je ne le suis *(interior intimo meo)* : « En lui, nous avons le rachat, le pardon des péchés. [...] En lui, tout fut créé, dans le ciel et sur la terre » (Col 1, 14.16). Aussi lui seul est-il capable de juger en toute vérité. « Il n'y a qu'un seul législateur et juge, celui qui peut sauver ou perdre. Et toi, qui es-tu pour juger ton prochain ? » (Jc 4, 12). « Qui es-tu pour te juger totalement toi-même ? » Ne s'étant ni auto-créé, ni auto-sauvé, l'être humain doit renoncer à s'auto-condamner, à peser le poids de son péché en arbitre absolu, en se prenant comme norme ultime. Il n'est pas la mesure de ses offenses. « Ah ! comme il n'y a bien que le bon Dieu tout seul qui connaisse le fond des cœurs, s'exclame sainte Thérèse de Lisieux... que les créatures ont de courtes pensées [20] !... »

Cela ne signifie pas que l'homme doive éviter d'évaluer, jusqu'à un certain point, sa propre responsabilité : « Père, j'ai péché » (Lc 15, 21). Mais une telle évaluation, pour être véridique, exige le renoncement à en être le juge ultime. « Pour qui te prends-tu ? » (Jc 4, 12). Le bon larron l'a compris. Il ne s'est pas complu dans une rumination désespérée et stérile de ses propres péchés : « Pour nous, c'est justice : nous payons nos actes » (Lc 23, 41). Il a détourné le regard de lui-même pour l'orienter vers le Christ : « Jésus, souviens-toi de moi quand tu viendras dans ton royaume » (Lc 23, 42). Il s'est présenté comme le fils prodigue à Celui qui est « plus grand que son cœur » (1 Jn 3, 20). Et il a été accueilli en vérité comme tel : « En vérité, je te le dis, dès aujourd'hui tu seras avec moi dans le paradis » (Lc 23, 43).

Le lieu du discernement moral authentique et du jugement est donc la prière, c'est-à-dire une remise filiale de soi et de ses péchés au Père dans le Fils, quelle que soit l'indigence du sentiment de culpabilité ou au contraire la violence de ses assauts. Dans cette perspective, le sacrement de réconciliation apparaît comme la prière par excellence dans laquelle le chrétien fait l'expérience de ce Dieu « plus grand que son cœur ». L'apaisement progressif de l'intériorité, qui accompagne souvent une telle rencontre, est le signe que la vérité la plus profonde de l'être a été rejointe. « Ainsi, devant Dieu, nous aurons le cœur en paix » (1 Jn 3, 19).

20. Ms C 19v°, 22, p. 261.

C. « MON BIEN-AIMÉ, MA FAIBLESSE EST EXTRÊME[21] ! »
Un abandon continuel à la miséricorde

Par son réalisme spirituel, par l'humilité et par le décentrement de son jugement, la personne qui souffre de mauvaises habitudes et de vices dans le domaine sexuel – ou dans d'autres domaines – réalise peu à peu qu'elle n'est pas condamnée à une vie médiocre, privée de Dieu. Bien au contraire, elle est appelée à « utiliser » cette faiblesse pour s'ouvrir de plus en plus à Dieu, pour vivre une amitié de plus en plus forte avec lui. Elle ne doit pas attendre une hypothétique guérison ou un certain degré de redressement pour vivre dès maintenant dans la sainteté. Sainte Thérèse de Lisieux est de ce point de vue un maître incomparable. Disons-le d'emblée, cette jeune femme ne semble pas avoir eu à affronter de lourds fardeaux au point de vue de la chasteté. Ses écrits en portent peu la trace. Elle n'ignore pas pour autant ce genre de combat comme en témoigne sa lettre à Marie Guérin en mai 1889.

Cette dernière en effet, au cours de sa visite à Paris, était fort troublée par des représentations dénudées et se sentait de ce fait empêchée de communier. « Je ne sais plus où tourner mes regards, écrit-elle à Thérèse ; si je fuis une nudité j'en rencontre une autre et ainsi de suite toute la journée, c'est à mourir de chagrin ; il me semble que c'est par curiosité, il faut que je regarde partout, il me semble que c'est pour voir du mal. Je ne sais si tu vas me comprendre, j'en ai tant dans ma pauvre tête que je ne sais le débrouiller. Le démon ne manque pas non plus de me rappeler toutes ces vilaines choses que j'ai vues dans la journée et c'est un autre sujet de tourment. Comment veux-tu que je fasse la Ste Communion demain et vendredi ; je suis obligée de m'en abstenir[22]. »

Voici ce que répond Thérèse, dans une magnifique et déconcertante simplicité. « Ma petite sœur chérie, Tu as bien fait de m'écrire, j'ai *tout* compris… *tout tout tout*!… Tu n'as pas fait *l'ombre* du *mal*, je sais si bien ce que sont ces sortes de tentations que je puis te l'assurer sans crainte, d'ailleurs Jésus me le dit au

21. PN 17, 7, p. 668.

22. *Lettre à Thérèse*, LC 113, 29 mai 1889, citée dans sainte THÉRÈSE DE LISIEUX, *Œuvres complètes*, p. 1308.

fond du cœur… Il faut mépriser toutes ces tentations, n'y faire aucune attention. Faut-il te confier une chose qui m'a fait *beaucoup* de peine ?… C'est que ma petite Marie a laissé ses communions… le jour de l'Ascension et le dernier jour du mois de Marie !… Oh ! que cela a fait de peine à Jésus !… […] Mais je t'entends dire "Thérèse dit cela parce qu'elle ne sait pas… elle ne sait pas comme je le fais bien exprès… cela m'amuse… et puis je ne puis communier, puisque je crois faire un sacrilège, *etc., etc., etc.*" Si, ta pauvre petite Thérèse sait bien, je te dis qu'elle devine *tout*, elle t'assure que tu peux aller sans crainte recevoir ton seul ami véritable… Elle aussi a passé par le *martyre* du scrupule mais Jésus lui a fait la grâce de communier quand même, alors même qu'elle croyait avoir fait de *grands péchés*[23]… »

Quoi qu'il en soit, Thérèse n'aborde que très rarement ce sujet aussi immédiatement. Elle parle néanmoins souvent de ses faiblesses et de ses chutes dans les nombreux aspects de sa vie de tous les jours. Ce sont elles qui vont nous enseigner, ou plus précisément la manière dont Thérèse y réagit. « Nous voudrions ne jamais tomber, écrit-elle ? Qu'importe, mon Jésus, si je tombe à chaque instant, je vois par là ma faiblesse et c'est pour moi un grand gain. Vous voyez par là ce que je puis faire et maintenant vous serez plus tenté de me porter entre vos bras. Si vous ne le faites pas, c'est que cela vous plaît de me voir par terre. Alors, je ne vais pas m'inquiéter, mais toujours je tendrai vers vous des bras suppliants et pleins d'amour ! Je ne puis croire que vous m'abandonniez[24] ! » Nulle complaisance ici dans ses péchés. Nulle excuse suspecte ou offensante pour ses faiblesses. Thérèse a lutté sans relâche contre elles tout au long de sa vie. Non, elle se contente de saisir l'occasion de ces chutes pour se tourner incessamment et immédiatement vers Dieu, pour l'appeler de toutes ses forces comme un enfant, pour s'abandonner au bon plaisir de son amour miséricordieux. « Toujours, je tendrai vers vous des bras suppliants et pleins d'amour. » Le plus important, a-t-elle découvert, n'est pas la chute ou la rechute, mais la manière d'y réagir. Toute faute commise est l'occasion d'un acte de contrition aussi prompt que possible.

Il n'est pas inutile de rappeler ici que Thérèse, comme elle l'a

23. *Lettres* (LT) 92, p. 392-393.
24. LT 89, 2r°, 4, p. 389-390.

confié à Marie Guérin, est passée par la redoutable épreuve des scrupules[25]. Elle a beaucoup souffert de ne pas pouvoir observer totalement la loi, de ne pas en avoir la force. Comme saint Paul, il lui a été donné de faire l'expérience de son incapacité radicale à se sauver par elle-même, à s'autojustifier[26]. À présent, loin de se décourager devant la répétition humiliante de ses faiblesses, elle se réjouit de ces moments où elle peut s'offrir à l'amour miséricordieux de son Bien-Aimé. Lorsque ses faiblesses surviennent, elles deviennent un lieu privilégié où Thérèse peut s'abandonner amoureusement à son Seigneur et Sauveur. *Felix culpa !*

Aussi la culpabilité occupe-t-elle chez cette âme délicate et jadis si scrupuleuse une juste place. Sa mémoire ne reste pas marquée au fer rouge par ses infidélités, ce qui serait encore une forme subtile d'attachement à elle-même[27]. Elle conserve surtout l'empreinte ineffable de la miséricorde qui a suivi son offense. « Le souvenir de mes fautes m'humilie, me porte à ne jamais m'appuyer sur ma force qui n'est que faiblesse ; mais plus encore, ce souvenir me parle de miséricorde et d'amour [28]. »

Bref, comme saint Paul, Thérèse découvre que la puissance de Dieu se déploie dans sa faiblesse. « Tu te trompes, ma chérie, écrit-elle encore à sa cousine Marie Guérin en juillet 1890, si tu crois que ta petite Thérèse marche toujours avec ardeur dans le chemin de la vertu, elle est faible et bien faible, tous les jours elle en fait une nouvelle expérience, mais, Marie, Jésus se plaît à lui enseigner comme à St Paul la science de se glorifier dans ses infirmités, c'est une grande grâce que celle-là et je prie Jésus de l'enseigner, car là seulement se trouvent la paix et le repos du cœur, quand on se voit

25. Pour une fine analyse du scrupule dans son rapport avec la loi, voir P. RICŒUR, *Philosophie de la volonté*, t. II *Finitude et culpabilité*, Paris, Aubier, 1988, p. 271-289.

26. Thérèse conservait dans son bréviaire les deux extraits suivants de l'épître aux Romains. « Heureux ceux que Dieu tient pour justes sans les œuvres, car à l'égard de ceux qui font ses œuvres, la récompense n'est point regardée comme une grâce mais comme quelque chose de dû » (Rm 4, 4-6). « C'est donc gratuitement que ceux qui ne font pas les œuvres sont justifiés par la grâce en vertu de la rédemption dont Jésus-Christ est l'auteur » (Rm 3, 24).

27. « À cette vue [de ses fautes d'orgueil], je suis tentée de me décourager, mais je le sais, le découragement est aussi de l'orgueil » (sainte THÉRÈSE DE LISIEUX, *Prières*, 20, 42, p. 976).

28. LT 247, 54, 2r°, 13, p. 604.

si misérable on ne veut plus se considérer et on ne regarde que l'unique Bien-Aimé [29]. » Thérèse court vers son Bien-Aimé comme le publicain et comme Marie-Madeleine, comme le fils prodigue et comme le bon larron. « Ce n'est pas à la première place, mais à la dernière que je m'élance, au lieu de m'avancer avec le pharisien, je répète, remplie de confiance, l'humble prière du publicain, mais surtout j'imite la conduite de Madeleine, son étonnante ou plutôt son amoureuse audace qui charme le Cœur de Jésus, séduit le mien. Oui je le sens, quand même j'aurais sur la conscience tous les péchés qui se peuvent commettre, j'irais le cœur brisé de repentir me jeter dans les bras de Jésus, car je sais combien Il chérit l'enfant prodigue qui revient à Lui. Ce n'est pas parce que le bon Dieu, dans sa *prévenante* miséricorde, a préservé mon âme du péché mortel que je m'élève à Lui par la confiance et l'amour [30]. »

Thérèse n'a pas commis tous les maux ! Nous non plus. Dans sa miséricorde infinie, Dieu l'en a préservée, et nous avec elle. Thérèse en a une conscience extrêmement vive. Cette prévenance providentielle est interprétée par notre carmélite comme le fruit d'une plus grande miséricorde divine à son égard. Il serait donc absurde et malvenu de s'appuyer sur celle-ci pour revendiquer à ses propres yeux et aux yeux d'autrui un quelconque mérite. « Où donc est le droit de se glorifier, demande saint Paul ? Il est exclu. Par quel genre de loi ? Celle des œuvres ? Non, par une loi de foi » (Rm 3, 27).

« Le filet s'est rompu, nous avons échappé » (Ps 124 [123], 7), chante le psalmiste. Le filet des mauvaises habitudes, quelles que soient leur gravité et leur persistance actuelle, a été déchiré par la foi absolue en la miséricorde de Jésus sauveur. Les impuissances spirituelles et morales de tout ordre n'empêchent pas l'oiseau de s'envoler sur les ailes de la confiance et de l'amour, pour parler comme Thérèse. Grâce à la croix glorieuse du Sauveur, la sainteté est devenue accessible ici et maintenant à tous. « Je vous le dis, déclare Jésus en parlant du publicain qui se frappait la poitrine, ce dernier descendit chez lui justifié » (Lc 18, 14) [31]. « Tu as vu ma

29. LT 109, 13, p. 415.

30. Dernières phrases de sainte THÉRÈSE dans son *Manuscrit autobiographique C*, dédié à Mère Marie de Gonzague, 1897, 36v°, p. 285.

31. Cet homme, commente *Veritatis splendor*, « se rend pleinement compte de la fragilité de sa nature et voit dans ses manquements, quelles que soient les justifications subjectives, une confirmation du fait qu'il a besoin de rédemption »

misère, chante le publicain en rentrant chez lui, connu l'oppression de mon âme, tu ne m'as point livré aux mains de l'ennemi, tu as mis au large mes pas » (Ps 31 [30], 8-9).

D. « AYANT PRIS LA RÉSOLUTION DE PRATIQUER SÉRIEUSEMENT LA VERTU[32]... »

L'effort moral

Si Thérèse est passée maître dans l'art d'utiliser ses faiblesses, cela ne signifie pas pour autant qu'elle ait renoncé à lutter contre elles de toutes ses forces, du début à la fin de sa vie. Elle y a dépensé une énergie incroyable, notamment à travers les petits sacrifices accomplis dans le secret. Elle n'a pas ménagé sa peine. Elle n'a pas calculé ses efforts. « Je m'appliquais surtout à pratiquer les petites vertus, n'ayant pas la facilité de pratiquer les grandes, ainsi j'aimais à plier les manteaux oubliés par les sœurs et à leur rendre tous les petits services que je pouvais[33]. » Thérèse tâche d'accomplir tout avec amour et par amour, sans rien refuser à Jésus[34]. La vie est pour elle une lutte quotidienne qu'elle accueille sans crainte : « Je ne refuse pas le combat car le Seigneur est la roche où je suis élevée, qui dresse mes mains au combat et mes doigts à la guerre[35]. » Elle possède l'âme d'un guerrier.

« Dans mon enfance, confie-t-elle à son frère spirituel, l'abbé Maurice Bellière, j'ai rêvé de combattre sur les champs de bataille... Lorsque je commençais à apprendre l'histoire de France, le récit des exploits de Jeanne d'Arc me ravissait, je sentais en mon cœur le désir et le courage de l'imiter, il me semblait que le Seigneur me destinait aussi à de grandes choses. Je ne me trompais pas, mais au lieu de la voix du Ciel m'invitant au combat, j'entendis au fond de mon âme une voix plus douce, plus forte

(n° 104). De son côté, « le pharisien nous présente une conscience "satisfaite d'elle-même", qui est dans l'illusion de pouvoir observer la loi sans l'aide de la grâce et a la conviction de ne pas avoir besoin de miséricorde » *(ibid.)*.

32. *Manuscrit A* (Ms A), 37r°, 9, p. 128. Décision de Thérèse à l'aube de sa vie.
33. Ms A 74v°, 16-17, p. 195.
34. Voir LT 142, 88-90, p. 465.
35. Ms C 8v°, 2-4, p. 245.

encore, celle de l'Époux des vierges qui m'appelait à d'autres exploits, à des conquêtes plus glorieuses[36]. »

Cette digne fille spirituelle de Jeanne d'Arc n'est donc nullement quiétiste. Elle est extrêmement volontaire, sans être volontariste. Elle a vécu sa vie en athlète, non en spectatrice. Elle a foulé le sable de l'arène sans s'asseoir sur les gradins du stade. Par ses efforts constants – et Dieu sait combien ils sont nombreux et héroïques dans la vie de notre carmélite – elle veut simplement rendre amour pour amour à son Bien-Aimé, « faire plaisir à Jésus[37] ». Elle ne prétend nullement obtenir le salut par ses propres forces ou par dette de reconnaissance. Tout au plus ses actes de vertus la disposent-ils à se laisser sauver, qu'ils soient couronnés de succès ou non. « Je ne compte pas sur mes mérites, n'en ayant *aucun*, mais j'espère en Celui qui est la Vertu, la Sainteté Même, c'est Lui seul qui se contentant de mes faibles efforts m'élèvera jusqu'à Lui et, me couvrant de ses mérites infinis, me fera *Sainte*[38]. » Les « œuvres » ne sont donc pas dans une dialectique d'opposition avec la foi, mais dans une relation de promotion réciproque, selon l'ordre de l'amour. Elles ne sont pas oubliées, méprisées, délaissées, mais suscitées, aimantées, qualifiées, transformées, surnaturalisées par l'amour de Dieu dans la foi et l'espérance.

Thérèse s'inscrit de cette manière encore dans la droite ligne de saint Paul. En effet, après avoir longuement insisté sur « la justification par la faveur de la grâce en vertu de la rédemption accomplie dans le Christ Jésus » (Rm 3, 24), l'Apôtre exhorte les Romains à combattre vaillamment : « Laissons là les œuvres de ténèbres et revêtons les armes de lumière. Comme il sied en plein jour, conduisons-nous avec dignité : point de ripailles ni d'orgies, pas de luxure ni de débauches, pas de querelles ni de jalousies. Mais revêtez-vous du Seigneur Jésus-Christ et ne vous souciez pas de la chair pour en satisfaire les convoitises » (Rm 14, 13-14). Ces propos, et bien d'autres semblables qui parsèment ses lettres, pui-

36. LT 224, 2v°, 1-9, p. 584-585. Thérèse a joué le rôle de Jeanne d'Arc dans deux pièces de théâtre composées par elle au Carmel (*Récréations pieuses*, 3, p. 819 s.). D'une manière générale, elle y fait abondamment référence tout au long de ses écrits (voir par exemple PN 4, p. 642-644 : « Cantique pour obtenir la canonisation de la Vénérable Jeanne d'Arc »).

37. Ms C 3v°, 3, p. 238.

38. Ms A 32r°, 18, p. 120.

sent leur force, leur espérance, leur efficacité et leur qualité dans la justification obtenue par la foi en Jésus, ou, en langage thérésien, dans la confiance absolue en l'amour miséricordieux. Nous touchons là, selon nous, le cœur de l'éthique chrétienne.

« Plus on est faible, sans désirs, ni vertus, plus on est propre aux opérations de cet Amour consumant et transformant[39] », va jusqu'à écrire Thérèse à une sœur engagée sur le chemin de l'obtention des mérites par l'accomplissement d'actes de justice et de vertu. Il ne s'agit évidemment pas ici de renoncer aux efforts, aux sacrifices, aux mortifications, aux œuvres de charité en tant que telles. Ce serait un contresens absolu. Non, lorsqu'elle est située dans le contexte où elle a été rédigée, cette exhortation paradoxale invite sa destinataire à opérer une vigoureuse révolution intérieure : de la justice par les œuvres à la justice par la foi ; de l'amour de l'éthique à l'éthique de l'amour. Une certaine pauvreté, y compris sur le plan moral, prédispose à un tel passage. Au contraire, une certaine manière de poursuivre et de posséder des richesses morales et spirituelles y indispose. Thérèse, en bonne pédagogue, enseigne l'art de cette conversion radicale. Cela ne signifie pas que l'effort moral soit devenu inutile. Certes, non ! Mais celui-ci doit être repris et resitué à sa juste place, dans cette dynamique de l'amour. C'est en ce sens qu'il faut interpréter la strophe suivante qui conduit la morale chrétienne dans un langage poétique comme à son paroxysme.

> Ah ! je le sais bien, toutes nos justices
> N'ont devant tes yeux aucune valeur
> Pour donner du prix à mes sacrifices
> Je veux les jeter en ton Divin Cœur
> Tu n'as pas trouvé tes anges sans tache
> Au sein des éclairs tu donnas ta loi !...
> En ton Cœur sacré, Jésus, je me cache
> Je ne tremble pas, ma vertu, c'est toi[40] !...

« Au soir de cette vie, professe Thérèse dans son acte d'offrande à l'Amour Miséricordieux, je paraîtrai devant vous les mains vides, car je ne vous demande pas, Seigneur, de compter mes œuvres.

39. LT 197, 33, p. 553.

40. PN 23, 7, p. 691. « Tes vertus, ton amour, ne sont-ils pas à moi ? » s'exclame Thérèse en s'adressant à la Vierge Marie (PN 54, 5, 6, p. 751).

Toutes nos justices ont des taches à vos yeux. Je veux donc me revêtir de votre propre Justice et recevoir de votre Amour la possession éternelle de Vous-même. [...] Afin de vivre dans un acte de parfait Amour, je m'offre en victime d'holocauste à votre Amour miséricordieux, vous suppliant de me consumer sans cesse[41]. »

E. « NE CROYONS PAS POUVOIR AIMER SANS SOUFFRIR, SANS SOUFFRIR BEAUCOUP[42]. »

Une souffrance rédemptrice

Cette éthique de l'amour et dans l'amour, cet effort moral dans l'amoureuse audace de la foi, cette charité qui agit, ne préserve pas de la souffrance. Le travail exigeant de la chasteté chrétienne ne peut s'effectuer sans provoquer un certain inconfort intérieur et extérieur.

En effet, le surgissement répétitif d'actes sexuels déviants est souvent lié à l'apparition d'un manque, d'une douleur, d'un désarroi, d'un choc. Il peut s'agir aussi de l'expérience d'une solitude, d'un abandon, d'un échec, d'une peur, d'une angoisse, d'une honte, d'un rejet, d'une haine de soi, d'un sentiment d'infériorité ou d'incapacité, d'une mécompréhension. Le stress, les tensions, les contradictions de la vie, la fatigue et la lassitude devant la banalité du quotidien peuvent également être des facteurs déclencheurs. Bref quelque chose fait mal, procure plus ou moins de peine. Le corps, le psychisme, l'affectivité ou l'esprit, ou encore ces quatre dimensions à la fois sont dans la pénurie. Ils sont frustrés par rapport à un certain bien-être auquel ils aspirent. Ils ont besoin d'être rassurés, rassasiés, valorisés, rééquilibrés. Ils sont en manque de quelque chose qui pourrait répondre à ce vide plus ou moins profond qui les affecte à ce moment.

Lorsque de tels événements surviennent chez un être fragilisé par de mauvais *habitus* dans le domaine sexuel, celui-ci sera enclin à compenser le désagrément ou l'angoisse du vide qui l'assaillent en recherchant le plaisir sexuel selon le schéma auquel il est

41. *Prière* 6, 1r°-2r°, p. 963-964.
42. LT 89, 1v°, 10, p. 389.

habitué : fantasmes sous de multiples formes, pornographie, masturbation, pratiques sexuelles dégradantes, etc. Il entend ainsi lutter contre son désarroi intérieur, l'expulser. Les « mauvaises habitudes » apparaissent alors comme un système de défense qui tente de soulager une souffrance, consciente ou non, proche ou lointaine, au moyen d'un plaisir sexuel illicite. Elles répondent à une situation de « crise ».

Dans d'autres cas, on ne peut pas parler de crise comme telle. Bénéficiant d'un certain état de bien-être, le sujet veut encore plus d'agréments ou de sensations. Il éveille son appétit sexuel à cet effet, et, entraîné par ses *habitus* mauvais, il tente d'assouvir son désir d'auto-jouissance par des pratiques déshonorantes. Il peut aller jusqu'à rechercher cette autosatisfaction en ses désirs inférieurs comme une forme consciente et voulue d'affirmation égoïste, orgueilleuse et idolâtrique de lui-même face à autrui et face à Dieu.

Renoncer courageusement à de telles pratiques livre donc le chrétien à une insatisfaction plus ou moins douloureuse. « Vous souffrirez inévitablement, observe Andrew Comiskey, pasteur protestant qui s'est spécialisé dans l'accompagnement des personnes atteintes d'"*addiction*" au niveau de la sexualité[43]. Vous serez dans la détresse lorsque vous refuserez de vous livrer à vos habitudes compulsives. Votre corps a été programmé chimiquement à attendre le rituel, qu'il s'agisse de l'orgasme ou d'une autre forme de satisfaction. Lorsque vous refuserez de servir à votre corps son plaisir favori, il réagira par la souffrance émotionnelle et/ou physique[44]. » « Toute lutte authentique contre une chose à laquelle nous sommes attachés, avertit Gérald May, impliquera une carence. Affamés, insatisfaits, nous aurons soif de ce que nous avions auparavant. Les symptômes de manque sont réels, et, d'une manière ou d'une autre, ils se feront sentir. Si nous pouvons accepter cette souffrance et nous y attendre, nous serons beaucoup mieux préparés à faire face à nos luttes avec nos attachements spécifiques[45]. » Cette peine peut être

---

43. Voir A. COMISKEY, *Vers une sexualité réconciliée*, chap. IX : « La fuite de la dépendance sexuelle », p. 139-156.

44. *Ibid.*, p. 176.

45. G. MAY, *Addiction and Grace. Love and Spirituality in the Healing of Addictions*, USA, Harper Collins Paperback Edition, 1991, p. 179-180.

intensifiée par le réveil de blessures plus profondes auxquelles les mauvaises habitudes offraient un apaisement passager et illusoire.

Une telle souffrance – qu'il ne faut ni surestimer ni sous-estimer – est rédemptrice. « Elle est tranchante, claire, brillante et vraie ; elle est enracinée dans nos vraies peurs, dans nos blessures et dans nos désirs. Elle diffère radicalement de l'oppression occulte suscitée par des dépendances[46]. » Elle est l'occasion infiniment précieuse de s'offrir à Dieu « en hostie vivante » (Rm 12, 1) avec, par et dans le Christ mort et ressuscité. Elle n'est pas d'abord une détestable ennemie à chasser, mais une mystérieuse alliée à accueillir pour s'unir à Dieu. La croix est plantée au cœur de l'homme nouveau. Baptisé, il est appelé à mourir au monde pour ressusciter avec le Christ. Et Dieu offre le secours nécessaire pour aller jusqu'au bout dans ce don de soi. « La grâce qui suffit fait marcher sur les flots nos âmes agitées et toucher au sol ferme des vertus et des dons spirituels, des béatitudes et de la persévérance[47]. »

Les dépendances ainsi vécues deviennent sources de bénédiction ! Comprises, confessées, combattues, offertes, elles contribuent grandement à la croissance spirituelle du chrétien. Elles le livrent humblement à la présence salvifique et sanctificatrice du Christ. Elles le livrent aussi à son Église qui est son corps.

F. « DANS LE CŒUR DE L'ÉGLISE, MA MÈRE, JE SERAI L'AMOUR[48]... »

Une vocation ecclésiale et missionnaire

« Aucun ancien dépendant ne trouve la liberté en se consacrant uniquement au Christ. [...] Pour triompher de la dépendance sexuelle, il faut s'engager dans des relations saines[49]. » Les dérèglements sexuels font mentir le langage objectif et la communication

46. *Ibid.*
47. A. CHAPELLE, *Sexualité et chasteté III (Supplément)*, p. 4.
48. Ms B, 3v°, 28, p. 226.
49. A. COMISKEY, *Vers une sexualité réconciliée*, p. 290.

authentique de la sexualité. Ils ont donc en partie isolé la personne. Dans une certaine mesure, ils l'ont éloignée des liens véridiques avec les autres. La solitude, parfois extrême, qui en a résulté a avivé en elle la soif de contacts, de rencontres vraies, d'affections pures. La libération passe donc nécessairement par un patient et prudent travail de réapprentissage de relations non érotisées et désintéressées.

Une vie ecclésiale authentique doit pouvoir offrir les frères, les compagnons de route et les amis nécessaires à cette œuvre de salut, de reconstruction et d'épanouissement. Elle est ce lieu de guérison et de « revalidation » dont l'auberge du bon Samaritain est l'image (Lc 10, 24 s.). Elle contribue à libérer le baptisé de son isolement mortifère en lui apprenant à vivre dans un tissu de relations vraies et fraternelles. On mesure ici l'importance absolument décisive de la charité ecclésiale concrète : « À ceci tous vous reconnaîtront pour mes disciples : à cet amour que vous aurez les uns pour les autres » (Jn 13, 35).

L'Église engendre à la liberté dans l'amour. Pour mener à bien ce travail d'enfantement, Andrew Comiskey insiste beaucoup sur l'accompagnement spirituel personnalisé, surtout si les dépendances sont profondes. Ce pasteur ne s'est pas contenté de l'écrire dans son *Manuel* : il a lui-même formé plusieurs personnes à cet effet. Ces accompagnateurs exercent un ministère d'écoute, d'intercession et de libération, dans la docilité à l'Esprit Saint. Tels saint Jean et les saintes femmes au pied de la croix, ils sont appelés à demeurer aux côtés de leur frère souffrant. Ils disent la fidélité et le pardon de Dieu. Ils assistent la conscience du pénitent pour qu'il puisse confesser en toute vérité ses péchés et recevoir la parole libératrice de Dieu. Ils l'aident à porter un jugement éclairé sur ses comportements face à la puissance des mécanismes de dépendance, à ne pas trop vite se condamner, à percevoir qu'il est, ici et maintenant, attaché à Dieu, alors même que son être ne correspond pas encore entièrement à sa volonté. Ils l'encouragent à « redoubler d'efforts pour confirmer l'appel et le choix dont ils ont bénéficié » (2 P 1, 10). Coopérateurs de la grâce et de la miséricorde, ces accompagnateurs soutiennent la marche de leurs frères et sœurs. Ils « conduisent leurs pas au chemin de la paix » (Lc 1, 79).

L'Église catholique a pour sa part reçu le don inestimable du sacrement de la réconciliation. Cela ne la dispense pas pour autant, bien au contraire, de rechercher de nouvelles voies d'accompagnement dans la diversité des charismes et la complémentarité des vocations. Une telle réflexion est menée partiellement dans le cadre des recherches sur l'éducation sexuelle : comment ne pas abandonner autrui – le jeune en particulier – à l'anarchie de ses pulsions ? Quelles aides « extérieures » lui apporter ? Quelle pédagogie proposer ? Elle est également présente, et mise en pratique, au sein de « communautés nouvelles » par des « retraites de guérison » ou des « chemins de vie ». Notons enfin que certains diocèses ont mis en place une aide discrète et pluridisciplinaire en ce domaine.

Expérimentant sa profonde appartenance à cette communauté de salut, le chrétien devient peu à peu en mesure de percevoir dans son propre combat contre les dépendances sexuelles celui de toute l'Église pour laquelle « le Christ s'est livré afin de la purifier et de se la présenter toute resplendissante, sainte et immaculée » (Ep 5, 25-27). Une part de la rédemption du monde lui est confiée, à lui qui lutte en sa chair pour la chasteté.

« Le martyre du cœur n'est pas moins fécond que le martyre du sang [50] », note sainte Thérèse de la Sainte-Face. On peut dire la même chose du martyre du corps tenaillé par ses désirs désordonnés. « Ne refusons pas au bon Dieu le moindre sacrifice, exhorte encore Thérèse. Tout est si grand en religion… Ramasser une épingle par amour peut convertir une âme ! Quel mystère ! Ah ! c'est Jésus qui peut seul donner un tel prix à nos actions, aimons-le donc de toutes nos forces [51]. » « Jésus veut bien faire dépendre le salut d'un soupir de notre cœur. Quel mystère [52] ! » Que dire alors de tous ces actes de renonciation aux « mauvaises habitudes », joyeusement consentis par amour, cachés dans le secret des existences ? Unis à Jésus, ils acquièrent une valeur infinie.

Les tentations lancinantes vaillamment surmontées, tout comme les éventuelles rechutes rapidement offertes dans la foi,

50. LT 213, 1v°, 15, p. 569.

51. LT 164, 2r°, 5, p. 497.

52. LT 85, v°, 11, p. 385. « Le plus petit mouvement de pur amour lui est plus utile que toutes les œuvres réunies » (saint JEAN DE LA CROIX, *Cantique spirituel*, XXIX, cité par sainte THÉRÈSE DE LISIEUX, LT 221, 10, p. 577).

l'amour et l'espérance, collaborent intimement au salut des âmes. Par tous ses « soupirs » tournés vers Jésus, la personne peut ainsi réellement être « dans le Cœur de l'Église sa Mère, l'Amour[53] ». Alors même que des mécanismes plus ou moins puissants l'inclinent à se renfermer sur elle-même et à utiliser autrui à cet effet, voilà qu'elle peut reprendre en toute vérité cette exclamation de sainte Thérèse : « Il est si doux d'aider Jésus par nos légers sacrifices, de l'aider à sauver des âmes qu'il a rachetées au prix de son sang, et qui n'attendent que notre secours pour ne pas tomber dans l'abîme[54]. » Ses blessures, qui sont pour une part encore ouvertes et peut-être infectées, deviennent source de vie. Sa fragilité et sa vulnérabilité deviennent instruments de force, d'intercession et de rédemption. « Que m'importe à moi de rester jusqu'à la fin du monde en purgatoire, si par mes prières je sauve une seule âme[55] ? » L'amour de Dieu et des frères va jusque-là !

CONCLUSION

Quel voyage ! De la servitude à la liberté, et à la liberté missionnaire ! Il s'agissait au début de se libérer d'un comportement embarrassant, déshumanisant, aliénant. Nous voici à présent engagés dans un processus de transformation de la vie tout entière. Les blessures et les vices offerts à Dieu dans l'amour et la confiance sont autant de portes entrouvertes par lesquelles le Sauveur peut entrer et entreprendre un patient travail de restauration, de guérison, de salut, de communion. Ils sont autant de lieux d'où jaillit et s'écoule la Vie en abondance.

Ce salut divinisant, ainsi que les combats et les souffrances qui y sont attachés, durera toute la vie. « En chantant, écrit encore Thérèse, je mourrai sur le champ de bataille, les Armes à la main[56] !... » « Nous le savons en effet, explique Paul, toute la

53. Ms B, 3v°, 28, p. 226.

54. LT 191, 2r°, 15, p. 543.

55. Sainte THÉRÈSE D'AVILA, *Chemin de la perfection*, III, cité par sainte THÉRÈSE DE LISIEUX, LT 221, 3v°, 2, p. 580.

56. PN 48. « Mes Armes », que cette strophe conclut, est une poésie guerrière

création jusqu'à ce jour gémit en travail d'enfantement. Et non pas elle seule : nous-mêmes qui possédons les prémices de l'Esprit, nous gémissons nous aussi intérieurement dans l'attente de la rédemption de notre corps » (Rm 8, 21-22) [57]. Jusqu'à notre dernier souffle, une part de nous-mêmes restera sans doute rebelle à Dieu.

Les récidives sont donc toujours possibles. La sainteté n'en est pas moins accessible *hic et nunc*. Elle n'est nullement incompatible avec la persistance de certains schémas de dépendance. Car au cas où des rechutes se représenteraient, celles-ci peuvent désormais être portées dans un cœur contrit qui a développé l'*habitus* de se tourner immédiatement vers son Sauveur, dans un cœur humble et missionnaire, ami de la joie et de la paix. En ce sens, on peut dire avec l'Apôtre : « Nous le savons, quand les hommes aiment Dieu, lui-même fait tout contribuer à leur bien » (Rm 8, 28).

Désordres sexuels et dépendances : quelle liberté ? La liberté de croire en l'amour inconditionnel et miséricordieux du Père. La liberté de croire « qu'Il a envoyé son Fils unique dans le monde pour nous arracher à la puissance des ténèbres et nous placer » dès aujourd'hui « dans le Royaume de son Fils bien-aimé » (Col 1, 13). La liberté de croire que l'Esprit Saint a été répandu à profusion et qu'il rend effectivement le chrétien capable de ne pas se « laisser vaincre par le mal » (Rm 12, 21), de traverser victorieusement et amoureusement toute souffrance au cœur de l'Église, de collaborer intimement au salut du monde. « Le filet s'est rompu, nous avons échappé ! » (Ps 124 [123], 7).

---

organisée autour de la Pauvreté, de la Chasteté et de l'Obéissance (les majuscules sont de Thérèse). L'ayant composée en mars 1897, notre carmélite est bien malade et s'attend à mourir dans l'année. Elle est introduite par une citation de saint Paul et du Cantique des Cantiques dont la surimpression est puissamment évocatrice. « Revêtez-vous des armes de Dieu, afin que vous puissiez résister aux embûches de l'ennemi » (Ep 6, 1, cité par la Règle du Carmel). « L'Épouse du Roi est terrible comme une armée rangée pour la bataille ; elle est semblable à un chœur de musique dans un camp d'armée » (Ct 6, 3 selon la traduction de la Vulgate).

57. « Tandis que nous sommes dans cette tente, nous gémissons accablés parce que nous voulons, non pas nous dévêtir, mais nous revêtir, afin que ce qui est mortel soit absorbé par la vie. Et Celui qui nous a formés pour cela, c'est Dieu, qui nous a donné les arrhes de l'Esprit » (2 Co 5, 4-5).

APPENDICE

Quelques suggestions à l'usage des confesseurs en ce qui concerne la morale conjugale

Nous reproduisons la fin d'un article du Père Albert Chapelle intitulé : « La chasteté conjugale et la célébration du sacrement de pénitence[58] » Nous y joignons quelques commentaires personnels.

Les confesseurs garderont devant les yeux le caractère propre du sacrement de pénitence et de réconciliation. La célébration par l'Église du pardon du Christ ne peut se confondre avec la prédication de la doctrine. La pratique de la confession se distingue encore expressément de la direction spirituelle et de l'éducation à la vie morale. Les confesseurs accueilleront avec un respect singulier l'aveu du pénitent dont ils sont les témoins et le geste de la miséricorde dont ils sont les ministres (voir CEC 1466).

Les pratiques suivantes peuvent être suggérées aux confesseurs en matière de morale conjugale.

1. Le pénitent peut et doit être reconnu de bonne foi. Puisqu'il se présente devant le prêtre et demande à l'Église le pardon divin, il faut jusqu'à preuve du contraire le présumer sincère et repentant. Les chrétiens seront invités à la confession régulière de leurs fautes et à apprécier la grâce spécifique attachée à l'aveu sacramentel. Les confesseurs accueilleront toujours avec respect l'aveu des fautes dont le pénitent se juge coupable.

2. L'aveu, sauf imprécision évidente, peut et doit être considéré comme suffisant pour la réception valide et fructueuse du sacrement. En matière sexuelle, le confesseur respectueux du sacrement, de son propre état de vie et de la personne du pénitent, ne posera pas de questions indiscrètes (voir CIC 979[59]). Il faut présumer, en matière conjugale, l'aveu par le pénitent de tous les péchés graves commis depuis la dernière bonne confession, dont il se juge certainement coupable et qu'il lui est possible de confesser présentement (voir CIC 916; CEC 1457). Il n'est pas indiqué d'interroger des pénitents présumés au courant de l'enseignement moral de l'Église. Leur regret et le bon propos peuvent et doivent être supposés,

58. Dans *Nouvelle revue théologique* (1996), p. 859-861. On peut se référer également à CONSEIL PONTIFICAL POUR LA FAMILLE, *Orientations pastorales. Vademecum pour les confesseurs*, Paris, Téqui, 1997.

59. *Codex iuris canonici* (CIC), 1983, n° 979.

compte tenu des obscurités et des ignorances invincibles dont ils sont éventuellement les victimes.

3. Il convient d'accorder l'absolution aux pénitents qui avouent leurs fautes en matière de morale conjugale et confessent aussi leur faiblesse quand ils se proposent de faire tout leur possible pour éviter de pécher encore. Sauf évidence contraire d'absence de contrition, le confesseur ne différera pas l'absolution. Le pénitent sincère forme le bon propos de s'amender ; il est exclu d'exiger de lui la prédiction d'une conduite désormais irréprochable (voir CIC 980).

Le pénitent qui se présente pour recevoir le sacrement de réconciliation doit toujours être considéré *a priori* comme animé par la contrition [60]. La contrition parfaite et l'aveu qui lui est corrélatif contiennent le ferme propos de s'amender, de ne plus faire le mal. Certes, l'homme pécheur peut raisonnablement prévoir qu'il risque de commettre encore les mêmes fautes dans le futur, surtout s'il souffre de « mauvaises habitudes ». Mais il importe de ne pas confondre la résolution décidée de bien faire à l'avenir et la probabilité plus ou moins grande d'une rechute. « Le bon propos n'est pas la rigoureuse prévision de ne plus jamais fauter, mais la résolution humble et modeste, déterminée et ferme de faire le bien [61]. » Il n'y a donc aucun motif pour le récidiviste de ne pas s'approcher du sacrement de réconciliation, et encore moins pour le confesseur de lui refuser l'absolution pour ce motif.

« On ne refusera pas, enseigne le *Vade-mecum* pour confesseurs, l'absolution sacramentelle à celui qui, après avoir péché gravement contre la chasteté conjugale, s'est repenti et, malgré les rechutes, montre qu'il veut lutter pour s'abstenir de pécher de nouveau. Le confesseur évitera toute méfiance vis-à-vis de la grâce de Dieu ou des dispositions du pénitent : il n'exigera pas de garanties absolues d'une conduite irrépréhensible à l'avenir que le pénitent ne peut humainement pas donner. Ceci est établi selon la doctrine reconnue et la pratique suivie par les Saints Docteurs et les confesseurs à propos des pénitents habituels [62]. »

4. Le confesseur agit au nom du Christ et de l'Église. Il répondra donc avec simplicité aux questions posées sur la doctrine morale de

---

60. Voir CEC 1451, 1490.

61. A. Chapelle, *Sexualité et chasteté*, p. 2.

62. Conseil pontifical pour la famille, *Vade-mecum*, p. 22, 11.

l'Église. En surmontant, s'il le faut, ses propres hésitations, il rendra témoignage avec assurance à la loi et à la bonté de Dieu (voir CIC 978, 2).

L'enseignement ordinaire du Magistère de l'Église est véridique. Il n'a pas besoin d'être solennellement déclaré préservé de toute erreur possible, c'est-à-dire infaillible, pour être enseigné et reconnu comme vrai. Il montre le chemin de la vie. Le suivre, c'est grandir dans la vérité de l'amour. S'en écarter, de bonne ou de mauvaise foi, c'est se tromper, errer, causer un désordre, nuire. « Ceci vaut, observe le *Vade-mecum* pour confesseurs, pour la malice objective de la contraception : elle introduit dans la vie conjugale des époux une habitude mauvaise. Il est donc nécessaire de s'efforcer opportunément de libérer la conscience morale de ses erreurs qui sont en contradiction avec la nature du don total dans la vie conjugale [63]. »

Certains catholiques – fidèles comme pasteurs – ne perçoivent pas la justesse doctrinale des enseignements magistériels, spécialement dans le domaine de l'éthique sexuelle. La raison humaine est en effet blessée par le péché et a besoin d'être éclairée, restaurée, guérie. Il n'est donc pas surprenant qu'elle peine à accéder non seulement à la mise en pratique, mais également à l'intelligence réelle de certaines vérités concernant les mœurs. L'Église demande cependant de considérer celles-ci en conscience comme moralement obligatoires [64].

Dans cette perspective, le confesseur ne doit jamais oublier qu'il agit principalement au nom du Christ et de l'Église. Il ne peut déclarer moralement bon un acte intrinsèquement mauvais sous prétexte que sa conscience subjective ne le perçoit pas tout à fait comme tel. Par ailleurs, il veillera à bien distinguer moralité et imputabilité. Une conduite contraceptive, pour poursuivre notre exemple, tout en « demeurant un mal, une privation, un désordre [65] » au niveau de la moralité, peut être revêtue d'un faible degré d'imputabilité ou de responsabilité dans le cas d'une ignorance actuellement invincible [66].

63. *Ibid.*, p. 20, 7.
64. Voir VS 110.
65. CEC 1793.
66. « L'imputabilité et la responsabilité d'une action peuvent être diminuées,

> 5. Les pasteurs conseilleront la régularité dans la fréquentation du sacrement de pénitence. La prédication aidera les fidèles à comprendre la doctrine de l'Église sur l'obligation de confesser, avant de communier au Corps du Christ, tous les péchés graves certainement commis depuis la dernière bonne confession. Les prêtres ne sont pas autorisés à imposer l'obligation de confesser les autres fautes. Ils éduqueront les fidèles à la confession de dévotion.

« Sans être strictement nécessaire, la confession des fautes quotidiennes (péchés véniels) est néanmoins vivement recommandée par l'Église. En effet, la confession régulière nous aide à former notre conscience, à lutter contre nos penchants mauvais, à nous laisser guérir par le Christ, à progresser dans la vie de l'Esprit[67]. »

L'Eucharistie n'est pas d'abord ordonnée au pardon des péchés, ce qui est le propre du sacrement de réconciliation. Cependant, elle « fortifie la charité qui, dans la vie quotidienne, tend à s'affaiblir ; et cette charité vivifiée efface les péchés véniels[68] ». Elle efface donc également les péchés dont la matière est grave, mais qui ont été commis sans pleine conscience et sans entier consentement, notamment sous la pression des dépendances sexuelles. Elle préserve des péchés véniels futurs ainsi que des péchés mortels « par cette charité qu'elle allume en nous[69] ».

> 6. « Celui qui a conscience d'avoir commis un péché mortel ne doit pas recevoir la Sainte Communion, même s'il éprouve une grande contrition, sans avoir préalablement reçu l'absolution sacramentelle, à moins qu'il n'ait un motif grave de communier et qu'il lui soit impossible d'accéder à un confesseur » (CEC 1457). La gravité du motif est à peser d'après les circonstances et les personnes. L'impossibilité d'accéder à un confesseur peut être physique ou morale et ordinairement temporaire. En ce cas, dont la fréquence ne peut être préjugée, avant de recevoir la Sainte Communion, les fidèles feront un acte de contrition (regret et bon propos) accompagné de la résolution d'avouer ce péché dans une prochaine confession (CIC 916).

---

voire supprimées par l'ignorance, l'inadvertance, la crainte, les habitudes, les affections immodérées et d'autres facteurs psychiques et sociaux » (CEC 1735).

67. CEC 1458 ; voir aussi *Concile de Trente*, dans Dz 1647, 1661.

68. CEC 1394 ; voir aussi *Concile de Trente*, dans Dz 1638.

69. CEC 1395.

La « gravité du motif » qui justifie l'accès à la communion avant la confession a été traditionnellement interprétée de manière plus restrictive pour le laïc que pour le prêtre eu égard au ministère spécifique de ce dernier. Quant à l'« accès à un confesseur », l'Église a toujours respecté l'« impossibilité morale » de se confesser à tout prêtre, tout en rappelant par ailleurs les bienfaits de l'ouverture à un prêtre inconnu ou à un confesseur régulier[70]. L'urgence ne fait pas loi dans le choix du confesseur ! En attendant, le pénitent contrit demeure dans la ferme résolution de se confesser dès que l'opportunité lui sera donnée de trouver un confesseur approprié. La contrition parfaite, en effet, dans l'humilité et la disponibilité qui la caractérisent, comporte nécessairement en elle la ferme intention d'avouer ses fautes : « Père, j'ai péché contre le Ciel et contre toi » (Lc 15, 21).

7. Les confesseurs imploreront souvent la miséricorde divine pour eux-mêmes comme pour les fidèles. Ils aideront ceux-ci à reconnaître dans leur pénitence une participation à la Passion du Seigneur.

70. Voir CIC 960.

CHAPITRE VII

LA MASTURBATION : UN COMPORTEMENT QUI CONTRARIE LA MATURATION HUMAINE DE LA PERSONNE ?

« Lève les yeux au ciel et dénombre les étoiles si tu peux les dénombrer » (Gn 15, 5).

Jadis, à l'époque moderne, on a assisté à un étrange phénomène de culpabilisation excessive de la masturbation[1]. Alors qu'elle était peu abordée dans les écrits des Anciens, des Pères et du Moyen Âge, la question de la masturbation a pris à partir du XVIIIe siècle les dimensions d'un problème social. Elle a retenu l'attention des médecins, des responsables de l'hygiène publique et de la santé, des littérateurs, des philosophes[2] et des moralistes. Ainsi, un médecin suisse nommé Tissot dénonça violemment dans une brochure de 1760 les pseudo-effets de la masturbation : impotence, épilepsie, perte de vision, folie, rhumatisme, gonorrhée, priapisme, tumeurs, hémorroïdes, mort. Ce petit ouvrage, traduit en français en 1764, connaîtra une douzaine d'éditions jusqu'à la fin du XVIIIe, plus de vingt de 1813 à 1842, sans compter les nombreuses contrefaçons.

Actuellement, le balancier s'est inversé. La masturbation non seulement n'est plus reconnue comme un mal psychique et moral[3], mais elle est même souvent présentée comme un bien au service de la maturation humaine de la personne. « La psychologie et la sociologie, entend-on, démontrent que, surtout chez les

1. G. DURAND, *Sexualité et foi*, Montréal, Éd. Fides, 1977, p. 201-203.

2. Voir par exemple les pages de J.-J. ROUSSEAU à ce sujet dans *L'Émile ou de l'Éducation*, ou de VOLTAIRE dans son *Dictionnaire philosophique*.

3. Ainsi dans le livre au titre significatif de J.-Y. DESJARDIN et de C. CRÉPAULT, *Le mythe du péché solitaire*, Montréal, Éd. de l'Homme, 1967.

jeunes, elle est un phénomène normal de l'évolution de la sexualité. Il n'y aurait de faute réelle et grave que dans la mesure où le sujet céderait délibérément à une autosatisfaction close sur soi ("ipsation")[4]. »

Certes, « les enquêtes sociologiques peuvent indiquer la fréquence de ce désordre selon les lieux, la population ou les circonstances qu'elles prennent en observation ; on relève ainsi des faits. Mais les faits ne constituent pas un critère permettant de juger la valeur morale d'un acte humain[5] », ni celle de sa valeur psychologique. Une fréquence statistique ne peut être identifiée à une loi éthique ou biopsychique. Elle n'a pas la prétention de montrer le chemin du bien humain intégral. Non, elle se contente de constater une série de constantes dans les pratiques de sujets vivant dans une société donnée à une époque donnée.

Pour aborder aujourd'hui la question délicate de la masturbation, il nous faut prendre un peu de recul par rapport à l'immédiateté des débats. Nous proposons à cet effet quatre approches croisées : celle de l'anthropologie, celle de la psychologie, celle de la morale et celle de la théologie pastorale.

A. APPROCHE ANTHROPOLOGIQUE

Chaque cellule humaine est sexuellement définie. Nous n'existons pas en dehors de la détermination primordiale et constitutive de notre sexualité masculine ou féminine. L'anthropologie biblique en rend témoignage. « Homme et femme, il les créa » (Gn 1, 27). « YHWH Dieu façonna une femme et l'amena à l'homme » (Gn 2, 22). Cette nature sexuée de l'identité humaine est bonne, très bonne. Elle informe radicalement le rapport que chaque personne entretient avec Dieu, avec le cosmos, avec autrui et avec lui-même. Elle lui rappelle continuellement sa finitude, ses limites. Elle en est le signe, le lieu, la preuve et l'épreuve.

En effet, elle lui murmure continuellement à l'oreille :

---

4. CONGRÉGATION POUR LA DOCTRINE DE LA FOI, *Persona humana. Déclaration sur certaines questions d'éthique sexuelle*, 1975, 9.

5. *Ibid.*

– « Tu es un être corporel et matériel. Tu es poussière. Tu appartiens à la terre et au cosmos. D'ailleurs, tu as été créé le sixième jour, c'est-à-dire le même jour que les animaux, à partir de la glaise. Tu es limité du point de vue spatio-temporel. »

– « Tu es soit un homme, soit une femme, mais pas les deux à la fois. Tu es différent par rapport à l'autre sexe[6], tout en étant attiré par lui. »

– « Tu es un être de désir et de solitude. Dans ta chair, tu éprouves le manque. Tu n'es pas Dieu. Tu ne peux t'autosuffire. Tu as besoin des autres. Tu en es dépendant. »

– « Tu as été engendré et tu es capable d'engendrer. Tu es donc un être contingent, corruptible et mortel. Tu n'es pas cause de toi-même. Et tu ne peux concevoir un nouvel être à partir de toi seul, quelles que soient les illusions que peuvent susciter les nouvelles techniques de clonage. Dans l'engendrement dont tu es le fruit et dans celui dont tu es le coopérateur, tu fais continuellement l'expérience d'un dépassement de toi-même. »

« Bref, reconnaître que l'on est sexué, c'est recevoir de la façon la plus nette le démenti à notre vœu de toute-puissance[7]. » Cependant, la sexualité donne aussi à l'être humain de dépasser ces limites constitutives de son être, de surdéterminer ces déterminations. En effet, le corps sexué, sacrement de la personne, est non seulement ce qui sépare le moi des autres réalités, mais aussi ce qui lui permet d'entrer en communication avec elles. Il a donc essentiellement une signification religieuse, au sens étymologique du terme. Le corps sexué « relie » l'être humain à l'ensemble du cosmos, à la nature, aux autres êtres créés et à Dieu. Il lui donne d'échapper à l'enfermement dans sa propre individualité. Dans la communion matrimoniale, la personne devient en son corps même « une seule chair » avec son conjoint. Le corps permet donc au sujet humain de transcender ce qu'il est et d'accéder à un nouveau niveau de réalité. L'être humain devient ainsi ce qu'il n'était pas.

Bien plus, cette communion par laquelle l'aimé est présent en l'aimant est potentiellement source de vie nouvelle, une vie à la fois identique et différente : le visage de l'enfant reflète non seulement les traits de ses parents et de ses ancêtres, mais également

6. *Sexus* vient du verbe latin *secare* qui signifie couper, séparer, sectionner.

7. X. Thévenot, *Repères éthiques pour un monde nouveau*, p. 128.

ceux d'une nouvelle personne humaine, absolument unique et irrépétible. De cette manière, la sexualité conjure et transcende la mort. Elle est donc liée non seulement au manque, à la pénurie, mais également – et premièrement – à la générosité et à la surabondance. Dans les frémissements de sa limite, la sexualité révèle à l'être humain un surcroît surprenant qui ouvre celui-ci à plus que lui-même. Là où la personne s'éprouve comme finie et limitée, elle fait l'expérience d'un dépassement d'elle-même. L'homme passe infiniment l'homme en accueillant et en vivant sa condition d'homme, non en la niant. La sexualité ouvre les portes de l'au-delà, de l'immortalité et du divin. Elle est un seuil, une entrée dans l'espérance, un accès à la vie en plénitude. Il n'est donc pas étonnant que toutes les cultures y aient discerné un lien privilégié avec les dieux et la religion.

L'autoérotisme, tel qu'il se vit par exemple dans la masturbation, brise cette dynamique. Il replie l'être humain dans sa finitude. Il le ferme à la communion avec autrui. Il ne le relie plus, il l'isole dans une sorte d'autarcie physique, psychologique, imaginaire et spirituelle. Il détourne la personne de la rencontre avec le réel et avec autrui. Il la fait fuir dans un monde faussement infini. La sexualité n'est plus alors le lieu de la transgression des limites. Non, elle confine la personne dans l'étroitesse de son corps, pour un moment fugace qui débouche sur le vide.

L'attitude du roi Achab suite au refus de Nabot est emblématique sur un plan analogique. Convoitant le terrain de son sujet, le roi essuie un refus. Frustré dans son appétit de possession et de puissance, il « s'en alla chez lui sombre et irrité. [...] Il se coucha sur son lit, tourna son visage vers le mur et ne voulut pas manger » (1 R 21, 3-4). Achab s'enferme dans sa limite et fuit toute relation authentique. Il se couche solitaire, la tête orientée – détail révélateur – vers le mur comme en témoigne une traduction littérale de la Vulgate. Il ne veut pas se détacher de son désir contrarié. Il s'y complaît dans une jouissance mortifère. Refusant le repas offert, il s'enfonce peu à peu dans une logique de mort qui le conduira finalement au faux témoignage, au meurtre par procuration et à sa propre fin : « À l'endroit même où les chiens ont lapé le sang de Nabot, les chiens laperont ton sang à toi aussi » (1 R 21, 19). Le roi, qui est par vocation au service de la Torah et de la vie, devient vecteur de mort. De même, analogiquement, la sexualité, qui est par vocation ouverture à la relation, à la transcendance et à la vie, se trouve asservie par la masturbation en instrument d'isolement, de repli et désolation. L'autoérotisme, d'un point de vue anthropologique, contrarie le déploiement de la personne, sa maturation personnelle et interpersonnelle. Qu'en est-il au point de vue psychologique ?

B. APPROCHE PSYCHOLOGIQUE

1. Une mise en œuvre particulière des pulsions érotiques

La masturbation offre une certaine forme d'expression au fantasme et à la pulsion érotique. Elle en est une mise en œuvre particulière, laquelle se caractérise par une absence d'intégration de la sexualité dans l'ensemble de la personne et de ses relations à autrui. Il y a quelque chose d'anarchique, d'irréfléchi, de « brutal », de désordonné, d'isolé et de solitaire, d'envahissant dans le comportement masturbatoire. Les pulsions érotiques et les fantasmes y sont voulus – ou à tout le moins permis et tolérés – pour eux-mêmes, de façon immédiatement autoréférentielle, sans inscription dans la dynamique globale de l'amour et de la personne. Ils sont actualisés pour eux-mêmes, à la manière d'un absolu à la fois fascinant et dérisoire.

Certes, les fantasmes font partie du matériau avec lequel chacun édifie son humanité. Tout être humain est sexué et l'imagination en est nécessairement affectée. De même en est-il pour les pulsions sexuelles qui appartiennent à la définition même de l'homme. Loin de nier ou de rejeter ces composantes de base, il convient de les intégrer dans la construction de la personne. La question est de savoir si une mise en œuvre autoérotique de ces matériaux est nécessaire, utile ou même requise à cette fin. Certains inclinent aujourd'hui à le penser. Pour notre part, nous ne partageons pas cette opinion. Ce type de comportement non seulement n'est guère requis, mais encore il freine, alourdit, opprime la maturation biologique, psychique et spirituelle de la personne humaine. Il la contrarie profondément.

La masturbation renvoie en effet à une couche archaïque de la sexualité et du désir, atemporelle et vivant en toute personnalité. Elle active pour elle-même une strate originelle de la vie fusionnelle. « Dans la vie fusionnelle, observe F. Willemot, la norme est la fusion, l'absence de toute altérité[8] », de tout conflit, de tout renoncement, de toute distanciation temporelle avec la satisfaction d'un besoin ou d'un désir, de toute histoire. La fusion exige de trouver immédiatement l'agréable et d'éviter à tout prix la tension, dans une sorte de narcissisme qui n'accorde aucune place à l'autre et à soi-même comme autre.

2. Un phénomène adolescent ?

Peut-on en déduire que ce phénomène soit une régression vers l'infantilisme ou vers l'égotisme de l'adolescence ? Une réponse affirmative insinuerait une sorte de déterminisme psychique à la masturbation durant une certaine période de la vie. « N'y a-t-il pas de l'hypocrisie adulte, se demande Albert Chapelle, à identifier quasiment la sexualité d'un enfant, d'un jeune homme, d'une jeune fille avec le comportement masturbatoire ? Celui-ci n'est pas plus structurellement lié à l'adolescence qu'à aucun autre âge de la vie, même s'il est statistiquement plus fréquent chez les adolescents que chez les adultes vivant en couple et chez qui la pulsion sexuelle s'exprime et s'actue autrement[9]. » Non, la masturbation ne se comprend pas d'abord ni de soi en référence à une tranche de vie particulière.

Les comportements masturbatoires peuvent surgir à l'adolescence, durant l'âge adulte ou même durant la vieillesse, de façon transitoire ou relativement permanente, occasionnelle ou récurrente. Ils peuvent cesser durant une période de plusieurs années et reprendre ensuite pour s'arrêter à nouveau. Ils menacent tout le monde, hommes et femmes, célibataires consacrés ou non, prêtres, gens mariés, veufs et veuves. Cette couche de la sexualité étant constitutive de chaque être humain, il n'y a pas d'âge ou d'état de vie qui soient complètement à l'abri. C'est à chaque moment de

---

8. F. Willemot, *Repères psychologiques de la culpabilité religieuse chrétienne*, Louvain-la-Neuve, 1992, p. 105-106.

9. A. Chapelle, *Sexualité et sainteté*, p. 286.

son existence que l'homme s'édifie selon sa vocation propre à partir du plus archaïque de ses pulsions et de ses fantasmes.

La sollicitation au repli sur soi dans l'agréable immédiat peut être avivée lorsque l'homme est confronté aux épreuves parfois redoutables de son existence : échecs de tous ordres, solitudes, offenses subies, violences, culpabilités – qui à certains moments peuvent générer de grandes tensions intérieures –, angoisse face à la mort, face à la perte d'un être aimé, face aux multiples difficultés de la vie en général. L'autoérotisme apparaît alors comme une résolution partielle et illusoire de ces conflits, une compensation pauvre qui, en dernière analyse, continue à enfermer la personne dans sa solitude, ses échecs et sa culpabilité.

La masturbation peut être aussi purement et simplement l'affirmation de l'appétit de jouissance pour lui-même, une sorte d'orgueil de la sensualité, une insurrection de la chair. Elle peut même être le vecteur d'une certaine révolte de l'esprit. Lieu où l'être humain expérimente conjointement sa finitude et sa transcendance, la chair est capable de revendiquer hautement – et désespérément – une indépendance illusoire. Les causes potentielles de masturbation sont donc multiples.

3. Quatre types de comportements masturbatoires

Si la masturbation n'est pas liée à un stade déterminé de la vie, il n'en reste pas moins vrai que celle-ci s'exprime différemment selon les types de conflits ou de perturbations qu'elle tente de résoudre à sa manière au cours de l'existence. Sans prétendre à l'exhaustivité, en voici quatre particulièrement significatifs[10].

1) Le comportement masturbatoire peut se développer en dehors de l'univers fantasmatique, affectif et spirituel du sujet, à un niveau essentiellement physique. La pulsion sexuelle induit alors un comportement « masturbatoire » au sens biologique du terme, non au sens éthique : la liberté n'y est guère engagée. « Dans l'absence peut-être des fantasmes, la pulsion anarchique se manifeste biologiquement, sans que le sujet puisse déterminer le sens de

10. Nous nous inspirons à ce propos de A. CHAPELLE, *Sexualité et sainteté*, p. 283-295.

ce phénomène[11]. » La personne ne peut donc pas mettre de mots sur ce qu'il lui est donné de vivre. Elle ne peut le situer, sur le plan imaginaire, affectif, éthique et religieux. Elle subit donc ce comportement sans grande culpabilité, ce qui ne veut pas dire qu'elle ne soit pas troublée, dans une certaine mesure.

2) L'autoérotisme peut se déployer également à l'intérieur d'une dynamique principalement imaginaire et affective. Il mobilise alors ces puissances pour s'en alimenter et s'en enrichir, les détournant ainsi de leur finalité respective. Un sentiment de culpabilité peut surgir à cette occasion, l'éveil de l'affectivité étant suffisant. La relation sentimentale procure à présent une « norme » par rapport à laquelle la personne peut situer son comportement sexuel. Certes, il ne s'agit nullement d'une norme éthique de l'amour de l'autre dans la vérité de la liberté. Mais, malgré son imperfection et sa carence, cette forme de norme offre tout de même une référence relativement extérieure à l'immédiateté des pulsions. Voilà que le rêveur amoureux – par exemple – ne se confine plus dans la logique narcissique des besoins de son corps et de ses fantasmes. Sa culpabilité est le signe qu'il leur reconnaît une norme : la jeune femme rêvée. En ce sens précis, l'expérience d'une certaine culpabilité peut offrir un chemin de maturation et d'intégration dela sexualité dans les dimensions affectives et imaginatives de la personne.

3) Avec les fiançailles ou les premiers vœux religieux, les représentations affectives et imaginaires reçoivent une nouvelle place. Elles sont davantage mesurées et définies par rapport à quelqu'un de réel. Il s'ensuit souvent une pacification de l'éros, une humanisation plus grande, une intégration dans un projet global de vie et d'amour. Par ailleurs, ce nouvel état engendre également une série de frustrations plus ou moins conscientes du désir, frustrations qui peuvent remettre à vif ce que la pulsion originaire de la sexualité possède d'anarchique. Car le rapport à l'aimé(e) s'avère toujours à la fois comblant et insatisfaisant au regard des requêtes pulsionnelles.

4) Le comportement autoérotique peut aussi se développer suite à la mort d'un proche ou à tout autre signe annonciateur pour le sujet de sa propre mort. Il apparaît alors à la fois comme

11. *Ibid.*, p. 287.

un acte où l'homme se complaît de façon narcissique dans son propre pouvoir sur la vie, et comme un acte où il tente de conjurer sa mortalité. Il se charge de résoudre – à sa manière illusoire – la contradiction angoissante entre l'appétit de toute-puissance et la crainte devant la contingence.

À cette angoisse de la déréliction, peut s'ajouter chez les célibataires et chez les couples privés d'enfants celle suscitée par leur impuissance à procréer, à transmettre la vie biologique. « Je m'en vais sans enfant, confie Abraham à son Dieu. [...] Un des gens de ma maison héritera de moi » (Gn 15, 2-3). Mais l'histoire ne s'arrête pas là. « YHWH le conduisit dehors et dit : "Lève les yeux au ciel et dénombre les étoiles si tu peux les dénombrer." » (Gn 15, 5).

La sexualité en ses pulsions les plus élémentaires et atemporelles est donc conviée à une trajectoire de maturation dans la personne, à tout un travail d'intégration et d'humanisation. Certes, la perspective que nous avons esquissée de façon rapide et incomplète peut se lire dans une dynamique chronologique. Mais, plus fondamentalement, elle doit s'interpréter avant tout selon une logique ontologique et structurelle : il s'agit d'abord de dimensions avant d'être des étapes. De même en est-il pour les quatre comportements masturbatoires spécifiques qui correspondent à quatre types de conflits déterminés. Ceux-ci leur fournissent à chaque fois une solution décevante, « contre-productive », contrariant intimement la maturation psychique et humaine de la personne.

C. APPROCHE ÉTHIQUE : MORALITÉ ET IMPUTABILITÉ

Cette exploration du psychisme et de certaines de ses lois offre de précieuses indications pour l'élaboration éthique d'un discours sur la masturbation, c'est-à-dire pour juger rationnellement de ce comportement par rapport au critère du bien humain intégral. Norme psychologique et norme morale se rejoignent ici pour aider, chacun selon son niveau spécifique, au mûrissement de tout l'homme. Si la masturbation blesse l'être humain dans son histoire et sa réalité psychique, elle l'atteint douloureusement aussi au cœur de sa conscience spirituelle. Le mal fait mal.

1. Moralité

Selon sa formalité morale précise, la masturbation désigne l'« excitation volontaire des organes génitaux afin d'en retirer un plaisir vénérien[12] ». Elle s'enracine dans un acte intérieur de la volonté. Sans un minimum de liberté explicite, c'est-à-dire de connaissance et de consentement, la pure matérialité d'une telle excitation est insuffisante pour être spécifiée moralement comme « masturbation ». Ainsi en est-il par exemple des « pollutions nocturnes » qui peuvent surgir lors du sommeil, ou d'actes d'excitation génitale de certaines personnes quasi complètement privées de raison ou de volonté en ce domaine.

« Dans la ligne d'une tradition constante, tant le Magistère de l'Église[13] que le sens moral des fidèles ont affirmé sans hésitation que la masturbation est un acte intrinsèquement et gravement désordonné. La raison principale en est que, quel qu'en soit le motif, l'usage délibéré de la faculté sexuelle en dehors des rapports conjugaux normaux en contredit essentiellement la finalité[14]. »

L'énoncé de la loi objective est bref. Il situe l'autoérotisme comme une expression contradictoire du sens profond de la sexualité. Ce comportement fait mentir le langage du corps et y introduit un désordre. Il le pervertit, c'est-à-dire qu'il le détourne de sa finalité. Aussi est-il incapable de promouvoir une véritable maturation de la sexualité dans l'amour. Au contraire, il est acteur de désintégration, de déconstruction, d'éclatement. Ces actes sexuels narcissiques ne sont pas référés à la vérité de l'amour. Bien plus, ils la contrarient, la combattent, la rejettent. Voilà pourquoi de tels actes considérés dans leur objectivité morale sont toujours et partout mauvais. Ils s'opposent à la « norme personnaliste » qui ordonne de ne jamais user d'autrui et de soi-même comme instrument de jouissance sensuelle.

La masturbation est moralement tout à fait différente de l'acte

---

12. CEC 2352.

13. Voir Léon IX, *Ad splendidum nitentis*, année 1054 (Dz 687-688) ; *Décret du S. Office*, 2 mars 1679 (Dz 2149) ; Pie XII, Alloc. du 8 octobre 1953, dans AAS 45 (1953), p. 677-678, et Alloc. du 19 mai 1956, dans AAS 48 (1956), p. 472-473.

14. *Persona humana*, 9 : cité *in extenso* par le CEC 2352.

conjugal. Elle n'offre pas de véritable relation. Elle ne « réalise » nullement, « dans le contexte d'un amour vrai, le sens intégral de la donation mutuelle et de la procréation humaine[15] ». Elle ne possède aucune signification unitive ou procréative. Au contraire, elle est essentiellement égocentrique et égoïste.

Notons que le *Catéchisme de l'Église catholique* ne consacre qu'un numéro pour définir l'immoralité de ce comportement ainsi que son imputabilité, sous le titre : « Offenses à la chasteté ». L'essentiel de son enseignement se situe ailleurs, à savoir dans l'étude positive de la « vocation à la chasteté ». Ce choix méthodologique manifeste l'inintelligibilité foncière de la masturbation en dehors d'une réflexion approfondie sur l'identité et la vocation de l'être humain à l'amour vrai. Pour notre part, nous avons tâché d'honorer cette perspective et cette dynamique en traitant de ce sujet après avoir considéré le mariage, le célibat pour le Royaume, la chasteté en général, la continence périodique conjugale, la sainteté malgré les dépendances sexuelles.

2. Imputabilité

Cette description objective de la masturbation et la spécification de sa moralité ne doivent pas faire perdre de vue la « loi de gradualité[16] », c'est-à-dire la manière dont les sujets moraux peu à peu, à travers ombres et lumières, tâchent de reconnaître théoriquement et pratiquement le mensonge de ce comportement et de le combattre courageusement. À côté de l'aspect objectif de la moralité, il est nécessaire d'apprécier l'imputabilité subjective et existentielle des hommes et des femmes vivant dans les vicissitudes de leur histoire personnelle, familiale, culturelle, sociale et religieuse.

Lorsqu'on considère la liberté, condition indispensable de la moralité et de l'imputabilité d'un acte, deux écueils sont à éviter : la sous-estimation de son engagement et la surestimation. Il ne faut pas trop vite penser que l'aspect volontaire d'un acte soit totalement défaillant. L'absence de responsabilité ne doit jamais être

15. GS 51 repris par *Persona humana* 9 et CEC 2352.
16. FC 34.

présumée. Ce serait méconnaître la dignité des personnes en ce domaine, la puissance de leur capacité morale à donner forme humaine à leur sensualité. Ce serait renoncer à la vérité et à l'exigence aimante de la liberté, à l'espérance d'amour qu'elle recèle, à la miséricorde qu'elle atteste.

Confesser un certain engagement de la liberté spirituelle dans la masturbation libère et permet de réagir. Il y a toujours un moment où l'homme se permet de glisser sur la pente de son attrait. Dans son trouble, il accepte de céder aux sollicitations de ses pulsions. Il consent à se laisser entraîner. Dans une certaine mesure, il choisit de s'y asservir. Il s'engage à passer à un certain agir effectif sur son corps. Reconnaître ce point est essentiel. Autrement, l'homme serait condamné à désespérer. Incapable de se réformer, il devrait abandonner toute entreprise morale en ce secteur de son être, succomber infailliblement à cette mauvaise habitude.

Par ailleurs, il ne faut pas surestimer non plus son importance. Le comportement masturbatoire peut se dérouler en dehors d'un plein investissement de l'intelligence, de la volonté, de l'affectif et de l'imaginaire, comme nous l'avons vu précédemment. La connaissance pratique n'est pas toujours élevée et le consentement entier. « Un des signes que le consentement n'est pas entier est la résistance à la tentation, à l'habitude qui, pour l'heure, apparaît encore invaincue[17]. » La volonté peut être envahie par les forces d'un désarroi intérieur, par le poids des habitudes, par une défaillance psychique. Elle peut aussi être grevée par l'immaturité psychologique. Elle peut être plongée dans des situations telles que la chasteté devient de l'ordre de l'héroïsme. Force est de constater que l'être humain est spontanément peu ordonné dans ce domaine. Cela fait partie de sa condition de fils d'Adam, marqué par la concupiscence.

En conclusion, un enseignement ferme et délicat doit veiller d'une part à aider les consciences à percevoir spirituellement la malice objective et intrinsèque du comportement masturbatoire. D'autre part, il doit contribuer à former ces mêmes consciences au discernement de leur responsabilité subjective singulière. La paix, qui passe toujours par la vérité, est à ce prix !

---

17. A. CHAPELLE, *Sexualité et chasteté II*, p. 148.

D. APPROCHE PASTORALE

Puisque la masturbation consiste en un enfermement sur soi dans la jouissance de sa limite, le salut consistera en un décentrement volontaire. Le remède est inverse au mal. À un jeune qui souhaite être libéré de ce comportement, on demandera : « Pries-tu ? Es-tu réellement engagé au service des autres dans ta vie de tous les jours ? Ton regard est-il empreint de modestie et de pudeur ? » L'ouverture à Dieu et aux autres permet d'échapper au repli sur soi. Elle conduit la sexualité à trouver sa signification profonde, à dépasser la finitude inscrite en elle. La chasteté et toutes les vertus qui lui sont connexes travaillent à cet effet.

Nous allons successivement considérer trois formes de décentrement : par rapport aux sentiments de culpabilité qui peuvent accompagner la masturbation, par rapport à l'idéal de soi et par rapport à son propre combat spirituel.

1. Décentrement volontaire par rapport au sentiment de culpabilité

La sensibilité n'est pas exclusivement constituée par les pulsions érotiques, par un appétit de concupiscence ou par une capacité de capter le bien sensible, mais également par les pulsions agressives, par un appétit irascible, par une capacité de repousser le mal sensible. Le manque de maîtrise dans un de ces domaines a des résonances dans l'autre. Le « sexe » et la « violence » ne sont pas deux réalités étrangères l'une à l'autre. Ceci se vérifie, entre autres, dans le sentiment de culpabilité.

En lui-même, ce sentiment de l'irascible est la répercussion dans la sensibilité d'un comportement ou d'un événement ressenti comme une faute, comme un péché. Il aide le sujet à discerner rationnellement la moralité de l'acte posé, à reconnaître sa responsabilité éthique, à changer de comportement et à réparer. Il est une sorte d'instinct de conservation contre le mal. Pour qu'il puisse remplir ce rôle, il faut qu'il soit accueilli et « pris en charge » par la raison et la volonté humaine informées par la foi, l'espérance et la charité. Ainsi éduqué, il est habité par la présence du Christ sauveur, comme le manifeste ce dialogue admirable de sainte Catherine de Sienne.

> « Seigneur, où étais-tu donc lorsque mon cœur était tourmenté par tant d'impuretés ?
> – J'étais dans ton cœur.
> – Ah ! Seigneur, tu es la vérité même, et je m'incline devant ta Majesté. Mais comment puis-je croire que tu étais dans mon cœur, lorsqu'il était rempli de si détestables pensées ?
> – Ces pensées et ces tentations te causaient-elles de la joie ou de la tristesse, du plaisir ou de la peine ?
> – Une grande tristesse et une grande peine !
> – Qui te faisait éprouver cette peine sinon moi qui étais caché au milieu de ton cœur[18] ? »

Sainte Catherine fait donc l'expérience d'un radical décentrement par rapport à son propre sentiment de culpabilité. Ce décentrement n'est pas automatique. Il est le fruit d'un travail conjoint de la liberté et de la grâce. Car le désordre du concupiscible – dans les « pensées » qui l'« assaillent » dans ce cas-ci, ce qui ne signifie pas encore nécessairement péché – déborde nécessairement, avec plus ou moins de violence, sur l'irascible et rend plus difficile de ce fait la maîtrise de ce dernier par la volonté. Le sentiment de culpabilité peut prendre de telles proportions qu'il peut se retourner agressivement contre celui qui l'éprouve et le mener à la détresse et au désespoir, non à la pudeur, au regret et à l'aveu.

2. Décentrement volontaire par rapport à l'idéal du moi

Le décentrement doit poursuivre sa trajectoire en prenant distance avec l'image rêvée de soi-même que toute personne élabore pour vivre. Lorsque cette image est mise en crise, la conscience est tentée de reprocher au sujet sa faillite uniquement par rapport à l'idéal qu'elle avait d'elle-même. Elle suscite alors déception, amertume, dévaluation de soi. Certes, ces reproches sont un signal à décoder : il y a « quelque chose » de mauvais qui s'est passé dans le

18. Raymond de Capoue, *Vie de sainte Catherine*, XI, 110.

sujet et qui contredit l'image que celui-ci veut avoir de lui-même, de Dieu et des autres. Mais cette image est-elle pour autant le critère ultime de jugement d'un comportement masturbatoire?

Non, une telle norme autoréférentielle demeure insuffisante. La « sincérité », quand elle est poursuivie jusqu'au bout pour elle-même, est mépris et exclusion de l'autre et de Dieu. Elle est offense à la vérité, définie traditionnellement comme adéquation entre l'objet et l'intelligence. La « faillite » du moi est d'abord faillite de l'amour dû à autrui, à Dieu et au moi. Il est offense et donc dette. « Père, j'ai péché contre le ciel et contre toi » (Lc 15, 21). Quels que soient les sentiments de découragement, de tristesse ou de dégoût dans certains cas, quelle que soit aussi l'absence de sentiments dans d'autres cas, l'issue est à rechercher non dans le moi, mais en Dieu. À la différence d'Adam et Ève qui vont se cacher lorsqu'ils entendent les pas de Dieu (Gn 3, 8), le pécheur est invité à se mettre devant Dieu, à la disposition confiante de son pardon. Cela ne signifie pas qu'il doive refuser d'évaluer sa responsabilité, mais une telle évaluation, pour être véridique, exige le renoncement à en être le juge ultime.

3. Décentrement volontaire par rapport au combat spirituel du moi

L'homme est donc « à l'étroit » dans son propre cœur. Il n'est pas sa propre mesure. Il doit se décentrer par rapport à lui-même pour se mettre face à Dieu et face au Christ, c'est-à-dire s'offrir au regard de son Créateur et Sauveur. Faisons un pas de plus. Le baptisé est inséré dans le mystère salvifique du Christ et de l'Église[19]. Il est associé à leur mission. Il y participe lorsque, avec la grâce de Dieu, par la vie de prière et la discipline personnelle, il combat pour la chasteté. De même, lorsque, étant tombé, il accepte de joindre la confession de son péché à la grande confession que le Christ, grand prêtre de l'Alliance éternelle, adresse sur la croix au Père.

« Une part du combat de l'Église pour Dieu est confiée aux personnes chrétiennes qui souffrent de blessures de l'affectivité et de la sexualité. Le combat contre les rébellions de sa propre sexualité

19. Voir chap. VI, p. 190-193.

a un sens apostolique fort, ne fût-ce déjà que de se laisser identifier avec tant d'hommes et de femmes qui souffrent des mêmes blessures. [...] Le désordre vécu n'est pas seulement un lieu d'exercice de l'ascèse et de la volonté, mais surtout et immédiatement, avant même de s'être corrigé, le lieu d'une profonde communion à ceux qui souffrent[20]. » Le chrétien est un Simon de Cyrène. Par ses souffrances offertes, il porte avec le Christ non seulement le poids de sa propre rédemption, mais également celui de ses frères et sœurs en humanité. Tel est le propre de la sainteté chrétienne qui ne sera pas donnée par Dieu dans un hypothétique futur où le comportement sexuel du fidèle serait parfaitement réglé. Non, la sainteté consiste à se laisser sauver ici et maintenant par le Christ, à participer activement à son salut et à celui des autres. Elle est toujours d'essence missionnaire.

Reprenons les propos de sainte Catherine de Sienne. Ils ont la forme d'un dialogue, non d'un monologue solitaire. Ils témoignent de la profondeur d'ouverture de son cœur à Dieu, à l'intérieur de l'expérience d'une certaine culpabilité. Tel est le secret de toute sainteté. Notons que sa liberté ne s'est peut-être pas laissé détourner par son « tourment », et que par conséquent, il peut s'agir ici plus d'un témoignage d'une chasteté en travail que d'une confession d'un péché. Sainte Catherine et surtout Dieu le savent ! Pour notre part, nous pouvons percevoir avec certitude que ce tourment est un signe de fidélité à l'amour pascal du Christ et de son Église, un signe de participation douloureuse au salut et à la sanctification du monde, un signe d'association au mystère du Christ rédempteur de tous les hommes et de tout l'homme, y compris de sa dimension charnelle, imaginative et affective.

CONCLUSION

La masturbation est-elle un comportement qui contrarie la maturation humaine de la personne ? À cette question complexe, nous avons répondu clairement par l'affirmative en recoupant quelques éléments anthropologiques, psychologiques, éthiques et

20. A. Chapelle, *Sexualité et chasteté*, p. 150.

de théologie pastorale. Cette forme d'autoérotisme ne contribue nullement au travail d'intégration de la sexualité et du corps dans l'ensemble de la personne et de ses relations avec les autres, une tâche à accomplir et à reprendre à tous les âges de la vie sous la conduite résolue de la grâce divine. Non nécessaire *de iure* et *de facto*, elle blesse en partie la personne, autrui, Dieu, l'Église[21]. Elle contribue à désocialiser et déshumaniser la sexualité. Elle s'oppose à la chasteté qui tâche d'ordonner humblement et patiemment pulsions et fantasmes à l'ordre personnaliste de l'amour et de la charité. La masturbation est en dernière analyse une sorte de « pesanteur » affectant l'« homme qui peine au don de soi[22] ». Elle contrarie le bien de la personne humaine et de son être de don appelé naturellement à transcender sa finitude.

Cette « pesanteur », plus ou moins voulue, plus ou moins tolérée, peut générer des dépendances sexuelles dont nous avons parlé au chapitre précédent. Cette superstructure – qui peut aussi affecter des personnes par ailleurs fort avancées dans le don d'elles-mêmes aux autres et à Dieu[23] – est appelée à devenir un lieu privilégié où le chrétien ouvre son existence à l'infinie miséricorde de Dieu. De ce point de vue, ces chutes transformées par le pardon – qu'elles soient répétitives ou non – demeurent intégrables à l'histoire sainte de chacun dans la gratuité et la surabondance de Dieu. Elles contribuent de cette manière surprenante à la maturation de la sexualité dans l'amour.

La miséricorde sauve donc de la désespérance, de l'acédie[24] et de l'enfermement sur soi. Elle dégage des horizons nouveaux et

21. Le baptisé en effet appartient au Christ et à son corps qui est l'Église. « Ne savez-vous pas que vos corps sont des membres du Christ ? » (1 Co 6, 15). Il ne s'agit pas d'une simple image à résonance sociale, mais d'un symbole à portée ontologique et mystique. Le chrétien est réellement « incorporé » au Christ mort et ressuscité.

22. A. Mattheeuws, *Théologie morale sexuelle et familiale*, cours polycopié donné à Paris, 2002, t. I, p. 152.

23. « Le P. Troisfontaine emploie à propos d'un cas semblable une expression précise : c'est un comportement "enkysté" – un kyste se forme à l'intérieur d'un organisme par ailleurs normal –, une sorte de phénomène extérieur à la personnalité » (A. Mattheeuws, *Théologie morale sexuelle et familiale*, p. 142).

24. Voir J.-C. Nault, *La saveur de Dieu*, Rome, Lateran University Press, 2002. Bien que l'auteur ne fasse pas explicitement le rapport, la masturbation est en partie liée à cette forme de tristesse autocentrée, de dégoût intérieur pour l'action belle et bonne, de paresse spirituelle. L'acédie « aplatit » en quelque sorte l'espérance du

inattendus, plus vastes que les étoiles du firmament. Elle guérit, restaure, assiste, guide, déploie et élève le désir dans ses aspirations infinies. Car tout désir humain, dans la gamme de ses multiples composantes, porte la trace, jusque dans son étymologie même *(de siderium)*, d'une nostalgie pour ce qui est au-delà de toute limite, la trace d'une nostalgie des étoiles *(sidera)*[25]. N'est-ce pas là toute l'histoire d'Abraham et de la conversion progressive de son espérance ? « YHWH le conduisit dehors et dit : "Lève les yeux au ciel et dénombre les étoiles si tu peux les dénombrer." » (Gn 15, 5.)

---

chrétien. Elle freine jusqu'à paralyser son dynamisme. Elle l'entraîne à renoncer à ses hautes aspirations – celles suscitées par l'attrait de la béatitude – et à se contenter de chercher son bien dans ce qui est immédiatement à sa portée, c'est-à-dire dans la « chair ».

25. A. ERNOUT-A. MEILLET, *Dictionnaire étymologique de la langue latine. Histoire des mots*, Paris, 1932, p. 897.

CHAPITRE VIII

CHEMINEMENT ÉTHIQUE : SELON QUELLE GRADUALITÉ ?

« Si tu savais le don de Dieu ! » (Jn 4, 10.)

« Évite le mal, fais ce qui est bien, chante le psalmiste. Poursuis la paix, recherche-la » (Ps 34 [33], 15). Comment progresser sur le chemin du bien et de la paix, dans la foi et l'espérance du salut qui vient de Dieu ? Les lois morales indiquent non seulement la direction générale d'une telle recherche, mais également des repères précis. Qu'en est-il des personnes qui vivent *de facto* loin d'un de ces repères ou de l'ensemble de ces repères, dans une grande pauvreté morale ? Les normes éthiques ne devraient-elles pas s'adapter à la « hauteur » de leur situation concrète en étant moins exigeantes à leur égard ? N'éviterait-on pas ainsi l'oppression d'un « idéal » trop accusateur et décourageant, surtout dans un domaine aussi sensible que celui de la chasteté ? La morale ne doit-elle pas ouvrir la voie à un cheminement réaliste et miséricordieux, veiller à ne pas générer une culpabilité exagérée ? La justice rend à chacun ce qui lui est dû. Ne serait-il pas plus juste de proposer des lois morales à plusieurs degrés ?

L'exhortation apostolique *Familiaris consortio* de 1981 parle de « loi de gradualité ». Que signifie cette expression ? Désigne-t-elle plusieurs niveaux d'exigence, fixés en fonction du vécu concret des sujets moraux, ou plusieurs « grades » dans ce vécu lui-même ? De quelle gradualité parle-t-on : celle des lois objectives ou celle des cheminements subjectifs ? La gradualité dont il est question se situe-t-elle du côté de la moralité d'un comportement ou de son imputabilité ?

Pour donner quelques éléments de réponse, nous commencerons par nous interroger sur la maturation éthique des personnes en souffrance dans le domaine de la sexualité (A). Nous étudierons ensuite la « loi de gradualité » telle qu'elle est présentée par *Familiaris consortio*, en situant son propos par rapport à deux théologiens : Karl Rahner et Bernard Häring (B). Dans un troisième temps, nous considérerons brièvement le lien entre loi de gradualité et grâce divine (C). Enfin, nous appliquerons ce que nous aurons mis en lumière à un cas concret : l'utilisation de « préservatifs » dans le but d'éviter la transmission de maladies graves (D).

A. MATURATION ÉTHIQUE DE LA SEXUALITÉ

1. Maturation éthique de la sexualité en général

La « vie sexuelle » d'un individu évolue non seulement sous l'impulsion de causes biologiques et psychiques, mais également grâce aux innombrables choix de son cœur. Ces choix peuvent aller soit dans le sens d'une humanisation, d'une personnalisation et d'une socialisation, soit dans le sens inverse. Dans le premier cas, on parle de maturation éthique qui conduit la personne au fil des jours à une certaine plénitude d'être, à la paix avec elle-même et avec autrui. Cette maturation éthique de la sexualité dans la personne se réalise à travers une patiente intégration de ses multiples composantes autour de valeurs comme l'amour de l'autre, le don de soi, la communion interpersonnelle. Elle n'est pas le fruit du hasard, mais d'actes de liberté dont le caractère volontaire est à souligner. L'homme doit prononcer librement une série de « oui » à l'amour authentique et opposer une série de « non » à l'impétuosité et l'immédiateté de ses désirs, non pour les refouler, mais pour libérer son être d'une emprise qui serait aliénante pour autrui et pour lui-même.

Ces engagements de la liberté pour la chasteté – que nous avons déjà étudiés dans les chapitres précédents – peuvent être d'autant plus rudes que les puissances du désir sont anarchiques, que leur origine est inconsciente, que leurs trajectoires sont dans une certaine mesure peu contrôlables et qu'elles sont enclines à développer des mauvaises habitudes ou des vices[1]. Le prix à payer ne

1. « L'asservissement à la passion crée l'habitude, et la non-résistance à l'habitude crée la nécessité » (saint AUGUSTIN, *Confessions*, livre VIII, 5). Celui qui se livre à la débauche rend l'exercice de sa liberté de plus en plus difficile.

doit pas surprendre. La discipline de la sensibilité, de l'imaginaire, de l'affectivité, de l'intelligence et de la volonté ne va pas sans amendements et sacrifices, sans profondes joies également. De tels choix n'ont pas à être posés de temps en temps, mais de façon continue. Dans la vie du célibat comme dans celle du mariage, la sexualité comme force, comme puissance, doit être toujours à nouveau ordonnée, orientée. Il n'est donc pas possible à la personne de mûrir comme personne sans passer par des actes libres et bons. Celle-ci y est conviée tout entière, dans toutes les dimensions de son être biologique, psychique et spirituel.

Remarquons que cette maturation n'est pas toujours aussi linéaire que l'on imaginerait à première vue. Elle peut quelquefois prendre la forme d'un étonnant tourbillon, d'une apparente stagnation, voire d'un recul ou d'une fragilisation. Et pourtant, elle n'en poursuit pas moins sa route dans le secret, sous la conduite conjointe de la liberté humaine et de l'Esprit Saint.

En effet, il ne faut pas perdre de vue que l'acquisition et l'affinement de comportements vertueux sont au service de la communion avec Dieu et avec autrui. Certes, les sentiers de la vie spirituelle impliquent une croissance morale[2]. Ne parle-t-on pas d'héroïcité des vertus chez les saints ? En Dieu, sainteté et perfection morale ne coïncident-elles pas totalement ? Chez l'homme en chemin cependant, ces deux domaines ne se confondent pas entièrement. Le second, celui de l'élévation morale, est intimement subordonné au premier, celui de l'élévation spirituelle. Les vertus éthiques, animées par la charité[3], ne sont pas des réalités qui emprisonnent l'être humain dans une maîtrise aristocratique de son « moi », dans une parfaite autopossession de lui-même et une autosuffisance pleine d'arrogance. Non, ces dispositions stables à bien agir ouvrent la personne à la relation. Elles l'éduquent intelligemment à une certaine passivité amoureuse par rapport à Dieu

---

2. Voir L. MELINA et O. BONNEWIJN (dir.), *La Sequela Christi. Dimensione morale e spirituale dell'esperienza cristiana*, Rome, Lateran University Press, 2003. L'intervention de G. ANGELINI a été traduite en français par F. Ardagna et E. Barucco : « "Soyez parfaits, comme le Père..." (Mt 5, 48). Dimensions morale et spirituelle de l'expérience chrétienne », *Nouvelle revue théologique* 128 (2006), p. 177-191.

3. La charité est « la mère de toutes les vertus et leur racine, en tant qu'elle est leur forme à toutes » (saint THOMAS D'AQUIN, ST, I-II, q. 62, a. 4).

et au prochain, à une profonde disponibilité, à un abandon confiant pour vivre une histoire d'alliance[4]. Paradoxalement, les vertus – y compris celles relatives à la sexualité – sont donc des forces qui « fragilisent », ou du moins qui rendent le chrétien de plus en plus vulnérable à l'amour de la Sainte Trinité et des autres.

2. Maturation éthique de la sexualité des personnes en souffrance

Peut-on parler de maturation éthique de la sexualité pour des individus partiellement privés de raison ou qui vivent de profondes perturbations en ce domaine ? Prenons l'exemple de certaines personnes retardées mentalement[5] et celui de l'adolescent souffrant d'une forte instabilité sexuelle.

Il y a quelque chose d'intolérable dans cette interrogation qui peine à reconnaître chez certains êtres humains une réelle capacité à choisir le bien. Toute personne, quels que soient son handicap ou ses limites, possède non seulement une histoire biologique et psychique, mais également une histoire éthique. Bien sûr, cette dernière s'exprime peut-être différemment par rapport à celle rencontrée en général. Elle n'en demeure pas moins réelle pour autant. Trop vite impressionné par les épreuves traversées par certains de nos frères et sœurs en humanité, on tend parfois à oublier, à sous-estimer ou tout simplement à ne plus percevoir l'histoire de dons et d'offenses dont ceux-ci sont les auteurs à différents degrés. Sur chacun de leur visage pourtant se reflète un cheminement tantôt obscur et ténébreux, tantôt lumineux, sculpté par des douleurs, des rejets, des révoltes, des actes mauvais, des fautes et des péchés, mais aussi par d'innombrables actes de consentements et d'offrandes, de bonté et de générosité, d'espérance et de charité.

Nul n'a le droit de faire l'impasse sur l'histoire de la liberté

4. « À l'origine du fait d'être chrétien, il n'y a pas une décision éthique ou une grande idée, mais la rencontre avec un événement, avec une Personne, qui donne à la vie un nouvel horizon et par là son orientation décisive » (DCE 1).

5. Voir O. Bonnewijn, « Prévention des MST, maturation de la sexualité humaine et la loi de gradualité : une approche éthique », dans : Ph. Caspar (dir.), *Maladies sexuellement transmissibles, sexualité et institutions*, Paris, L'Harmattan, 2003, p. 273-300.

d'autrui, sous peine de lui dénier un aspect capital de sa dignité et de réduire celui-ci à une « personne de seconde zone ». Une diminution du caractère volontaire des actes n'entraîne nullement une absence totale de volonté qui, à l'instar des plantes et des animaux, ne tolérerait aucune gradation.

Aussi, ce que nous avons dit à propos de la maturation de la sexualité humaine en général demeure valable pour les personnes retardées ou malades d'un point de vue mental, pour les adolescents instables, pour les « délinquants sexuels », pour les adultes sérieusement troublés au niveau de leur sexualité ou pour tout individu en souffrance dans ce domaine. Ces personnes ont à mener un travail lent et patient d'intégration, d'ordination, de correction et de spiritualisation de leur sexualité. Au même titre que chaque être humain, elles sont invitées à humaniser leur sexualité, à la mettre au service de l'amour et de la communion interpersonnelle. Tels sont leur droit et leur devoir les plus stricts. Le leur contester théoriquement ou pratiquement, c'est les amputer d'un élément essentiel de leur dignité d'hommes et de femmes. Elles sont des êtres humains comme les autres, avec leurs possibilités propres, leurs échecs, leurs souffrances, leurs joies et leurs victoires.

Certes, les conditions d'exercice de ce travail d'humanisation sont différentes de celles des personnes dites « normales » dans la mesure où elles rencontrent des obstacles intérieurs et extérieurs qui leur sont en partie spécifiques. Ces obstacles ne justifient cependant nullement l'abandon du respect et de la promotion de leur histoire éthique. Au contraire, ils exigent une attention particulière pour aider ces personnes à grandir sur ce plan, à leur montrer délicatement et prudemment le bien, à croire qu'elles peuvent le réaliser et à en favoriser les modalités, à ne pas les enfermer dans leurs souffrances sexuelles, dans leurs errances, dans leurs fautes et dans leurs culpabilités plus ou moins consciemment vécues.

Ceci est d'autant plus important que nous nous trouvons dans une société qui érige en modèle la sexualité en ses couches archaïques, sauvages et anarchiques. Reconnaître l'aspect régressif, marginal, pathologique, fautif et peccamineux de certains comportements sexuels est nécessaire pour libérer la personne des dérives dans lesquelles sa subjectivité s'est parfois isolée. Cette reconnaissance contribue à lui ouvrir de nouveaux horizons de croissance. Chacun doit pouvoir être intelligemment et délicatement encouragé à poser des actes bons, à vivre sa propre histoire éthique.

La question est de savoir comment. Quelle écoute, quelle attention offrir ? Quelle parole, quel conseil donner ? Quels interdits proférer, par qui et dans quelles circonstances ? Que peut-on tolérer ? Quels aménagements pratiques opérer ? Quelle attitude adopter ? Vers quelle personne relais envoyer ? Les questions qui se posent aux parents et aux éducateurs sont nombreuses[6].

B. LOI DE GRADUALITÉ

1. Lois et croissance

Les repères éthiques proposés par l'Église catholique sont au service de cette maturation universelle de la sexualité humaine. Ils expriment la vérité du bien de la personne et de la communion interpersonnelle. Cependant, l'Église en est bien consciente, il est insuffisant d'affirmer les normes sans montrer le chemin à suivre. « Experte en humanité » selon les mots de Paul VI, elle a dépensé et dépensera toujours des trésors d'énergie à écouter, à accompagner, à éduquer, à servir dans les hôpitaux, dans les prisons, dans les écoles, dans les universités et les mouvements de jeunesse, dans de multiples associations. Elle possède un immense patrimoine d'expériences en ce domaine. Plus profondément, l'Église est composée d'hommes et de femmes qui marchent sur le chemin d'humanisation de leur sexualité, qui tâchent de mettre patiemment cette dernière au service de l'amour authentique.

« Ce n'est que peu à peu que l'être humain arrive à hiérarchiser et intégrer ses tendances multiples jusqu'à les ordonner harmonieusement [...] Cette œuvre de libération, car c'en est une, est le

6. En ce qui concerne les instances éducatives en milieu psychiatrique, voir N. Diederich et T. Greacen, « Enquête sur la sexualité et la prévention du sida chez les adultes handicapés mentaux en Île-de-France », *Prévention du sida en milieu spécialisé*, Ramonville-Saint-Agne, Érès, 1996, p. 41-61 ; N. Diederich, « Respect de l'intimité et prévention du sida en milieu institutionnel : une double contrainte ? », *Actes des Journées d'études sur la vie affective et sexuelle des personnes handicapées*, Fondation Sonnenhof, Strasbourg, 6-7 mai 1999, p. 102-118.

fruit de la vraie liberté des enfants de Dieu, dont la conscience demande à la fois d'être respectée, éduquée et formée, dans un climat de confiance et non d'angoisse, où les lois morales, loin d'avoir la froideur inhumaine d'une objectivité abstraite sont là pour guider le couple dans son cheminement[7]. » Ces mots du pape Paul VI, au lendemain de la parution de l'encyclique *Humanae vitae*, expriment bien cette attention toute pastorale et pédagogique à ce que nous avons appelé la « maturation éthique de la sexualité ». Pour rendre raison de cette réalité, l'Église a parlé de « loi de gradualité ». Cette expression a fait son apparition en 1980, à la suite du synode des évêques sur la famille[8]. Le cardinal Ratzinger, qui en était le rapporteur principal, présenta la gradualité comme « une idée nouvelle du Synode, qui est depuis devenue une des perspectives permanentes, présentes dans tous les problèmes particuliers[9] ». Cette notion, que l'on rencontre déjà dans l'enseignement de l'Église sous d'autres noms, fut reprise par le pape Jean-Paul II dans l'exhortation apostolique *Familiaris consortio* au numéro 34 intitulé : « L'itinéraire moral des époux ». De quoi s'agit-il ?

Il est exclu que les lois éthiques comportent des degrés. Le bien est bien. Le mal est mal. Toutefois, chacun se dirige vers lui à un rythme différent : l'aventure de la grâce et de la liberté, qui se déroule dans des situations et des circonstances précises, diffère considérablement d'une personne à l'autre. La « loi de gradualité » désigne les lois de croissance qui commandent au développement de toute vie humaine et qui supposent le passage par des degrés encore marqués d'imperfections. « Jour après jour, écrit Jean-Paul II, l'homme se construit par ses choix nombreux et libres. Ainsi, il connaît, aime et accomplit le bien moral, en suivant les étapes d'une croissance[10]. » La loi de gradualité désigne le chemin qui graduellement conduit au respect du bien, la voie qui, d'étape en étape, mène à l'accomplissement humain promu par les normes

7. Paul VI, « Allocution aux équipes Notre-Dame », dans DC, 7 juin 1970, n° 13, p. 502-506.

8. Synode des évêques sur la famille, « Les quarante-trois propositions », *Il Regno-doc.*, 5 (1981), p. 386-397, proposition n° 7.

9. « Lettera pastorale circa il Sinodo sulla famiglia », *Il Regno-doc.*, 5 (1981), p. 163.

10. FC 9.

éthiques. Elle offre une médiation pédagogique entre vérité du bien et historicité de sa réalisation personnelle.

La mise en lumière de cette « loi » répond, sur le plan conceptuel, à une sérieuse difficulté rencontrée par l'Église. Ces trente dernières années en effet, un fossé considérable s'est creusé entre son enseignement moral et la conscience privée de nombreux fidèles, surtout en ce qui concerne l'éthique sexuelle : l'indissolubilité du mariage sacramentel, la question des divorcés remariés, les relations sexuelles hors mariage, la cohabitation juvénile, l'homosexualité, la contraception, etc. Certains chrétiens acceptent difficilement, ou n'acceptent pas du tout, les valeurs rappelées par l'Église à travers son Magistère. Ils les jugent impossibles à mettre en pratique, ou même aliénantes et déshumanisantes.

Ne risque-t-on pas de pousser les gens au désespoir en présentant un idéal qui leur apparaîtrait hors de portée, se demandent-ils ? Pis, n'y aurait-il pas un danger à les condamner à choisir le « moindre mal »[11] ? Ne serait-il pas plus juste d'adapter les normes éthiques à leurs capacités d'action ? Si la loi était intrinsèquement graduelle, si elle croissait conjointement à la conscience et aux forces morales de la personne, l'être humain en souffrance ne pourrait-il pas considérer en toute vérité comme un bien pour lui aujourd'hui ce qui serait un mal pour quelqu'un d'autre ou pour lui-même demain ? N'échapperait-il pas ainsi à la menace du « moindre mal » ? En d'autres termes, la moralité de la loi ne serait-elle graduelle ? N'existerait-il pas différentes catégories de morale, différents degrés de moralité, pour différentes catégories de personnes à tel ou tel stade de leur histoire éthique ?

À la racine de ce questionnement, se trouve une défiance vis-à-vis de la bonté intrinsèque des lois qui remonte à la nuit des temps (voir Gn 3). Ces dernières, soupçonne-t-on consciemment ou non, protègent-elles et promeuvent-elles vraiment le bien de la

11. Selon l'éthique catholique, le bien est toujours possible, quelle que soit la situation, et le mal est toujours évitable. L'être humain n'est jamais obligé de poser un acte mauvais. Il s'agit là d'une conviction et d'une « foi » anthropologique fondamentale, d'un joyau de l'espérance catholique. Selon cette vision profondément optimiste de la réalité, la théorie du « moindre mal », ou du « mal nécessaire » est inacceptable. Elle est une impasse. Nul n'est jamais contraint à mal agir. Une issue bonne est toujours possible. Voir O. Bonnewijn, « Le bien est toujours possible », dans : L. Melina et J. Noriega (dir.), *Camminare nella Luce. Prospettive della teologia morale a partire da Veritatis splendor*, p. 501-516.

personne *hic et nunc* ? Oui, répond Germain Grisez à la suite de bien d'autres. Perceptibles par chacun – avec plus ou moins de finesse –, les normes éthiques désignent les « biens humains de base » *(fundamental human goods)*, biens qui, ensemble, accomplissent intégralement l'être humain *(integral human fulfillment)*[12]. Elles indiquent que telle ou telle manière d'agir va dans le sens de la personne et de la vérité de son être de communion, ou à son encontre. Elles ne constituent donc pas des repères relatifs à la conscience en devenir, ou des repères purement formels qui visent exclusivement une direction générale, ou des repères consensuels adoptés au terme de diverses procédures, ou des repères arbitraires d'une volonté supérieure tyrannique, ou encore des repères élaborés par des calculs qui mettraient en équation les conséquences positives et négatives des actes à poser.

Certes, ces règles morales sont affectées d'un coefficient historique et culturel. Elles doivent tenir compte de différents points de vue, de certaines conséquences prévisibles et de ce que chaque situation a d'unique. Mais cela ne les empêche pas de transcender ces éléments, pour rejoindre, protéger et promouvoir l'égale dignité de tous les êtres humains, sans distinction d'âge, de sexe, de race, de condition sociale ou de santé. En oubliant ou en suspectant cette identité profondément humaine et humanisante des lois morales, l'homme se livre à l'arbitraire de sa subjectivité, à son errance et à ses dérives. Il évalue les lois à partir de son seul point de vue, de ses propres conditions de maturité, de ses seules capacités.

2. Karl Rahner et Bernard Häring

Cette difficulté de fond, à laquelle tente de répondre la notion de « loi de gradualité » élaborée dans *Familiaris consortio*, trouve une expression théorique particulièrement intéressante chez Karl Rahner et Bernard Häring[13].

12. G. GRISEZ, *The Way of the Lord Jesus. Christian Moral Principles*, Chicago, Franciscan Herald Press, 1983, p. 115-140.

13. Voir L. MELINA, « La question théologique, éthique et pastorale : aperçu historique et situation actuelle », dans COLLECTIF, *Gradualité de la loi et loi de gradualité*, Actes polycopiés d'un colloque tenu au séminaire d'Ars en France, octobre 1993, p. 3-27.

La perspective du grand théologien jésuite est essentiellement épistémologique. Il s'intéresse surtout à la manière de connaître la réalité. Il considère moins les valeurs « objectives » que la façon dont celles-ci sont appréhendées. Il distingue d'un côté une connaissance purement « théorique », « informative » des valeurs, et d'un autre leur « reconnaissance vitale » par les consciences, leur reconnaissance existentielle dans la vie de chacun *(Werterkenntnis)*. Selon Karl Rahner, seul ce deuxième niveau est normatif en définitive. Pour lui, il n'y a pas de faute subjective dans la transgression d'une norme que l'individu « connaîtrait » peut-être, mais qu'il ne pourrait « reconnaître » selon ce que lui dicte sa « conscience en phase d'évolution ». En d'autres termes, cette conscience « graduelle » ou en étape de maturation apparaîtrait comme le critère suffisant de la moralité d'un acte[14]. Ceci serait valable au niveau de chaque individu, comme à celui d'un groupe d'individus à un moment donné de son histoire.

La perspective du rédemptoriste allemand est plus normative. Bernard Häring commence en effet par considérer les commandements qu'il classe en deux catégories, ces dernières étant à la source de deux types de modèles éthiques : la morale des « commandements limites » *(Grenzgebote)* et la morale des « commandements cibles » *(Zielgebote)*[15]. La première se caractérise par un ensemble d'interdictions et de limites à ne pas franchir. Elle est essentiellement négative et a dominé selon lui la science morale avant le concile Vatican II. La seconde en revanche propose des idéaux, plus ou moins précis, plus ou moins déterminés, qui stimulent l'inventivité de la conscience individuelle dans les diverses situations où elle est engagée. Elle offre à la conscience adulte plus des « orientations fondamentales » *(Grundanliegen)* que des « déterminations concrètes » *(konkrete Weisungen)*.

Bernard Häring opte résolument pour le second système de moralité organisé autour des « commandements cibles ». Il rejoint ainsi Karl Rahner en accordant lui aussi la primauté à la

---

14. Voir A. RÖPER, *Objektive und Subjektive Moral. Ein Gesprach mit K. Rahner*, Fribourg-en-Brisgau, Herder, 1971.

15. B. HÄRING, « Norma e libertà », dans : K. DEMMER et B. SCHÜLLER (dir.), *Fede cristiana e agire morale*, Assise, 1980, p. 201-230 ; « Pastorale Erwägungen zur Bischofssynode über Familie und Ehe », *Theologie der Gegenwart*, 24 (1981), p. 71-80.

conscience qui chemine et croît au fil des situations particulières. En toute logique, il attribue à la conscience le pouvoir de déclarer licite pour elle ce qui serait illicite dans les cadres d'une morale des « commandements limites ». La loi de gradualité est ainsi érigée en norme ultime. La gradualité subjective devient une caractéristique essentielle et déterminante de la loi morale « objective ».

Ces deux auteurs ont donc pris le parti de la conscience en devenir. Sans doute était-il utile de rappeler les aspects créatifs, graduels et concrets de la conscience personnelle. On ne soulignera jamais assez l'importance de la responsabilité de chaque être humain en ce domaine. Mais fallait-il pour cela refuser les lois dans leurs déterminations concrètes ou, c'est la même chose, subordonner celles-ci à la conscience individuelle en devenir, instituant en dernière analyse la « loi de gradualité » en juge ultime de la moralité d'un acte ?

Certes, Bernard Häring et Karl Rahner admettent volontiers, chacun à sa manière, une valeur transcendante à la loi, que ce soit celle des « commandements cibles », ou que ce soit celle des normes « existentiellement reconnues ». Ils sont également convaincus de leur valeur humanisante. Cependant, ne finissent-ils pas par évaluer la moralité d'un acte déterminé – c'est-à-dire sa bonté et sa malice intrinsèque – principalement à partir de la loi de gradualité du sujet éthique en devenir, et non pas d'abord à partir des commandements comme tels ? Ces derniers n'ont-ils pas été partiellement vidés de leur contenu concret et ne sont-ils pas devenus par conséquent trop formels pour remplir efficacement ce rôle ?

3. Loi de gradualité et gradualité de la loi

Dans l'exhortation apostolique *Familiaris consortio*, la référence de la moralité d'un acte est incontestablement située du côté des lois, non du côté de la conscience qui vise ces lois. « Ce qu'on appelle la "loi de gradualité" ou voie graduelle, écrit Jean-Paul II, ne peut s'identifier à la "gradualité de la loi", comme s'il y avait dans la loi divine des degrés et des formes de préceptes différents selon les personnes et les situations diverses[16]. » La notion de gradualité s'applique au cheminement existentiel de croissance des

16. FC 34.

sujets et non à la loi elle-même. Le terme « loi » est donc utilisé dans un sens analogique. Il ne désigne nullement le pôle objectif de la loi morale – comme dans l'expression « gradualité de la loi » –, mais le pôle subjectif de l'itinéraire des individus. Là se trouvent, selon nous, la racine de bien des confusions conceptuelles et la raison vraisemblable de la non-reprise de cette expression dans les documents magistériels ultérieurs.

Concernant l'itinéraire moral des personnes mariées, Jean-Paul II écrit : « Les époux, dans la sphère de leur vie morale, sont eux aussi appelés à cheminer sans se lasser, soutenus par le désir sincère et agissant de mieux connaître les valeurs garanties et promues par la loi divine, avec la volonté de les incarner de façon droite et généreuse dans leurs choix concrets. Ils ne peuvent considérer la loi comme un simple idéal à atteindre dans le futur, mais ils doivent la regarder comme un commandement du Christ Seigneur leur enjoignant de surmonter sérieusement les obstacles[17]. »

Ces propos, nous devons les appliquer directement à l'itinéraire éthique de tout homme, de tout adolescent. Chacun est invité à mettre courageusement en œuvre, dans le domaine sexuel comme dans les autres domaines, le bien moral intégral. Il n'existe pas de groupe humain particulier auquel serait réservée une « sous-morale », ou une « éthique intermédiaire ». Le bien, parce qu'il est bien, ne souffre aucune exception[18]. Il n'y a pas plusieurs échelles de moralité. La loi de gradualité n'est pas une gradualité de la loi. Elle ne s'oppose pas à la loi morale. Elle ne s'y substitue pas non plus. Elle rend humblement raison du caractère temporel et pédagogique de l'« histoire éthique » des êtres humains.

C. EXIGENCE DE LA LOI DE GRADUALITÉ ET GRÂCE DIVINE

1. Volonté et imputabilité

L'exigence à laquelle est appelée la loi de gradualité – c'est-à-dire la volonté humaine en devenir – est donc très élevée. Pour éviter

17. FC 34.

18. Voir la critique de la morale des exceptions et du « moindre mal » par Ph. CASPAR, *Éthique et handicap : de l'illusion des discours à la confusion des pratiques*, Actes du colloque du 22 avril 1998, Morges (Suisse), p. 80-82.

de voir de la « dureté » là où elle ne se trouve pas, il faut toujours et encore distinguer entre la moralité d'un acte et l'imputabilité de celui qui en est la cause. Un acte moralement mauvais peut n'être que faiblement imputable à son auteur, à condition que la volonté de ce dernier, sa connaissance et son consentement ne s'y trouvent que faiblement engagés.

Il est clair que les pathologies psychiques ou l'instabilité comportementale dont souffrent certains adultes et adolescents – pour reprendre les deux exemples évoqués précédemment – ont des répercussions plus ou moins importantes sur la volonté de ceux-ci, sur l'exercice de leur liberté. Leur responsabilité éthique peut donc s'en trouver considérablement amoindrie, voire annihilée dans certains cas[19].

On peut dire la même chose pour un couple qui pratique la contraception sous la pression d'éléments intérieurs et extérieurs : une ignorance pratique actuellement invincible par exemple, ou l'ambiance culturelle, ou des circonstances professionnelles qui éloigneraient périodiquement les conjoints l'un de l'autre, etc. Cela ne signifie pas pour autant que le comportement contraceptif ne soit pas objectivement mauvais d'un point de vue éthique. Une diminution de l'imputabilité d'un acte n'entraîne pas la diminution de son objectivité morale. La loi n'est pas graduelle en fonction de la vie des individus.

2. Nécessité de la grâce divine

Le bien promu par la loi n'est donc pas seulement à espérer, il est à réaliser dans des choix concrets qui peuvent sembler hors de portée des forces humaines. Pour répondre à cette difficulté, il faut nous situer sur le terrain proprement théologique où la notion de « loi de gradualité » a vu le jour et méditer la pédagogie morale du Christ.

« La méthode éducative employée par Jésus envers ceux qui se sont mis à le suivre, écrit Livio Melina, se montre diamétralement opposée à une pédagogie rationaliste qui programmerait des étapes diversifiées d'apprentissage et de croissance, évaluées en

19. Voir CEC 1735.

fonction des capacités grandissantes des disciples. D'après les Évangiles, le cheminement des disciples à la suite du Maître est plein de ruptures et de chutes. Les évangélistes semblent se complaire à mettre en évidence l'incompréhension croissante des disciples vis-à-vis des exigences radicales de Jésus[20]. »

Les textes montrent en effet comment Jésus conduit ses disciples à reconnaître leur incapacité à observer la loi par leurs seules forces. « Pour les hommes, c'est impossible, mais pour Dieu, tout est possible » (Mt 19, 25). L'impossibilité même dans laquelle se trouve le sujet moral à accomplir le bien oblige celui-ci à appeler la grâce divine à son secours pour se convertir, pour rejeter totalement le péché et pour « aller peu à peu de l'avant », en « se laissant conduire toujours plus loin[21] ». « Ce n'est que dans la grâce, reconnaît le cardinal Jean-Marie Lustiger, dans l'humble accueil du don de la présence du Seigneur, que le commandement de Jésus n'apparaît plus comme une terrible exigence qui fait mourir, mais comme un don de vie[22] » hautement désirable.

> Quelle merveille, tes exigences,
> aussi mon âme les garde !
> Déchiffrer ta parole illumine,
> et les simples comprennent.
> La bouche grande ouverte, j'aspire,
> assoiffé de tes volontés.
> Aie pitié de moi, regarde-moi :
> tu le fais pour qui aime ton nom.
> Que ta promesse assure mes pas :
> qu'aucun mal ne triomphe de moi !
> Rachète-moi de l'oppression des hommes,
> que j'observe tes préceptes.
> Pour ton serviteur que ton visage s'illumine :
> apprends-moi tes commandements.
>
> (Ps 119 [118], 129-135.)

---

20. L. MELINA, « La loi de gradualité : questions pédagogiques et pastorales », dans : J. LAFFITTE et L. MELINA, *Amour conjugal et vocation à la sainteté*, p. 221.

21. Voir FC 9.

22. J.-M. LUSTIGER, « Gradualità e conversione », dans COLLECTIF, *« Familiaris consortio »*, Cité du Vatican, 1982, p. 31-57.

3. Nécessité de la « grâce » de l'entourage

Cette lumière théologique sur la loi de gradualité est source de joie et d'espérance pour ceux et celles qui ont découvert le Christ, son amitié, sa puissance salvifique, sa miséricorde. Mais qu'en est-il pour ceux et celles qui ne le connaissent pas ? Qu'en est-il pour ceux et celles qui sont perturbés sur le plan religieux, tout en étant foncièrement « de bonne volonté » ? Le Christ, qui veut que chacun parvienne au salut (1 Tm 2, 4), agit invisiblement par sa grâce dans le cœur des adultes et des anciens, des jeunes et des enfants de bonne volonté[23]. « Puisque le Christ est mort pour tous (voir Rm 8, 32) et que la vocation de l'homme est réellement unique, à savoir divine, nous devons tenir que l'Esprit Saint offre à tous, d'une façon que Dieu connaît, la possibilité d'être associé au mystère pascal[24]. » Chacun est donc rejoint discrètement par Dieu au plus intime de lui-même.

Les médiations de la grâce sont innombrables, comme les sources qui fertilisent la terre. Parmi celles-ci, notons la bonté, l'amitié, la loyauté, la compétence éducative, l'attention de l'entourage, quelles que soient par ailleurs les convictions religieuses des personnes concernées. « J'ai eu soif et vous m'avez donné à boire, j'étais un étranger et vous m'avez accueilli, nu et vous m'avez vêtu, malade et vous m'avez visité, prisonnier et vous êtes venus me voir » (Mt 25, 35-36).

La loi de gradualité peut donc être puissamment assistée par la grâce d'un « milieu porteur ». La présence d'une communauté aimante, attentive, confiante et montrant humblement l'exemple entraîne à la constance et à la croissance dans le don authentique de soi. Elle offre à la maturation éthique de la sexualité dans l'amour vrai son « terreau » adéquat et pratiquement indispensable. En ce sens, nous pouvons parler de l'humanité « gracieuse » de l'entourage. Pour surmonter victorieusement les obstacles auxquels les personnes en souffrance doivent faire face, celles-ci doivent être entourées et aidées par une véritable communauté de personnes, agissant dans une juste et intelligente collaboration les unes avec les autres.

---

23. Voir GS 22, 5.
24. *Ibid.* ; voir aussi LG 16.

Le magnifique témoignage de Jean Vanier, fondateur des communautés de l'Arche qui accueillent des personnes handicapées, est révélateur, emblématique et prophétique à ce sujet. « Je suis émerveillé, écrit-il, de voir comment cette vie communautaire mixte, pleine d'activités intéressantes et d'une vie relationnelle aimante et célébrante, est source d'équilibre pour beaucoup de personnes avec un handicap, comme elle est une source d'intégration de leur vie sexuelle. Des hommes et des femmes qui ont vécu toutes sortes d'expériences sexuelles à l'hôpital psychiatrique et qui ont été profondément perturbés par elles, retrouvent peu à peu leur équilibre. Tout cela me confirme que l'activité sexuelle génitale, coupée d'une vie de communion de cœur et d'esprit permanente et profonde est source de division dans l'être humain et qu'une vie de communion de cœur et d'esprit permanente et profonde est source d'unité, d'équilibre et d'intégration des désirs et des fantasmes sexuels[25]. » La vie communautaire, quand elle est bien vécue, est essentiellement une vie de relations, de communion, de tendresse, d'écoute et d'amitié. Elle est « une école du cœur[26] ». Se savoir aimé et aimer de retour transfigure la vie.

Faisons un pas de plus. Il nous semble aussi important, dans la mesure du possible, d'encourager une vie de communion avec Dieu, origine et terme de la personne. Il ne s'agit nullement d'imposer des idées religieuses à qui que ce soit, mais de favoriser simplement l'accès de chacun à son Créateur et à son Sauveur. La rencontre personnelle et fréquente avec le Christ, notamment à travers la vie sacramentelle, donne au chrétien une aide incomparable, qui le déculpabilise, l'unifie et le pacifie dans sa marche vers le bien.

D. LOI DE GRADUALITÉ ET TOLÉRANCE DU PRÉSERVATIF

Histoire éthique, maturation morale de la sexualité, loi de gradualité, grâce divine, telles sont les bases de toute éducation. Dans ce quatrième point, nous allons brièvement observer comment ces réalités contribuent à répondre à une question pratique posée par la prévention des maladies sexuellement transmissibles : l'utilisa-

25. J. VANIER, *Toute personne est une histoire sacrée*, Paris, Plon, 1995, p. 223.
26. *Ibid.*, p. 222.

tion du préservatif[27]. Nous resterons dans un premier temps à un niveau assez général. Nous proposerons ensuite un bref discernement particulier.

1. Dans le cadre du rapport éducatif en général

Selon l'anthropologie et l'éthique chrétienne, les relations sexuelles trouvent leur vérité et leur signification dans la communion d'amour entre un homme et une femme mariés[28]. En dehors, elles sont illicites. En dehors de l'alliance conjugale, le bien de la personne est à découvrir dans le célibat et la continence sexuelle. Telle est la loi morale valable toujours, partout et pour tout le monde : « Tu ne commettras pas d'adultère » (Ex 20, 14 ; Dt 5, 17). Il convient d'aider chacun à percevoir intérieurement cette loi de vie, à la faire sienne et à atteindre effectivement ce bien.

La grâce divine ne fait jamais défaut à cet effet. « Dieu ne commande pas des choses impossibles, écrit saint Augustin, mais en commandant il t'invite à faire ce que tu peux et à demander ce que tu ne peux pas[29] » et « il t'aide à pouvoir », précise le concile de Trente[30]. « Ses commandements ne sont pas pesants » (1 Jn 5, 3), « son joug est doux et son fardeau léger » (Mt 11, 30). « Dans certaines situations, l'observation de la Loi de Dieu peut être difficile, très difficile, elle n'est cependant jamais impossible. C'est là un enseignement constant de la Tradition de l'Église[31]. »

---

27. Les principaux documents du Magistère de l'Église catholique à ce sujet sont les suivants : Lettre des ÉVÊQUES AMÉRICAINS, « Appel à la compassion et à la responsabilité à l'égard des personnes atteintes du sida », dans DC 1958 (1988), p. 311-319 ; JEAN-PAUL II, Discours au congrès international sur le sida, dans DC 1998 (1990), p. 56-59 ; JEAN-PAUL II, Discours à Kampala (Ouganda), dans DC 2068 (1993), p. 261-262. Voir aussi T. ANATRELLA, *L'Église et l'amour*, Paris, Flammarion, coll. « Champs », 2000. La première partie est intitulée : « Du préservatif à l'amour : de quoi parle-t-on ? » La seconde partie, « Les malentendus de l'amour », analyse les campagnes de prévention contre le sida. Les pages 291 à 296 contiennent une table complète des documents magistériels romains et français, classés chronologiquement.

28. CEC 2331-2400 ; 2514-2533.

29. Saint AUGUSTIN, *De natura et gratia*, 43, 50 (CSEL 60, 270).

30. Session VI, Décret *Cum hoc tempore*, chap. 11, dans Dz, n° 1536.

31. VS 102.

La loi de gradualité invite à mettre en œuvre un projet éducatif adapté en ce sens. Tout en tenant compte de l'histoire biologique, psychique et éthique de ceux et celles à qui il s'adresse, un tel projet est appelé à se déployer selon une perspective pleinement humaine, refusant de végéter dans une sorte d'éthique « au rabais » ou d'éthique « des exceptions ». Il doit s'attaquer de façon réaliste aux obstacles internes et externes qui entravent la liberté intérieure et extérieure des sujets. Il doit promouvoir activement non seulement tout ce qui favorise le développement de la chasteté, mais également celui de valeurs comme la pudeur, le respect de soi et de son corps, le respect des autres, de leur bien et de leur propriété, la politesse, la modestie, la délicatesse, la générosité, le don de soi, l'amitié.

L'accompagnement humain est décisif sur cette voie. Le renoncement aux relations sexuelles en dehors du mariage et aux comportements auto-érotiques est un acte qui doit être consenti, réfléchi, décidé et voulu à plusieurs reprises. Certes, à cette tâche éminemment personnelle, nul ne peut se substituer. Mais sans la « grâce » de l'entourage, elle nous paraît presque impossible.

Cette éducation, qui est bien davantage qu'une simple information, nécessite l'interdiction de certains comportements déviants et déshumanisants. Elle ne doit pas pour autant empêcher tous les maux à n'importe quel prix. Certes, il y a sans doute des limites à ne franchir en aucun cas. Mais il est parfois opportun de tolérer certains maux, sous peine d'en amener de plus graves encore. Par ailleurs, il s'agit d'éduquer un être humain à exercer sa propre liberté. Il est donc juste d'aménager un certain « espace » d'erreurs possibles, de fautes et de péchés potentiels, ces espaces devant être proportionnés au sujet en question et aux instances qui en ont la responsabilité éducative. « L'amour prend patience » (1 Co 13, 4), comme en témoigne le père du fils prodigue (voir Lc 15, 11).

Pour un certain nombre de personnes, la continence sexuelle demeure malgré tout très difficile à réaliser dans les conditions actuelles de leur existence. Le danger de contracter ou de transmettre une grave maladie de cette manière est réel. Pour éviter d'ajouter un mal à un autre mal, il peut s'avérer nécessaire de trouver un moyen. Parmi les moyens techniques possibles – ce qui ne signifie pas sûrs à cent pour cent –, il y a le « préservatif ».

« L'usage des préservatifs ne constitue pas une malice morale spécifique, écrit Albert Chapelle, s'il évite seulement certains effets de gestes sexuels déjà privés, parce que posés hors mariage, de leur fin et de leur perfection propres. Sans excuser de leur malice morale les gestes qu'il accompagne, l'usage de ces "moyens prophylactiques" a pour objet d'empêcher un comportement extra-matrimonial, donc immoral, de porter tous ses effets mauvais (ainsi la transmission d'une maladie mortelle)[32]. » Il ne s'agit nullement ici d'un moindre mal. Si une personne transgresse le commandement : « Tu ne commettras pas d'adultère », qu'elle décide au moins de ne pas transgresser un second commandement qui n'est pas moins important : « Tu ne tueras pas » ! À un acte moralement mauvais (rapports sexuels illégitimes), qu'elle n'ajoute pas un second acte mauvais (risque de communication de maladies graves).

Selon le cardinal Jean-Marie Lustiger, « la fidélité est possible. Tout véritable amour doit apprendre à vivre la chasteté non dans la frustration, mais dans la liberté. Ceux qui n'y parviennent pas doivent, en utilisant d'autres moyens, éviter le pire : ne donnez pas la mort. » « Un pis-aller, le préservatif ? », lui rétorque un journaliste. « Un moyen de ne pas ajouter au mal un autre mal », répond le cardinal[33].

Les éducateurs ne doivent pas pour autant encourager la prolifération des préservatifs, en installant des boîtes de distribution automatique par exemple. Une telle politique risque pratiquement d'être perçue comme une incitation à la débauche. De plus, elle augmente la probabilité qu'une personne infectée, en se fiant à cet usage ouvertement encouragé et pas totalement sûr, transmette malgré tout cette maladie. Il nous semble donc plus juste d'intégrer la question du préservatif dans le dialogue privé entre la personne en souffrance et l'éducateur ou le médecin. Ces derniers veilleront, de façon réaliste et délicate, à ne jamais fermer la porte au plus grand amour et ce, en vertu même de la loi de gradualité.

Ceci n'est pas sans susciter bien des questions chez les éducateurs : « Ai-je le droit de m'occuper de la vie sexuelle de la personne dont j'ai la responsabilité et, si oui, jusqu'à quel point ? Comment respecter le "principe d'intimité" ? Que faire en cas de conflit avec les parents qui auraient d'autres opinions sur le sujet ? » Nous ne

32. A. CHAPELLE, *Sexualité et chasteté II*, p. 273.
33. J.-M. LUSTIGER, « L'heure de l'Église », *L'Express*, 9 décembre 1988, p. 75.

voulons pas ici ouvrir un débat qui devrait être mené pour lui-même et tenir compte des situations concrètes. Signalons simplement que le principe de subsidiarité, auquel la morale sociale catholique fait souvent appel, peut offrir une piste intéressante à ce propos.

2. Dans le cadre du rapport éducatif parental

Si les éducateurs sont les parents d'un jeune adolescent, que dire ? Que faire ? Que ne pas dire ? Que ne pas faire ? Répondre *in abstracto* relève de l'impossible. Tant de paramètres interviennent dans le discernement à opérer en couple si possible : l'âge du jeune, le type de relation que celui-ci entretient pour l'instant avec sa famille, son passé, son caractère, son entourage, le climat familial, scolaire et social, le type de vie que mènent ses parents, etc.

De façon générale, il ne nous semble pas juste qu'un père ou qu'une mère s'intéresse de trop près à la vie sexuelle de leurs adolescents et de leurs adolescentes. La discrétion et l'effacement sont de mise. Cela ne signifie nullement que les parents soient invités à démissionner en ce domaine et à ignorer cet aspect important de la vie de leur fils ou de leur fille. Ils doivent demeurer à l'écoute profonde de leur enfant qui devient peu à peu adulte. Mais, pour notre part, il nous semble déplacé qu'ils abordent trop immédiatement avec leur adolescent des questions concernant l'intimité sexuelle de celui-ci. Beaucoup de choses peuvent par ailleurs être transmises de façon « indirecte », en échangeant autour d'un repas familial par exemple, à propos de tel ou tel sujet d'actualité, ou de telle personne vivant dans telle situation.

Parfois, le jeune lui-même peut émettre un signal plus ou moins explicite à l'intention de ses parents concernant des questions ou des difficultés d'ordre sexuel. Dans ce cas, une discussion plus directe est sans doute souhaitable, tout en sauvegardant une grande délicatesse : tout ne doit pas nécessairement être dit ou même su. Parfois, un événement majeur ou une série de petits événements peuvent alerter les parents et leur révéler un comportement inquiétant chez leur adolescent ou leur adolescente. Dans ce cas également, une discussion plus directe peut s'imposer.

Dans certaines situations « dangereuses », un père peut-il légitimement inciter son fils à mettre un préservatif, ou même glisser subrepticement dans sa valise un tel moyen de « protection » ? Un psychanalyste aurait sans doute beaucoup à dire sur la portée de cette injonction ou de ce geste, tout comme sur la portée d'une mère qui s'occuperait personnellement de la contraception de sa fille. Le rôle des parents est d'engendrer et d'appeler continuellement leur enfant à la vie ainsi qu'au bien. Quelle que soit parfois leur propre angoisse – bien compréhensible au demeurant –, ils ne peuvent se résoudre à une préoccupation minimaliste et subtilement désespérante de protection sanitaire. Comment un fils pourrait-il acquérir confiance en lui et grandir en humanité s'il se sent regardé par son propre père uniquement sous cet aspect ? Ses forces morales ont besoin d'être éveillées, révélées, « balisées », soutenues, félicitées, relevées. Pour croître, il a un besoin vital de s'entendre dire : « Plus est en toi ! » Comme le fils prodigue de la parabole évangélique (Lc 15, 11), il doit pouvoir se souvenir si nécessaire qu'il a une maison et un père qui guette son retour.

Dans certaines situations, un parent peut tout au plus rappeler à son enfant le devoir de se protéger et de protéger autrui contre les maladies sexuellement transmissibles. Mais il ne nous semble pas qu'il puisse aller plus loin, en conseillant tel ou tel moyen par exemple, et encore moins en fournissant lui-même des préservatifs : d'autres personnes s'en chargeront. Quoi qu'il en soit, le cœur de ce que le jeune doit percevoir, entendre et comprendre ne peut se situer à ce niveau.

CONCLUSION

« Jésus arrive à une ville de Samarie appelée Sychar [...]. Là se trouve le puits de Joseph » (Jn 4, 5-6). La Samarie est la terre des idoles, de la division et de la confusion. C'est également une terre où se trouve un puits près duquel Jésus s'assied. Arrive une femme pour puiser de l'eau. Elle a eu cinq maris et l'homme avec qui elle vit actuellement n'est pas son mari. Elle a fait l'expérience douloureuse d'au moins cinq ruptures. Cinq fois, elle a été abandonnée ou elle a abandonné son compagnon. Et l'union dont elle s'est accommodée pour l'instant semble bien précaire. Elle ne peut manquer de se demander en son for intérieur, de façon plus ou moins consciente : « Suis-je vraiment aimable ? Suis-je capable d'aimer ? » Elle s'est peut-être résignée à une vie décevante, faite de relations qui ne durent pas, jusqu'au jour où elle se retrouvera définitivement seule. Elle passe de mari en mari, de concubin en concubin.

Cette femme instable rencontre Jésus au bord du puits. Le Christ fait soudain irruption dans sa vie. Il se présente à elle comme un pauvre, comme un mendiant : « Donne-moi à boire » (Jn 4, 7). Il s'engage alors avec cette femme dans un dialogue bouleversant. À partir de son quotidien sensible – puiser de l'eau à la « sixième heure » (Jn 4, 6), à midi, à l'heure la plus chaude de la journée, à l'heure à laquelle elle ne risque pas de rencontrer les autres femmes –, il conduit la Samaritaine de question en question à une découverte graduelle de son identité profonde et du regard de Dieu posé sur elle : « Si tu savais le don de Dieu et qui est celui qui te dit : “Donne-moi à boire” » (Jn 4, 10). Jésus, avec une infinie douceur et une détermination sans faille, guide peu à peu cette femme à la source de son cœur blessé, en deçà même de ses dérèglements relationnels. Il l'aide à percevoir en elle ce qu'elle-même ne pouvait sans doute plus percevoir. Il lui rend accès à elle-même et à Dieu. Il restaure graduellement son désir.

Dans cette lumière qui guérit, la Samaritaine n'a pas peur de reconnaître la vérité de sa vie avec une déconcertante simplicité : « Je n'ai pas de mari » (Jn 4, 17). Jésus lui révèle alors l'altitude de sa vocation : « L'heure vient – et nous y sommes – où les vrais adorateurs adoreront le Père en esprit et en vérité » (Jn 4, 24). Il lui confie de façon immédiate et privilégiée qu'il est le Messie : « Je le suis, moi qui te parle » (Jn 4, 26). Il n'éprouve pas le besoin d'attendre plusieurs années, comme ce sera le cas pour tant de disciples.

« La femme alors, laissant là ses cruches, courut à la ville et dit aux gens : “Venez !” » (Jn 4, 28-29). Elle réintègre la communauté. L'histoire ne raconte pas que la Samaritaine a réussi à faire tout de suite le tri entre le bon grain et l'ivraie dans le champ de sa vie. Elle ne dit pas non plus qu'elle a été instantanément libérée de tout désordre moral. Peut-être lui a-t-il fallu encore de longues années de cheminement. Peut-être même n'a-t-elle jamais été totalement « guérie ». Qu'importe, dans l'élan joyeux de sa jeunesse retrouvée, elle court annoncer : « Venez ! » Elle n'est nullement découragée, abattue ou « culpabilisée » par le rappel de sa situation douloureuse. « Tu as raison de dire : “Je n’ai pas de mari”, lui déclare le Christ ; car tu as eu cinq maris et l’homme que tu as maintenant n’est pas ton mari ; en cela, tu dis vrai » (Jn 4, 18). Cette parole de vérité, plus tranchante qu’un glaive, contribue à libérer en elle une espérance qu’elle pensait peut-être éteinte à tout jamais.

Pour accompagner l’itinéraire spirituel et éthique de cette femme, le Christ sauveur respecte donc la loi de gradualité. Il allie la pédagogie des « petits pas » à la plus haute exigence dans la réalisation du bien à accomplir, infiniment confiant dans la grâce de Dieu : « Si tu savais le don de Dieu. » Il pose sur cette femme, et à travers elle sur chaque personne, un regard qui éveille ce qu’il y a de bon en elle. Il fait patiemment appel à ce qu’elle porte de meilleur, aussi blessée et désabusée soit-elle. Il n’y a pas de secret : seul l’amour éduque ! Seule la charité qui « croit tout et espère tout » (1 Co 13, 7) peut réellement conduire une personne à se convertir peu à peu à la joie d’aimer et de se laisser aimer en toute vérité.

CHAPITRE IX

AVORTEMENT : JAMAIS, NULLE PART, EN AUCUNE CIRCONSTANCE ?

« J'étais encore inachevé, tes yeux me voyaient » (Ps 139 [138], 16).

Même si de facto le nombre d'avortements réalisés chaque jour dans le monde est extrêmement impressionnant, une telle pratique apparaît au commun des hommes comme quelque chose qu'il vaut mieux éviter dans la mesure du possible. Cependant, entend-on, l'avortement n'offre-t-il pas la moins mauvaise « solution » à certaines situations difficiles ? Une telle intervention n'est-elle pas parfois licite et bonne, ou est-elle une action intrinsèquement mauvaise, c'est-à-dire une action jamais bonne, nulle part, en aucune circonstance ? « L'avortement, non, sauf dans tel ou tel cas » ou « l'avortement non, en aucun cas » ? La littérature à ce sujet est abondante et témoigne de bien des combats.

Lorsqu'on aborde cette question délicate, il convient tout d'abord de « retirer ses sandales » car la terre que l'on va fouler est sainte. Une rationalité trop immédiatement technique risque de passer tout simplement à côté du mystère de la vie humaine en son origine voilée. Aussi nous y laisserons-nous humblement introduire par la prière chantée du psalmiste. Ne nous offre-t-elle pas les mots, les symboles, la « logique » et la compagnie les plus adéquats, les plus ajustés pour accomplir un tel pèlerinage ? De là, nous parcourrons les registres du Magistère ecclésial (B), de l'anthropologie philosophique (C), de l'éthique (D et E) et de la psychologie (F) avant de nous laisser saisir dans la conclusion par l'hymne aux Colossiens (1, 16.18) : « En lui tout fut créé [...] C'est lui le commencement, le premier-né d'entre les morts. »

A. ÉCRITURE SAINTE : « TU M'AS BRODÉ ! »

C'est toi [YHWH] qui m'as formé les reins,
qui m'as tissé au ventre de ma mère ;
je te rends grâce pour tant de mystères :
prodige que je suis, prodiges que tes œuvres.
Mon âme, tu la connaissais bien,
mes os n'étaient point cachés de toi,
quand je fus fait dans le secret,
brodé au profond de la terre.
Mes actions, tes yeux les voyaient ;
toutes, elles étaient sur ton livre ;
mes jours, inscrits et définis,
avant que pas un d'eux n'apparût.

(Ps 139 [138], 13-17.)

En relisant ainsi son histoire avec le psalmiste, l'homme fait l'expérience bouleversante d'être aimé et connu de Dieu à la racine même de son existence et de son être[1]. Il découvre qu'il a été l'objet d'un soin passionné, attentionné, patient, joyeux, discret, prodigieux de la part de Dieu dans la formation progressive de son être personnel, à la fois physique et spirituel. « Tu m'as brodé dans le secret au sein de la terre ! Tu n'es pas seulement le Créateur du monde : tu es mon Créateur ! » Il réalise avec bonheur la douce et continuelle présence créatrice de son Dieu au plus intime de la maturation de son « je » profond.

« Je suis connu de Dieu jusqu'en mon plus lointain passé. Avant que je sois conscient, avant d'exister pour moi, avant même d'exister pour ma mère, j'existais pour Dieu. Dieu me connaissait[2]. » « Je ne suis donc pas le fruit de la seule volonté de mes

1. D'après Paul Beauchamp, le mouvement général du Psaume 139 (138) conduit à ces versets 13-17, à ce « point intime », à ce « point création » dans le sein maternel à partir duquel il devient possible de dire toute la création (P. BEAUCHAMP, *Psaumes nuit et jour*, Paris, Éd. du Seuil, 1980, p. 181-182).

2. J.-M. HENNAUX, *« Donum vitae ». Commentaires*, polycopié d'un cours donné à l'Institut d'études théologiques, Bruxelles, 2000, p. 29 ; voir aussi J.-M. HENNAUX, *Le droit de l'homme à la vie. De la conception à la naissance*, Bruxelles, Éd. de l'Institut d'études théologiques, 1993, p. 167-181 : « Une méditation du Psaume 139 » ; D. LUCIANI, « Concevoir un enfant. Que dit la Bible ? »,

parents ! Je ne suis pas la conséquence d'un Hasard capricieux ou d'une Nature aveugle. Je ne suis pas un accident. En mon être profond, je ne suis pas le résultat de manipulations biotechnologiques. Non, je suis toujours déjà voulu, choisi et créé par Dieu. » Tout être humain, aussi petit et embryonnaire soit-il, est le lieu de la présence « en travail » de Dieu. Dieu y demeure amoureusement actif, comme dans son Temple.

« Je ne sais pas comment vous êtes apparus dans mes entrailles, confesse cette mère déchirée par le martyre de ses sept enfants. Ce n'est pas moi qui vous ai gratifiés de l'esprit et de la vie ; ce n'est pas moi qui ai organisé les éléments qui composent chacun de vous » (2 M 7, 22). Elle reconnaît humblement que sa volonté, son cœur et sa chair ne sont pas la source absolue de ses enfants, mais bien « le Créateur du monde, qui a formé le genre humain et qui est à l'origine de toute chose » (2 M 7, 23). Aussi garde-t-elle une confiance inébranlable en Lui et encourage-t-elle ses dignes fils à agir de même : « Il vous rendra, dans sa miséricorde, et l'esprit et la vie, parce que vous vous méprisez maintenant vous-mêmes pour l'amour de ses lois » (2 M 7, 23). Celui qui est ainsi à l'origine de l'être de ses enfants ne peut les abandonner, même s'ils doivent traverser la mort.

« Avant que je ne sois, Dieu me connaissait, ne serais-je plus, Dieu me connaîtrait encore. [...] La mort ne peut donc être que l'occasion d'une confiance absolue dans le Jugement de Dieu. Ce que Dieu fait *de toujours*, ne le fait-il pas *pour toujours*[3] ? » Job, du fond de ses redoutables épreuves, en porte témoignage. Il puise dans la mémoire de son origine les forces nécessaires pour garder confiance en Dieu, envers et contre tout. « Tes mains m'ont façonné, créé ; puis, te ravisant, tu voudrais me détruire ! Souviens-toi : tu m'as fait comme on pétrit l'argile et tu me renverrais à la poussière. Ne m'as-tu pas coulé comme du lait et fait cailler comme du laitage, vêtu de peau et de chair, tissé en os et en nerfs ? Puis, tu m'as gratifié de la vie et tu veillais avec sollicitude sur mon souffle » (Jb 10, 8-12)[4].

---

dans : COLLECTIF, *Bible et médecine. Le corps et l'esprit*, Bruxelles, Éd. Lessius, Presses universitaires de Namur, 2004, p. 13-38.

3. J.-M. HENNAUX, *Le droit de l'homme à la vie*, p. 180.

4. « C'est toi qui m'as tiré du ventre, confié aux mamelles de ma mère ; sur toi

Le psalmiste, cette mère d'Israël et Job se souviennent donc de ce temps originaire où avant d'exister pour eux-mêmes, ils existaient pour Dieu. Accédant au sanctuaire de leur être, ils coïncident avec l'amour éternel et créateur dont ils sont connus depuis toujours. Il leur est donné d'entrer ainsi dans le regard même de Celui qui les crée. Ils découvrent du point de vue de l'éternité divine leur existence personnelle et unique en la succession des événements temporels qui les constituent. Non seulement leur passé demeure présent à Dieu, mais également leur avenir qui n'existe pas encore. « Mes actions, tes yeux les voyaient ; toutes, elles étaient sur ton livre ; mes jours, inscrits et définis, avant que pas un d'eux n'apparût » (Ps 139 [138], 16). Plus radicalement, le « je » qui participe ainsi à la sagesse divine réalise peu à peu, comme de l'intérieur, qu'il a été voulu, désiré, connu de toute éternité, avant même sa création dans le sein de sa mère : « Avant même de te former au ventre maternel, je t'ai connu » (Jr 1, 5), confie Dieu à Jérémie.

Le Nouveau Testament non seulement confirme cette histoire sainte de l'embryon humain, mais encore il l'élève aux dimensions mêmes de Dieu[5]. « Le Verbe s'est fait chair ! » (Jn 1, 14). « Dès qu'Élisabeth entendit la salutation de Marie, l'enfant tressaillit dans son sein et Élisabeth fut remplie de l'Esprit Saint. Alors elle poussa un grand cri et dit : "Tu es bénie entre les femmes, et béni soit le fruit de ton sein." » (Lc 1, 41-42). Et quelques années plus tard, le Christ en son humanité pourra chanter avec ses frères en toute vérité : « Mon âme, tu la connaissais bien, mes os n'étaient point cachés de toi, quand je fus fait dans le secret, brodé au profond de la terre » (Ps 139 [138], 14-15).

Cette méditation sur le mystère de l'enfant non encore né et toujours déjà en alliance avec Dieu est porteuse de l'anthropologie relationnelle chère à Jean-Paul II, c'est-à-dire d'une anthropologie qui met en lumière la dimension de communion essentielle à toute personne humaine. Dieu, en créant l'homme, instaure avec lui une relation fondatrice de toutes ses autres relations et le

---

je fus jeté au sortir des entrailles ; dès le ventre de ma mère, mon Dieu c'est toi » (Ps 22 [21], 10-11). « Sur toi, j'ai mon appui dès le sein, toi ma part dès les entrailles de ma mère » (Ps 71 [70], 6). Voir aussi Is 46, 3-4.

5. Voir Fr. STÉPHANE-MARIE, « Considérations théologiques sur l'embryon humain », *Nova et Vetera* 61 (1986), p. 106-121.

constitue sujet de relation. Tel est le sens de la « solitude » originelle longuement méditée dans les « catéchèses du mercredi »[6]. « L'amour, écrit le pape dans sa lettre *Mulieris dignitatem*, est le seul type de relation qui correspond à ce qu'est une personne, aussi bien d'ailleurs celle qui aime que celle qui est aimée[7]. » Nous sommes aux antipodes d'une anthropologie individualiste et rationaliste selon laquelle l'être humain se définit exclusivement à partir de lui-même, à partir de son pouvoir d'autodétermination. Ce type d'anthropologie, prédominant aujourd'hui, trouve un mode d'expression éloquent dans le concept de « *gender*[8] ».

B. TRADITION MAGISTÉRIELLE

« La vie humaine est sacrée, enseigne l'instruction *Donum vitae*, parce que, dès son origine, elle comporte "l'action créatrice de Dieu[9]" et demeure pour toujours dans une relation spéciale avec le Créateur, son unique fin[10]. » Certes l'Écriture ne condamne pas de façon directe et explicite l'interruption volontaire de cette vie humaine en son humble origine, tout comme d'ailleurs l'eutha-

6. JEAN-PAUL II, *Homme et femme, il les créa. Une spiritualité du corps*, Paris, Éd. du Cerf, 2004.

7. *Mulieris dignitatem*, 29.

8. À la conférence mondiale de Beijing sur les femmes (du 4 au 15 septembre 1995), « la question ontologique de l'être homme ou femme [...] est présente tout au long du document à travers le terme *gender* » (L. SALLÉ, « La conférence de Beijing : quel développement pour quelle égalité ? », *Nouvelle revue théologique* 118 [1996], p. 334). Ce terme apparaît plus de 150 fois dans le texte final. Voir CONSEIL PONTIFICAL POUR LA FAMILLE, *Lexique des termes ambigus et controversés sur la famille, la vie et les questions éthiques*, Paris, Téqui, 2005 : O. ALZAMORA REVOREDO, « "Genre", dangers et portée de cette idéologie », p. 559-574 ; J. BURGGRAF, « Genre *(Gender)* », p. 575-584 ; B. VOLLMER DE COLES, « Genres, nouvelles définitions », p. 585-594.

9. « À l'origine de toute personne humaine, il y a un acte créateur de Dieu ; aucun homme ne vient à l'existence par hasard, il est toujours le terme de l'amour créateur de Dieu » (JEAN-PAUL II, Discours aux prêtres participant à un séminaire d'études sur « la procréation responsable », 17 septembre 1983 ; *Insegnamenti di Giovanni Paolo II*, VI, 2 [1983], p. 562). Voir aussi JEAN XXIII, Encyclique *Mater et Magistra*, III, dans AAS 53 (1961), p. 447.

10. CONGRÉGATION POUR LA DOCTRINE DE LA FOI, *Donum vitae* (DV), 1987, Introd., 5.

nasie d'une vie proche de son terme, marquée par la vieillesse et la maladie. « Cela s'explique facilement par le fait que même la seule possibilité d'offenser, d'attaquer ou, pire, de nier la vie dans de telles conditions est étrangère aux perspectives religieuses et culturelles du peuple de Dieu[11]. » L'enfant, qu'il soit né ou non, a toujours été perçu comme une bénédiction sans prix. « Les textes de la Sainte Écriture [...] manifestent une telle considération pour l'être humain dans le sein maternel, que cela exige comme conséquence logique qu'à lui aussi s'étend le commandement de Dieu : "Tu ne tueras pas."[12] » « Dès le moment de sa conception, la vie de tout être humain doit être absolument respectée, car l'homme est sur terre l'unique créature que Dieu a voulue "pour lui-même[13]" et l'âme spirituelle de tout homme est "immédiatement créée[14]" par Dieu ; tout son être porte l'image du Créateur[15]. »

Tout au long de l'histoire, l'Église a donc condamné l'avortement comme un désordre moral particulièrement grave. « Depuis le moment où elle s'est affrontée au monde gréco-romain, dans lequel l'avortement et l'infanticide étaient des pratiques courantes, la première communauté chrétienne s'est opposée radicalement, par sa doctrine et dans sa conduite, aux mœurs répandues dans cette société[16]. » De même en est-il aux différentes époques qui ont suivi jusqu'à nos jours. On observe une telle continuité à ce sujet que Paul VI a pu parler d'un enseignement immuable qui n'a jamais changé[17]. La *Déclaration sur l'avortement provoqué*[18] cite les témoignages de la *Didachè*[19], de l'*Épître à Barnabé*, des écrits des Pères apostoliques, de la *Lettre à Diognète*, d'Athéna-

---

11. JEAN-PAUL II, *Evangelium vitae* (EV), 1995, 44.
12. EV 61.
13. GS 24.
14. PIE XII, Encyclique *Humani generis*, dans AAS 42 (1950), p. 575 ; PAUL VI, *Solennelle profession de foi*, 30 juin 1968, dans AAS 60 (1968), p. 436.
15. DV, Introd., 5.
16. EV 61. Voir COLLECTIF, *L'enfant à naître. Tertullien, Grégoire de Nysse, Augustin, Maxime, Cassiodore, Pseudo-Augustin*, Paris, Migne, coll. « Les Pères dans la foi », 2000 ; Ph. CASPAR, *L'embryon au IIe siècle*, Paris, L'Harmattan, 2002.
17. PAUL VI, Discours aux juristes catholiques italiens, 9 décembre 1972, dans AAS 64 (1972), p. 777.
18. CONGRÉGATION POUR LA DOCTRINE DE LA FOI, *Déclaration sur l'avortement provoqué*, 18 novembre 1974, nos 6-7, dans AAS 66 (1974), p. 738.
19. « Tu ne tueras pas l'enfant par avortement et tu ne le feras pas mourir après sa naissance » (*Didachè*, V, 2 ; SC 248, p. 169).

gore[20], de Tertullien[21], du *décret de Gratien*, des Pères de l'Église, des Docteurs[22] et des Pasteurs, de *Gaudium et spes*[23], de l'enseignement de Pie XI[24], de Pie XII[25], de Jean XXIII[26] et de Paul VI. À ces écrits, il faut encore ajouter ceux de Jean-Paul II[27] et de Benoît XVI[28]. Parallèlement, la discipline canonique de l'Église frappe de sanctions pénales ceux qui commettent le crime de l'avortement, et ce dès les premiers siècles. Même au Moyen Âge, les auteurs comme Thomas d'Aquin qui considérait l'infusion de l'âme spirituelle après les premières semaines de maturation biologique de l'embryon, n'ont jamais nié que l'avortement provoqué, y compris dans les premiers jours, fût objectivement une faute grave[29].

---

20. Dans le sein de leur mère, « Dieu a soin d'eux » (ATHÉNAGORE, *Supplique au sujet des chrétiens*, n° 35 [PG 6, 969 ; SC 379, p. 205]).

21. « C'est un homicide anticipé que d'empêcher de naître et peu importe qu'on arrache l'âme déjà née ou qu'on la détruise au moment où elle naît. C'est un homme déjà ce qui doit devenir un homme » (TERTULLIEN, *Apologie*, IX, 8 [CSEL 69, 24]).

22. « Même les discussions de caractère scientifique et philosophique à propos du moment précis de l'infusion de l'âme spirituelle n'ont jamais comporté la moindre hésitation quant à la condamnation morale de l'avortement » (EV 61).

23. GS 27 à propos de la morale sociale et 51 à propos de la famille.

24. PIE XI, *Casti connubii*, 31 décembre 1930.

25. PIE XII, Discours à l'Union médico-biologique « Saint-Luc », 12 novembre 1944, dans *Discorsi e Radiomessaggi*, VI (1944-1945), p. 191 ; Discours à l'Union catholique italienne des sages-femmes, II, 29 octobre 1951, dans AAS 43 (1951), p. 838.

26. JEAN XXIII, Encyclique *Mater et Magistra*, III, 15 mai 1961.

27. *Evangelium vitae* reprend brièvement ces témoignages de la Tradition aux n° 61-62. Voir le dossier de textes magistériels édités par P. VERSPIEREN, *Biologie, médecine et éthique*, Paris, Centurion, 1987. La première partie concerne les débuts de la vie. Voir en outre les ÉVÊQUES DE BELGIQUE, *Déclaration au sujet de l'avortement*, 23 juin 1989, dans DC (1989), p. 760-761. Cette déclaration a été commentée par J.-M. HENNAUX, *Le droit à la vie. La Déclaration des évêques belges au sujet de l'avortement (juin 1989)*, Bruxelles, Éd. de l'Institut d'études théologiques, 1989.

28. BENOÎT XVI, « À peine conçu mais déjà digne de respect », Discours au Congrès international sur l'embryon humain organisé par l'Académie pontificale pour la vie, le 27 février 2007, dans DC 2357 (2006), p. 413-415.

29. Voir *Déclaration sur l'avortement provoqué*, dans DC (1974), p. 1068-1071, n° 13, note 19. Cette note précise que le document laisse expressément de côté la question du moment de l'infusion de l'âme spirituelle. Dans *Le zygote est-il une personne ?* (Paris, Téqui, 2004), Pascal Ide aborde cette question selon une perspective philosophique, faisant appel aux données les plus récentes de l'embryologie

Pour porter un tel jugement, l'autorité du Magistère s'appuie sur la mission reçue de son Seigneur. L'Église fait ainsi œuvre de Tradition, au sens étymologique du terme. Guidée par l'Esprit Saint, elle livre la lumière du Christ concernant le respect absolu dû à toute personne. Ce faisant, assistée par l'Esprit de vérité, elle entre toujours davantage dans la Parole qu'il lui est donné de proclamer. Elle en découvre les raisons métaphysiques, anthropologiques et morales. *Fides quaerens intellectum.* La foi va à la recherche de son intelligence. L'Église approfondit et exprime les vérités de la foi et des mœurs dans des langages et dans des concepts intelligibles pour les multiples cultures auxquelles elle s'adresse à travers les siècles.

« La doctrine morale issue de l'Écriture sainte dans la Tradition autorisée de l'Église précède, suscite et déborde la découverte de ses justifications rationnelles[30]. » Elle ne dépend pas en premier chef de la raison philosophique et de ses démonstrations, ou de compétences spéciales en biologie[31], en psychologie, en sociologie. « Le Magistère de l'Église, affirme *Donum vitae*, n'intervient pas au nom d'une compétence particulière dans le domaine des sciences expérimentales, mais, après avoir pris connaissance des données de la recherche et de la technique, il entend proposer, en vertu de sa mission évangélique et de son devoir apostolique, la doctrine morale qui correspond à la dignité de la personne et à sa vocation intégrale[32]. »

Sur le point précis qui nous occupe, l'encyclique *Evangelium vitae* a engagé l'autorité du Magistère avec une force inégalée dans l'histoire de l'Église. « Je déclare que l'avortement […] constitue toujours un désordre moral grave. […] Cette doctrine est fondée sur la loi naturelle et sur la Parole de Dieu écrite ; elle est transmise par la Tradition de l'Église et enseignée par le Magistère ordinaire et universel[33]. » Le pape fait plus que constater. Il « déclare ». Cette

---

et de la génétique. Il prend parti pour la position immédiatiste : dès sa conception, le nouvel être est une personne humaine en acte.

30. A. CHAPELLE, *Sexualité et chasteté*, p. 230.

31. Voir E. SGRECCIA, *Manuel de bioéthique. Les fondements de l'éthique biomédicale*, trad. par R. Hiron, Paris, Mame-Edifa, 2004, chap. X : « Le nouveau-conçu à la lumière de la génétique et de la biologie humaine » ; « Le caractère humain de l'embryon ».

32. DV, Introd., 1.

33. EV 62.

déclaration du Magistère ordinaire est portée « avec l'autorité conférée par le Christ à Pierre[34] », « en communion avec tous les évêques qui, même dispersés dans le monde, ont exprimé unanimement leur accord avec cette doctrine[35] ». Un tel engagement, qui concerne également le meurtre en général[36] et l'euthanasie[37], est un fait nouveau dans l'enseignement moral de l'Église. L'étape suivante serait sa définition dogmatique solennelle et infaillible. Le pape en effet n'a pas dit : « Je définis », mais : « Je déclare ». Cela ne signifie pas pour autant que la doctrine ainsi déclarée ne soit pas pleinement vraie et irréformable[38].

C. ANTHROPOLOGIE PHILOSOPHIQUE : INDIVIDU ET PERSONNE

Ce respect inconditionnel de la vie humaine dès son origine ne s'impose pas aux seuls chrétiens. La raison humaine, non immédiatement éclairée par la Révélation, l'exige également, en stricte justice. De nombreuses argumentations ont été développées à ce sujet. Nous nous contenterons de reprendre celle proposée par l'instruction *Donum vitae* et citée en partie par l'encyclique *Evangelium vitae*. Il s'agit d'une relecture philosophique d'un texte essentiellement théologique. Le cœur du raisonnement repose sur le concept métaphysique de personne[39], de sa dignité et de son droit primaire à la vie. « Ce concept n'est pas seulement juridique comme dans le droit romain ; il n'explique pas seulement une

34. EV 62.
35. EV 62.
36. EV 57.
37. EV 65.
38. L'infaillibilité est un concept juridique qui ne fait qu'affecter d'un coefficient de solennité et d'irréversibilité une affirmation par ailleurs déjà vraie. Elle n'a jamais été invoquée de façon évidente au sujet des mœurs. Voir K. J. Becker, « Competenza del Magistero e portata delle sue dichiarazioni », dans E. Sgreccia et R. Lucas (dir.), *Commento interdisciplinare alla « Evangelium vitae »*, Libreria Editrice Vaticana, 1997, p. 299-314 ; L. Melina, *Corso di bioetica. Il Vangelo della vita*, Casale Monferrato, Éd. Piemme, 1996, p. 224-238 : « Valore magisteriale dell'insegnamento di *Evangelium vitae* (*Ev*, n°s 7, 62, 65) ».
39. Voir Jean-Paul II, *Amour et responsabilité*, p. 17-21 ; 34-38 ; 109-112.

attitude morale comme chez Kant, mais il désigne la singularité spirituelle de l'être humain comme être d'esprit[40]. »

Cet être d'esprit est corporel. « En raison de son union substantielle avec une âme spirituelle, le corps humain [...] est partie constitutive de la personne[41]. » Certes, « la vie physique, par laquelle commence l'aventure humaine dans le monde, n'épuise assurément pas en soi toute la valeur de la personne, et ne représente pas le bien suprême de l'homme qui est appelé à l'éternité. Toutefois, elle en constitue d'une certaine manière la valeur "fondamentale", précisément parce que c'est sur la vie physique que se fondent et se développent toutes les autres valeurs de la personne[42]. » Attenter à la vie physique d'un être humain, c'est donc attenter à sa personne. Le menacer dans son corps, c'est le menacer dans sa personne. L'inviolabilité du droit à la vie, depuis le moment de la conception jusqu'à la mort, est fondée sur l'inviolabilité de la personne. Elle en est l'expression, le signe et l'exigence.

Sur ce point, la plupart des hommes s'accordent aujourd'hui, du moins en théorie. Autrement, ils n'auraient pas signé la Charte des droits de l'homme en 1948. Là où les avis s'opposent, c'est lorsqu'il s'agit de reconnaître le moment de l'émergence de la personne humaine. Certains en effet dénient cette humanité à l'embryon, jusqu'à tel ou tel stade de son développement. Ils ne le considèrent pas encore comme un être personnel, exigeant un respect inconditionnel au même titre que tout autre être personnel. Le texte de *Donum vitae* répond avec clarté et précision à cette objection. Nous nous contentons ici de le citer.

> Cette Congrégation connaît les discussions actuelles sur le commencement de la vie humaine, sur l'individualité de l'être humain et sur l'identité de la personne humaine. Elle rappelle les enseignements contenus dans sa *Déclaration sur l'avortement provoqué :* « Dès que l'ovule est fécondé, se trouve inaugurée une vie qui n'est ni celle du père ni celle de la mère, mais d'un nouvel être humain qui se développe par lui-même. Il ne sera jamais rendu humain s'il ne l'est

---

40. A. CHAPELLE, *Sexualité et chasteté*, p. 228.

41. DV, Introd., 3. Voir aussi GS 14, 1 ; J. RATZINGER, « Présentation des aspects anthropologiques de l'Instruction », dans *L'Osservatore Romano*, éd. fr. du 17 mars 1987, p. 12 s. ; COLLECTIF, « Thèses de la Commission théologique internationale », dans DC 82 (1985), p. 383-391.

42. DV, Introd., 4.

pas dès lors. À cette évidence de toujours [...] la science génétique apporte de précieuses confirmations. Elle a montré que dès le premier instant, se trouve fixé le programme de ce qui sera le vivant : un homme, cet homme individuel avec ses notes caractéristiques déjà bien déterminées. Dès la fécondation est commencée l'aventure d'une vie humaine dont chacune des grandes capacités demande du temps pour se mettre en place et se trouver prête à agir[43]. » Cette doctrine demeure valable, et demeure du reste confirmée, s'il en était besoin, par les récentes acquisitions de la biologie humaine, qui reconnaît que dans le zygote[44] dérivant de la fécondation s'est déjà constituée l'identité biologique d'un nouvel individu humain. [...]

Certes, aucune donnée expérimentale ne peut être de soi suffisante pour faire reconnaître une âme spirituelle ; toutefois, les conclusions scientifiques sur l'embryon humain fournissent une indication précieuse pour discerner rationnellement une présence personnelle dès cette première apparition d'une vie humaine. Comment un individu humain ne serait-il pas une personne humaine ? [...]

C'est pourquoi le fruit de la génération humaine dès le premier instant de son existence, c'est-à-dire à partir de la constitution du zygote, exige le respect inconditionnel moralement dû à l'être humain dans sa totalité corporelle et spirituelle. L'être humain doit être respecté et traité comme une personne dès sa conception, et donc dès ce moment on doit lui reconnaître les droits de la personne, parmi lesquels en premier lieu le droit inviolable de tout être humain à la vie[45].

D. ÉTHIQUE : MORALITÉ DE L'ACTE

L'être humain doit donc être respecté comme une personne dès le premier instant de son existence : non pas « comme s'il était une personne » *(als)* mais « comme une personne qu'il est » *(wie)*. De là découle la prescription morale du cinquième commandement de

43. *Déclaration sur l'avortement provoqué*, dans DC (1974), p. 1068-1071.

44. Le zygote est la cellule issue de la fusion des noyaux de deux gamètes.

45. DV I, 1. De même dans *La charte des droits de la famille*, publiée par le Saint-Siège : « La vie humaine doit être respectée et protégée de manière absolue depuis le moment dès sa conception » (art. 4, dans *L'Osservatore Romano*, 25 novembre 1983). Voir aussi la déclaration du Conseil permanent de la conférence des évêques de France sur le statut de l'embryon, dans DC 2252 (17 juin 2001), p. 529.

ne pas tuer. « Tu ne tueras pas ! » « Dieu seul est le Maître de la vie de son commencement à son terme : personne, en aucune circonstance, ne peut revendiquer pour soi le droit de détruire directement un être humain innocent[46]. »

Certains défendent cependant la légitimité morale de l'avortement lorsque celui-ci serait accompli pour des motifs sérieux. « Ce peut être une question grave de santé, parfois de vie ou de mort, pour la mère ; ce peut être la charge que représente un enfant de plus, surtout s'il y a de bonnes raisons de craindre qu'il sera anormal ou arriéré ; ce peut être le poids que prennent en divers milieux des considérations d'honneur et de déshonneur, de déclassement, etc.[47]. » Ce peut être également la crainte de conditions de vie futures tellement pénibles pour l'enfant à naître « qu'il vaudrait mieux pour lui ne pas voir le jour ». Dans ces situations, l'avortement apparaîtrait finalement comme une issue moralement acceptable à un conflit entre des valeurs ou des devoirs contradictoires. À défaut d'être un bien, il serait « un moindre mal[48] ».

« Jamais aucune de ces raisons ne peut donner objectivement le droit de disposer de la vie d'autrui, même commençante », répond la *Déclaration*[49]. Toujours, partout, en toutes circonstances, l'avortement est un acte intrinsèquement mauvais, c'est-à-dire un acte désordonné en vertu de son objet, de son action intentionnelle de base, de son *volitum*. Ni les intentions ultérieures – qui peuvent par ailleurs être compréhensibles, généreuses, bonnes mêmes –, ni les circonstances – qui peuvent être vraiment dramatiques et douloureuses –, ne pourront jamais justifier la suppression délibérée d'un petit être innocent. Il s'agit d'un « meurtre délibéré[50] », d'un « homicide volontaire[51] » qui tue intentionnellement un être humain commençant à vivre, « c'est-à-dire un être

46. DV, Introd., 5.
47. *Déclaration sur l'avortement provoqué*, 14.
48. Pour une étude détaillée et pratique du moindre mal ou du conflit des valeurs, voir J.-M. HENNAUX, *Le droit de l'homme à la vie*, p. 122-167. L'auteur discerne un tel principe à l'œuvre dans la « Charte éthique de Louvain », publiée entre autres dans les *Acta Medica Catholica*, 1er trimestre 1990, vol. 59, p. 46.
49. *Déclaration sur l'avortement provoqué*, 14.
50. EV 58.
51. EV 58.

qui est, dans l'absolu, le plus *innocent* qu'on puisse imaginer : jamais il ne pourrait être considéré comme un agresseur, encore moins comme un agresseur injuste ! Il est *faible*, sans défense, au point d'être privé même du plus infime moyen de défense, celui de la force implorante des gémissements et des pleurs du nouveau-né. Il est *entièrement confié* à la protection, aux soins de celle qui le porte dans son sein[52]. »

« Et pour ce qui est du malheur futur (présumé) de l'enfant, personne, pas même le père ou la mère, ne peut se substituer à lui, même s'il est encore à l'état d'embryon, pour préférer en son nom la mort à la vie. Lui-même, en son âge mûr, n'aura jamais le droit de choisir le suicide ; tant qu'il n'est pas en âge de décider de lui-même, ses parents ne peuvent choisir pour lui la mort. La vie est un bien trop fondamental pour qu'on le mette ainsi en balance avec des inconvénients même très graves[53]. » Bref, « tu ne tueras jamais un innocent ».

Comment cet absolu éthique qui ne souffre aucune exception peut-il et doit-il être mis en œuvre dans le cas extrême où la vie de la mère est menacée[54] ? Que faire, par exemple, lorsque l'utérus d'une femme enceinte est atteint d'une grave tumeur ? Peut-on pratiquer une ablation de l'organe malade, opération qui provoquera inévitablement la mort du fœtus ? La réponse est oui, car une telle intervention répond aux quatre conditions suivantes.

1) L'acte posé est essentiellement thérapeutique. Il est moralement bon en lui-même. Il ne s'agit nullement d'un acte mauvais effectué en vue d'une fin bonne.

2) L'effet bon recherché – le salut de la mère – n'est pas produit directement par l'effet maléfique : la mort de l'enfant. Ce dernier ne « s'intercale pas comme un chaînon causal[55] ». L'effet maléfique n'est pas le moyen immédiat d'amener l'effet bon. La guérison de cette femme ne dépend pas directement de la mort du fœtus qu'elle porte.

---

52. EV 58. Voir à J.-M. HENNAUX, *Le droit de l'homme à la vie*, p. 28-31 : « La dignité du pauvre suppliant ».

53. *Déclaration sur l'avortement provoqué*, 14.

54. Voir E. SGRECCIA, *Manuel de bioéthique. Les fondements de l'éthique biomédicale*, p. 485 s. : « Le conflit entre la vie de la mère et la vie du nouveau-conçu ».

55. J. DE FINANCE, *Éthique générale*, Rome, Ed. Pontificia Università Gregoriana, 1988, p. 324.

3) L'effet maléfique n'est pas voulu pour lui-même.

4) L'effet bon et l'effet maléfique sont dans un juste rapport de proportion. Il ne s'agit pas de soigner une grippe quelconque, mais une maladie mortelle.

Ces quatre conditions sont celles traditionnellement retenues pour juger de la moralité d'un « acte à double effet[56] ». Il importe de bien voir que l'action intentionnelle de base n'est nullement ici celle d'un « moindre mal » ou d'une solution abortive à un conflit de valeurs, mais bien celle d'un soin de santé. Ce qui est objectivement accompli n'est en aucun cas un avortement, mais un acte thérapeutique. Celui-ci est fondamentalement bon, même s'il a malheureusement comme conséquence prévisible – mais non voulue et indirecte – la mort du petit embryon.

Certes, ces quatre critères sont délicats à manier. Ils sont susceptibles de transformations, de déviations, voire d'abus. Mais ils procurent un outil fin, sûr et profondément libérateur pour percevoir le bien moral à accomplir et le mal moral à éviter. Loin d'être un faisceau de subtilités gratuites, ils offrent une aide précieuse pour exercer un jugement moral éclairé dans des situations parfois fort complexes et lourdes de conséquences. Il convient de percevoir que, derrière ces distinctions à première vue déconcertantes, il s'agit en fait d'une mise en œuvre du principe fondamental de l'éthique : vouloir le bien est toujours possible ; on n'est jamais condamné à vouloir un mal moral pour qu'advienne le bien. « Il y a toujours une possibilité concrète pour le sujet de vouloir le Bien, son Bien, en tel ou tel bien déterminé. L'homme doit toujours vouloir le bien ; il n'est pas de situation où cela ne lui soit pas possible[57]. »

56. De même en est-il pour la légitime défense. « L'action de se défendre peut entraîner un double effet : l'un est la conservation de sa propre vie ; l'autre la mort de l'agresseur. [...] L'un seulement est voulu ; l'autre ne l'est pas » (ST II-II, q. 64, a. 7, cité au n° 2263 du CEC). Voir A. THORNS, « Revue de la théorie du double effet », *European Journal of Palliative Care*, 1998, 5 (4), p. 117-120. La « TDE » (théorie du double effet) est reconnue par la loi britannique depuis 1957.

57. A. CHAPELLE, *Notes d'introduction aux situations pastorales de morale sexuelle et familiale*, polycopié d'un cours donné à l'Institut d'études théologiques, Bruxelles, 1986, p. 5. ; O. BONNEWIJN, « Le bien est toujours possible », dans : L. MELINA et J. NORIEGA (dir.), *Camminare nella Luce. Prospettive della teologia morale a partire da Veritatis splendor*, Rome, Lateran University Press, 2004, p. 501-516.

E. ÉTHIQUE : RESPONSABILITÉ DE L'ACTE

Une telle intransigeance, même lorsqu'elle transparaît dans le principe de l'acte à double effet, peut heurter bien des sensibilités qui seraient liées personnellement, de près ou de loin, au drame de l'avortement. Il convient donc de rappeler que nous nous sommes situé exclusivement sur le plan de la moralité objective, non sur celui de l'imputabilité subjective. Jamais il ne s'agit de condamner des personnes, mais bien des conduites, des pratiques et des actes qui blessent les personnes. Aimer vraiment quelqu'un, c'est aussi détester le mal que cette personne subit ou cause.

« L'imputabilité et la responsabilité d'une action peuvent être diminuées voire supprimées par l'ignorance, l'inadvertance, la violence, les habitudes, les affections immodérées et d'autres facteurs psychiques et sociaux[58]. » Les personnes qui ont recours à l'avortement peuvent être dans des situations de détresse physique, familiale, économique, psychologique, sociale et même intellectuelle. Il ne faut pas non plus sous-estimer la détresse proprement éthique de consciences qui se jugent impuissantes à répondre à l'appel du bien qu'elles sentent pourtant au plus intime d'elles-mêmes. Et que dire de ces cœurs déchirés entre ce qu'ils perçoivent subjectivement comme des « devoirs contradictoires » ? Tous ces facteurs, et bien d'autres, contribuent grandement à réduire la responsabilité des personnes qui avortent. Ces dernières sont certes objectivement coupables, mais leur acte mauvais ne leur est pas pleinement imputable. « Père, pardonne-leur, car ils ne savent pas ce qu'ils font » (Lc 23, 34), implore le Christ en croix, l'innocent par excellence.

Voilà pourquoi l'encyclique *Evangelium vitae* met en lumière les lourdes influences individuelles et collectives qui pèsent sur les épaules de la mère qui avorte. Il peut tout d'abord y avoir le père de l'enfant qui « pousse expressément la femme à l'avortement », ou qui « favorise indirectement sa décision, parce qu'il la laisse seule face aux problèmes posés par sa grossesse[59] ». De fortes sollicitations peuvent provenir du cercle familial plus large ainsi que des amis. « Fréquemment, la femme est soumise à des pressions

58. CEC 1734.

59. EV 59 ; voir *Mulieris dignitatem*, 14.

tellement fortes qu'elle se sent psychologiquement contrainte à consentir à l'avortement : sans aucun doute, dans ce cas, la responsabilité morale pèse particulièrement sur ceux qui l'ont forcée à avorter, directement ou indirectement[60]. » De même en est-il pour les médecins et le personnel soignant, eux-mêmes mis sous pression par des administrateurs économiques et des législations à la fois permissives et sans pitié.

Jean-Paul II va plus loin encore lorsqu'il écrit : « Nous nous trouvons en face d'une énorme menace contre la vie, non seulement d'individus, mais de la civilisation tout entière. Nous nous trouvons en face de ce qui peut être défini comme *une structure de péché contre la vie humaine non encore née*[61]. » « Se dessine et se met en place, écrit encore le pape, une nouvelle situation culturelle qui donne aux crimes contre la vie un aspect inédit et – si cela se peut – encore plus injuste[62]. » De nombreux pays, s'éloignant des principes fondateurs de leur constitution, acceptent de ne pas sanctionner de cette pratique contre la vie de citoyens non encore nés, et même en reconnaissent la légitimité. *Evangelium vitae*, avec des accents prophétiques, dénonce une véritable « conjuration contre la vie[63] » qui associe groupes nationaux et internationaux, fondations, institutions culturelles, puissances financières et politiques, stratégies de recherches médicales. Voilà le contexte obscur et pesant dans lequel se trouve une femme confrontée au choix de garder ou non l'enfant qu'elle porte[64]. Cela ne signifie pas pour autant que sa liberté soit totalement annihilée. Non, elle y est engagée, mais dans une certaine mesure seulement.

---

60. EV 59.
61. EV 59.
62. EV 4.
63. EV 17.
64. Notre approche de l'avortement, comme celle de bien d'autres questions concernant la vie humaine, devrait donc être complétée par des considérations de morale sociale et politique. Voir par exemple M. SCHOOYANS, *L'enjeu politique de l'avortement*, Paris, Éd. de l'O.E.I.L., 1991, assorti d'une bibliographie. J.-M. HENNAUX en a fait un compte rendu dans la *Nouvelle revue théologique* 113 (1991), p. 414-420 : « L'avortement, enjeux politiques. À propos d'un livre récent ». Voir aussi X. DIJON, *Réconciliation corporelle. Une éthique du droit médical*, Bruxelles, Éd. Lessius, Presses universitaires de Namur, 1998. L'auteur allie approche éthique et approche juridique : « L'État de droit et l'avortement », « Sagesse politique et libéralisme dans la répression de l'avortement », « Avortement et manipulation génétique : pour rompre avec la logique de l'irrespect » (p. 65-100).

Je voudrais adresser une pensée spéciale à vous, femmes qui avez eu recours à l'avortement, écrit sobrement Jean-Paul II. L'Église sait combien de conditionnements ont pu peser sur votre décision, et elle ne doute pas que, dans bien des cas, cette décision a été douloureuse, et même dramatique. Il est probable que la blessure de votre âme n'est pas encore fermée.

En réalité, ce qui s'est produit a été et demeure profondément injuste. Mais ne vous laissez pas aller au découragement et ne renoncez pas à l'espérance. Sachez plutôt comprendre ce qui s'est passé et interprétez-le en vérité. Si vous ne l'avez pas encore fait, ouvrez-vous avec humilité et avec confiance au repentir : le Père de toute miséricorde vous attend pour vous offrir son pardon et sa paix dans le sacrement de réconciliation. Vous vous rendrez compte que rien n'est perdu et vous pourrez aussi demander pardon à votre enfant qui vit désormais dans le Seigneur.

Avec l'aide des conseils et de la présence de personnes amies compétentes, vous pourrez faire partie des défenseurs les plus convaincants du droit de tous à la vie par votre témoignage douloureux. Dans votre engagement pour la vie, par l'accueil et l'attention envers ceux qui ont le plus besoin d'une présence chaleureuse, vous travaillerez à instaurer une nouvelle manière de considérer la vie de l'homme[65].

F. PSYCHOLOGIE : LA DEUXIÈME VICTIME DE L'AVORTEMENT

La distinction entre moralité et imputabilité de l'acte, suivie de cette humble prière est libératrice. Elle contribue à sauver la femme d'une culpabilité souterraine et destructrice. Elle lui ouvre un chemin d'avenir. Car « la deuxième victime de l'avortement est la femme ; et pourtant, qui prend vraiment au sérieux la souffrance des femmes qui ont avorté ? Presque personne n'y prête attention. » Ainsi s'exprime le professeur Bernhard Nathanson dans le film *Le cri silencieux*[66]. Le mal fait mal, et pas seulement à l'enfant. Il blesse

65. EV 99.

66. Fondateur et directeur de la plus importante clinique d'avortements du monde, située à l'est de New York et dénommée « Centre de santé sexuelle et reproductive ». « Pendant les deux ans que j'y passai [...], nous avons effectué 60 000 avortements. 35 médecins travaillaient sous ma direction. La clinique était ouverte de 8 h du matin jusqu'à minuit, chaque jour de la semaine, y compris le dimanche, et nous faisions 120 avortements chaque jour de l'année, exception

profondément. Pour manifester l'inhumanité de l'avortement et indiquer un chemin de vie, nous avons choisi le point de vue psychologique en nous basant sur les travaux de spécialistes reconnus.

Historiquement, ce ne sont pas des gynécologues ou des personnes pratiquant des avortements qui se sont souciés les premiers des effets secondaires de leurs actes ou de leurs prescriptions chez leurs patientes, dans leur famille ou même dans la société. Ce sont d'abord des pédiatres et des puéricultrices. Parmi eux, le parcours du pédopsychiatre Philip Ney, canadien d'origine française, est particulièrement intéressant. Pendant quinze ans, cet universitaire clinicien rédigea de nombreux articles – qui font autorité en la matière – sur les maltraitances de l'enfant. Au cours de ses recherches, il découvrit un lien causal très net entre maltraitance et avortement.

De l'écoute des enfants, le docteur Ney remonta à celle des parents et y remarqua peu à peu ce qu'il appela un « syndrome post-avortement ». Ce syndrome, constata-t-il, affecte non seulement la mère, mais également le père, le mari ou le compagnon, les frères et les sœurs, les grands-parents et même l'ensemble de la société. Il fonda alors un institut de recherche et de traitement pour répondre sur le plan médical à ces souffrances : The International Institute for Pregnancy Loss and Child Abuse Research and Recovery (IIPLCARR)[67]. Avec l'aide du docteur Philippe de Cathelineau[68], l'un de ses disciples en France, considérons brièvement le « syndrome post-avortement », le lien entre avortement et maltraitance et le « syndrome du survivant » qui affecte les enfants dont le petit frère ou la petite sœur a été victime d'un avortement.

1) Le *Post-Abortion Syndrome* (PAS) selon la terminologie anglo-saxonne désigne les symptômes psychiques complexes qui peuvent survenir à la suite d'un avortement. N'apparaissant pas

---

faite du jour de Noël de la première année. Personnellement, j'ai effectué 15 000 avortements supplémentaires dans mon cabinet privé » (« Responsable de 75 000 avortements », dans COLLECTIF, *Myriam… pourquoi pleures-tu ? Les souffrances des femmes après un avortement*, Uznach, Éd. Oui à la vie, 2005, p. 48 ; ce petit ouvrage allie témoignages et réflexions multidisciplinaires ; voir ouivie@aol.com ; huerzele@active.ch

67. À Paris, d'autres spécialistes de l'enfance ont observé les mêmes phénomènes. Ils fondèrent avec l'aide du diocèse de Paris l'Association des Groupes d'accompagnement post-avortement (AGAPA).

68. Voir Ph. DE CATHELINEAU, *Les lendemains douloureux de l'avortement. Quand Rachel pleure ses enfants*, Chambray-lès-Tours, Éd. C.L.D., 2003, p. 41-56.

tout de suite, et parfois seulement après un temps de latence très long, ces troubles émergent spontanément ou à l'occasion d'un événement déclencheur, comme par exemple une nouvelle grossesse ou une date anniversaire. « Il aurait eu cinq ans aujourd'hui. » Voici quelques-uns de ces troubles parmi les plus importants. Ils concernent d'abord les mères :

– un inconsolable chagrin ;

– un sentiment diffus de culpabilité : « Un enfant est plus lourd à porter dans sa conscience que dans ses bras[69] ! » ;

– la recherche d'un bouc émissaire : le partenaire masculin, les médecins, les hommes en général qui n'ont pas su être à la hauteur, comprendre, protéger ;

– une peur de soi-même, d'être parent, de ce dont on se sait capable et par conséquent la peur des autres ;

– une colère tournée vers autrui et/ou vers soi-même ;

– un cynisme vis-à-vis de soi et des autres, suite à cette perte d'une innocence ressentie comme irrémédiable ;

– une crainte de n'être plus aimable, désirable et donc d'être rejetée ;

– une blessure de son identité de femme, d'épouse et de mère.

Tous ces éléments combinés ou pris séparément peuvent contribuer à générer un état dépressif redoutable[70] en même temps que des systèmes d'autodéfense : l'oubli et la dénégation ; la fureur contre des injustices réelles ou imaginées ; le don de soi dans une cause généreuse ; la répétition de l'acte abortif pour se persuader de son insignifiance. Ce syndrome, s'il touche en premier lieu les femmes qui ont avorté, peut aussi affecter leur entourage familial et médical[71].

---

69. Témoignage d'une femme rapporté par Ph. de Cathelineau, *ibid.*, p. 112.

70. « Il résulte de cet ensemble un état dépressif sévère et interminable, avec son cortège habituel de symptômes : angoisses, s'accompagnant éventuellement de troubles du sommeil, de cauchemars, de troubles de conduites alimentaires, de plaintes psychosomatiques diverses et d'obsessions, qui tournent surtout autour de la grossesse ou qui conduisent à détruire son attrait sexuel, comme l'anorexie ou la boulimie. Dans les cas les plus graves, on peut observer des fuites dans l'alcool, les drogues » (*ibid.*, p. 87).

71. L'homme en tant qu'époux et père faillit à sa vocation « qui est de défendre sa femme et ses enfants, sans qu'il puisse gérer cette situation qui lui échappe. Cet échec va faire naître en lui un sentiment d'impuissance et d'inutilité, dont l'aboutissement est un refus d'assumer sa paternité, une crainte de s'engager comme

2) Parmi les conséquences possibles de l'avortement, Philip Ney et son équipe ont observé une « tendance » chez la mère à maltraiter ses autres enfants. Comment ? Sa souffrance « l'empêchera de s'attacher (comme elle le souhaiterait) à son nourrisson ; et elle pourra le délaisser, refuser de le caresser ou de l'allaiter [...] L'enfant négligé réclamera des soins ; ses cris pousseront sa mère à bout de patience [...] Dans un mouvement d'énervement mal contrôlé, elle pourra être amenée à le secouer et à lui faire mal [...] Et l'enfant, entièrement dépendant, ne comprenant pas la situation, n'ayant aucun moyen de la gérer et de l'améliorer, s'enfoncera dans l'incompréhension et la peur[72] ». Quelque chose, dans le cœur, la psychologie et le corps de la maman, s'est comme brisé. Elle est davantage tentée de maltraiter ses autres enfants non seulement par une certaine brutalité physique, mais aussi, de façon plus sournoise et souvent plus traumatisante, par négligence ou par agression verbale et affective. Un tel schéma relationnel peut se développer tout au long de la vie de l'enfant et se poursuivre à l'âge adulte. Notons que l'auteur parle d'une tendance, d'une fragilité, d'une prédisposition acquise, non d'une nécessité ou d'une fatalité.

3) Source potentielle de maltraitance, l'avortement génère chez les frères et sœurs de l'enfant à naître refusé le « syndrome du survivant[73] ». « Pourquoi est-ce moi qui suis vivant et pas lui ? Si mes parents n'ont pas accueilli mon frère, ma sœur, ils auraient tout aussi bien pu agir de la même manière à mon égard ! Pourquoi moi et pas lui ? Me laisseront-ils en vie si je n'arrive plus à correspondre à leurs attentes ? » Ces questions et bien d'autres, enfouies et refoulées généralement au plus profond de son inconscient, l'enfant survivant ne peut pas ne pas se les poser. Il se perçoit confusément comme un survivant désiré *(a)*, comme un survivant par hasard technique *(b)*, ou comme un survivant menacé *(c)*, comme un survivant par erreur de calcul *(d)*, comme un survivant par ambivalence parentale *(e)*, ou encore comme un survivant « miraculé » *(f)*.

« À la différence de ce fœtus, nous t'avons désiré » *(a)*. « Tu as

---

époux et une perte de virilité » (*ibid.*, p. 59). Conséquence en partie de l'avortement, cette attitude de démission risque à l'avenir d'encourager la femme – qui se sent peu soutenue, voire délaissée – à recourir une fois encore à l'avortement si la situation se représente.

72. *Ibid.*, p. 44.

73. *Ibid.*, p. 91.

échappé au tri embryonnaire et à l'envoi dans un congélateur sous l'appellation d'embryon surnuméraire » *(b)*. « Tu me déçois, j'aurais dû t'avorter » *(c)*. « Si j'avais su plus tôt que j'étais enceinte, j'aurais peut-être avorté. Tu as de la chance d'être en vie » *(d)*. « Je n'ai pas pu me décider alors, mais aujourd'hui, je me demande si la vie n'aurait pas été plus simple sans toi » (*e*). « Tu es né malgré des tentatives de destruction que nous avons exercées contre toi (ce qui peut avoir comme conséquences dans certains cas de lourds handicaps) » *(f)*.

Ces paroles sont d'une violence inouïe et presque insoutenable. Rarement formulées ainsi, elles expriment cependant dans leur brutalité même la puissante agression subie objectivement par les enfants dont les parents ont pratiqué un avortement à l'encontre d'un de leurs frères ou d'une de leurs sœurs. Il n'est pas étonnant dès lors que l'enfant rescapé puisse présenter par la suite les troubles suivants : une angoisse et une culpabilité existentielles, une peur de savoir et un culte pour la dissimulation, une méfiance, un manque de confiance en soi, une colère, une agressivité et une révolte sans raison apparente contre ses parents ou contre toute autorité, un dédoublement de personnalité, un non-respect d'autrui et de soi-même, un refus de Dieu, une tendance ultérieure à avorter « afin d'essayer de comprendre le drame dont il a pâti et de justifier l'acte des parents[74] ».

Ce tableau est bien sombre. Nous n'aurions guère éprouvé le besoin de nous y attarder si la culture actuelle ne maintenait pas « un silence de plomb » à ce sujet, « un silence plus épais et plus pesant que le "sarcophage" qu'on a coulé sur la centrale de Tchernobyl[75] ». Ces considérations contribuent à rendre manifeste la terrible nocivité d'un avortement pour la vie de la femme elle-même ainsi que pour celle de son entourage, à commencer par celle de son mari et des enfants survivants.

---

74. *Ibid.*, p. 98.

75. A. LÓPEZ TRUJILLO, président du Conseil pontifical pour la famille, préface du livre de Ph. DE CATHELINEAU, *Les lendemains douloureux de l'avortement*, p. 10. Le cardinal remarque par ailleurs « qu'en janvier 2002, le prestigieux *British Medical Journal* ouvrait ses colonnes au docteur D. C. Reardon et à son collègue J. R. Cougle pour un article sur les dépressions succédant aux grossesses non désirées, terminées le plus souvent par un avortement. [...] En avril 2003, une nouvelle étude sur les dépressions associées aux avortements et aux accouchements a été publiée dans le *Medical Science Monitor* » (p. 10-11). Et au mois de mai, c'était au tour du *Canadian Medical Association Journal*.

Après avoir posé ce diagnostic, Philip Ney, Philippe de Cathelineau et bien d'autres proposent des parcours de reconstruction et de guérison, qui allient compétence scientifique et expérience thérapeutique[76]. Nous ne pouvons évidemment pas les exposer ici en détail. Nous nous contentons de relever quelques points saillants du travail intérieur proposé aux femmes qui ont été victimes d'un avortement :

– faire mémoire du drame et des traumatismes qui ont suivi ;

– inscrire cette mémoire dans l'histoire personnelle et familiale[77], avec ses événements heureux et douloureux ;

– s'entraîner à reconnaître ses sentiments et leurs enchaînements, à les nommer, à surmonter leurs conflits ;

– apprendre de nouvelles manières de penser, de se comporter, de s'affirmer, d'entrer en relation avec autrui ;

– acquérir des perspectives nouvelles et réalistes ;

– démasquer, reconnaître et comprendre ses mécanismes de défense, ses stratégies de déni et de survie ;

– prendre conscience de sa culpabilité et discerner une juste responsabilité ;

– accueillir en soi l'enfant blessé, l'accepter et le consoler ;

– faire le deuil de soi-même, de la personne qu'on n'a pas pu devenir et qu'on avait rêvé d'être ;

– poursuivre délibérément un processus de deuil de l'enfant perdu ;

– s'engager dans des démarches de pardon et de réconciliation envers soi-même, envers les autres et envers Dieu[78] ;

– rendre grâce et apprendre à tout regarder avec un regard neuf, y compris soi-même.

---

76. Ph. de Cathelineau énumère les qualités de l'accompagnateur ou de l'accompagnatrice aux pages 102 à 104 de son ouvrage.

77. « Il n'est pas rare de constater que mères et grands-mères depuis trois ou quatre générations ont vécu des avortements, souvent pour les mêmes motifs. L'avortement semble donc être une forme tragique de violence familiale » (Ph. NEY et M. PEETERS, « Causes et séquelles du traumatisme de l'avortement », dans COLLECTIF, *Myriam… pourquoi pleures-tu ?*, p. 82).

78. « La démarche de réconciliation est sans nul doute un temps crucial du parcours. Elle semble être le point d'orgue, le pivot, le chemin obligé de l'apaisement définitif » (Ph. DE CATHELINEAU, *Les lendemains douloureux de l'avortement*, p. 106). Il s'agit non d'un « oubli » de son enfant, des autres et de Dieu, mais du don d'une nouvelle relation.

La dimension spirituelle est éminemment présente, surtout en fin de parcours. Cela ne signifie pas pour autant qu'une telle démarche ne s'adresse qu'aux croyants. Les faits prouvent le contraire. « En vérité, peut-on guérir de ces blessures profondes sans Dieu, se demande le docteur de Cathelineau ? Je réponds que non. Car qu'on le veuille ou non, ces blessures touchent le fin fond de la personne ; c'est-à-dire qu'elles l'atteignent au-delà de sa psychologie, en son âme même, qu'on l'appelle ainsi ou non, et qu'on croie ou non à son existence. La guérison de telles blessures implique une guérison existentielle, le recouvrement de la vision originelle de notre humanité, replacée dans le plan et le vouloir[79]. » « C'est toi [YHWH] qui m'as formé les reins, qui m'as tissé dans le ventre de ma mère ; je te rends grâce pour tant de mystères : prodige que je suis, prodiges que tes œuvres. Mon âme, tu la connaissais bien » (Ps 139 [138], 13-15). On assiste ainsi peu à peu « à une extraordinaire résurrection et à l'émergence de potentialités enfouies. Certes, la personne blessée porte encore des cicatrices. Mais celles-ci sont devenues lumineuses[80]. »

CONCLUSION

Le Fils bien-aimé « est l'image du Dieu invisible, le premier-né avant toute créature : en lui tout fut créé [...] ; tout est créé par lui et pour lui. Il est avant toute chose et tout subsiste en lui. Il est aussi la tête du corps, la tête de l'Église : c'est lui le commencement, le premier-né d'entre les morts, afin qu'il ait en tout la primauté. Car Dieu a jugé bon qu'habite en lui toute plénitude et que tout, par le Christ, lui soit enfin réconcilié, faisant la paix par le sang de sa Croix, la paix pour tous les êtres sur la terre et dans le ciel » (Col 1, 15-20).

Cette hymne d'une splendeur indicible restitue notre réflexion au cœur même du mystère de la création dans le Christ, de son incarnation et de son salut. « Par son Incarnation, le Fils de Dieu s'est en quelque sorte uni lui-même à tout homme[81] », quelle que

79. *Ibid.*, p. 106.
80. *Ibid.*, p. 111.
81. GS 22.

soit l'étape de sa maturation. Et par le bois de la croix, il est mort pour tout homme, y compris pour les êtres humains vivant dans le sein de leur mère. Ces derniers ont reçu eux aussi une vocation personnelle et communautaire à la filiation adoptive, à la vision de Dieu, à la communion trinitaire, à la Vie éternelle[82]. Dans la toute-puissance de sa résurrection, le Christ conduit chacun d'eux auprès du Père. Il veut y entraîner également avec eux leur mère et leur père de la terre, leurs frères et sœurs, tous les membres de leur famille, leur entourage. « Je suis venu pour qu'ils aient la vie et qu'ils l'aient en abondance » (Jn 10, 10)[83].

Un des grands mérites d'*Evangelium vitae* – et non des moindres ! – réside dans l'inscription du drame de l'avortement à l'intérieur de la dramatique victorieuse du salut, de la Genèse à l'Apocalypse. Les questions morales particulières y sont comme désenclavées par rapport à elles-mêmes. Elles sont méditées – sans sacrifier la précision de la science éthique – dans le cadre de ce vaste affrontement du « peuple de la vie[84] » contre des forces et une « culture de mort ». « En arrêt devant la Femme en travail [d'enfantement], le Dragon s'apprête à dévorer son enfant aussitôt né [...] Alors une bataille s'engagea dans le ciel [...] Et j'entendis une voix clamer dans le ciel : "[...] L'accusateur de nos frères a été jeté bas, lui qui les accusait jour et nuit devant notre Dieu." » (Ap 12, 4.7.10)[85].

82. Voir le beau titre d'Isabelle DE MÉZERAC : *Un enfant pour l'éternité*, Monaco, Éd. du Rocher, 2004.

83. Titre du troisième chapitre de EV 29-51.

84. EV 6 et 79. Voir E. SGRECCIA et R. LUCAS (dir.), *Commento interdisciplinare alla « Evangelium vitae »* ; L. MELINA, *Corso di bioetica. Il Vangelo della vita*, p. 31-78 et p. 259-290 ; D. TETTAMANZI, *Donner la vie : à quel prix ?*, « La communauté chrétienne et l'accueil de la vie non encore née », p. 212-226.

85. Figure du Christ, cet enfant « est aussi comme la figure de tout homme, de tout enfant, spécialement de toute créature faible et menacée » (EV 104).

CHAPITRE X

LA PRODUCTION D'EMBRYONS HUMAINS DESTINÉS À UN PROJET PARENTAL : UNE INDUSTRIE MORALEMENT BONNE ?

« Dieu les bénit et leur dit : "Soyez féconds" » (Gn 1, 28).

Au terme du sixième jour, YHWH adresse une parole à l'homme et la femme à peine créés : « Dieu leur dit » (Gn 1, 28). Il a désormais un interlocuteur dans sa création terrestre : le couple humain, créé à son image et à sa ressemblance. « Soyez féconds », ou, selon d'autres traductions, « croissez », « faites du fruit ». La procréation humaine est d'emblée située à l'intérieur d'un dialogue. Elle n'est pas totalement déterminée par l'instinct de reproduction, comme c'est le cas chez les animaux. Elle passe par la liberté de l'être humain, par son conseil et par sa responsabilité. Dès l'origine, l'homme et la femme sont invités à collaborer intelligemment à l'œuvre de la création. En écoutant ce commandement de vie et en y répondant, ils réalisent ensemble, l'un par l'autre, l'un avec l'autre, leur ressemblance avec Dieu. Ils deviennent cocréateurs, ou plus précisément procréateurs : ils participent intimement à la création de Dieu lui-même.

Avec l'évolution scientifique et technique, « procréer » par insémination artificielle ou par fécondation *in vitro* est devenu à présent possible. De telles pratiques s'inscrivent-elles dans le prolongement immédiat de cette parole initiale du Créateur ? Sont-elles en contradiction avec ce commandement de vie ? L'Église, avec tout le genre humain, se trouve devant une nouvelle question, une question sérieuse et grave pour le devenir de l'humanité[1].

1. G. MATHON, art. « Procréation », *Catholicisme* 53 (1988). L'article dresse un tableau d'ensemble de la problématique morale, notamment en référence critique

Elle est appelée à approfondir sa foi pour y découvrir les exigences de la charité dans une situation inédite. Elle doit affiner et élargir sa perception de la vie conjugale, du langage des corps et de la signification de l'enfant pour être en mesure de répondre aux interrogations soulevées aujourd'hui par les fécondations artificielles.

En cette matière, comme en d'autres, une longue route est à parcourir. Ce chemin de charité, de vérité et de miséricorde n'est pas toujours aisé à suivre en un monde marqué par des errements de tous ordres. N'a-t-il pas fallu plusieurs siècles pour découvrir comment le monothéisme implique la monogamie, comment l'Alliance condamne l'adultère, la prostitution et le meurtre rituel ? Il faut du temps pour discerner les enjeux spirituels et moraux d'une nouvelle question. Il faut du temps également et une pédagogie tâtonnante pour pouvoir les exprimer et les rendre accessibles à tous. Pour notre part, nous emprunterons principalement le chemin de *Donum vitae*, un grand texte rédigé en 1987 par la Congrégation pour la doctrine de la foi, et intitulé : *Instruction sur le respect de la vie humaine naissante et la dignité de la procréation. Réponses à quelques questions d'actualité*[2]. Il ne s'agira ni d'un exposé de ce document ni d'un commentaire[3], mais d'une libre reprise. Au cours des deux premiers points, nous préparerons le

---

au livre scientiste de P. SIMON, *De la vie avant toute chose*, Paris, Mazarine, 1979. M. SCHOOYANS, *Maîtrise de la vie et domination des hommes*, Paris, Lethielleux, 1986. Cet ouvrage aborde la question des interventions sur la procréation sous un angle surtout sociopolitique. J.-L. BRUGUÈS, *Les procréations artificielles au crible de l'éthique chrétienne*, Paris, Fayard, coll. « Communio », 1988 ; E. SGRECCIA, *Manuel de bioéthique. Les fondements de l'éthique biomédicale*, avec bibliographie ; ACADÉMIE PONTIFICALE POUR LA VIE, *La dignité de la procréation humaine et les technologies reproductives : aspects anthropologiques et éthiques*, Communiqué final de la Xe Assemblée générale, 21 février 2004 ; L. RAVEZ, *Les amours auscultées. Une nouvelle éthique pour l'assistance médicale à la procréation*, Paris, Éd. du Cerf, 2006, avec bibliographie.

2. Cette instruction est en continuité profonde avec la doctrine ecclésiale concernant l'amour humain, spécialement celle développée depuis le concile Vatican II jusqu'à cette époque (1987). Elle en manifeste la pertinence et l'actualité face à de nouvelles problématiques. *Donum vitae* fut en gestation dès le début des années quatre-vingt. Elle est le fruit d'une information pluridisciplinaire de grande ampleur et d'une longue maturation ecclésiale. Voir A. BOVONE, « L'histoire de l'Instruction », dans *L'Osservatore Romano*, éd. fr., 17 mars 1987, p. 13.

3. Voir à cet effet J.-M. HENNAUX, « L'Instruction sur "le don de la vie" », *Vie consacrée* 59/3 (1987), p. 174-187 ; A. CHAPELLE, « Pour lire "Donum vitae" », *Nouvelle revue théologique* 109/4 (1987), p. 481-508.

terrain à ce discernement au moyen de descriptions et de quelques considérations anthropologiques. De quoi parle-t-on au juste (A) ? Quelles visions de la paternité et de la filiation se trouvent engagées (B) ? Ensuite dans un troisième moment, nous proposerons une évaluation spécifiquement morale (C).

Ces réflexions peuvent ne pas convaincre. La culture d'aujourd'hui véhicule avec tant de richesses et de grandeurs les puissances exacerbées du désir et de la technique. Les requêtes morales de la foi peuvent demeurer obscures pour le cœur et la raison partiellement aveuglés. C'est pourquoi le Christ confie à son Église la mission de manifester avec Lui toutes les exigences inscrites dans la vocation de l'homme. Dans un domaine aussi sensible que celui de la sexualité et de la procréation, l'appel de Dieu peut devancer nos perceptions. « Mes yeux devancent la fin de la nuit pour méditer sur ta promesse » (Ps 119 [118], 148).

A. DESCRIPTION

Avant de risquer une appréciation éthique, il convient dans un premier temps de savoir précisément de quoi on parle. Bien des difficultés s'évanouissent alors d'elles-mêmes ou trouvent un principe de solution simple et cohérent.

1. Description historique

L'intervention de la médecine dans le domaine de la procréation s'est développée dans le cadre des traitements contre la stérilité : comment remédier au mieux aux déficiences physiologiques de la fonction procréatrice de l'être humain ? Les recherches et les soins qui en découlèrent obtinrent de magnifiques résultats, permettant ainsi à des parents de concrétiser leur désir d'avoir un enfant. Ainsi la médecine de la procréation fit-elle irruption au cœur des couples en se mettant à leur service avant, pendant et après leur union conjugale. Elle réussit à secourir des personnes incapables de s'unir sans son aide, de concevoir ou de porter à terme la gestation d'un embryon. Elle parvint à soigner bien des cas d'infertilité en rétablissant la fonctionnalité des organes affectés. Elle se heurta néanmoins à des situations thérapeutiques insolubles.

La technique médicale ne voulut pas s'avouer vaincue. Face à ces échecs, elle inventa d'autres techniques grâce auxquelles elle parvint à se substituer aux relations conjugales elles-mêmes, à la conception et aux premières étapes de la gestation. Ainsi virent le jour diverses formes d'insémination et de fécondation artificielles homologues à partir des gamètes masculins et féminins venant du couple lui-même.

Or, chez certaines personnes, les gamètes sont inexistants, stériles ou biologiquement déficients. Pour dépasser cet obstacle, pourquoi ne pas sortir des limites du couple marié et faire intervenir des donneurs de sperme, d'ovules, voire d'ovules fécondés ? L'insémination et la fécondation artificielles hétérologues firent ainsi leur apparition dans les hôpitaux.

Très logiquement, le « prêt d'un utérus » devint techniquement accessible. En cas d'incapacité physique[4] de la part de la mère biologique, pourquoi ne pas demander à une autre femme de « prêter » – moyennant finances ou non – son corps pour permettre à l'enfant désiré d'arriver à terme ? Inversement, mais toujours selon la même logique profonde selon nous, pourquoi ne pas empêcher la mort d'embryons abandonnés en les implantant dans la matrice d'une mère « sauveuse »[5] ? Et pourquoi, en fin de compte, ne tenterait-on pas de fabriquer à grande échelle des matrices artificielles[6] ?

2. Ambiguïté du concept d'assistance

Dans notre effort pour décrire aussi objectivement que possible les actes posés, il nous faut nous arrêter un moment sur le concept

---

4. On pourrait étendre cette catégorie : incapacité psychologique, professionnelle, etc.

5. Aux États-Unis, l'adoption d'embryon est actuellement promue par un programme baptisé « Snowflakes » (flocons de neige). Une telle « adoption » n'a rien d'anonyme, ni de gratuit, comme en France. Il y aurait 10 millions de couples stériles américains qui pourraient être concernés par une telle entreprise.

6. Certains scientifiques travaillent dans des programmes de recherches en ectogenèse, terme qui désigne la gestation d'un enfant hors du corps maternel. Voir à ce sujet H. ATLAN, *L'utérus artificiel*, Paris, Éd. du Seuil, 2005. Notons qu'une telle pratique est au centre du *Meilleur des mondes*, roman d'anticipation d'Aldous HUXLEY publié en 1932.

d'assistance tel qu'il est proposé dans l'ensemble des techniques reprises sous la dénomination : « Procréation médicalement assistée » (PMA). Dans le cas des soins de la fonction procréatrice des époux, les médecins traitent une déficience, une maladie. Dans le cadre de leur compétence spécifiquement médicale, ils assistent réellement les époux dans leur volonté de concevoir et de mettre au monde un enfant. La procréation est et demeure l'œuvre propre du couple, le fruit de son union conjugale. On peut donc en toute rigueur de termes parler d'assistance médicale.

En est-il de même pour la fécondation d'un ovule en éprouvette *(in vitro)* et pour l'insémination artificielle moyennant transfert, dans les organes génitaux de la femme, de sperme précédemment recueilli ? Peut-on encore parler d'« assistance médicale » lorsque diverses procédures techniques sont mises en œuvre afin d'obtenir une conception humaine d'une manière autre que celle de l'union sexuelle de l'homme et de la femme ?

Pour répondre à cette question, il faut en poser une autre : qu'est-ce que les médecins assistent précisément ? Nullement la fonction reproductrice de l'acte conjugal. Ils ne la soignent guère. Ils « assistent » le projet des parents, leur désir d'enfant. Pour ce faire, ils remplacent purement et simplement l'acte conjugal par un acte technique. Il n'y a donc plus d'acte conjugal à l'origine d'une nouvelle vie humaine. Cette substitution est manifeste dans le cas de la FIVETE qui implique de nombreuses opérations techniques : prélèvement des gamètes, leur préparation, leur mise *in vitro*, leur fusion, leur culture *in vitro*, le transfert de l'embryon un peu plus tard *in utero*. Actuellement, ce processus est souvent long, éprouvant pour les époux, onéreux et à répéter plusieurs fois en vue d'une éventuelle réussite. Il n'en est pas de même pour l'insémination artificielle dont le geste peut être accompli dans le contexte global d'un rapport conjugal. Néanmoins, même alors, il s'agit d'un acte technique posé par les époux eux-mêmes, acte qui est radicalement différent de l'acte conjugal lui-même. La fonction procréatrice de ce geste technique demeure invinciblement séparée de la signification procréatrice que l'union conjugale peut avoir par ailleurs.

Par conséquent, en dernière analyse, s'agit-il vraiment d'une assistance à l'acte procréateur des parents ? Nullement ! Qui assiste qui ? N'est-ce pas plutôt le couple qui assiste l'équipe biomédicale en lui fournissant d'une part du matériel biologique et d'autre part une destination future à ce qu'il produira, à savoir leur foyer ? Qui « procrée » ? Dans le cas de la FIVETE, l'intervention se réalise en dehors du corps des époux par les gestes de tierces personnes dont la compétence détermine le succès de l'opération. Selon nous, l'acteur principal de ce « travail » – quelles que soient les circonstances et les intentions ultérieures – est le technicien de laboratoire à la disposition duquel les époux remettent leurs cellules germinales. C'est lui qui joue le rôle décisif dans la constitution de l'embryon. C'est lui qui appelle les nouveaux êtres humains à l'existence. C'est lui qui a le pouvoir d'exercer un contrôle sur la qualité des êtres générés. Les « parents » fabriquent les gamètes mais c'est le spécialiste, délégué par eux, qui les rapproche. Dans le cas de l'insémination artificielle, c'est également le technicien de la vie qui pose le geste « procréatif », ou les parents qui agissent en tant que techniciens de la vie.

Peut-on dès lors encore légitimement définir de telles pratiques comme des actes de procréation *stricto sensu*, selon la signification spécifiquement humaine de ce mot ? Bien entendu, le terme de cette œuvre est un enfant. Son résultat n'est pas un objet : l'embryon humain ainsi conçu possède la même nature humaine et la même dignité personnelle que celui conçu dans un acte conjugal. Mais le chemin parcouru à cet effet est différent. Ne conviendrait-il pas mieux dès lors de parler de « production technique » ? En toute rigueur de langage n'y a-t-il pas une contradiction interne à parler de « procréation artificielle » ?

Toujours selon cette même logique, peut-on encore qualifier de tels processus de fabrication comme étant de nature « thérapeutique » ou « médicale » ? N'assiste-t-on pas à un changement assez fondamental de l'être même du médecin et de sa finalité[7] ? Ne

7. Voir DV B, 7. « L'acte médical ne doit pas être apprécié seulement par rapport à sa seule dimension technique, mais aussi et surtout en relation à sa finalité, qui est le bien des personnes et leur santé corporelle et psychique. » Voir LES MOINES DE SOLESMES, *L'éthique médicale dans l'enseignement des papes*, Abbaye Saint-Pierre de Solesmes, 1987, chapitres I, II et III : « L'Église et la médecine », « Grandeur et excellence de la profession médicale », « Responsabilités et devoirs des médecins » ; A. FIORI, « Contre la fécondation hétérologue », *Médecine et morale* 2 (1997), p. 247-248 ; E. SGRECCIA, *Manuel de bioéthique. Les fondements de l'éthique biomédicale*, p. 197-240.

doit-on pas reconnaître un tout autre statut à ce genre d'intervention : celui d'ingénierie technique, d'artifice biologique ?

À toutes ces questions, nous répondons par l'affirmative. Aussi préférons-nous éviter dans ce cas l'expression « procréation médicalement assistée » (PMA) : il ne s'agit pas d'abord et avant tout d'un acte de procréation, ni d'un acte médical, ni d'un acte d'assistance, mais plutôt d'un acte de production technique[8], qui utilise du matériel biologique (les gamètes) et idéologique (le projet parental). Pour plus de clarté, sans encore poser aucun jugement moral, il nous semble opportun de parler de « production d'embryons humains » (PEH). Si l'on veut malgré tout garder la terminologie des PMA, il convient alors de préciser que le sens des mots a subi une profonde transmutation.

Remarquons que dans cette perspective essentiellement technique, la distinction entre fécondation artificielle homologue et hétérologue n'a plus grande importance. Il ne concerne pas directement les hommes de laboratoire, mais ceux qui ont élaboré le projet parental auquel les embryons sont destinés. Plus radicalement encore, la destination même de ces embryons produits n'intéresse pas vraiment ces ingénieurs de la génétique. N'agissant pas d'abord en tant que médecins, le résultat de leur travail peut tout aussi bien servir à d'autres fins, comme celles de la recherche ou du commerce. En tant que tel, un geste de nature technique ne s'embarrasse guère d'autres considérations que celles de sa propre efficacité.

B. UNE MUTATION ANTHROPOLOGIQUE

Deux dynamiques qualitativement différentes se croisent donc sans vraiment se rencontrer : d'une part, une dynamique médicale qui assiste les parents par des soins de santé, au point de vue physiologique ou psychologique ; d'autre part, une dynamique technique sans intention thérapeutique. Cette seconde logique n'a pas

8. Voir J. RATZINGER, « Der Mensch zwischen Reproduktion und Schöpfung. Theologische Fragen zur Ursprung des menschlichen Lebens », *Int. Kath. Zeitschrift Communio*, 18/1 (1989), p. 61-71.

le souci par elle-même de l'univers des personnes, des relations humaines qui y sont impliquées et des considérations éthiques. Lorsqu'elle s'impose objectivement comme la principale ouvrière de l'origine d'un être humain, elle provoque une véritable « mutation anthropologique », pour reprendre l'expression de Livio Melina[9]. Elle implique en particulier « un changement radical de signification des contenus anthropologiques de paternité et de filiation[10] ». Comment ?

1. Une paternité « existentialiste »

Avec la production d'embryons humains destinés à un projet parental, la paternité[11] est réduite, pour l'essentiel, au projet d'avoir un enfant, à la décision de le faire exister, indépendamment des conditions corporelles de sa réalisation. Certes, un tel dessein volontaire s'accompagne chez les futurs parents d'un don de leurs cellules germinales au laboratoire. Mais les pratiques biotechnologiques viennent s'interposer entre cette démarche et leur projet. Il ne s'agit guère d'un acte unique, mais de trois actes différents reliés entre eux de manière extrinsèque : apport du matériel biologique humain, ingénierie génétique et projet parental ou finalité procréative.

Pour pousser le raisonnement jusqu'au bout, émettons l'hypothèse suivante : ceux qui accompliraient la fusion des gamètes *in vitro* seraient ceux dont émaneraient ces gamètes. Même dans cette situation paradigmatique, notre analyse se vérifierait. La « parenté » – au sens analogique du terme – qui en résulterait consisterait en une juxtaposition de deux liens hétérogènes avec le futur enfant : d'un côté, un rapport de fabrication, de l'autre un rapport de donneur de gamètes et de projet parental. N'assiste-t-on pas dans ces conditions à l'éclosion d'une nouvelle définition

9. L. MELINA, *Amour conjugal et vocation à la sainteté*, p. 142. Nous nous sommes en partie inspiré pour ces considérations anthropologiques du chapitre « Paternité et artifice », p. 139-150 ; L. MELINA, *Corso di bioetica. Il Vangelo della vita*, p. 106-111.

10. L. MELINA, *Amour conjugal et vocation à la sainteté*, p. 143.

11. Le terme de « paternité » est ici pris dans son sens générique. Il désigne la relation qui unit non seulement le père, mais également la mère à son enfant.

de la parenté, porteuse elle-même d'une nouvelle conception de l'être humain ?

L'anthropologie qui sous-tend la production d'embryons à finalité parentale est profondément dualiste. D'une part, il y a l'univers de la pensée pour parler comme Descartes, de l'esprit, des idées, du sujet, de la liberté, de la « culture ». D'autre part, il y a le monde de l'étendue, de la matière, du sensible, des corps au sens purement mécanique du terme, des objets, du biologique animal, de la « nature ». D'un côté « père » selon la pensée et de l'autre « père » selon l'étendue. L'homme n'agit pas en tant que personne constituée d'esprit et de corps, dans l'unité substantielle des deux, dans une « totalité unifiée ». Il fonctionne de façon spiritualiste et matérialiste à la fois. Il tente désespérément d'unifier deux mondes qui demeurent invinciblement étrangers l'un à l'autre. Il peut tout au plus les rapprocher artificiellement par une sorte de « glande pinéale » – située au sommet du cerveau selon Descartes –, c'est-à-dire par une décision arbitraire d'unifier deux actes qui restent séparés dans la réalité.

Dans de telles conditions, la paternité de ceux qui ont recours à ces procédés n'est plus d'abord l'attente d'un don surprenant à accueillir, mais la construction volontaire d'un nouvel être humain. Elle consiste en un projet à réaliser – avec un partenaire ou non –, après un calcul de faisabilité. Une des conséquences – peu aperçues – d'un tel état d'esprit est la surcharge de la responsabilité. Les parents se sentent totalement responsables de l'élaboration de leur enfant. Ils sont moins directement renvoyés à un dessein qui les précède. Ils ne sont pas portés par ce dessein, mais ce sont eux qui tâchent de le porter, de le tracer, de l'inventer. Tâche épuisante au demeurant, et source de bien des angoisses. Il s'agit de ne pas échouer, d'atteindre l'objectif fixé ou la cible visée, de ne pas faire de faute prévisionnelle en mettant par exemple au monde un enfant handicapé. Celui-ci, d'ailleurs, héritant de cette mentalité, pourrait leur demander des comptes plus tard pour le « préjudice d'être né ainsi », ou plus fondamentalement encore, pour le « préjudice d'être né ». Bref, la paternité risque de devenir « existentialiste », au sens sartrien du terme, d'entretenir l'illusion d'être intégrale.

Ne devrait-on pas dire la même chose en ce qui concerne la paternité adoptive ? Celle-ci en effet ne repose pas directement sur un fondement corporel, mais sur un choix libre de volonté et d'amour. Cependant, ce choix n'est pas à l'origine de l'enfant. Il ne cause pas son existence. Il ne le fait pas fabriquer. Là se trouve toute la différence. Les parents adoptifs se situent dans une logique d'accueil d'un enfant déjà né. Ils ouvrent les bras et leur foyer à cet enfant au passé douloureux, marqué entre autres par la perte ou l'abandon de ses propres parents. L'enfant n'est guère « construit » par leur désir, mais reçu d'un autre, c'est-à-dire de ses parents disparus, de la société jouant un rôle de subsidiarité, de Dieu. Les parents adoptifs entrent ainsi dans une dynamique de participation à une histoire, à un dessein qui les dépasse et dont ils ne sont pas les premiers responsables.

2. Un enfant « fabriqué »

« Le principe ou le commencement est plus que la moitié en toute chose, et il suffit à lui seul pour éclaircir bien des points dans les questions que l'on discute[12]. » Cette affirmation aristotélicienne se vérifie également dans le domaine du vivant. La personne se laisse comprendre à partir de son origine. « Dis-moi d'où tu viens et je te dirai qui tu es. »

L'enfant qui naît d'insémination ou de fécondation artificielle est évidemment semblable, par la grâce de Dieu, à tous les enfants de la terre ! Il sourit, pleure, aime, joue, apprend, prie. Sa dignité n'est aucunement diminuée, ni son égalité avec les autres humains. Cependant, son identité profonde a subi un sérieux préjudice, une discrimination initiale, une blessure originelle. Laissons le soin aux psychologues d'en montrer les conséquences du point de vue psychique[13] et surtout de découvrir des chemins

12. Aristote, *Éthique à Nicomaque*, 1098 *b* 3.

13. Voir par exemple B. Bayle, *L'embryon sur le divan. Psychopathologie de la conception humaine*, Paris, Éd. Masson, 2003 ; *L'enfant à naître. Identité conceptionnelle et gestation psychique*, Paris, Éd. Érès, 2005 ; *L'identité conceptionnelle. Tout se joue-t-il avant la naissance ?*, Paris, Éd. Penta-L'Harmattan, 2005. L'auteur – psychiatre clinicien et docteur en philosophie – a étudié les implications psychologiques de la procréation artificielle chez des femmes stériles. Ce questionnement l'a conduit à explorer la gestation psychique de l'être humain dans le sein maternel. Selon Benoît Bayle, en effet, l'être conçu effectue non seulement une nidation biologique, mais également une « nidation psychique ». Il doit s'implanter et trouver place dans la psyché maternelle. Il est ainsi « subjectivé » par sa maman. Récipro-

de guérison. Pour notre part, nous nous situons ici à un niveau anthropologique.

L'enfant issu des PEH apparaît comme le résultat d'une conjonction arbitraire entre un faire technique et un projet parental. Pour exister, il a dû correspondre aux demandes de sa programmation. À la base, il a été sélectionné parmi divers embryons. Il a dû réussir un contrôle de qualité et passer avec succès les multiples phases de vérifications, sous peine d'être rejeté, éliminé, détruit. Quel lourd parcours pour ce petit être en formation ! On a de la peine à imaginer les pressions inhumaines auxquelles il a été soumis dans les premiers moments de son existence. Il n'a pas été accueilli inconditionnellement. Il n'a pas été pleinement voulu pour lui-même. S'il ne satisfaisait pas aux exigences des géniteurs et des techniciens, son « accueil » pouvait à chaque instant être révoqué. « Il est venu chez les siens et les siens ne l'ont pas reçu » (Jn 1, 11). Les procès intentés aux « médecins » qui n'ont pas livré un enfant conforme à la « commande » passée sont là pour le lui rappeler douloureusement si besoin en était. La personne qui émerge au sein d'un tel processus ne peut pas ne pas en être profondément affectée, à un niveau plus ou moins conscient. Elle risque de se sentir toujours obligée de correspondre aux exigences d'autrui pour exister et d'imposer à son tour à autrui ces mêmes conditions d'existence !

Une origine artificielle d'un enfant opère donc une réelle « mutation anthropologique » en envisageant objectivement celui-ci comme une équation à résoudre entre un projet technique et un projet parental déterminé. Avec cette mentalité, l'embryon humain risque d'être considéré non pas d'abord comme un don à recevoir, un hôte à accueillir[14], une personne dont l'originalité surprend, mais comme la conséquence volontaire d'une conquête.

quement, il « subjective » la femme qui le porte en la faisant « mère d'une certaine manière », en fonction de sa propre « identité conceptionnelle ». Il existe donc une véritable « intersubjectivité prénatale », qui ne néglige guère par ailleurs la place de « l'homme devenant père ».

14. A. MATTHEEUWS, « L'enfant est un don. Présentation de l'instruction "Donum vitae" », *La Foi et le Temps* XVIII (1988-2), p. 114-139 ; A. MATTHEEUWS, *S'aimer pour se donner*, Bruxelles, Éd. Lessius, 2004, spécialement le chapitre III, 2 : « L'enfant n'est ni un dû ni un droit » et III, 3 : « L'enfant est un "don" », p. 289-353.

Certes, dans les PEH à destination d'un projet parental, il peut y avoir beaucoup d'amour dans le cœur des époux. Un amour intense et généreux peut être subjectivement au rendez-vous dans la décision d'entrer dans ce processus – souvent utilisé comme « dernier » recours pour répondre à de douloureux problèmes d'infertilité[15] – et dans sa mise en œuvre concrète. Parallèlement, une grande humanité peut habiter les membres de l'équipe « médicale ». Il n'en reste pas moins vrai que, d'un point de vue objectif, une telle pratique atteint l'enfant en son intimité originelle, en son être en constitution.

Cette forme d'anthropologie est liée à une nouvelle compréhension de l'être, caractéristique de la modernité et de la postmodernité. Elle dépend d'une « métaphysique de la représentation » – pour reprendre l'expression de Jean Ladrière[16] – qui institue la construction comme valeur suprême. Le monde est spectacle, représentation, exposé au regard élaborateur de l'*homo faber*. Il revient au sujet de lui donner consistance par son faire, par son industrie technique. L'être est artefact. L'être se trouve au terme d'un processus constructiviste. Très logiquement, l'homme se comprend lui-même selon ce modèle du représenté et du construit, c'est-à-dire selon le modèle de l'objet et des machines qu'il a produites. De même en est-il pour les enfants qu'il projette de faire advenir à l'existence.

Ces propos sur l'« enfant fabriqué », tout comme ceux sur la « paternité existentialiste » tâchent de rendre raison, comme ils peuvent, d'une réalité extrêmement délicate. Ils ne prétendent en aucun cas condamner qui que ce soit – de quel droit le feraient-ils ? –, mais manifester la logique non humaine dans laquelle engagent les PEH à destination d'un projet parental. Ils ne signifient pas non plus qu'une transformation de cette dynamique soit impossible. Bien au contraire, l'histoire humaine est caractérisée par une succession de dons, d'offenses et de

15. Cette notion de « dernier recours » est à géométrie variable selon les couples et les impératifs financiers des centres de PMA. Il s'avère que, dans plusieurs cas, un changement du rythme de vie, une transformation de « mentalité » et une plus grande patience offrent les conditions suffisantes pour concevoir et accueillir naturellement un enfant.

16. J. LADRIÈRE, « Approche philosophique de la problématique bioéthique », *Revue des questions scientifiques* 152/3 (1981), p. 353-371.

réconciliations. L'enfant construit peut échapper à cette logique d'objectivisation par un chemin de restauration de son identité intérieure, chemin qui peut passer notamment par une conversion de la mentalité de ses parents.

C. ÉVALUATION ÉTHIQUE

Par le recours aux PEH, la paternité et la filiation se trouvent donc perturbées. Le débat, avant d'être éthique, se joue à un niveau beaucoup plus fondamental, celui de la vision même de l'homme. Voilà pourquoi l'instruction *Donum vitae* de 1987 prend soin d'enraciner son discernement moral dans de solides considérations anthropologiques, en particulier concernant la vocation de l'être humain à la paternité. Quel est donc le bien à accomplir dans ce domaine et le mal à éviter ?

1. Intentions

L'approche des PEH que nous avons proposée jusqu'à présent peut paraître assez dure, voire peu humaine, au regard des couples rudement éprouvés par le fait de ne pas pouvoir concevoir un enfant, ou de ne pas pouvoir concevoir un enfant en bonne santé. « Entre révolte et désespoir, une nuit profonde semble par moments envelopper le couple. Avec qui en parler ? Personne ne semble vraiment comprendre. […] Les questions sans réponse se bousculent : pourquoi nous ? Il y a tant de personnes qui rejettent leur enfant alors que nous, nous en voulons un. Et si c'était d'ordre psychologique ? Notre couple sera-t-il assez solide pour affronter cette épreuve ? Par quels moyens ? Est-il possible de vivre heureux malgré ce manque ? Et si cette situation dure[17] ? »

« La souffrance des époux qui ne peuvent avoir d'enfants ou qui craignent de mettre au monde un enfant handicapé est une souffrance que tous doivent comprendre et apprécier comme il convient, dit sobrement *Donum vitae*. De la part des époux, le

17. M. et M. MORNET, *Quand l'enfant se fait attendre*, Paris, Éd. de l'Emmanuel, 2004, p. 13.

désir d'un enfant est naturel : il exprime la vocation à la paternité et à la maternité inscrite dans l'amour conjugal. Ce désir peut être plus vif encore si le couple est frappé d'une stérilité qui semble incurable[18]. » La volonté de mettre au monde un enfant est profondément inscrite dans la vocation des personnes mariées. Elle relève de la raison d'être de leur union. Elle en est une dimension constitutive. La stérilité conjugale est un drame qui s'attaque au sens même de l'existence, à la joie de vivre, aux racines de l'espérance.

« Je m'en vais sans enfant », laisse échapper Abraham. « Un serviteur héritera de moi » (Gn 15, 2-3). « Fais-moi aussi avoir des enfants, ou je meurs » (Gn 30, 1), s'écrie Rachel à son mari. « Anne pleura et resta sans manger. Alors son mari Elqana lui dit : "Anne, pourquoi pleures-tu et ne manges-tu pas ? Pourquoi es-tu malheureuse ? Est-ce que je ne vaux pas pour toi mieux que dix fils ?" [...] Dans l'amertume de son âme, elle pria YHWH et elle pleura beaucoup. Elle fit ce vœu : "YHWH Sabaot ! Si tu voulais considérer la misère de ta servante, te souvenir de moi, ne pas oublier ta servante et lui donner un petit d'homme, alors je le donnerai à YHWH pour toute sa vie." » (1 S 1, 7-11).

L'Écriture sainte recueille ces cris de détresse qui se tournent vers Dieu. Elle en révèle humblement le mystère et les ouvre à l'espérance. « Et voici qu'Élisabeth, ta parente, vient, elle aussi, de concevoir un fils en sa vieillesse, et elle en est à son sixième mois, elle qu'on appelait la femme stérile », annonce l'ange Gabriel à la Vierge Marie (Lc 1, 24). Notre intention dans ce chapitre n'est pas de rencontrer immédiatement le mystère douloureux des couples souffrant de stérilité et réellement appelés à une autre forme de fécondité[19]. Elle entend simplement proposer quelques éléments de réflexion au sujet de la production d'embryons humains destinés à un projet parental. Tel est son angle spécifique de vision.

La volonté conjugale d'avoir un enfant est évidemment légitime, « naturelle », généreuse, excellente, magnifique. L'inverse serait d'ailleurs suspect d'un point de vue éthique. Une telle

18. DV 8.

19. Voir à ce sujet de M. et M. Mornet, *Quand l'enfant se fait attendre*. Ce livre aborde de façon concrète, délicate et profonde la vie du couple confronté à l'attente d'un enfant qui n'arrive pas. Il découvre avec le réalisme de la foi les sentiers de l'amour plus fort que tout. Il contribue également à les tracer.

volonté, aussi « vitale » soit-elle pour le couple, n'est cependant pas suffisante pour déterminer la bonté ou la malice morale des PEH en elles-mêmes. « La fin ne justifie pas les moyens[20]. » L'intention d'engendrer un enfant pour des époux ne confère pas automatiquement une légitimité morale à n'importe quel moyen à mettre en œuvre à cet effet. Encore faut-il que le moyen soit bon *in se*. Aussi beau, aussi crucifiant, aussi puissant que soit le désir de maternité ou de paternité, celui-ci ne dit rien encore de la bonté ou de la malice des PEH.

Parallèlement, les motivations d'avoir un enfant peuvent être à divers degrés ambiguës, intéressées – comme c'est le cas du « bébé-médicament » –, narcissiques, égoïstes. Cela ne signifie pas encore pour autant que les PEH soient mauvaises en elles-mêmes. Certes, des intentions moralement indéfendables interdisent toujours d'accomplir une action. Mais ce fait n'implique pas encore que les PEH soient moralement illicites *in se*.

Bref, les PEH peuvent être accomplies avec de bonnes ou de mauvaises intentions. Ces intentions ne nous permettent cependant pas encore de savoir si ces pratiques, en elles-mêmes, sont bonnes ou mauvaises d'un point de vue éthique. De même en est-il pour les circonstances qui entourent *de facto* ces pratiques.

2. Circonstances

« Aujourd'hui encore la fécondation *in vitro* présuppose habituellement une surovulation de la femme ; plusieurs ovules sont prélevés, fécondés, cultivés ensuite *in vitro* pendant quelques jours ; habituellement, tous ne sont pas transférés dans les organes génitaux de la femme, certains embryons dits "surnuméraires" sont détruits ou congelés, parfois utilisés pour la recherche. Parmi les embryons implantés, certains sont sacrifiés pour diverses raisons eugéniques, économiques ou psychologiques[21]. »

Le processus de la FIVETE nécessite en général des essais successifs d'implantation embryonnaire. Par conséquent, on fabrique *in*

20. CEC 1753. « Une intention bonne ne rend ni bon ni juste un comportement en lui-même désordonné » *(ibid.)*.

21. DV II, Introd.

vitro plusieurs embryons de « réserve » que l'on conserve dans des sortes de congélateurs. Emprisonnés dans un froid paralysant, ces êtres humains destinés à la chaleur de l'amour et de la vie attendent en dehors du temps l'échec éventuel des embryons sélectionnés avant eux pour être implantés à leur tour dans le sein « maternel ». C'est leur seule chance de sortir de la cryoconservation, de se battre pour survivre à travers tous les tests de qualité qu'ils devront subir et de rejoindre la matrice de la femme qui les portera.

Actuellement, les techniques de la FIVETE évoluent dans le sens de l'implantation d'un seul embryon *in utero*. Mais dans un passé encore récent – qui est loin d'être clos –, les « médecins » en implantaient généralement deux, trois, voire quatre à la fois en vue d'augmenter les chances de réussite du processus. Si la femme ou le couple ne désirait pas plus d'un ou de deux enfants, les techniciens de la vie opéraient quelque temps après une « réduction embryonnaire[22] » qui arrachait de la matrice le ou les individus « de trop ». En clair, il s'agissait d'avortements sélectifs[23]. Invités au banquet de la vie, des petits êtres humains en étaient violemment exclus un peu plus tard pour cause de surnombre. Ils étaient sommés de céder leur place.

Voilà, rapidement évoquées, quelques-unes des circonstances concrètes qui accompagnent pour l'instant ce genre de pratiques. Notons qu'elles peuvent se modifier en fonction des découvertes scientifiques. D'un point de vue éthique, de telles conditions justifient déjà par elles seules l'illégitimité absolue du recours aux PEH. Pourtant, quelle que soit leur gravité morale, ces circonstances ne suffisent pas à déterminer la bonté ou la malice objective de la pratique des PEH en elle-même.

En conclusion, « il est erroné de juger de la moralité des actes humains en ne considérant que l'intention qui les inspire, ou les circonstances [...] qui en sont le cadre[24] ». Il convient donc de faire abstraction des intentions subjectives et des éléments qui entourent les PEH pour saisir cette pratique dans son objectivité propre, dans sa structure significative spécifique, dans sa nature

---

22. CONSEIL PONTIFICAL POUR LA FAMILLE, *Déclaration sur la soi-disant réduction embryonnaire*, 12 juillet 2000.
23. Voir D. TETTAMANZI, *Donner la vie : à quel prix ?*, p. 108.
24. CEC 1756.

intentionnelle de base. Si l'on décrit les PEH dans leur « simplicité » radicale *(simple case)*, ces actions sont-elles moralement bonnes ou moralement mauvaises ? Pour répondre à cette question centrale, *Donum vitae* distingue la fécondation artificielle hétérologue et homologue.

3. La fécondation artificielle hétérologue

a. Description et principe général

La fécondation artificielle, opérée *in vivo* ou *in vitro* en dehors de l'acte sexuel, est dite « hétérologue » lorsqu'elle s'effectue au moyen de gamètes fournis par un tiers : du sperme, des ovules ou même selon nous des embryons[25]. Au sens large, elle signifie que la demande est faite en dehors du mariage, par une femme célibataire par exemple qui cherche l'apport de gamètes masculins. Au sens strict, elle signifie que la demande est faite à l'intérieur du mariage, lorsqu'un des deux conjoints souffre de stérilité par exemple. Elle s'exécute par insémination ou par FIVETE.

L'argumentation de *Donum vitae* repose sur le principe suivant : la procréation est essentiellement liée au mariage. Elle constitue son fruit spécifique et exclusif. On ne peut les dissocier. Certes, « tout être humain doit être accueilli comme un don et une bénédiction de Dieu. Cependant, du point de vue moral, une procréation vraiment responsable à l'égard de l'enfant à naître doit être le fruit du mariage[26]. » Ce point est capital, même s'il s'est obscurci dans les consciences occidentales des XXe et XXIe siècles. Au sens large, la fécondation artificielle hétérologue est donc moralement illégitime tout simplement parce que celle-ci a lieu hors mariage. Au sens strict, elle l'est également car elle introduit un tiers dans la conception d'un enfant, acte qui appartient en propre au mariage.

25. Pour D. Tettamanzi aussi, cette description comprend l'« adoption » d'un embryon congelé. « Par hétérologue, nous entendons, au sens strict, la FIVETE avec présence active d'un tiers dans le couple des époux, c'est-à-dire d'un donneur de sperme ou d'une donneuse d'ovules ou de l'embryon congelé » (D. TETTAMANZI, *Donner la vie : à quel prix ?*, p. 106).

26. DV A, 1.

b. Trois arguments

1) Offense aux époux en tant qu'époux.

La fécondation artificielle hétérologue porte atteinte à l'unité conjugale, c'est-à-dire à une des propriétés essentielles du mariage : « L'homme quitte son père et sa mère et s'unit à sa femme, et les deux deviennent une seule chair » (Gn 2, 24, confirmé et élevé en Mt 19, 6 et Ep 5, 31). « Le respect de l'unité du mariage et de la fidélité conjugale, écrit *Donum vitae*, exige que l'enfant soit conçu dans le mariage ; le lien entre les conjoints attribue aux époux, de manière objective et inaliénable, le droit exclusif à ne devenir père et mère que l'un par l'autre[27]. » Le tiers donneur viole ce droit et ce devoir constitutifs du mariage. Vouloir un enfant au prix de l'unité de son mariage, c'est blesser l'autre comme époux ou comme épouse et se blesser soi-même comme époux ou comme épouse.

2) Offense aux époux en tant que parents.

Vouloir un enfant au prix de l'unité de son mariage, c'est également se faire mal réciproquement en tant que père ou en tant que mère. Comment ? Prenons le cas d'un homme infertile. Son épouse ayant reçu la semence d'un autre homme de manière artificielle, celle-ci exercera sa maternité « génétique » et « gestationnelle[28] » toute seule, indépendamment de son mari qui demeurera toujours extérieur à cette maternité, malgré tout l'amour que celui-ci pourra prodiguer à l'enfant conçu d'un autre que lui. Une scission est artificiellement provoquée entre les époux en tant que parents. La fécondation artificielle hétérologue offense la vocation commune des époux appelés à la paternité et à la maternité intégralement et exclusivement l'un avec l'autre, l'un par l'autre. La maternité comme la paternité ne sont pas des réalités biologiquement autoréférentielles, mais essentiellement relationnelles.

3) Offense à l'enfant.

L'évaluation éthique prend donc comme norme première le mariage en sa constitution intime. Elle s'appuie également sur « le droit de l'enfant à être conçu, porté, mis au monde dans le mariage[29] ». L'enfant a le droit d'être le fruit de l'amour conjugal

27. DV A, 2.
28. DV A, 2.
29. DV A, 2.

de ses parents. Par la construction de son origine à partir d'un donneur étranger, les PEH perturbent le mystère de cette origine et par conséquent la constitution progressive de son identité personnelle. Pour répondre à la question : « Que suis-je appelé à devenir ? » l'enfant doit rencontrer la question : « Qui suis-je ? » Et pour affronter joyeusement cette interrogation vitale, il ne peut faire l'économie de la recherche de son origine indissociablement spirituelle et biologique : « D'où est-ce que je viens ? » « C'est par la référence assurée et reconnue à ses parents qu'il peut découvrir son identité et mûrir sa propre formation humaine[30]. » Notre filiation définit l'être en devenir que nous sommes, un être de chair et d'esprit. De nombreuses études issues des sciences humaines sont là pour le confirmer à leur niveau respectif. Par ailleurs, notons que la fécondation artificielle hétérologue au sens large, quand elle est pratiquée par une femme célibataire par exemple, prive délibérément l'enfant de père. Elle va ainsi volontairement à l'encontre du bien de l'enfant. Celui-ci n'est pas un dû à revendiquer et à obtenir par tous les moyens, mais un don infini à accueillir au cœur même d'une communion conjugale.

c. La maternité de substitution

Les fécondations artificielles hétérologues sont également liées à la problématique de la « maternité de substitution ». Ce type de « maternité » en effet s'effectue soit à partir d'un embryon génétiquement étranger à la femme porteuse, soit à partir d'un embryon à la production duquel cette femme a contribué par le don d'un ovule, fécondé par le sperme d'un tiers donneur.

Cette activité mercenaire de conception, de gestation et d'accouchement implique selon *Donum vitae* « l'engagement de remettre l'enfant une fois né à la personne ayant commissionné ou stipulé cette gestation[31] ». Cette description met en évidence la relation contractuelle de la femme porteuse, que celle-ci soit liée à une « compensation » financière ou non[32]. Elle permet d'apercevoir la malice spécifique qu'une telle pratique ajoute à celle déjà dénoncée

30. DV A, 2.
31. DV A, 3, note.
32. Voir P. Verspieren, « Mères de substitution. L'alibi de la générosité », *Études* 361 (1984), p. 493-496.

des fécondations artificielles hétérologues : la perversion objective et grave de la maternité. D'ailleurs, peut-on encore parler réellement de maternité dans ce cas ? Selon nous, il y a une violente contradiction interne dans l'expression « maternité de substitution » : la maternité est de soi insubstituable. Qualifier une maman de « substitutive » en ce sens, c'est transformer le contenu significatif de la maternité, opérer une « mutation anthropologique ». Une telle femme n'est plus mère que dans un sens analogique. C'est pourquoi nous préférons parler de « femme porteuse d'enfant ».

Dans l'évaluation éthique de cette pratique, *Donum vitae* ne s'engage pas immédiatement dans cette direction. Le document se contente de parler d'un « manquement objectif aux obligations de l'amour maternel[33] ». Son argumentation se situe davantage au niveau de l'offense à la dignité du mariage et de l'enfant, en stricte continuité avec ce qui vient d'être dit concernant les PEH à destination d'un projet parental. « Pour les mêmes raisons qui conduisent à refuser la fécondation artificielle hétérologue, la maternité de substitution est contraire à l'unité du mariage et à la dignité de la procréation de la personne humaine[34]. »

La fécondation artificielle hétérologue et la « maternité substitutive » vont à l'encontre du bien profond des époux, des parents et de l'enfant. Elles vont aussi objectivement à l'encontre du bien de la société civile, que cette dernière s'en rende compte ou non. « La vitalité et l'équilibre de la société demandent que les enfants viennent au monde au sein d'une famille et que celle-ci soit fondée sur le mariage d'une manière stable[35]. »

4. La fécondation artificielle homologue

a. Le lieu du discernement

« Une fois déclarée inacceptable la fécondation artificielle hétérologue, on doit se demander comment apprécier moralement les procédés de fécondation artificielle homologue : FIVETE et insé-

---

33. DV A, 3. La « maternité de substitution » ne désigne donc pas immédiatement le cas de l'« adoption d'embryons » qui n'est pas abordé comme tel dans le document de 1987.

34. DV A, 3.

35. DV A, 1.

mination artificielle[36]. » Ces techniques de conception humaine font appel aux gamètes des époux unis par le mariage. Par conséquent, elles ne remettent pas immédiatement en cause l'unité de l'alliance matrimoniale. Elles apparaissent même à beaucoup comme un recours louable pour surmonter la redoutable et douloureuse épreuve de la stérilité. Les propriétés essentielles du mariage ne suffisent donc plus à éclairer le jugement éthique. C'est pourquoi *Donum vitae* porte son attention sur l'acte spécifique du mariage, à savoir l'union conjugale des époux, ou plus précisément sur le lien que cet acte entretient avec la procréation.

L'instruction commence par évoquer une analogie entre contraception et fécondation artificielle homologue. « La contraception prive intentionnellement l'acte conjugal de son ouverture à la procréation et par là opère une dissociation volontaire des finalités du mariage. La fécondation artificielle homologue en recherchant une procréation qui n'est pas le fruit d'un acte spécifique de l'union conjugale opère objectivement une séparation analogue entre les biens et les significations du mariage[37]. » Dit de façon caricaturale : sexe sans enfant dans le cas de la contraception, enfant sans sexe dans le cas des PEH. D'un côté l'union est volontairement dissociée de la procréation ; de l'autre la procréation est volontairement dissociée de l'union conjugale. Mais l'argument n'est pas tout à fait suffisant.

Dans la fécondation artificielle en effet, la scission ne se situe pas entre les deux significations de l'acte conjugal, vu qu'il n'y a pas d'acte conjugal. Non, elle a lieu entre l'acte conjugal – qui peut par ailleurs très bien garder ses deux significations – et la production d'un embryon humain. L'acte conjugal en lui-même n'est pas nécessairement abîmé, perverti par la PEH. C'est l'acte de procréation qui l'est, ce qui n'est pas la même chose. *Donum vitae* (B, 4) n'est pas vraiment le versant opposé d'*Humanae vitae* (n° 12). L'évaluation morale de la PEH à destination d'un projet parental ne se réfère pas d'abord et premièrement à une dissociation entre signification unitive et signification procréative de l'acte conjugal. L'instruction parle d'ailleurs d'analogie entre les deux pratiques, non d'argument renversé et totalement réciproque.

36. DV B, 4.
37. DV B, 4a.

b. Acte conjugal et procréation

Il nous faut donc concentrer notre attention sur le lien entre acte conjugal et procréation. À l'aide des récents développements du Magistère – de *Familiaris consortio* en particulier –, *Donum vitae* discerne dans l'union conjugale le lieu spécifique de la conception d'une nouvelle personne. « Les époux, tandis qu'ils se donnent l'un à l'autre, donnent au-delà d'eux-mêmes un être réel, l'enfant[38]. » « Deux êtres ne sont plus qu'un, et c'est quand ils sont un qu'ils deviennent trois », écrit Maurice Blondel[39]. « Le don des époux, en les impliquant totalement, les transcende et se fait don des conjoints à l'enfant », commente Dionigi Tettamanzi[40]. L'union des époux dans la chair est « indissociablement intraconjugal et transconjugal[41] ». « L'acte par lequel les parents mettent en œuvre les conditions pour qu'une nouvelle personne existe est le seul et même acte par lequel les conjoints témoignent réciproquement de leur amour et de leur don[42]. »

L'origine de l'enfant est donc un acte interpersonnel de donation mutuelle, ouvert à plus que lui-même. La conception d'un nouvel être personnel est le fruit d'une générosité, d'une surabondance qui renvoie immédiatement au Créateur. Dans cet acte d'amour, qui les engage dans la totalité de ce qu'ils sont, les époux font objectivement l'expérience d'être enveloppés, dépassés, « infinitisés » par l'Amour même de Dieu donateur de vie.

L'acte conjugal dans sa signification unitive et procréative convient donc profondément à l'identité d'un être humain. Il est spécifique et expressif de sa dignité originelle. Il offre un berceau anthropologique qui correspond de façon surprenante à ce que l'enfant est et est appelé à être : amour et don. « Le berceau de l'homme est un acte interpersonnel, donation à la fois physique et spirituelle d'un homme à une femme, et réciproquement[43]. » L'acte de donation réciproque des époux, dans la totalité de ce

38. FC 14.

39. M. Blondel, *L'Action (rédaction de 1936)*, Paris, 1949, vol. II, chap. IV : « De l'action interpersonnelle à l'unité de la vie familiale », p. 264.

40. D. Tettamanzi, *Donner la vie : à quel prix ?*, p. 116.

41. *Ibid.*

42. *Ibid.*, p. 121.

43. A. Mattheeuws, *Les origines de la vie. Quelques repères bioéthiques*, Paris, Mame-Cerf, 1997, p. 31.

qu'ils sont corps et âme, porte au mieux la procréation d'une personne humaine[44]. Tous nous avons été un petit embryon. Tous, nous souhaiterions avoir été conçus ainsi. Ce souhait, nous ne pouvons que le partager avec l'ensemble des humains. Il est légitime. Nous y avions droit, comme les nouvelles générations y ont droit aujourd'hui et elles y auront encore droit demain.

c. Moralité de la FIVETE homologue

La norme du bien à poursuivre est donc exprimée par *Donum vitae* de manière positive. Seul, un tel acte de communion entre époux est digne de la procréation d'une nouvelle personne humaine, déclare en substance *Donum vitae.* Dit de manière négative, « la procréation est moralement privée de sa perfection propre quand elle n'est pas voulue comme le fruit de l'acte conjugal, c'est-à-dire du geste spécifique de l'union des époux[45] ». La génération d'une personne humaine implique, pour qu'elle soit moralement bonne, qu'elle soit voulue et mise en œuvre dans le langage sponsal des cœurs et des corps, à travers lequel les époux peuvent devenir coopérateurs de Dieu pour le don de la vie à une autre nouvelle personne. Même s'il nous est techniquement possible de dissocier la conception de l'embryon de l'union des époux, nous percevons intuitivement combien n'importe quelle pratique ne peut offrir le « berceau » adéquat de l'être humain. La procréation n'est pas réductible à un fait purement biophysiologique, ni d'ailleurs à un fait purement spirituel. D'un point de vue éthique, elle est indissociablement biologique et spirituelle.

Les fécondations artificielles homologues ne sont donc pas licites. Elles dissocient l'une de l'autre non pas les deux significations de l'acte conjugal, mais l'acte procréatif de la communion intime des époux dans la chair[46]. Certes, elles ne sont pas affectées de toute la négativité éthique qui se rencontre dans la procréation

44. Voir CONSEIL PONTIFICAL POUR LA FAMILLE, *Famille et procréation humaine*, Città del Vaticano, Libreria Editrice Vaticana, 6 juin 2006.

45. DV B, 4a.

46. Selon nous, on doit dire la même chose en ce qui concerne l'« adoption » d'embryons : cette pratique sépare acte conjugal et acte procréatif-gestatif. La gestation en effet ne peut être dissociée de la conception. La continuité entre ces deux aspects de la maternité est moralement insécable, même si elle est techniquement réalisable.

extraconjugale. Mais cela ne signifie pas qu'elles ne soient pas intrinsèquement mauvaises. Elles privent objectivement la procréation de la perfection qui lui est due, et ce malgré les bonnes intentions subjectives des parents. Elles contredisent la signification proprement humaine de la procréation et de sa dynamique de communion interpersonnelle. La conception artificielle n'est ni obtenue, ni voulue, comme l'expression et le fruit d'un acte conjugal.

En effet, dans les PEH, le lien entre acte conjugal et procréation est élargi, étiré, distendu au point d'être dissocié et rompu, comme nous l'avons montré plus haut. Il ne s'agit plus d'un seul et unique acte qui donne vie, mais de deux actes séparés et qualitativement différents. Certes les époux recherchent une certaine continuité entre ces deux formes d'agir. Ils peuvent mettre subjectivement en évidence le contexte d'amour global dans lequel ils veulent que l'opération se déroule. Ils peuvent invoquer un principe de « totalité ». Cette continuité ou cette totalité n'en demeure pas moins objectivement artificielle. « Le procédé de la FIVETE doit être jugé en lui-même et ne peut emprunter sa qualification morale définitive ni à l'ensemble de la vie conjugale dans laquelle il s'inscrit, ni aux actes conjugaux qui peuvent le précéder ou le suivre[47]. » Intrinsèquement déshonnête, il ne pourra jamais être rendu honnête par l'ensemble de la démarche conjugale[48]. De même en est-il pour l'insémination artificielle.

d. Moralité de l'insémination artificielle homologue

En effet, tout ce qui a été dit à propos de la FIVETE homologue peut être appliqué à l'insémination artificielle homologue. Un discernement ecclésial avait déjà été proposé à ce sujet dans le passé[49]. La principale difficulté éthique réside dans la substitution

47. DV B, 5.

48. Une considération analogue avait déjà été proposée par l'encyclique *Humanae vitae* dans le domaine de la contraception. « On ne peut invoquer comme raisons valables, pour justifier des actes conjugaux rendus intentionnellement inféconds [...], le fait que ces actes constituent un tout avec les actes féconds qui ont précédé ou qui suivront, et dont ils partageraient l'unique et identique bonté morale » (n° 14).

49. Voir DV B, 6, note 51.

ou dans le remplacement de l'acte conjugal par un acte purement technique, même si ce dernier est effectué au cœur d'une rencontre sexuelle des époux. Sans doute cette substitution ou cette dissociation est-elle moins visible que dans le cas de la FIVETE où il faut se rendre à l'hôpital et accomplir un long parcours technique. Elle n'en est pas moins réelle. La masturbation, par laquelle le sperme est habituellement procuré en vue de cette opération, en offre un signe supplémentaire. Elle instrumentalise la sexualité de l'homme en la privant de sa signification unitive en prévision de l'accomplissement du geste technique de l'insémination.

Notons qu'il ne faut pas confondre insémination artificielle et procréation médicalement assistée. « Si le moyen technique facilite l'acte conjugal ou l'aide à atteindre ses objectifs naturels, il peut être moralement admis. Quand, au contraire, l'intervention se substitue à l'acte conjugal, elle est moralement illicite[50]. » Dans le premier cas, nous sommes dans la dynamique d'une réelle assistance médicale, tandis que dans le second, nous entrons dans la logique des PEH.

CONCLUSION

« Les dons de Dieu sont sans repentance » (Rm 11, 29). La personne humaine émerge malgré tout, à travers tout, dans des conditions parfois inimaginables. Dieu continue à inviter l'homme et la femme à devenir « coopérateurs de son amour créateur[51] » et à les bénir. « Soyez féconds » (Gn 1, 28). YHWH ne reprend pas sa parole. Il ne leur ôte pas leur responsabilité éthique en un domaine aussi délicat et qui lui tient tant à cœur, à notre grand étonnement à tous. Immédiatement après leur chute et leur expulsion salutaire du jardin d'Éden, Adam et Ève conçurent et enfantèrent (Gn 4, 1). Caïn vit le jour, puis Abel. Leurs parents ont dû être stupéfaits en constatant que la bénédiction du Dieu de la vie les accompagnait aussi puissamment dans leur exil.

50. DV B, 8.
51. GS 50.

Certes une histoire de feu et de sang se mit à ravager la terre. La descendance d'Adam et Ève, dont nous faisons partie, connaît bien des tourments. « Soyez féconds et multipliez-vous, emplissez la terre » (Gn 1, 28), avait dit Dieu à ces premiers parents. Multiplication il y eut, mais à quel prix et de quelle manière ! Cependant, « Noé trouva grâce aux yeux de YHWH » (Gn 6, 8). Son histoire préfigure mystérieusement celle de l'homme sauvé dans le Christ à travers les eaux du baptême (1 P 3, 20). « De fait, lors des origines, tandis que périssaient les géants orgueilleux, l'espoir de l'univers se réfugia sur un frêle esquif et, conduit par ta main, laissa au monde le germe d'une génération nouvelle » (Sg 14, 6).

L'Écriture sainte invite le chrétien à s'étonner non pas d'abord de la prolifération du mal – rien de neuf sous le soleil sous cet aspect –, mais de la fidélité de la bénédiction divine. « Les pensées de son cœur subsistent d'âge en âge » (Ps 33 [32], 11). L'anthropologie normative présentée pas *Donum vitae*, à la suite de *Familiaris consortio*, d'*Humanae vitae*, de *Gaudium et spes* et de tant d'autres textes magistériels est le fruit d'un don qui traverse victorieusement l'offense et la mort dans la puissance de l'Esprit du Christ ressuscité.

Sans doute cette anthropologie peut-elle être déchiffrée naturellement et jusqu'à un certain point dans le cœur de tout être humain où se trouve enfouie la signification profonde de la sexualité humaine. Y accéder théoriquement et pratiquement n'en reste pas moins le témoignage d'un pardon, d'une miséricorde, d'une grâce. Face à la « mutation anthropologique » à l'œuvre depuis la nuit des temps – que l'on se rappelle par exemple la très grande place occupée par l'esclavagisme dans les sociétés antiques –, le Christ appelle et rend possible en sa personne une véritable conversion anthropologique et morale. Le mariage sacramentel en présente les humbles et magnifiques prémices. Ce « frêle esquif », pour reprendre les mots du livre de la Sagesse, « conduit par ta main laisse au monde le germe d'une génération nouvelle » (Sg 14, 6).

CHAPITRE XI

PÉDOPHILIE INCESTUEUSE : L'INNOMMABLE ?

« À mon pain, ils ont mêlé du poison » (Ps 69 [68], 22).

La présente question[1] entend considérer certains aspects de la pédophilie incestueuse, grave sujet qui sort de l'ombre ces dernières années et vient à la parole. De quoi s'agit-il ? Notre première partie tâchera de donner avec sobriété quelques éléments de réponse du point de vue de la victime[2]. Une deuxième partie s'attachera à décrire brièvement la psychologie de l'agresseur. Enfin, dans un troisième temps, nous tenterons de voir comment un tel drame peut être accueilli à l'intérieur du mystère du Christ.

A. L'ENFANT VICTIME

1. Conséquences de la pédophilie incestueuse

La pédophilie est « l'exploitation d'un enfant pour le plaisir sexuel d'un adulte. Elle va de l'exhibitionnisme et des caresses au rapport sexuel, en passant par la commercialisation de matériel pornographique impliquant des enfants[3]. » De tels actes sont qua-

1. Précédemment publiée dans *Vie consacrée* 2 (2003), p. 100-112.

2. Pour une mise en perspective historique de ces trente dernières années, on peut se reporter aux analyses de J.-C. GUILLEBAUD, *La tyrannie du plaisir*, p. 26-40 ; 88-90.

3. COMITÉ NATIONAL POUR LA PRÉVENTION DE LA PÉDOPHILIE, *Bulletin d'actualité* 19 (1992). Repris par la déclaration du Comité épiscopal sur la place des femmes dans la société et l'Église et du Comité épiscopal sur le mariage et la famille (États-Unis), « Marcher dans la lumière : une réponse pastorale à la pédophilie », dans DC 2268 (2002), p. 366.

lifiés d'incestueux lorsqu'ils sont commis par un agresseur apparenté, ou plus généralement, par un agresseur attaché à sa victime par un lien d'autorité ou de confiance. Comme le note le *Catéchisme de l'Église catholique*, « on peut rattacher à l'inceste les abus sexuels perpétrés par des adultes sur des enfants [...] confiés à leur garde[4] ». Pour notre part, nous nous limitons à considérer ici la pédophilie incestueuse intra-familiale[5].

L'étendue des conséquences encourues par la victime ne peut être évaluée qu'à long terme. Leur gravité dépend de l'âge de l'enfant : plus l'abus est précoce, plus il intervient à une époque où l'enfant est fragile, plus il est dangereux pour la construction et la structuration de sa personnalité[6]. Le poids des conséquences dépend également du désaveu ou du désintéressement de l'offense subie par l'autre parent, c'est-à-dire dans bien des cas par une mère déficiente, complaisante ou complice, avec un niveau de conscience variable. À cause de telles attitudes, l'enfant abusé voit son statut de victime et même d'enfant dénié[7]. La durée de l'exploitation sexuelle est un autre facteur important des dommages provoqués par des actes de pédophilie incestueuse. Celle-ci peut se poursuivre à l'âge adulte, parfois même après le mariage de la victime.

Au niveau psychosomatique, les conséquences les plus fréquentes sont, à court terme, des troubles du sommeil, des étouffements, des douleurs abdominales répétées, une fatigue anormale, des malaises, le changement brutal de comportement et de l'humeur, l'énurésie et l'encoprésie (ou émission involontaire

4. CEC 2389. On peut dès lors se demander si tout acte de pédophilie ne porte pas en lui-même, de façon plus ou moins prégnante, une dimension incestueuse.

5. Nous ne traiterons pas ici du terrible drame des enfants victimes d'abus sexuels de la part de prêtres, de diacres, de religieux, de religieuses ou d'assistants pastoraux. Voir à ce propos « L'Église face à la pédophilie », dans DC 2268 (2002), p. 362-374 ; « La rencontre des cardinaux des États-Unis avec le dicastère de la Curie romaine sur la question des agressions sexuelles sur mineurs », dans DC 2271 (2002), p. 510-515.

6. D'où la gravité souvent insoupçonnée des abus de maternage ou de « nursing pathologique » qui stimulent volontairement les zones érogènes du bébé ou de l'enfant.

7. « Madame X, par exemple, s'adresse à sa fille comme s'il s'agissait d'une amie qui aurait eu une aventure avec son mari en lui signifiant qu'elle n'est pas jalouse, que cela ne la dérange pas » (M. FADIER-NISSE, F. GRUYER et P. SABOURIN, *La violence impensable. Inceste et maltraitance*, Paris, Nathan, 1991, p. 22).

d'urine et de selles), l'anorexie et la boulimie[8], le blocage de la croissance (psychique et même parfois physique), des symptômes psychotiques, des idées délirantes, la dépression (tristesse, ennui, auto-accusation). À cela peut s'ajouter un intérêt pour la sexualité tout à fait disproportionné par rapport à l'âge de l'enfant et une activité auto-érotique compulsive, c'est-à-dire difficile à maîtriser.

Au niveau de l'esprit, le comportement incestueux avec ses inversions de rôles, de temps et de générations est indéchiffrable pour l'enfant. « À mon pain, ils ont mêlé du poison » (Ps 69 [68], 22). L'univers mental, affectif et corporel de celui qui est ainsi « nourri » peut devenir, par extension, incompréhensible dans son ensemble, et l'enfant risque alors de vivre dans la confusion, dans l'« atomisation psychique[9] » et dans la « bêtise ». Il éprouve beaucoup de difficultés à analyser, à synthétiser et même parfois à parler. Cet état confusionnel génère aussi des doutes sur la perception de la réalité et sur la réalité elle-même. Il peut se répercuter fortement dans le travail scolaire, notamment par des échecs apparemment inexplicables.

En résumé, « le symptôme le plus commun chez les enfants sexuellement traumatisés est l'arrêt de leur enfance proprement dite qui se signale par une incapacité à jouer et une pseudomaturité, s'exprimant notamment par des attitudes séductrices tout à fait dangereuses pour la petite victime qui risque d'être à nouveau abusée et maltraitée[10] ». L'enfance est mutilée, inachevée, assassinée, perdue à jamais.

Lorsqu'ils grandissent, les enfants abusés risquent de développer durant leur adolescence et leur âge adulte les comportements suivants :

– la délinquance. Celle-ci est parfois le seul « discours » que sont

8. « Si tous les cas d'anorexie et de boulimie ne sont pas causés par un abus sexuel infantile, ces symptômes doivent toujours y faire penser, étant donné la régularité de leur apparition chez les enfants abusés. Ces anorexies ont un aspect suicidaire ; elles répondent à un fantasme de devenir transparent ou de disparaître. [...] À la fois contraire et semblable, la boulimie peut être causée par le fantasme d'être mieux protégé en devenant énorme, d'être "capitonné" contre une éventuelle agression » (*La violence impensable. Inceste et maltraitance*, p. 38).

9. Voir S. FERENCZI, « Confusion de langue entre les adultes et les enfants », *Psychanalyse* 4 (1982), Paris, Payot ; « Le concept de fragmentation », *Journal clinique* (1985), Paris, Payot.

10. *La violence impensable. Inceste et maltraitance*, p. 19.

en mesure de tenir ceux qui n'ont pas de mots pour dire ce qu'on leur a fait subir. Au lieu de tourner leur haine contre leur agresseur ou contre eux-mêmes, ces jeunes s'attaquent à un tiers ;

– de sérieux troubles dans la vie sexuelle. Ceux-ci peuvent aller soit dans le sens d'une inhibition sexuelle, soit au contraire dans celui d'une hypersexualisation pathologique ;

– des troubles psychotiques ;

– la prostitution. L'acte incestueux en effet peut être monnayé contre de l'argent ou des cadeaux. De telles pratiques n'ont pas seulement comme but de tenter l'enfant et de le faire céder, mais aussi de sceller avec lui un pacte de silence. L'argent ou le cadeau imposés transforment l'enfant en complice par une subtile et insoutenable pression. Ils renforcent la culpabilité de l'enfant qui a accepté qu'on le dédommage de façon dérisoire pour le sacrifice dont il est l'objet. Ces « dédommagements » contribuent à provoquer la perte de l'estime de soi et de sa valeur comme personne : l'enfant fait l'expérience de ne valoir que par le plaisir qu'il procure et par les « récompenses » qu'il reçoit en retour. C'est pourquoi les familles à « transactions incestueuses » sont de véritables écoles de la prostitution ;

– dépressions chroniques, tentations contre la vie, toxicomanie, alcoolisme ;

– risque de reproduction des abus sexuels sur la génération suivante. La victime, incapable de faire face à la situation de détresse extrême dans laquelle elle est plongée, envahie par la haine d'elle-même, tend à s'identifier à son agresseur pour se défendre et à devenir ainsi elle-même un agresseur[11] ;

– l'avortement et l'infanticide[12]. L'existence de l'enfant attendu ou à éduquer peut sembler proprement « impensable », non symbolisable, « invivable ».

---

11. Cette analyse s'inspire du « syndrome de Stockholm » décrit par N. SKURNIK. Les otages malmenés par leurs ravisseurs peuvent épouser leur cause et s'en faire le porte-parole. Ainsi par exemple sir Geoffrey Jackson, ambassadeur de Grande-Bretagne en Uruguay, finit-il par partager les idées des Tupamaros, ses kidnappeurs, au point d'appuyer leurs revendications pendant le rapt et surtout après (« Le syndrome de Stockholm », *Annales médico-psychologiques* 146 [1988], Masson).

12. Voir à ce sujet les recherches de C. BONNET, *Geste d'amour, l'accouchement sous X*, Paris, Éd. Odile Jacob, 1990.

Notons qu'un certain nombre d'abus sexuels extra-familiaux provoquent les mêmes symptômes, surtout si la famille ne soutient pas l'enfant ou le considère comme responsable des violences qu'il a subies. Les conséquences de ces mêmes abus sont cependant très différentes lorsque l'enfant peut confier son secret à ses parents ou à un adulte de confiance, et que ceux-ci prennent immédiatement sa défense.

2. L'indicible

« Personne ne garde un secret comme un enfant », observait Victor Hugo dans *Les Misérables*. L'enfant abusé a de nombreuses raisons de se taire. Il est soumis à la loi du silence qui règne dans la famille. Il doit vivre sous la contrainte, si ce n'est sous la terreur. De plus, l'enfant est pris dans un terrible conflit de loyauté vis-à-vis de son agresseur. Il lui reste attaché malgré tout et se sent coupable à sa place. Enfin, il peut avoir l'impression d'être seul à vivre une telle situation. Accablé par toutes ces pressions extérieures et intérieures, l'enfant ne peut donc révéler son secret que de façon codée, verbalement ou par symptômes.

Plus radicalement encore, l'enfant se tait parce qu'il ne peut exprimer par des mots ce qui pour lui est incompréhensible, impensable, non concevable, innommable, non symbolisable. Ceci se vérifie dans tous les cas de pédophilie incestueuse, mais encore plus particulièrement lorsque l'agresseur sexuel est une femme, une nourrice, une tante, une grand-mère, une mère. Comment imaginer qu'une maman censée être protectrice et aimante puisse agir de la sorte ? Le lien maternel est fondamental, vital. S'il est perverti, comment l'enfant pourra-t-il se raccrocher à la vie ? S'il est agressé sexuellement par celle qui lui a donné le jour, que lui reste-t-il ? Comment croire encore à l'amour inconditionnel ? Les fondements de la terre en sont ébranlés. Sa mère devient menace d'anéantissement, danger vertigineux qui tend à le réduire à une prolongation de son propre corps, corps dont elle cherche à tirer du plaisir[13]. Issu

13. On peut interpréter en ce sens l'interdit alimentaire du Lévitique : « Tu ne feras pas cuire un chevreau dans le lait de sa mère » (Ex 23, 9 ; 34, 26 ; Dt 14, 23). Le lait maternel destiné à la vie et à la croissance du petit ne peut être utilisé pour le détruire.

d'elle, l'enfant est comme « réaspiré » en elle. Son altérité n'est plus reconnue. Son identité est niée.

On touche sans doute là un ultime tabou. Il y a quinze ans, ces questions n'étaient pas posées parce qu'on partait du principe que les mères ne pouvaient offenser à ce point leurs enfants. Aujourd'hui, on commence à se rendre compte qu'elles peuvent être non seulement complices de tels actes par une soumission désespérée, mais aussi initiatrices et actives à part entière, à différents degrés, de façon occasionnelle ou chronique, seule ou avec d'autres. Une telle réalité est difficilement soutenable pour la société qui tente de se la masquer à elle-même en se réfugiant derrière une image masculine de la pédophilie. On comprend *a fortiori* pourquoi les enfants victimes de tels abus sont peu capables de les exprimer : reconnaître avoir été abusé par sa mère est du domaine de l'indicible[14]. Un puissant mécanisme de refoulement, l'amnésie, est activé pour sauver un équilibre précaire et empêcher le psychisme de l'enfant de se désintégrer.

Dans ces cas extrêmes, l'enfant peut malgré tout envoyer des signaux de détresse à un adulte, qui n'est par ailleurs pas toujours prêt à accueillir ce genre de confidence : certaines paroles indirectes ou paradoxales que l'enfant laisse échapper et qu'il faut décoder, des dessins, certaines réactions. Combinés avec les symptômes rapportés ci-dessus, ces signaux montrent l'enfant aux prises avec un milieu pathogène et pervers. Il convient d'y être réceptif et de pouvoir les déchiffrer, tout en restant attentif à ne pas tomber dans le piège de l'affabulation.

Signalons enfin qu'un enfant ayant révélé l'inceste dont il est victime se trouve dans une situation de danger accru, du point de vue tant physique que psychique, dès l'instant où il a parlé. De puissantes pressions familiales visant à l'obliger à se rétracter ne manqueront sans doute pas de s'exercer à son encontre. Aussi, une série de mesures de protection doivent être prises immédiatement par les autorités compétentes dès qu'un cas de pédophilie incestueuse a été repéré. Chacun est appelé à accomplir la mission qui lui est impartie, dans la collaboration et le respect des compétences

14. J.-M. Deschacht et P. Genuit, « Femmes agresseuses sexuelles en France », dans Cl. Balier et A. Ciavaldini (dir.), *Agressions sexuelles : pathologies, suivis thérapeutiques et cadre judiciaire*, Paris, Éd. Masson, 2000.

spécifiques : membres de la famille (si cela s'avère possible), éducateurs, assistants sociaux, pasteurs, psychologues, policiers, magistrats.

B. PSYCHOLOGIE DES AGRESSEURS

Après avoir tenté de décrire la pédophilie incestueuse du côté de la victime, il nous faut à présent dire quelques mots de la psychologie de l'agresseur. Pour éviter de nous disperser, nous nous limiterons à évoquer quelques traits des pères incestueux. Les actes criminels que ceux-ci ont posés à l'encontre de leurs propres enfants sont pour eux aussi difficilement exprimables, avouables, symbolisables. Ils constituent de réelles menaces pour leur équilibre psychique et pour leur identité. C'est pourquoi leur structure mentale aura tendance à se construire de manière à empêcher une réelle prise de conscience de la gravité de tels actes. Elle va dès lors élaborer de subtils mécanismes de défense, de confusion, d'aveuglement et de refoulement pour éviter la destruction de leur personnalité.

Lorsqu'on étudie la personnalité des pères incestueux au travers des dossiers d'expertises judiciaires, des rapports d'enquêtes sociales et des comptes rendus de séances de thérapie, on retrouve en général deux caractéristiques majeures : d'une part, le désaveu de la réalité de leurs actes ou de leurs conséquences, et d'autre part le transfert sur autrui de leur propre responsabilité[15]. La première réaction des pères incestueux, lorsqu'ils ne peuvent plus nier purement et simplement les faits, est la négation des conséquences de ces faits. Ils tendent à affirmer haut et fort que ces comportements incestueux ne seraient pas « si mauvais que cela », qu'ils seraient même une légitime expression de leur affection, un bien dont leur enfant serait demandeur. La seconde réaction observée d'ordinaire est le transfert de la responsabilité de leurs actes sur les autres membres de la famille et sur leur petite victime. L'inversion des rôles, si caractéristique de ces familles, se rejoue ici dans le mode

15. NSW CHILD PROTECTION COUNCIL, *Les agressions sexuelles sur les enfants. Pas d'excuses. Jamais d'excuses*, Australie, Éd. Saint-James, 1985.

de défense de l'abuseur qui se décrit comme une victime, victime de son épouse qui se refuse à lui, ou victime de ce qu'il considère comme une provocation sexuelle de la part de son enfant.

Vivant ainsi dans la confusion, les pères agresseurs deviennent maîtres plus ou moins conscients dans l'art de rendre les situations troubles en semant la confusion autour d'eux, y compris parfois dans l'esprit des thérapeutes. Ils sont habiles dans la désinformation, le mensonge, la mystification, à commencer vis-à-vis d'eux-mêmes. Aussi observe-t-on des points communs entre leur structure psychique et celle de l'escroc. Ce dernier en effet ne réussit à persuader son interlocuteur que parce qu'il est lui-même convaincu, momentanément, de l'authenticité de ce qu'il affirme : c'est de là qu'il tire sa force de persuasion. Il est donc la première victime de sa mythomanie. Il en est de même pour l'agresseur sexuel.

Confusion, déni de la réalité et des conséquences du comportement incestueux, transfert de la responsabilité personnelle, mystification. À ces traits, on peut encore ajouter celui de la violence. Elle s'exerce contre autrui – et peut aller jusqu'à la torture – et contre lui-même. Toutes ces caractéristiques, tous ces mécanismes, il importe de le souligner, sont d'ordre psychique. Ils déterminent la personne dans son agir, mais pas de manière ultime et absolue. Il y a toujours place pour un cheminement de la liberté de la personne créée capable d'influencer, d'orienter, de surdéterminer et de conduire ces fonctionnements internes. Certains pères incestueux, qui ont reconnu la gravité de leur offense et qui s'en sont confessés, en sont les signes privilégiés. Ils témoignent des ressources inattendues de la liberté humaine ainsi que de celles de la grâce de Dieu et de ses multiples médiations.

C. LE MYSTÈRE DES SAINTS INNOCENTS

Le drame de la pédophilie incestueuse, dont nous venons de donner quelques éléments descriptifs du point de vue de l'agresseur et surtout du point de vue de la victime, n'est pas fermé sur lui-même et sur son propre déroulement. Il est recueilli, saisi et adressé à Dieu à l'intérieur du mystère du Christ. Comment ? La contemplation douloureuse des saints Innocents peut y introduire. « Quand Hérode se vit joué par les mages, il entra en fureur et envoya massacrer tous les enfants de Bethléem et de tout son territoire, jusqu'à l'âge de deux ans [...]. Ainsi s'accomplissait l'oracle du prophète Jérémie : "Une clameur s'est fait entendre à Rama, des gémissements et des sanglots répétés : c'est Rachel qui pleure ses enfants, et ne veut pas se consoler de ce qu'ils ne sont plus[16] " » (Mt 2, 16-19).

Le roi Hérode ne se comporte pas en vrai roi. Vivant dans la peur, il pervertit son pouvoir dont la raison d'être consiste en principe à protéger ceux dont il a reçu la charge, à les défendre, à leur permettre de grandir. Du haut de sa puissance, il fait assassiner les plus petits du peuple dont il est, en quelque sorte, le père. Il tente d'anéantir son espérance. Il ordonne de massacrer ces enfants qui portent, comme lui, l'image de Dieu, l'image du Christ. Il est cause de larmes, de destruction et de mort. En eux, le texte est explicite, c'est le Christ qu'il veut atteindre et anéantir, le Christ qui a le même âge qu'eux.

> C'est une sorte de quiproquo. Il faut le dire.
> C'est un malentendu.
> Voulu, ce qui est grave. Il faut le dire.
> Ils furent pris pour lui. Ils furent massacrés pour lui.
> En son lieu. À sa place.
> Non seulement à cause de lui, mais pour lui, comptant pour lui.
> Le représentant pour ainsi dire. Étant substitués à lui.
> Étant comme lui. Presque étant (d'autres) lui.
> En représentation. En substitution, en remplacement de lui.
> Or tout cela est grave, dit Dieu, tout cela compte[17].

Et Hérode réussit puisque Jésus doit s'enfuir au loin et s'enfoncer dans la nuit noire. De même, les enfants victimes d'inceste s'enfoncent-ils dans les ténèbres de l'angoisse, de la fausse culpabilité et de la confusion. Ils sont blessés à mort dans leur corps et dans leur cœur par ceux qui ont reçu autorité pour les aimer, les faire grandir, les protéger, les encourager. « À mon pain, ils ont mêlé du poison » (Ps 69 [68], 22). Pour toujours, ils

---

16. Jr 31, 15.

17. Ch. PÉGUY, *Le mystère des saints Innocents*, dans *Œuvres poétiques complètes*, Paris, Gallimard, coll. « La Pléiade », 1957, p. 815.

resteront victimes. Il y a et il y aura toujours en eux une voix innocente qui crie vers le Père. En eux, c'est l'Agneau qui est atteint, c'est l'Agneau qui est immolé. Un peintre du XIVe siècle a perçu cette vérité avec beaucoup de force. Sur une des parois du monastère de Subiaco en Italie, il a représenté les saints Innocents mortellement atteints au cœur, mystérieuses icônes du Christ transpercé sur la croix. « Un des soldats, de sa lance, lui perça le côté et aussitôt, il sortit du sang et de l'eau » (Jn 19, 34).

Selon la foi chrétienne, cet abîme de souffrance et de mort est accueilli dans l'abîme du Vendredi saint et du Samedi saint où le Verbe de Dieu fait chair s'enfonce, blessé au cœur. « Ils ont tué le Prince de la Vie. » Rachel est inconsolable. Sur les visages des enfants martyrisés apparaissent les traits défigurés du Crucifié. « Tout ce que vous aurez fait à l'un de ces petits qui sont les miens, c'est à moi que vous l'aurez fait » (Mt 25, 40).

Mais le texte ne s'arrête pas là. « Hérode mort, l'ange apparut en songe à Joseph en Égypte. "Lève-toi, dit-il, emmène l'enfant et sa mère, et retourne au pays d'Israël." » (Mt 2, 20). Hérode est mort. De même, pour les enfants victimes d'abus sexuels, Hérode peut mourir et il mourra. La violence incestueuse peut cesser et cessera. Elle peut être reconnue pour ce qu'elle est et le sera. « Assez ! Plus de voix plaintive, plus de larmes dans les yeux ! Ton labeur reçoit sa récompense. Ton avenir est plein d'espérance – oracle du seigneur » (Jr 31, 16-17). Sur les visages des enfants martyrisés apparaît aussi, comme en contre-jour, la lumière du Ressuscité, la lumière de l'Agneau de Dieu qui s'est levé du tombeau. Il n'y a jamais de Vendredi saint, ni de Samedi saint sans Dimanche de Pâques. « Puisqu'ils ont été trouvés semblables à mon fils exactement à l'heure de ce massacre, dit Dieu, c'est pour cela qu'à présent ils sont trouvés semblables à l'Agneau dans cette gloire éternelle[18]. »

---

18. Ch. PÉGUY, *Le mystère des saints Innocents*, p. 815. L'auteur lit ce texte de saint Matthieu à la lumière de celui de l'Apocalypse. « J'ai vu, dit Jean, en ces jours-là : j'ai vu sur la montagne de Sion l'Agneau debout, et avec lui cent quarante-quatre mille qui avaient son nom, et le nom de son Père écrit sur le front. Et j'entendis une voix du ciel, comme une voix de beaucoup d'eaux, et comme une voix d'un grand tonnerre : et une voix que j'entendis, comme de citharaèdes citharisant sur leurs cithares. Et ils chantaient comme un cantique nouveau devant le siège et personne ne pouvait dire ce cantique, sinon ces cent quarante-quatre mille qui ont été enlevés de la terre » (*ibid.*, p. 804-805).

Pour les personnes appelées à accompagner pastoralement de telles détresses, il est important de ne pas faire l'impasse sur ce long cheminement de mort et de résurrection, en n'invitant par exemple pas trop rapidement au pardon. Les psychologues constatent que ce que certains nomment le « droit à la haine de l'agresseur » est une étape importante dans le travail et dans l'économie psychique de l'enfant victime. Cette « haine » – nous préférons parler de colère – aide la victime à se reconnaître elle-même comme victime, à être reconnue comme telle et à détourner d'elle-même la haine qu'elle se porte. Parler trop vite de pardon risque d'être mal interprété par l'enfant et d'être un obstacle à la reconstruction de sa personnalité. « Quand les victimes reçoivent comme ultime réponse, à la fin d'un parcours judiciaire éprouvant, une induction à pardonner, elles n'ont plus d'autre issue que le refoulement et la reproduction de la violence sur la génération suivante, ou la dépression qui peut aller jusqu'à l'impulsion suicidaire[19]. »

Au niveau spirituel, on observe le même fonctionnement. C'est pourquoi la parole de Dieu respecte, accompagne et oriente cette colère contre Hérode, qui est en réalité reconnaissance de la vérité de l'offense, à un moment donné de l'histoire. « Mais ceux qui pourchassent mon âme, qu'ils descendent aux profondeurs de la terre, qu'on les passe au fil de l'épée, qu'ils deviennent la pâture des loups » (Ps 63 [62], 10-11).

Prendre le temps d'entendre ce cri, d'y compatir, de l'aider à se formuler et à le tourner vers Dieu, tel est sans doute le plus grand service qui puisse être rendu à l'enfant blessé. De cette manière, celui-ci peut commencer à réaliser combien son histoire est accueillie dans celle de Jésus crucifié, mort et ressuscité pour lui, avec lui et en lui. Il peut réellement pressentir la présence cachée de son Mystère et se rendre compte qu'il a été précédé sur tous ses chemins.

En conclusion, ces quelques mots ont tenté de rejoindre la réalité difficilement exprimable d'un cri étouffé. Ils se sont employés à appeler la pédophilie incestueuse par son nom, c'est-à-dire à reconnaître la gravité de l'offense subie et portée, à en décrire les conséquences majeures et à découvrir comment un tel drame est inscrit à l'intérieur du mystère du Christ. Ce faisant, ils espèrent

19. *La violence impensable. Inceste et maltraitance*, p. 167.

contribuer à dissiper les ténèbres de la confusion, à stimuler une plus profonde solidarité, à discerner la présence de Dieu dans ce martyre, à favoriser l'exercice de la liberté et à ouvrir les voies à une patiente reconstruction[20]. « Debout ! Crie dans la nuit ! » (Lm 2, 19). « Car je sais le dessein que je forme pour vous – oracle de YHWH – dessein de paix et non de malheur, qui vous réserve un avenir plein d'espérance » (Jr 29, 11)[21].

---

20. Voir D. ALLENDER, *Enfance déchirée. Espoir pour les victimes d'abus sexuels durant l'enfance*, Québec, Éd. La Clairière, 1994. Après avoir traité de « la dynamique de l'abus » (I) et des « dommages causés par l'abus sexuel » (II), l'auteur expose positivement « les préalables à la croissance » (III) : « l'invraisemblable route vers la joie », « la sincérité », « la repentance » et « le courage d'aimer » (p. 161-221).

21. Voir E. TIBO, *De l'inceste au bonheur*, Paris, Éd. du Jubilé, 2005.

CONCLUSION

« Vous avez été appelés à la liberté » (Ga 5, 13).

« Jésus vint à Nazareth [...] On lui présenta le livre du prophète Isaïe et déroulant le livre, il trouva le passage où il est écrit : "L'Esprit du Seigneur est sur moi, parce qu'il m'a consacré par l'onction. Il m'a envoyé porter la bonne nouvelle aux pauvres, annoncer aux captifs la délivrance et aux aveugles le retour à la vue, rendre la liberté aux opprimés, proclamer une année de grâce du Seigneur" (Is 61, 1-2). Il replia le livre, le rendit au servant et s'assit. Tous dans la synagogue avaient les yeux fixés sur lui. Alors, il se mit à leur dire : "Aujourd'hui s'accomplit à vos oreilles ce passage de l'Écriture" » (Lc 4, 16-20).

L'éthique théologique – et nos onze questions avec elle – s'inscrit dans la dynamique de ce passage. Elle a pour objet spécifique la libération et l'éducation pratique de la liberté humaine. Cette libération annoncée aux pauvres, aux captifs, aux aveugles et aux opprimés est l'œuvre de Celui qui a été « consacré par l'onction », de Celui sur qui repose « l'Esprit du Seigneur ». Elle est l'œuvre également de la liberté humaine appelée à collaborer activement à son propre devenir.

L'éthique théologique se déploie principalement selon cette seconde perspective. Elle s'intéresse selon nous à l'action spécifique de l'homme, et non pas d'abord à l'action de Dieu en l'homme[1]. Elle traite de la libération de la liberté du point de vue du sujet agissant « à la première personne », au cœur d'une huma-

1. « Puisque l'homme a été créé à l'image de Dieu, écrit saint Thomas d'Aquin au tout début de la partie morale de sa *Somme théologique*, ce qui signifie qu'il est doué d'intelligence, de libre arbitre et d'un pouvoir autonome, après avoir parlé de l'Exemplaire, qui est Dieu, et des créatures qui ont procédé de sa puissance conformément à sa volonté, il faut maintenant considérer son image, c'est-à-dire l'homme, car lui aussi est le principe de ses propres actes parce qu'il possède le libre

nité à la fois lumineuse et tourmentée, joyeuse et angoissée, respirant tantôt la paix et utilisant tantôt délibérément la violence, unifiée et déchirée, capable du meilleur comme du pire. Elle ne rejette nullement l'influence de la grâce, bien au contraire, mais elle n'en fait pas son premier objet d'étude.

Dans cette conclusion, nous commencerons par étudier comment la liberté opère pratiquement. Nous considérerons ensuite son lien avec l'amour de l'autre, bien auquel nos « onze questions » se sont référées continuellement. Enfin, en compagnie de Benoît XVI, nous verrons le rôle décisif de la liberté dans la maturation de l'amour.

1. Le mouvement de la liberté

Sans liberté, on ne peut parler d'actes humains au sens strict du terme, c'est-à-dire d'actes de l'homme en tant qu'homme[2]. Sans mouvement volontaire, l'éthique n'aurait pas de raison d'être. L'instinct suffirait à conduire de manière infaillible au bien désiré. Il serait inutile dans ces conditions de traiter de chasteté, de paternité responsable, d'abandon à la miséricorde, d'effort et de croissance, de réponse à une vocation. En quoi consiste la liberté ? À l'aide de l'histoire du jeune homme riche (Mt 19, 16-21), distinguons quatre actes partiels, quatre aspects de l'agir libre, quatre moments de son développement. Ceux-ci s'articulent non pas d'abord d'un point de vue chronologique, mais d'un point de vue logique[3].

a. Vouloir la fin

« Or, voici qu'un jeune homme s'approcha et dit à Jésus : "Maître, que dois-je faire de bon pour obtenir la vie éternelle ?" » (Mt 19, 16). Le premier moment de la liberté est souvent peu aperçu. Il n'en est pas moins fondateur de tout le mouvement

arbitre et la maîtrise de ses actes » (ST I-II, q. 1, prologue). Voir O. BONNEWIJN, *La béatitude et les béatitudes. Une approche thomiste de l'éthique*, p. 61-88.

2. Voir ST I-II, q. 1, a 1.

3. Nous nous inspirons librement de l'analyse thomiste de l'acte humain : ST I-II, q. 6-17.

volontaire. Il s'agit de s'approcher du bien, de se laisser attirer peu à peu par lui, de le « sentir » selon toutes les dimensions de son être à la fois charnel et spirituel. Cet attrait rationnel du bien, et même du bien le meilleur, s'exerce amplement chez le jeune homme de l'évangile de Matthieu. Celui-ci se dirige volontairement vers Jésus. Il se tourne vers lui et lui pose la question de la vie éternelle, c'est-à-dire du Bien suprême et du bonheur. Il se porte par lui-même, avec tout son être, vers cette fin qu'il désire ardemment.

Le Christ l'accueille. Il le fortifie dans sa volonté en lui disant par deux fois : « Si tu veux ! » (Mt 19, 17.21.) Ce premier moment n'est donc pas celui d'une simple velléité ou d'un désir fantomatique, mais celui d'une intention de plus en plus ferme. Le jeune homme veut réellement obtenir cette Vie et advenir ainsi à ce qu'il n'est pas ou du moins à ce qu'il n'est pas encore pleinement.

Dans le domaine de l'éthique sexuelle, cet aspect essentiel de la liberté risque d'être étouffé par les puissances anarchiques de la sensibilité, de l'imaginaire et de la sensualité. Un temps suffisant de « recul » est nécessaire par rapport à l'immédiateté de ces besoins pulsionnels et affectifs pour que la personne puisse se laisser attirer en profondeur, avec toutes les dimensions de son être corporel et spirituel, par le bien réel à rechercher dans telle situation et le mal à éviter. Ce temps est indispensable même pour ceux qui auraient une bonne connaissance théorique des lois morales. Une telle connaissance est évidemment primordiale, mais celle-ci ne peut faire l'économie d'une appropriation existentielle, d'une intériorisation et d'une assimilation personnelle, avec la grâce de Dieu. La libération de la liberté est à ce prix.

b. Délibérer des moyens

« Si tu veux entrer dans la vie observe les commandements. [...] Si tu veux être parfait, va, vends ce que tu possèdes et donne-le aux pauvres [...] ; viens ; suis-moi » (Mt 19, 17.21) Qui veut la fin, veut les moyens. Ceux-ci doivent être délibérés, en faisant appel au conseil d'autrui. Certains moyens conduisent au but désiré et doivent donc être retenus, d'autres au contraire en éloignent et doivent être écartés. Ce travail de « tri » rationnel et de « créativité » est accompli par le sujet moral en son intimité spirituelle, en son « cœur » et en sa « tête », avec toute la lumière et la force surnaturelles que lui communiquent sa foi, son espérance et sa charité.

Le jeune homme de l'évangile désire résolument s'engager à l'aube de sa vie sur le chemin de la plénitude. Parmi les nombreuses possibilités qui s'offrent à lui, il a retenu celle indiquée par le Décalogue. Cette médiation convient éminemment à son intention profonde comme à celle de tout homme de bonne volonté. Elle ne lui suffit pourtant pas. Il cherche quelque chose de plus et va demander conseil à Jésus. Ce dernier ne se substitue pas à la délibération de celui qui s'est approché de lui. Il la conduit avec une douce fermeté. Il aide sa liberté à croître, à mûrir, à se libérer de ce qui l'alourdit, à découvrir le moyen digne de son espérance. Il accomplit ainsi pour ce jeune homme la prophétie d'Isaïe proclamée dans la synagogue de Nazareth (Lc 4, 16-20).

Un tel secours est nécessaire dans un monde blessé, agité par des forces contradictoires. « La chair convoite contre l'esprit et l'esprit contre la chair, observe lucidement saint Paul ; il y a entre eux antagonisme, si bien que vous ne faites pas ce que vous voudriez » (Ga 5, 17). Durant la délibération, comme durant le vouloir de la fin, la « chair » au sens négatif du terme tente d'obscurcir la raison et de détourner la volonté à son profit. Et il en sera de même durant les deux moments suivants que nous allons considérer ci-dessous. *De facto*, l'exercice de la liberté humaine revêt la forme non seulement d'un débat, mais également d'un combat. Dans cette lutte, la grâce du Christ promise aux pauvres, aux captifs, aux aveugles et aux opprimés (voir Lc 4, 17-19) ne fait et ne fera jamais défaut.

c. Choisir les moyens et exécuter

« Va, vends, donne, viens, suis-moi » (Mt 19, 21). Il ne suffit pas de se laisser attirer rationnellement par un bien et de délibérer sur les moyens à mettre en œuvre. Encore faut-il effectivement mettre ces médiations en œuvre par le choix et l'exécution qui lui est consécutive.

Le choix est spontanéité. Il est à lui-même sa propre source. Il jaillit de lui-même, sans autre détermination que lui-même. Il est son propre principe, dans une fraîcheur qui se renouvelle à chaque instant. Le jeune homme peut réellement, s'il le veut vraiment, changer le cours de sa vie et accéder à une nouvelle qualité d'existence : quitter les siens, ne plus travailler à l'administration de ses biens, vivre dans une certaine pauvreté, marcher sur les routes de Palestine en compagnie de Jésus et de ses disciples. Il peut advenir à ce qu'il n'était pas, ou à ce qu'il n'était qu'en puissance. Il peut s'autodéterminer dans la direction qu'il décide et inventer sa propre histoire.

Ce choix ne s'exerce pas pour autant indépendamment des autres moments de la liberté. Dans le cas contraire, il serait capricieux, inconsistant, vide, irréel. Il répond, à travers l'élection de moyens précis, à l'attrait rationnel initial et à la délibération qui a suivi. Le choix est riche du mouvement volontaire qui le constitue « en amont ». Il est riche également du mouvement qu'il constitue en « aval » : l'exécution.

En effet, un choix sans exécution – que celle-ci soit contrecarrée de l'extérieur ou non – n'entrerait pas vraiment dans le réel et relèverait pour une bonne part de l'illusoire. « Si tu veux, va ! » Pour vouloir vraiment la vie éternelle, le jeune homme doit s'autodéterminer à travers une série de démarches concrètes : retourner chez lui, faire ses comptes, aller trouver des acheteurs potentiels, vendre, revoir Jésus, etc. Sa volonté doit « s'incarner » dans la réalité du temps et de l'espace. S'il ne commande pas à ses jambes, à ses mains, à sa tête, à son cœur d'agir, son mouvement volontaire n'arrivera pas à maturité. Le choix initial, qui peut être « grisant » ou « pénible » par certains côtés, doit se déployer résolument dans une exécution qui exige non seulement de l'énergie, mais également du temps.

Ayant choisi les moyens, il faut s'y tenir. Ayant opté pour tel type d'action, il faut y rester fidèle. Ainsi, la volonté de suivre Jésus implique que notre jeune homme ne renonce pas à donner ses biens aux pauvres après les avoir vendus. Pour que son acte libre soit plénier, il doit encore s'attacher à sa décision et à sa mise en œuvre. Il doit y demeurer dynamiquement fixé, à la différence d'une girouette qui tournoie au gré du vent. Cette dernière, malgré les apparences, n'est pas libre. Même si elle s'agite dans tous les sens de façon spectaculaire, son « intérieur » est sans vie propre : elle ne se meut pas par elle-même. De même, l'homme qui a opté pour la chasteté en adoptant tel type de comportement et en renonçant à tel autre doit mettre en œuvre cette décision dans le concret de son existence de tous les jours.

d. Se réjouir

Le quatrième et dernier moment de l'acte libre est celui de la joie. La joie est le couronnement de l'acte bon, son accomplissement, sa plénitude. Elle accompagne également chacun des trois moments précédents. Sans elle, l'acte libre reste incomplet, imparfait. Ainsi en est-il du serviteur « bon et fidèle » qui a fait fructifier ses talents. « Entre dans la joie de ton maître ! » (Mt 25, 21). Cette joie est incommensurable à l'effort consenti. C'est pourquoi elle est une gratuité, une surprise, un don. Elle témoigne de l'avènement inattendu de quelque chose de nouveau. Inversement, le jeune homme qui ne va pas jusqu'au bout de sa volonté profonde « s'en alla tout triste » (Mt 19, 22).

Cette joie – ou cette tristesse –, sera plénière dans l'au-delà. « Devant ta face, débordement de joie » (Ps 16 [15], 11), chante le psalmiste. Sur terre, l'homme en possède les prémices, comme le montrent les béatitudes. Il participe déjà à cette joie éternelle au cœur même de pleurs, de la soif de justice, de persécutions, etc. Voilà pourquoi et comment l'éthique sexuelle libère la joie, quelles que soient les contrées parfois chaotiques et douloureuses qu'elle entraîne à traverser.

2. L'amour de l'autre, bien de la liberté

Les onze questions de morale sexuelle que nous avons traitées impliquent chacune cet itinéraire de la liberté à travers « ombres et lumières ». Elles ont témoigné, chacune à sa manière, du travail souterrain, discret, puissant, fragile, onéreux par moment, exaltant, libérateur, humanisant, élevant de la liberté.

À elle seule, la liberté ne garantit cependant pas nécessairement l'« humanisation » du sujet moral. Elle ne conduit pas automatiquement « les pas de l'homme au chemin de la paix » (Lc 1, 79) et de la joie. Elle peut au contraire aliéner l'être humain, le blesser, le défigurer, le dénaturer. « Vous avez été appelés à la liberté ; que cette liberté ne se tourne pas en prétexte pour la chair » (Ga 5, 13), prévient saint Paul. La liberté est une condition nécessaire du bien éthique, mais non suffisante. Elle doit pour ce faire s'enraciner dans le terreau de la vérité et s'en nourrir à chaque instant. Autrement, elle mène les hommes à leur perte, dans des spirales de violences plus ou moins déguisées. « Seule la liberté qui se soumet à la Vérité conduit la personne humaine à son vrai bien. Le bien de la personne est d'être dans la Vérité et de faire la Vérité[4]. » Ainsi la liberté du jeune homme riche est-elle appelée par le bien indiqué par le Décalogue et par la parole libératrice du Christ : « Suis-moi. »

Sous quelle forme avons-nous rencontré ce même appel du bien tout au long de notre étude ? Pratiquement, nous avons découvert l'importance décisive et normative de la relation à autrui et de l'amour qui lui est dû[5]. « À ces deux commandements (celui de l'amour de Dieu et celui du prochain comme soi-même), se rattache toute la Loi et les Prophètes » (Mt 22, 40 ; voir Mc 12, 28-31 ; Lc 10, 25-28 ; Jn 13, 34-35).

En effet, l'amour de l'autre est l'enjeu ultime du travail d'articulation entre institution matrimoniale, amour, fécondité et sexualité (question I). *A contrario*, nous avons constaté que la dissociation du lien entre ces quatre dimensions excluait progressivement l'autre de la réalité du mariage et de la famille : Dieu, la société, l'enfant, le partenaire, soi-même comme personne. De même, le célibat pour le Royaume ne peut se comprendre autrement que comme une alliance d'amour (question II). Cette communion s'inscrit – d'une autre manière que le mariage – dans la réalité même de l'alliance entre le Christ et son Église, alliance qui embrasse toute l'humanité, à commencer par les plus petits.

La chasteté trouve aussi son lieu d'intelligibilité dans l'amour de l'autre et dans la clarté de la relation à entretenir avec lui (question III). Elle réalise une intégration harmonieuse de la sexualité

4. JEAN-PAUL II, Discours aux participants du Congrès international de théologie morale, 10 avril 1986, n° 1, dans *Insegnamenti* IX, 1 (1986), p. 970 ; cité dans VS 84.

5. Voir J. NORIEGA, *El Destino del Eros. Perspectivas de moral sexual*, Madrid, Éd. Palabra, 2005. Dans cet ouvrage au titre évocateur, l'auteur propose un discernement éthique à partir d'une analyse phénoménologique de l'« événement amoureux », d'une métaphysique de l'amour humain et d'une éthique fondamentale qui décrit le dynamisme de l'agir amoureux. L'importance décisive et intégrative des vertus de chasteté, de pudeur, de prudence et de charité émerge ainsi peu à peu, dans la force de l'Esprit Saint et de ses dons. Les questions relatives à la charité conjugale, à la virginité consacrée, à l'auto-érotisme, à l'homosexualité, aux relations pré-matrimoniales, à l'intempérance sexuelle, à la contraception, à l'infertilité, à la fécondation artificielle sont abordées au fil des chapitres dans cette lumière pacifiante, salvatrice et unifiante de l'amour.

dans la personne dans le but de promouvoir une communion interpersonnelle authentique et féconde. La continence périodique entre époux en est une expression particulièrement délicate et belle (question IV). Par ailleurs, l'amour de l'autre comme autre semble être une des difficultés principales posées par les comportements homosexuels (question V).

Comment aimer l'autre lorsque le sujet est aux prises avec des désordres et des dépendances sexuelles qui le replient sur lui-même (question VI) ? La masturbation en est un exemple (question VII). Le salut, avons-nous observé, consiste dans un « triple décentrement volontaire » de l'individu par rapport à son sentiment de culpabilité, par rapport à l'idéal qu'il a de lui-même et par rapport à son propre combat spirituel. C'est dans cet esprit que la personne est le mieux armée pour répondre selon la loi de gradualité à l'appel de l'amour de l'autre, appel qui est le même pour tous (question VIII).

L'amour et le respect inconditionnel de l'autre se trouvent également au cœur de la douloureuse situation de l'avortement et de la logique de mort que celle-ci génère autour d'elle (question IX). De même en est-il en ce qui concerne la question de la production d'embryons humains destinés à un projet parental (question X). Quelle est la voie de l'amour véritable pour des époux confrontés à la redoutable épreuve de la stérilité ? Enfin, nous avons pressenti à quel point la pédophilie incestueuse s'attaque très gravement à la vie de l'innocent (question XI). De tels actes, quelles que soient la conscience et la responsabilité de ceux qui les commettent, offensent radicalement la justice la plus élémentaire de l'amour.

L'amour multiforme de l'autre désigne donc le bien dans lequel, par lequel et pour lequel doit se déterminer la liberté. Il doit être sa raison d'être et sa fin. Il doit être sa « vérité attrayante » qui conduit le sujet éthique à la paix des béatitudes. Il doit être le bien dynamique qui anime son mouvement volontaire : dans des circonstances extrêmement variées, il convient de vouloir se laisser aimer et de vouloir aimer en vérité (1°), de délibérer sur les médiations à utiliser – et sur les actes à éviter absolument – pour réaliser cette intention (2°), de choisir, d'exécuter et de se tenir à son choix bon (3°), de se réjouir en demeurant dans l'amour (4°). La raison théologique – telle qu'elle s'exprime dans l'Écriture, la Tradition et le Magistère et telle qu'elle est assistée par la philosophie et d'autres sciences humaines – nous a aidés à voir avec précision de quelle manière dans une réalité contrastée, à la fois simple et complexe.

« Jésus révèle, par sa vie même et non seulement par ses paroles, écrit Jean-Paul II, que la liberté s'accomplit dans l'*amour*, c'est-à-dire dans le *don de soi*. Lui qui dit : "Nul n'a de plus grand amour que celui-ci : donner sa vie pour ses amis" (Jn 15, 13) marche librement vers sa Passion (voir Mt 26, 46) et, dans son obéissance au Père, il livre sa vie sur la Croix pour tous les hommes (voir Ph 2, 6-11). La contemplation de Jésus crucifié est donc la voie royale sur laquelle l'Église doit avancer chaque jour si elle veut comprendre tout le sens de la liberté[6] » et de son engagement pratique dans les onze domaines abordés.

Cette éthique de l'amour converge avec l'anthropologie chrétienne exprimée dans deux courts textes que nous ne nous lassons pas de citer. « L'homme ne peut vivre sans amour. Il demeure pour lui-même un être incompréhensible, sa vie est privée de sens s'il ne reçoit pas la révélation de l'amour, s'il ne rencontre pas l'amour, s'il n'en fait pas l'expérience et s'il ne le fait pas sien, s'il n'y participe pas fortement[7]. » D'un point de vue plus ontologique, « l'amour est le seul type de relation qui correspond à ce qu'est une personne, aussi bien d'ailleurs celle qui aime que celle qui est aimée[8] ». L'être humain ne se définit pas d'abord par sa pensée, sa puissance, sa technicité, sa productivité, son utilité, sa capacité à éprouver du plaisir. Il n'est pas un pur *cogito*, une volonté de puissance, un technicien, un *homo faber*, un consommateur, un profiteur ou un jouisseur. Non, il est d'abord et avant tout un être constitué par l'amour et pour l'amour. *Amatus sum et amo, ergo sum*. Je suis aimé(e) et j'aime, donc je suis. *Amatus et amans, sum*. Aimé et aimant, je suis.

3. La liberté et la maturation de l'amour

Si la liberté s'accomplit dans l'amour, l'amour par ailleurs a besoin de la liberté pour parvenir à maturité. L'encyclique *Deus*

6. VS 87.
7. *Redemptor hominis*, 10.
8. *Mulieris dignitatem*, 29.

caritas est montre de quelle manière[9]. Selon le pape Benoît XVI, l'amour est constitué d'une double dimension : *eros* et *agapè*. L'*eros* désigne l'aspect possessif, charnel, affectif, passionnel, vital, émotionnel, captatif de l'amour. Cette réalité, que nous avons continuellement considérée au cours de nos réflexions, est source d'élan, d'« épanouissement » et de vie. Elle est nécessaire à l'existence humaine. Elle ne peut pas pour autant être absolutisée, idolâtrée, divinisée, recherchée pour elle-même comme valeur suprême, sous peine de subir une « déformation destructrice[10] », d'être « privée de sa dignité[11] », d'être « déshumanisée[12] » et d'entraîner ainsi l'homme loin de lui-même et des autres.

L'*eros* ne peut donc pas être livré exclusivement à lui-même. Il doit être purifié, discipliné, guéri, éduqué, développé, mûri, ennobli, pour « parvenir à sa vraie grandeur[13] ». Comment ? « Même si l'*eros* est initialement surtout sensuel, ascendant, – fascination pour la grande promesse de bonheur –, lorsqu'il s'approche ensuite de l'autre, il se posera toujours moins de questions sur lui-même, il cherchera toujours plus le bonheur de l'autre, il se préoccupera toujours plus de l'autre, il se donnera et désirera "être pour" l'autre. C'est ainsi que le moment de l'*agapè* s'insère en lui[14] », c'est-à-dire le moment de l'amour comme « exode permanent allant du je enfermé sur lui-même vers sa libération dans le don de soi[15] ». « Qui cherchera à conserver sa vie la perdra. Et qui perdra sa vie la sauvegardera » (Lc 17, 33).

L'*eros* humain, de par ce qu'il est et de par ce qu'il n'est pas encore, doit nécessairement parcourir ce chemin de l'*agapè* sous peine de « déchoir » et de « perdre sa nature[16] ». « L'amour devient maintenant soin de l'autre et pour l'autre. Il ne se cherche plus lui-même – l'immersion dans l'ivresse du bonheur – il cherche au

9. Voir COLLECTIF, *La Via dell'Amore. Rifflessioni sull'enciclica Deus caritas est di Benedetto XVI*, L. Melina et C. Anderson (dir.), Città del Vaticano, Pontificio Istituto Giovanni Paolo II, 2006.

10. DCE 4.

11. *Ibid.*

12. *Ibid.*

13. DCE 5.

14. DCE 7.

15. DCE 6.

16. DCE 7.

contraire le bien de l'être aimé : il devient renoncement, il est prêt au sacrifice, il le recherche même[17]. » Cet « exode » du désir dans l'amour est l'œuvre de la liberté, puissamment soutenue et portée par la grâce divine.

La liberté, en effet, se laisse attirer rationnellement par l'amour de l'autre pour l'autre, en connaît la bonté, en éprouve la vérité parfois crucifiante. Elle tient conseil en elle-même et avec toute personne avisée : « Quelles sont les médiations les plus appropriées pour respecter autrui en son identité profonde dans telle situation, pour le promouvoir et établir avec lui une authentique communion interpersonnelle ? » Puis elle choisit ces médiations qui peuvent aller jusqu'au don de sa propre vie. Elle les exécute patiemment, courageusement, avec constance. Elle découvre alors sa joie dans le sourire qui éclaire le visage d'autrui, ou du moins qui l'apaise. Elle se réjouit de sa joie. Bref, la liberté donne à l'amour-*eros* de se transformer en amour-*agapè*. Elle ne nie ou ne détruit nullement l'*eros*[18], mais l'ouvre de plus en plus au bien de l'autre, le convertit peu à peu à l'amour de l'autre pour l'autre. Elle mène humblement l'*eros* au désert pour que celui-ci puisse vivre son exode vers la Terre promise de la communion. Les personnages de l'Écriture que nous avons rencontrés en sont les témoins : Abraham et Sara, Tobie et Sarra, la Samaritaine, Anne et Elqana, Pierre et tant d'autres.

Cet « exode » du désir humain a été au centre des onze sujets d'éthique sexuelle que nous avons étudiés. Il en est comme le ressort secret, le moteur principal. La liberté en effet accueille les multiples dynamismes de la sexualité et les intègre progressivement dans la personne, en son être corporel et spirituel[19]. Au fil des semaines et des années, elle oriente de mille et une manières cette dimension essentielle de l'*eros* vers l'amour-*agapè* de l'autre, sans craindre les amendements et sacrifices cachés qu'une telle tâche comporte nécessairement. Elle forme progressivement l'*eros* de la sexualité à l'école de l'amour de l'autre et du don de soi, lui permettant ainsi de s'accomplir selon toute la vérité de sa signification relationnelle.

17. DCE 6.
18. DCE 7.
19. Voir CEC 2327.

Ce travail de conversion et d'humanisation du désir dans l'*agapè* est-il possible ? « Donne ce que tu commandes et commande ce que tu veux », demande saint Augustin avec beaucoup de réalisme[20]. Le Seigneur répond de façon surabondante à cette prière, dans l'« aujourd'hui » inauguré à la synagogue de Nazareth : « L'Esprit du Seigneur est sur moi, parce qu'il m'a consacré par l'onction. Il m'a envoyé porter la bonne nouvelle aux pauvres, annoncer aux captifs la délivrance et aux aveugles le retour à la vue, rendre la liberté aux opprimés, proclamer une année de grâce du Seigneur » (Lc 4, 17-19). La grâce est donnée. Elle informe profondément la liberté de l'homme, son affectivité, son être corporel et spirituel. Elle imprègne l'agir humain pour l'introduire toujours davantage dans l'agir même du Christ.

En invitant le jeune homme riche à le suivre, Jésus lui propose d'entrer dans son propre exode, dans son propre sacrifice, dans son agir pascal, dans son « chemin personnel[21] ». Il veut l'emporter – et chaque être humain avec lui[22] – dans le mouvement de sa mort et de sa résurrection, dans la dynamique de l'amour qui va « jusqu'au bout » (Jn 13, 1)[23]. « Pour conduire nos pas au chemin de la paix » (Lc 1, 79).

---

20. Saint Augustin, *Confessions*, X, 29, 40 (*CCL* 27, 176).

21. DCE 6.

22. « L'Église désire servir cet objectif unique : que tout homme puisse retrouver le Christ, afin que le Christ puisse parcourir la route de l'existence, en compagnie de chacun » (*Redemptor hominis*, 13 ; voir aussi VS 7 et DCE 17).

23. L'Eucharistie en est le sacrement. « Elle nous attire dans l'acte d'offrande de Jésus. Nous ne recevons pas seulement le *Logos* incarné de manière statique, mais nous sommes entraînés dans la dynamique de son offrande » (DCE 13). La « mystique » de ce sacrement (DCE 14), désigné traditionnellement comme *agapè* de Dieu, emmène le baptisé dans l'*eros-agapè* du Christ lui-même en ses différents mystères, c'est-à-dire dans le parfait accomplissement du double commandement de l'amour.

APPENDICE

DOCUMENTS MAGISTÉRIELS

1. Tradition et vie

D'un point de vue magistériel, pontifical ou conciliaire, l'Église s'est peu exprimée à propos de l'amour humain, de la sexualité, de l'institution matrimoniale, de la fécondité et de la famille avant le XXe siècle. Relevons le concile de Florence, le Décret pour les Arméniens face aux orthodoxes (22 novembre 1439), le concile de Trente (13e session, du 11 novembre 1563), quelques interventions de Pie VI et de Pie IX, la lettre encyclique sur le mariage chrétien *Arcanum divinae sapientiae* (10 février 1880) de Léon XIII[1].

Cette pauvreté de grands documents n'a pas empêché l'Église de prêcher abondamment sur ces sujets à partir de l'Écriture, d'enseigner la morale conjugale, de célébrer le sacrement de réconciliation. Au long des siècles, elle a préparé, béni, accompagné dans le mariage une multitude d'hommes et de femmes. Elle a servi et soutenu les innombrables familles qui la composent et même au-delà. Elle a recueilli et encouragé le don précieux du célibat pour le Royaume ainsi que celui de célibataires qui ne pouvaient ou ne voulaient pas embrasser un de ces deux états pour de justes raisons. « La tradition de l'Église n'est donc pas d'abord doctrinale, mais spirituelle au double sens de la vie morale des chrétiens inspirés par l'Esprit et de la vie liturgique et sacramentelle. Notre intelligence de l'être humain est le fruit de la vie, des renoncements et de l'amour de générations de croyants[2]. »

2. Sept textes majeurs des XXe et XXIe siècles

Concile VATICAN II, Constitution pastorale sur l'Église dans le monde de ce temps *Gaudium et spes*, 7 décembre 1965.

1. Repris dans DC 551 (1931), p. 296-312.
2. A. CHAPELLE, *Sexualité et chasteté*, p. 3.

PAUL VI, Lettre encyclique *Humanae vitae* sur le mariage et la régulation des naissances, 25 juillet 1968, dans DC 1523 (1968), p. 1442-1457.

JEAN-PAUL II, Exhortation apostolique *Familiaris consortio,* 22 novembre 1981, dans DC 1821 (1982), p. 1-36. Ce grand texte reprend et déploie les résultats du synode des évêques consacré à ce sujet en octobre 1980. Il offre « le document le plus important du XXe siècle sur le mariage et la famille[3] ». L'horizon est vaste. Il embrasse la création et l'économie du salut à travers l'une et l'autre Alliances. Il allie méditation philosophique et réflexion théologique. La première partie explore les « lumières et ombres de la famille aujourd'hui ». Les deuxième et troisième parties étudient respectivement l'« être » de la famille et ses quatre « tâches » principales. La dernière partie enfin considère la pastorale familiale, ses étapes, ses structures, ainsi que quelques cas difficiles.

CONGRÉGATION POUR LA DOCTRINE DE LA FOI, *Instruction « Donum vitae » sur le respect de la vie humaine naissante et la dignité de la procréation. Réponses à quelques questions d'actualité*, 10 mars 1987, dans DC 1937 (1987), p. 349-361. L'introduction, assez consistante, expose les fondements anthropologiques[4] et offre des critères de discernement. La première partie traite du respect des embryons dans des pratiques comme le diagnostic prénatal, les interventions thérapeutiques, l'expérimentation, les « techniques de reproduction humaine ». La deuxième partie s'intéresse à la fécondation artificielle hétérologue, à la maternité de substitution et à la fécondation artificielle homologue. La troisième partie enfin s'interroge sur le rapport entre morale et loi civile.

Catéchisme de l'Église catholique, 11 octobre 1992, Paris, Éd. Mame-Plon. Ce grand document offre une synthèse exhaustive et concise de l'éthique sexuelle et familiale, avec une série de descriptions et de définitions aussi précises qu'éclairantes. Il articule la morale sexuelle non seulement avec l'ensemble de la morale catholique, mais également avec la totalité du mystère de la foi crue, célébrée et priée.

JEAN-PAUL II, Lettre encyclique *Evangelium vitae*, 25 mars 1995, dans DC 2114 (1995), p. 351-405. Cette encyclique fait suite à un consistoire extraordinaire sur les défis à propos de la vie humaine, du 4 au 7 avril 1991. Les cardinaux réunis ont demandé à l'unanimité

3. *Ibid.*, p. 19.

4. Voir J. RATZINGER, « Présentation des aspects anthropologiques de l'Instruction », dans DC 1937 (1987), p. 362-364.

au pape « de réaffirmer avec l'autorité du successeur de Pierre la valeur de la vie humaine et son inviolabilité, eu égard aux circonstances actuelles et aux attentats qui la menacent aujourd'hui » (EV 5). Quatre chapitres composent ce document qui s'exprime principalement avec les mots de l'Écriture : (A) les menaces contre la vie actuelle ; (B) le message chrétien sur la vie ; (C) la Loi sainte de Dieu, avec une reprise des questions de l'avortement et de l'euthanasie ; (D) pour une nouvelle culture de la vie humaine (« C'est à moi que vous l'avez fait »).

BENOÎT XVI, Lettre encyclique *Deus caritas est*, 25 décembre 2005, dans DC 2352 (2006), p. 166-187. La première partie précise « certains éléments essentiels sur l'amour que Dieu, de manière mystérieuse et gratuite, offre à l'homme, de même que le lien intrinsèque de cet Amour avec la réalité de l'amour humain » (DCE 1). La seconde partie traite quant à elle « de la pratique ecclésiale du commandement de l'amour pour le prochain » (*ibid.*).

3. Autres documents des XXe et XXIe siècles

Avant les années soixante-dix

PIE XI, Lettre encyclique *Casti connubii* sur le mariage chrétien, 31 décembre 1930, dans DC 551 (1931), p. 251-295.

PIE XII, « Bienfaits du mariage un et indissoluble », Discours à de nouveaux époux, 9 avril 1942 ; Discours aux participants au IVe Congrès international des médecins catholiques, 29 septembre 1942, dans *AAS* 41 (1949), p. 560 ; Discours aux congressistes de l'Union catholique italienne des sages-femmes, 29 octobre 1951, dans *AAS* 43 (1951), p. 835-854 ; Discours aux participants au IIe Congrès mondial de Naples sur la fécondité et la stérilité humaines, 19 mai 1956, dans DC 1227 (1956), p. 747-748.

PAUL VI, Lettre encyclique *Sacerdotalis caelibatus*, 24 juin 1967, dans DC 1498 (1967), p. 1249-1280.

Années soixante-dix

CONGRÉGATION POUR LA DOCTRINE DE LA FOI, *Déclaration sur l'avortement provoqué*, 18 novembre 1974, dans DC 1666 (1974), p. 1068-1073.

– Déclaration *Persona humana* sur certaines questions d'éthique sexuelle, 29 décembre 1975, dans DC 1691 (1976), p. 108-114. Ce court document aborde entre autres les thèmes suivants : relations préconjugales, homosexualité, masturbation, péché mortel et sexualité, valeur et rôle de la chasteté, grâce divine et ascèse personnelle.

JEAN-PAUL II, *Les droits des enfants*, Lettre du 13 janvier 1979, dans DC 1757 (1979), p. 101-102.

Années quatre-vingt

CONGRÉGATION POUR L'ÉDUCATION CATHOLIQUE, *Orientations éducatives sur l'amour humain*, 1er novembre 1983, dans DC 1865 (1984), p. 16-29.

CONGRÉGATION POUR LA DOCTRINE DE LA FOI, *Lettre aux évêques sur la pastorale à l'égard des personnes homosexuelles*, 1er octobre 1986, dans DC 1160 (1986), p. 1160-1164. Cette lettre rappelle dans sa première partie la doctrine de l'Église (n° 4 à 9). Elle propose dans une seconde partie des orientations pour la pastorale des personnes prises individuellement et en groupes (n° 10 à 17).

JEAN-PAUL II, « Le fléau du sida : Jean-Paul II répond aux journalistes », 4 juin 1989, dans DC 1985 (1989), p. 559-560.

– « L'Église face au défi du sida », Discours aux participants de la Conférence internationale organisée par le Conseil pontifical pour la pastorale des services de santé, 13-15 novembre 1989, dans DC 1998 (1990), p. 56-59.

Années quatre-vingt-dix

JEAN-PAUL II, *Le massacre des innocents*, Lettre à tous les évêques, 19 mai 1991, dans DC 2033 (1991), p. 726-727.

– Discours à Kampala (Ouganda), dans DC 2068 (1993), p. 261-262.

– *Lettre aux familles*, 2 février 1994, dans DC 2090 (1994), p. 251-277.

CONSEIL PONTIFICAL POUR LA FAMILLE, *Évolutions démographiques. Dimensions éthiques et pastorales*, 25 mars 1994, dans DC 2006 (1994), p. 556-571.

CONGRÉGATION POUR LA DOCTRINE DE LA FOI, *Lettre aux évêques de l'Église catholique sur l'accès à la communion eucharistique de la part des fidèles divorcés remariés*, 14 septembre 1994, dans DC 2103 (1994), p. 930-932.

CONGRÉGATION POUR L'ÉDUCATION CATHOLIQUE, *Directives pour la formation des séminaristes sur les problèmes relatifs au mariage et à la famille*, 19 mars 1995, dans DC 2120 (1995), p. 679-687.

JEAN-PAUL II, Exhortation apostolique *Vita consecrata*, 25 mars 1996, dans DC 2136 (1996), p. 351-399.

CONSEIL PONTIFICAL POUR LA FAMILLE, *L'éducation sexuelle des enfants. Vérité et signification de la sexualité humaine*. 8 décembre 1996, dans DC 2133 (1996), p. 207-235.

– *Vade-mecum pour les confesseurs sur certains sujets de morale liés à la vie conjugale*, 12 février 1997, dans DC 2157 (1997), p. 333-341.

ACADÉMIE PONTIFICALE DES SCIENCES, *Réflexions sur le clonage*, dans DC 2168 (1997), p. 894-898.

CONGRÉGATION POUR LA DOCTRINE DE LA FOI, *La pastorale des divorcés remariés*, Paris, Centurion-Cerf-Mame, 1999. Ce volume rassemble la *Lettre aux évêques* du 14 septembre 1994, le paragraphe 84 de *Familiaris consortio* et un discours de Jean-Paul II prononcé le 24 janvier 1997 à l'occasion de la XIIIe Assemblée plénière du Conseil pontifical pour la famille, précédés d'une introduction du cardinal Joseph Ratzinger (p. 9-33) et suivis d'une série de commentaires théologiques, historiques et canoniques (p. 57-133).

La pastorale des divorcés remariés. Recommandations du CONSEIL PONTIFICAL POUR LA FAMILLE, 25 février 1997, dans DC 2156 (1997), p. 260-261.

Années deux mille

CONSEIL PONTIFICAL POUR LA FAMILLE, *Déclaration sur la réduction embryonnaire*, 12 juillet 2000, dans DC 2231 (2000), p. 714-715.

ACADÉMIE PONTIFICALE POUR LA VIE, *Déclaration sur la production et l'utilisation scientifique et thérapeutique des cellules souches embryonnaires humaines*, 25 août 2000, dans DC 2234 (2000), p. 866-870.

JEAN-PAUL II, *Enfants, amour, espérance, avenir*, Jubilé des familles du 12 au 15 octobre 2000, dans DC 2236 (2000), p. 972-974.

ACADÉMIE PONTIFICALE POUR LA VIE, *Communiqué sur la « pilule du lendemain »*, 31 octobre 2000, dans DC 2238 (2000), p. 1067-1068.

CONSEIL PONTIFICAL POUR LA FAMILLE, *Famille, mariage et « unions de fait »*, 21 novembre 2000, dans DC 2242 (2001), p. 160-178.

CONGRÉGATION POUR LA DOCTRINE DE LA FOI, *Considérations à propos des projets de reconnaissance juridique des unions entre personnes homosexuelles*, 5 août 2003, dans DC 2298 (2003), p. 798-803.

CONGRÉGATION POUR L'ÉDUCATION CATHOLIQUE, *Homosexualité et ministère ordonné*, 31 août 2005, dans DC 2349 (2006), p. 24-27.

BENOÎT XVI, « À peine conçu mais déjà digne de respect », Discours au Congrès international sur l'embryon humain organisé par l'Académie pontificale pour la vie, 27 février 2007, in DC 2357 (2006), p. 413-415.

CONSEIL PONTIFICAL POUR LA FAMILLE, *Famille et procréation humaine*, Città del Vaticano, Libreria Editrice Vaticana, 6 juin 2006.

4. Instruments

Moteur de recherche sur le site du Vatican : http://vatican.mondosearch.com/search.aspx

LES MOINES DE SOLESMES ont édité une série d'ouvrages reprenant de façon organisée « l'enseignement des papes » sur « Le droit à la vie », « L'éducation » (1982), « Le célibat pour Dieu » (1984), « L'éthique médicale » (1987), « Les personnes handicapées » (1987) et d'autres sujets. Il s'agit d'un choix de textes pontificaux, suivis d'une table chronologique et d'un index, publié aux Éditions de l'abbaye Saint-Pierre de Solesmes. Par ailleurs, les moines de Solesmes ont également édité une série de petits livres chez Fayard-Le Sarment sur « ce que dit le pape » à propos de thèmes comme « Se préparer au mariage », « L'euthanasie », « De la sexualité à l'amour », « La famille ».

JEAN-PAUL II, *Homme et femme, il les créa. Une spiritualité du corps*, Paris, Éd. du Cerf, 2004 (rééd. en un volume des catéchèses données de 1979 à 1985).

Dossier de textes magistériels édités par P. VERSPIEREN, *Biologie, médecine et éthique*, Paris, Centurion, 1987.

J.-L. BRUGUÈS, *Dictionnaire de morale catholique*, Chambray-lès-Tours, C.L.D., 1991.

JEAN-PAUL II, *Les enseignements du pape Jean-Paul II concernant la médecine, les soins de santé, la bioéthique, la vie et la souffrance de 1978 à 2003*, CD-ROM édité par G.-L. Gigli, FIAMC, 2004.

CONSEIL PONTIFICAL POUR LA FAMILLE, *Documenti magisteriali e pastorali su famiglia e vita 1965-2004*, Bologne, Éd. Dehoniane, 2004.

– *Lexique des termes ambigus et controversés sur la famille, la vie et les questions éthiques*, Paris, Téqui, 2005.

JEAN-PAUL II, *Tous les textes du pape Jean-Paul II*, CD-Rom édité par la *Documentation catholique*, Bayard, 2005.

TABLE DES MATIÈRES

Achevé d'imprimer par Corlet, Imprimeur, S.A. - 14110 Condé-sur-Noireau
N° d'Imprimeur : 93938 - Dépôt légal : août 2006 - *Imprimé en France*